호산 박문호
『칠서주상설』 연구번역총서 3

논어집주상설 3

호산 박문호 저

책임역주[주저자]: 신창호
전임역주: 김학목 · 윤원현 · 조기영
공동역주: 김언종 · 임헌규 · 허동현

박영story

이 저서는 2017년 대한민국 교육부와 한국연구재단의 지원을 받아 수행된 연구임
(NRF－2017S1A5B4056044)

연구번역자 서문

학문 연구의 토대를 다지는 작업은 지난하면서도 즐겁다. 동양학을 탐구하는 학자들이 상생상극(相生相剋)의 학문적 이치를 노정(路程)한다면, 학문 연구의 난제(難題)와 열락(悅樂)은 서로 스며들게 마련이기 때문이다. 공자가 유교를 집대성(集大成)한 이후, 주자의 주석(註釋)을 거치면서 전변(轉變)을 거쳐 온 유학은, 그 이론과 실천의 차원에서 엄청난 심사숙고를 요청한다. 우주자연과 인간 사회에 대한 근본, 그 알파와 오메가를 진지하고 투철하게 고려하도록 채찍질한다. 선현(先賢)들의 학문 활동을 돌아보건대, 상당수가 그러한 삶을 고민했음이 분명하다.

본 저술은 호산(壺山) 박문호(朴文鎬, 1846~1918)의 『칠서주상설(七書註詳說)』을 심도있게 연구하여 한글로 완역한 연구번역 성과이다. 『칠서주상설』은 말 그대로 '칠서(七書)'의 주석에 대해 자세하게 설명한 저술이다. <칠서주>는 회암(晦庵) 주희(朱熹, 1130~1200)의 『논어집주(論語集註)』, 『맹자집주(孟子集註)』, 『대학장구(大學章句)』, 『중용장구(中庸章句)』, 『시집전(詩集傳)』, 『서집전(書集傳)』, 『주역본의(周易本義)』를 가리키는 것으로, 유교의 핵심 경전인 사서삼경(四書三經)에 관한 주희(『서집전』의 경우는 채침(蔡沈, 1167~1230))의 주석을 말한다. 주지하다시피, 사서삼경과 그 주석은 조선 주자학의 뼈대를 이루는 중심 경전이다. 호산은 이 <칠서주>에 다시 상세하게 주석을 부가하여 조선 유교를 종합해내었다. 서구 근대 문명이 밀물처럼 밀려오던 19세기 중반에서 20세기 초반에 활동하면서도, 주자학의 정통 학문을 자신의 사명처럼 여기고, 유교의 핵심 경전을 집대성한 것이다.

호산은 『칠서주상설』을 편찬하면서, 자신이 연구한 나름의 소신을 저술의 편차(編次)에 반영하였다. 중국 송대의 사상가들을 비롯하여 주자학을 신봉하는 대부분의 학자들이 사서(四書)의 독서 순서를 『대학(大學)』으로 시작했던 것과 달리, 호산은 『칠서주상설』의 순서를 주석(註釋)의 명칭에 따라 『논어집주상설(論語集註詳說)』로부터 시작했다. 그것은 유학의 핵심 경전인 『논어』가 맨 앞에 자리해야 하는 당위성이기도 하다.

그렇게 하여 『칠서주상설』은 『논어집주상설』 20권, 『맹자집주상설』 14권, 『대학장구상설』 1권, 『중용장구상설』 1권, 『시집전상설』 18권, 『시서변설상설』 2권, 『주역본의상설』 12권, 『서집전상설』 14권, 『서서변설상설』 1권으로, 전체 83권에 이르는 방대한 저작이 되었다. 마치, 조선의 주자학을 마무리하듯이, 경전의 주석을 짜임새 있게 갖추었다. 사서삼경의 경문에 대한 중국 역대의 주석을 비롯하여, 조선시대 여러 학자들의 주석을 간단·명료하게 총망라하였다. 특히, 사서삼경에 대한 주자의 주해(註解)를 의리(義理)와 훈고(訓詁), 그리고 논리(論理)를 반영하는 등, 여러 측면에서 정밀하고 명확하게 분석하면서도, 사서삼경의 주요 텍스트인 <영락대전(永樂大全)>본의 오류를 바로잡은 엄밀한 주석서로 편찬해내었다.

주자 이후 중국의 주요 주석뿐 아니라, 퇴계(退溪), 율곡(栗谷), 사계(沙溪), 우암(尤庵), 남당(南塘), 농암(農巖) 등 조선 성리학을 대표하는 학자들의 학설과 호산 자신의 견해까지 담은 저술이기에, 주자학의 심오한 이해는 물론 조선 성리학의 맥락과 계보, 발전 양상을 포괄할 수 있는 학문성을 담보한다.

본 연구번역은 2017년도 한국연구재단의 토대연구 사업으로 시작되었다. 연구 기획을 할 무렵 연구진의 생각은 좀 단순했다. '『칠서주상설』이 조선 유교 경전 주석사의 대미를 장식하는 주요한 저작이므로 이를 번역하여 학계에 기여하면 좋겠다!'는 정도였다. 그러나 기획 단계에서 초역을 하고 연구계획서를 작성하면서, '토대'연구 사업에 어울리는 작업으로서 연구범위가 상당 부분 확장되었다. 분량도 그렇지만, 원문에는 없는 표점, 찾아보기 힘들게 되어 있는 원전의 구절과 문장의 정돈, 내용 가운데 보충 설명이 필요한 부분의 주석 등, 관련 전공자들의 수준 높은 연구를 곁들인 번역의 필요성이 요청되었다. 고민을 거듭한 결과, 연구 작업이 너무나 방대해졌다.

그러나 연구진들은 매월 2,000여 매(200자 원고지 기준)에 달하는 연구 번역에 온힘을 쏟아 부었다. 열정을 바친 만큼 원고는 계획대로 생산되었고 또한 다듬어졌다. 단행본 1권에 해당하는 분량이었다. 원본의 오탈자를 바로잡고, 표점을 찍고, 구절을 바르게 맞추고, 문장을 정렬하고, 관련 전거를 확인하는 등, 초역에서 교열·윤문, 그리고 출판에 이르기까지, 여러 과정을 반복했다. 정말이지, 연구번역이라는 학문의 토대 작업을 자임한, 고난의 행군이었다. 당초 계획대로 5년 동안의 연구기간에 『칠서주상설』을 마무리한다면, 매년 20,000여 매, 전체 100,000여 매의 원고가 성과물로 쌓일 것이다. 단행본으로는 약 50여 권이 될 것으로 예상된다.

어려우면서도 엄청난 작업이지만, 학문의 토대를 구축하는 데 기여할 수 있다는 자부심과 자긍심으로, 현재 2차년도 연구번역 작업이 마무리 단계에 와 있다. 분량이 많다 보니, 본 번역연구 성과물의 출간과 관련하여 고민하지 않을 수 없었다. 모든 작업이 끝나고 한꺼번에 출간하는 것은 다소 무리라는 판단이 들었다. 이에 매년 번역연구물이 산출되면, 다음년도 연구번역이 끝나기 전, 즉 1년 이내에 출간하는 것이 연구진이나 학계에 도움이 되겠다고 생각하였다.

이 책은 1차년도(2017년 9월~2018년 8월)의 결과물이다. 1차년도에는 『논어집주상설』과 『대학장구상설』을 연구번역하고 정본화 작업을 진행하였다. 책의 권수는 경전의 편제와 분량, 그리고 내용에 따라 나누어 조정하였는데, 17,000여 매에 달하는 『논어집주상설』은 10권으로, 3,000매 가량인 『대학장구상설』은 3권으로 출간하게 되었다.

무엇보다도 본 연구번역의 과정에 매진해준 연구진에게 큰 절을 올린다. '고맙다!'는 말 이외에 서로를 격려하고 용기를 북돋우며 동기부여할 수 있는 표현은 없는 것 같다. 전임연구교수로 연구번역에 힘써준 고려대학교 교육문제연구소의 김학목 박사님, 윤원현 박사님, 조기영 박사님의 초역은 본 연구의 밑거름이 되었다. 공동연구에 참여하신 고려대학교 김언종 명예교수님, 강남대학교 임헌규 교수님, 경희대학교 허동현 교수님은 각종 자문과 조언, 윤문과 교열 등을 맡아 고생해 주셨다. 이외에 연구보조원으로 참여한 한국외국어대의 서세영, 고려대의 우버들, 위민성, 장우재 등 대학원생들의 각종 보조가 도움이 컸다. 또한 자문에 응하여 충고를 아끼지 않으신 원로 한학자 중관(中觀) 최권흥 선생님을 비롯하여, 『칠서주상설』의 가치와 중요성을 일깨워주신 일우(一愚) 이충구 선생님, 여기에서 일일이 거론하지는 못했지만, 본 연구와 관련하여 도움을 주신 여러 선생님들께 감사의 말씀을 전한다.

본 연구는 연구책임자를 비롯하여 자문에 이르기까지 우리 모두의 땀과 정성이 배어 있는 합작의 결실이다. 다시 한번 수고해주신 모든 분들에게 고마움과 감사의 인사를 건넨다. 그리고 본 연구번역을 원활하게 수행할 수 있도록 각종 편의를 제공해준 고려대학교 교육문제연구소와 행·재정적으로 지원해 준 한국연구재단, 고려대학교 산학단에도 감사드린다. 그런 지원이 없다면 본 사업은 쉽게 할 수 없는 학술 작업이다. 남은 연구기간에도 지속적인 관심을 부탁한다.

호산 박문호의 『칠서주상설』은 1921년에 발간되었다. 1918년 그의 사후 3년만이었다. 그 후 100년이 지났다. 1세기가 지난 2018년, 호산 선생 사후 100여 년 만에, 후학에 의해 본 『칠서주상설』이 연구번역되었다는 점에서 상당한 의미를 부여할 수도 있겠다. 여러 차원을 고려하여, 본 연구번역이 조선 유학을 집대성한 경전 주석서로서, 본 연구사업의 취지에 맞게 관련 학계의 연구 토대로 작용할 수 있기를 간절히 소망한다. 어떤 연구번역이건 완벽하려고 하지만, 한 점의 실수나 오류도 없이 완벽을 기하기란 쉽지 않다. 그만큼 완전한 연구번역은 어렵다. 본 연구번역도 최선을 다하려고 했지만, 미비한 부분이 있을 것이다. 오류가 있다면 많은 질정을 바라며, 잘못된 부분이 발견되면, 추후에 수정 보완할 수 있도록 노력할 것이다.

마지막으로, 심심한 감사를 표해야 할 분이 있다. 상당한 어려움을 감수하면서도 가치 있는 학술도서에 애정을 갖고 출판을 맡아준 박영스토리의 노현 대표님, 불철주야(不撤晝夜) 성심껏 원고를 꼼꼼하게 다듬어 편집해준 문선미 과장님을 비롯한 박영사 편집진에게 고마운 마음을 전한다.

2019. 6. 하지(夏至)절

연구책임자 신창호 씀

일러두기

1. 본서는 1921년 풍림정사(楓林精舍)에서 간행된 박문호의 『칠서주상설(七書註詳說)』(한국학중앙연구원 장서각 소장)을 저본으로 하였다. 아울러 아세아문화사(亞細亞文化社)에서 간행한 『호산전서(壺山全書)』 1~8(1987~1990)을 참고하였다.

2. 원전(原典)은 직역(直譯)을 원칙으로 하되, 필요한 경우에는 현대적 의미를 고려하여 의역(意譯)하며 풀이하였다. 원문은 번역문과 함께 제시하되, 원문을 앞에 번역문을 뒤에 배치하였다.

3. 역주(譯註)의 경우 각주로 처리하고 간단한 단어나 개념 설명의 경우 본문에서 그대로 병기하여 노출하였다(예 : 잡기(雜記 : 잡다하게 기록함)). 주석은 인용 출처 및 근거를 비롯한 관련 자료를 최대한 밝혀내어 제시하고, 관련 자료의 원문 내용과 번역문을 동시에 수록하는 것을 원칙으로 하였다. 자료의 성격과 독해상의 혼란을 고려하여 원문만을 그대로 노출하거나 내용이 중복되는 부분일지라도 편장이 달라질 경우 다시 수록하여 연구 토대 자료로서의 편리성을 도모하였다.

4. 원전의 원문은 칠서의 '경문(經文)', 주자의 주석인 '주주(朱註)', 박문호의 주석인 '상설(詳說)'로 구분하되, '경문-주주-상설'순으로 글자의 크기를 달리 하였다. 경문의 경우, 별도로 경문이라는 표시 없이 편장별로 번호를 붙였다(예 : 『논어』「선진」 1장 첫 구절은 「선진」이 『논어』의 11편이므로 [11-1-1]로 표시). 상설은 모든 구절에 ○를 붙여 의미를 분명하게 하였다.

5. 원문의 표점 및 정본화 작업은 연구번역 저본과 참고로 활용한 판본을 충분히 대조하여 정돈하였다. 『칠서주상설』 편제의 특성상, 혼란의 소지가 있는 부분은 글자를 추가하거나 삭제한 경우도 있으나 번역에서 원전 그대로 확인할 수 있도록 다시 전체 문장

을 제시하였다. 원문의 정본화 및 역주에서 경전(經傳; 『 』)이나 편명(篇名; 「 」), 구두(句讀; , ; .), 인용문(따옴표; “ ” ; ‘ ’), 강조점(따옴표; ‘ ’) 등을 구분하여 표시하였다.

6. 원전의 특성상, 경문의 바로 아래에 제시되어 있는 음운(音韻)이나 음가(音價)는 주자의 주석인 주주(朱註)로 처리하였다.

7. 원문이나 역주 가운데, 인명이나 개념어는 기본적으로 한글과 한문을 병기하되, 상황에 맞추어서 정돈하였다(예: ‘주자(朱子)’의 경우, 때로는 주희(朱熹)로 표기. 개념어는 원문을 그대로 노출하기도 하고 풀이하기도 하였는데, 도(道)의 경우, 도리(道理), 이치(理致), 방법(方法) 등으로 해석).

8. <참고문헌>과 인명 및 개념·용어 등은 최종 <별책 부록>으로 정돈한다.

차례

— 논어집주상설 총 목차 —

차례

— 논어집주상설 3 —

권4

논어집주상설

論語集註詳說

이인 ◦ 里仁 第四

제4편

朱註

凡二十六章.

모두 26장(章)이다.[1)]

1) 『주자어류(朱子語類)』 권26, 「논어8(論語八)」, 1조목에는 「이인(里仁)」 1장에서 7장까지에 대해 다음과 같이 논의하고 있다. "어떤 이가 물었다. '「이인(里仁)」 한 편은 첫머리[1장]에서 '허물을 보면 이에 어짐[仁]을 안다'[7장]에 이르기까지 모두 인을 말했습니다. '마을이 어진 것이 아름답다'는 것은 어질고 도타운 풍속을 가리켜 말한 것이고, '허물을 보면 이에 인을 알 수 있다'는 것은 자애로운 인을 가리켜 말했습니다. 그 나머지는 모두 마음의 덕이란 측면에서 말했습니다. 주희가 말하였다. '비록 이와 같지만 통체는 모두 저 하나의 인일뿐이다. 예를 들어 마을에 어질고 도타운 풍속이 있으면 바로 저 한 마을의 사람들의 이 마음이 큰 연고로 인해 주작하지 않기 때문에 어질고 도타운 풍속이 있는 것이다. '허물을 보면 이에 인을 안다'는 것은 또한 이 마음이다.(或問: '「里仁」一篇, 自首至'觀過斯知仁矣', 都是說仁. '里仁爲美', 是指言仁厚之俗; '觀過斯知仁', 是指言慈愛底仁. 其他則皆就心德上說.' 曰: '雖是如此, 然統體便都只是那箇仁. 如里有仁厚之俗, 便那一里之人這心不大故走作, 所以有仁厚之俗. '觀過斯知仁', 便也是這心.')"

[4-1-1]

子曰："里仁爲美, 擇不處仁, 焉得知?"
공자가 말하였다. "마을의 인심이 인후(仁厚)한 것이 아름다우니, 인심이 좋은 마을을 선택하되 인(仁)에 처하지 않는다면 어떻게 지혜롭다 하겠는가?"

朱註

○ '處', 上聲. '爲', 於處反. '知', 去聲. 里有仁厚之俗爲美. 擇里而不居於是焉, 則失其是非之本心, 而不得爲知矣.

'택불처인(擇不處仁)'에서 '처(處)'자는 상성(上聲)이다. '이인위미(里仁爲美)'에서 '위(爲)'는 '어(於)'와 '처(處)'의 반절(反切)이다. '언득지(焉得知)'에서 '지(知)'자는 거성(去聲)이다. 마을에 인후(仁厚)한 풍속이 있는 것이 아름답다.[2] 그러한 마을을 선택하되 이에 처하지 않는다면 이는 그 시비(是非)의 본심(本心)을 잃어서 지혜가 될 수 없다.

詳說

○ 雲峰胡氏曰："'仁厚之俗'四字有斟酌. 一里安得人皆仁者? 但有仁厚之俗, 則美矣."[3]

---

2) 마을에 인후(仁厚)한 풍속이 있는 것이 아름답다 : 『주자어류(朱子語類)』 권26, 「논어8(論語八)」, 2조목에는 '아름다움[美]'의 내용에 대해 구체적으로 고민하고 있다. "진순이 물었다. '마을이 어진 것이 아름답다'에 대한 『논어(論語)』와 『맹자(孟子)』의 주가 같지 않은 것은 어째서입니까? 주희가 말하였다. '『논어(論語)』 본문의 뜻은 다만 살 곳을 가려서 택하라는 것일 뿐이다. 맹자가 인용해 와서는 기술을 가려서 택하는 것을 증거한 것도 또한 같은 뜻이다. 마을이 어진 사람을 아름답게 여기니, 사람이 기술을 택하면서 어떻게 삼가지 않을 수 있겠는가라고 말하는 것이다. 그러나 또한 많이 따질 것은 아니다.' 진순이 물었다. '아름다움은 마을의 아름다움입니까? 아니면 사람의 아름다움입니까?' 주희가 말하였다. '예를 들면 풍속의 아름다움이라고 하는 것과 같다. 마치 지금 한 향촌의 사람들이 순박하고 도탑다면, 이는 바로 저 향촌이 훌륭한 것이고, 한 향촌 사람들이 어질지 못하고, 청렴하지 못하고, 부끄러움이 없는 이가 많다면, 이는 바로 저 향촌이 훌륭하지 못한 것이다. 이 장은 또한 깊이 숨겨진 뜻은 없으니, 다만 살 곳을 선택하라는 것일 뿐이다. 그러나 '이인(里仁)'자에는 또 차이가 있다.'(問: '里仁爲美', 論語孟子注不同, 如何? 曰: '論語本文之意, 只是擇居. 孟子引來證擇術, 又是一般意思. 言里以仁者爲美, 人之擇術, 豈可不謹. 然亦不爭多.' 問: '美, 是里之美? 抑人之美?' 曰: '如云俗美一般. 如今有箇鄉村人淳厚, 便是那鄉村好; 有箇鄉村人不仁·無廉·無恥者多, 便是那鄉村不好. 這章也無甚奧義, 只是擇居而已. 然'里仁'字也差異.')"

3) 호병문, 『사서통(四書通)』「논어통(論語通)」 권2.

'이유인후지속위미(里有仁厚之俗爲美)'에서 '인후지속(仁厚之俗)'에 대해, 운봉 호씨(雲峯胡氏 : 胡炳文)가 말하였다. "이 네 글자는 고려함이 있다. 한 마을에 어찌 사람들이 모두 인(仁)한 사람일 수 있겠는가? 다만 인후한 풍속이 있으면 아름다울 뿐이다."

○ 凡『語』中言仁, 有全體之仁, 有一事之仁. 而'里仁'之仁, 又輕於一事, 只以淳厚之俗言也.

무릇 『논어(論語)』에서 인(仁)을 말한 것은 전체로의 인(仁)이 있고, 하나의 일로의 인(仁)이 있다. 그런데 '이인(里仁)'의 인(仁)은 또 하나의 일보다도 가벼우니, 다만 돈후하고 질박한 풍속으로 말한 것일 뿐이다.

○ 朱子曰 : "'擇'字因上句爲文."[4]

'택리이불거어시언(擇里而不居於是焉)'에서 '택(擇)'자에 대해, 주자(朱子 : 朱熹)가 말하였다. "'택(擇)'자는 위 구절 즉 '이유인후지속위미(里有仁厚之俗爲美)'에 따라서 글을 쓴 것이다."

○ '仁'.

'택리이불거어시언(擇里而不居於是焉)'에서 '시(是)'자는 '인(仁)'을 가리킨다.

○ 『孟子』「告子」曰 : "是非之心, 知也."

'즉실기시비지본심(則失其是非之本心)'과 관련하여, 『맹자(孟子)』「고자상(告子上)」에서 말하였다. "시비지심(是非지심)은 지(知)이다."

○ 有釋無訓.

경문의 풀이는 있으나 훈고는 없다.

○ '處所'之'處', 經書所罕見, 則'居處'之'處'當爲如字, 而此著音者, 從後世所恒用爲主耳. '書卷'之'卷'放此. 如'佛氏'之'佛', 經書所無, 而在朱子時則自當爲如字耳.

'처소(處所)'의 '처(處)'자는 경서(經書)에서 드물게 보이는 것이니, '거처(居處)'의 '처(處)'자는 본래의 음대로 읽어야 하는데, 여기에서 음을 드러낸 것은 후세에 보통으로 사용하는 것을 좇아 중심으로 하는 것일 뿐이다. '서권(書卷)'의 '권(卷)'자도 이를 따른 것이다. 예컨대 '불씨(佛氏)'의 '불(佛)'자도 경서에는 없는 것이지만 주자의 시대에는 본디 마땅히 본래의 음으로 읽어야 하는 것일 뿐이다.

---

4) 『사서혹문(四書或問)』 권9에는 "'擇'云者, 不復指言所擇, 而特因上句以爲文.('택(擇)'이라 말한 것은 다시 선택할 곳을 가리켜 말한 것이 아니고 다만 위 구절에 따라서 글을 쓴 것일 뿐이다.)"라고 되어 있다.

[4-2-1]

子曰："不仁者不可以久處約, 不可以長處樂. 仁者安仁, 知者利仁."
공자가 말하였다. "인(仁)하지 못한 자는 오랫동안 곤궁함에 처할 수 없고, 오랫동안 즐거움에 처할 수 없다. 인한 사람은 인을 편안히 여기고, 지혜로운 사람은 인을 이롭게 여긴다."

朱註

樂, 音洛. 知, 去聲.

'불가이장처락(不可以長處樂)'에서 '락(樂)'자는 음이 락(洛)이다. '지자리인(知者利仁)'에서 '지(知)'자는 거성(去聲)이다.

詳說

○ 處, 上聲.

'불인자불가이구처약, 불가이장처락(不仁者不可以久處約, 不可以長處樂)'에서 두 개의 '처(處)'자는 상성(上聲)이다.

朱註

約, 窮困也. 利, 猶貪也, 蓋深知篤好而必欲得之也.

약(約)은 곤궁함이다. 이(利)는 탐(貪)과 같으니, 대개 깊이 알아서 독실하게 좋아하여 반드시 그것을 얻으려고 하는 것이다.

詳說

○ 去聲.

'개심지독호이필욕득지야(蓋深知篤好而必欲得之也)'에서 '호(好)'자는 거성(去聲)이다.

○ 深知而篤好.

'개심지독호이필욕득지야(蓋深知篤好而必欲得之也)'에서 '심지독호(深知篤好)'는 깊이 알아서 독실하게 좋아한다는 것이다.

○ '利'訓至此, 蓋恐讀者認爲'利慾'之'利', 故訓之如此.

'리(利)'자는 여기[개심지독호이필욕득지야(蓋深知篤好而必欲得之也)]까지 새기니, 대개 독자들이 '이욕(利慾)'의 '리(利)'자로 인식할까 염려했기 때문에 이와 같이 훈고하였다.

○ 訓畢

훈고가 끝났다.

朱註

不仁之人, 失其本心, 久約必濫, 久樂必淫.

인(仁)하지 못한 사람은 그 본심(本心)을 잃어서 오랫동안 곤궁하면 반드시 넘치고, 오랫동안 즐거우면 반드시 넘친다.5)

詳說

○ 雲峰胡氏曰 : "仁統義 · 禮 · 智, 所以於上章曰'失其是非之本心', 此直曰'失其本心'. 『集註』之精密如此."6)

'불인지인, 실기본심(不仁之人, 失其本心)'에 대해, 운봉 호씨(雲峯胡氏 : 胡炳文)가 말하였다. "인(仁)은 의(義) · 예(禮) · 지(智)를 총괄하기 때문에 위 장(章)에서는

5) 그 본심(本心)을 잃어서 오랫동안 …… 반드시 넘친다. : 『주자어류(朱子語類)』 권26, 「논어8(論語八)」, 6조목에서 다음과 같이 정돈하고 있다. "황의강이 물었다. '이미 '그 본심을 잃었다면', 곧 해이해지고 넘치고 지나치게 된 것인데, 반드시 '오랫동안'이라고 말하는 것은 무슨 까닭입니까?' 주희가 말하였다. '또한 때로 이처럼 하는 것을 수긍하지 않는 때가 있어서, 성인의 말이 부드러운 것이다. 그러나 지금 그가 어질지 않다고 말한다면 간략함은 곧 넘치게 되고, 즐거움은 곧 지나치게 되지만, 또한 이와 같은 것을 편치 않게 여기는 것이 있게 된다.' 황의강이나 섭하손의 기록에서는 '또한 갑자기 한 때에 억지로 열심히 하는 경우가 있다'고 말하고 있다.'(問: '旣是'失其本心', 則便解濫淫, 而必以久言之, 何故?' 曰: '也有時下未肯恁地做底, 聖人說話穩. 而今說道他不仁, 則約便濫, 樂便淫, 也有不便恁地底.' 義剛. 賀孫錄云: '亦有乍能勉强一時者.')"

6) 호병문, 『사서통(四書通)』「논어통(論語通)」 권2에는 "上文'擇不處仁', 則曰'失其是非之本心'; 此則曰'不仁之人, 失其本心.' 蓋仁 · 義 · 禮 · 智, 皆吾本心也, 然仁統三者, 仁一失, 三者俱失矣. 所以於不知, 則曰'失其是非之本心'; 於不仁, 則直書曰'失其本心'也. 『集註』之精密如此.(앞 장(章)의 글 '택불처인(擇不處仁 : 인심이 좋은 마을을 선택하되 인(仁)에 처하지 않는다)'에 대한 주석에서는 '실기시비지본심(失其是非之本心 : 그 시비(是非)의 본심(本心)을 잃는다)'라 했고, 여기에서는 '불인지인, 실기본심(不仁之人, 失其本心 : 인(仁)하지 못한 사람은 그 본심(本心)을 잃는다)'라고 하였다. 대개 인 · 의 · 예 · 지는 모두 우리의 본심(本心)이지만 인(仁)은 나머지 셋을 총괄하니, 인(仁)을 한 번 잃으면 나머지 셋은 모두 잃게 된다. 그러므로 알지 못하는 것에 대해서는 '실기시비지본심(失其是非之本心 : 그 시비(是非)의 본심(本心)을 잃는다)'라고 했지만, 인(仁)하지 못한 것에 대해서는 곧바로 '실기본심(失其本心 : 그 본심(本心)을 잃는다)'라고 적었다. 『논어집주(論語集註)』의 정밀함이 이와 같다.)"라고 되어 있다.

'실기시비지본심(失其是非之本心 : 그 시비(是非)의 본심(本心)을 잃는다)'이라고 했지만, 여기에서는 곧바로 '실기본심(失其本心 : 그 본심(本心)을 잃는다)'이라고 하였다. 『논어집주(論語集註)』의 정밀함이 이와 같다."

○ 吳氏曰 : "不可一日處, 聖人待人以厚, 故言'久長'."[7)]

'구약필람, 구락필음(久約必濫, 久樂必淫)'에 대해, 오씨(吳氏)가 말하였다. "곤궁함과 즐거움에 하루도 처할 수 없는데, 성인은 사람을 후하게 대우하기 때문에 '오랫동안'이라 말하였다."

○ 雙峰饒氏曰 : "是'窮斯濫'之'濫', '富貴不能淫'之'淫'."[8)]

'구약필람, 구락필음(久約必濫, 久樂必淫)'에서 '람(濫)'자와 '음(淫)'자에 대해, 쌍봉 요씨(雙峰饒氏 : 饒魯)가 말하였다. "'람(濫)'자는 '궁사람(窮斯濫 : 곤궁하면 넘친다)'[9)]에서 '람(濫 : 넘치다)'자이고, '음(淫)'자는 '부귀불능음(富貴不能淫 : 부귀(富貴)가 마음을 방탕하게 하지 못한다)'[10)]에서 '음(淫 : 방탕하다)'자이다."

○ 以此二字解之, 而益直截明白.

'구약필람, 구락필음(久約必濫, 久樂必淫)'이라 한 것에 대해, 이 두 글자 즉 '람(濫)'자와 '음(淫)'자로 풀이하여 더욱 단도직입적이고 명백하다.

---

7) 호병문, 『사서통』「논어통」 권2에서 오씨(吳氏)의 말로 "不仁者不可一日處, 聖人之言, 待人以厚, 故以'久長'言之爾.(인(仁)하지 못한 사람은 곤궁함과 즐거움에 하루도 처할 수 없는데, 성인의 말은 사람을 후하게 대우하기 때문에 '오랫동안'이라 말하였다.)"라고 실려 있다.

8) 호광 편(胡廣 編), 『논어집주대전(論語集註大全)』 권4에 요로(饒魯)의 말로 "'濫'字, 是'窮斯濫矣'之'濫'; '淫'字, 是'富貴不能淫'之'淫'.('람(濫)'자는 '궁사람(窮斯濫 : 곤궁하면 넘친다)'에서 '람(濫 : 넘치다)'자이고, '음(淫)'자는 '부귀불능음(富貴不能淫 : 부귀(富貴)가 마음을 방탕하게 하지 못한다)'에서 '음(淫 : 방탕하다)'자이다.)"라고 실려 있다.

9) 궁사람(窮斯濫 : 곤궁하면 넘친다) : 『논어(論語)』「위령공(衛靈公)」 제1장에서 "자로(子路)가 성난 얼굴로 공자를 뵙고 물었다. '군자도 곤궁할 때가 있습니까?' 공자가 대답하였다. '군자는 진실로 곤궁하니, 소인은 곤궁하면 넘친다.'(子路慍見曰 : '君子亦有窮乎?' 子曰 : '君子固窮, 小人窮斯濫矣.')"라고 하였다.

10) 부귀불능음(富貴不能淫 : 부귀(富貴)가 마음을 방탕하게 하지 못한다) : 『맹자(孟子)』「등문공하(滕文公下)」 제2장에서 "천하의 넓은 집[인(仁)]에 거처하며, 천하의 바른 자리[예(禮)]에 서며, 천하의 대도(大道)[의(義)]를 행하여, 뜻을 얻으면 백성과 함께 도(道)를 행하고, 뜻을 얻지 못하면 홀로 그 도(道)를 행하여, 부귀(富貴)가 마음을 방탕하게 하지 못하며, 빈천(貧賤)이 절개를 옮겨 놓지 못하며, 위무(威武)가 지조를 굽히게 할 수 없는 것, 이를 대장부(大丈夫)라 이르는 것이다.(居天下之廣居, 立天下之正位, 行天下之大道, 得志與民由之, 不得志獨行其道, 富貴不能淫, 貧賤不能移, 威武不能屈, 此之謂大丈夫.)"라고 하였다.

朱註

惟仁者則安其仁, 而無適不然; 知者則利於仁, 而不易所守.

오직 인(仁)한 사람만이 그 인을 편안히 여겨서 가는 곳마다 그렇게 하지 않음이 없고, 오직 지혜로운 사람만이 인을 이롭게 여겨서 지키는 것을 바꾸지 않는다.[11]

詳說

○ 添'惟'字, 而本文上下意續.

'유인자칙안기인(惟仁者則安其仁)'이라 한 것은, 경문 '인자안인(仁者安仁)'에 '유(惟)'자를 보태어 경문의 위아래의 뜻이 이어졌다.

○ 雙峰饒氏曰: "心與仁一, 故曰'其'."[12]

'유인자즉안기인(惟仁者則安其仁)'에 대해, 쌍봉 요씨(雙峰饒氏: 饒魯)가 말하였다. "마음과 인(仁)이 하나이기 때문에 '안기인(安其仁)'이라 하여 '기(其)'자를 썼다."

○ 雙峰饒氏曰: "心與仁二, 故曰'於'."[13]

---

11) 오직 인(仁)한 사람만이 그 인을 편안히 여겨서 …… 바꾸지 않는다.: 『주자어류(朱子語類)』 권26, 「논어8(論語八)」, 7조목과 8조목에는 이에 대해 구체적으로 논의하고 있다. 7조목을 보면, "양지[至之]가 물었다. ''어진 이는 인을 편안히 여긴다'는 말이 무엇입니가?' 주희가 말하였다. '인이란 마음이 어진 것이니, 일찍부터 '안(安)'자가 많았다. '지혜로운 이는 인을 이롭게 여긴다'는 말에는 사의가 없을 수 없지만 사의는 발붙일 곳이 아니라는 것을 아는 것일 뿐이고, 또 사의가 없는 곳이 좋은 줄을 아는 것이니, 이 때문에 여기에서 수없이 헤아려 하나의 사의를 이겨내려는 것이다. 이것이 바로 인을 이롭게 여기는 일이다.'(至之問 "仁者安仁". 曰: "仁者心便是仁, 早是多了一'安'字. '知者利仁', 未能無私意, 只是知得私意不是著脚所在, 又知得無私意處是好, 所以在這裏千方百計要克去箇私意, 這便是利仁.')" 8조목에서는 "유잠부(劉潛夫)가 '인을 편안히 여김'과 '인을 이롭게 여김'의 구별에 대해 묻자, 주희가 '인을 편안히 여기는 것은 인이 있는 줄을 알지 못하는 것이니, 마치 허리띠를 두르고서 허리를 잊어버리고, 신발을 신고서 발을 잊는 것과 같다. 인을 이롭게 여기는 것은 인을 하나의 물건으로 보는 것이니, 그에 나아가면 이롭고, 그를 버리면 해롭다.'라고 하였다.(劉潛夫問 '安仁'·'利仁'之別. 曰: '安仁者不知有仁, 如帶之忘腰, 屨之忘足. 利仁者是見仁爲一物, 就之則利, 去之則害.')"

12) 호광 편(胡廣 編), 『논어집주대전(論語集註大全)』 권4에 요로(饒魯)의 말로 "安仁者, 心與仁一. 仁卽我, 我卽仁, 故曰其仁, 卽仁者之仁也.(인(仁)을 편안히 여기는 사람은 마음과 인이 하나이다. 인이 곧 나이고 내가 곧 인이기 때문에 '안기인(安其仁)'이라 하여 '기인(其仁)'이라는 표현을 썼으니 곧 인한 사람의 인이다.)"라고 실려 있다.

13) 호광 편(胡廣 編), 『논어집주대전(論語集註大全)』 권4에 요로(饒魯)의 말로 "利仁者, 心與仁猶二. 於仁猶有間, 故曰於仁, 猶未是仁, 不過利於仁耳.(인(仁)을 이롭게 여기는 사람은 마음과 인이 여전히 둘이다. 인에 대해서 여전히 간격이 있기 때문에 '리어인(利於仁)'이라 하여 '어인

'지자즉리어인(知者則利於仁)'에 대해, 쌍봉 요씨(雙峰饒氏 : 饒魯)가 말하였다. "마음과 인(仁)이 둘이기 때문에 '리어인(利於仁)'이라 하여 '어(於)'자를 썼다."

○ 釋畢.

경문의 풀이가 끝났다.

○ '無適不然'·'不易所守'八字, 已含久約·長樂之意; 至下文云'皆非外物所能奪', 則正指約樂而言.

'무적불연(無適不然)'과 '불역소수(不易所守)'라고 한 여덟 글자는 이미 오랫동안 곤궁함과 오랫동안 즐거워함이라는 뜻을 포함하고 있으며, 아래 글에서 '개비외물소능탈(皆非外物所能奪 : 모두 바깥 사물이 빼앗을 수 있는 것이 아니다)'이라 한 것에 이르면 바로 곤궁함과 즐거워함을 가리켜서 말한다.

朱註

> 蓋雖深淺之不同, 然皆非外物所能奪矣.
>
> 비록 깊고 얕음이 같지 않지만, 모두 바깥 사물이 빼앗을 수 있는 것이 아니다.

詳說

○ 朱子曰 : "仁深知淺."[14]

'개수심천지부동(蓋雖深淺之不同)'에 대해, 주자(朱子 : 朱熹)가 말하였다. "인(仁)은 깊고, 지(知)는 얕다."

○ 就言外先別仁·知之不同, 下文遂論其同處.

'개수심천지부동(蓋雖深淺之不同)'이라고 한 것은, 말 밖에서 먼저 인(仁)과 지(知)의 같지 않음을 구별한 것이고, 아래 글에서는 마침내 그 같은 점을 논의한다.

○ 仁者·知者.

'연개비외물소능탈의(然皆非外物所能奪矣)'에서 '개(皆)'자는 인(仁)한 사람과 지혜로운 사람을 가리킨다.

○ 勉齋黃氏曰 : "所以處約樂之久而不爲動."[15]

(於仁)'이라는 표현을 썼으니, 여전히 아직 인이 아니고 인을 이롭게 여기는 데 지나지 않을 뿐이다.)"라고 실려 있다.

14) 호광 편(胡廣 編), 『논어집주대전(論語集註大全)』 권4에 주자의 말로 "深謂仁者, 淺謂知者(깊은 것은 인(仁)한 사람을 말하고, 얕은 것은 지혜로운 사람을 말한다.)"라고 되어 있다.

15) 호광 편(胡廣 編), 『논어집주대전(論語集註大全)』 권4에 황간(黃榦)의 말로 "物欲不能以累其心,

면재 황씨(勉齋黃氏 : 黃榦)가 말하였다. “그러므로 곤궁함에 처할 수 있고 즐거움을 오래 유지할 수 있어서, 물욕(物欲) 때문에 움직이지 않는다.”

○ **胡氏曰 : “舜飯糗被袗, 安仁者之久處約 · 長處樂. 原憲 · 閔損 · 季文子 · 晏平仲, 利仁者之久處約 · 長處樂.”**[16]

호씨(胡氏)가 말하였다. “순(舜) 임금이 마른밥을 먹고 화려한 옷을 입은 것[17]은 인(仁)을 편안히 여기는 사람이 곤궁함에 오래토록 처하고 즐거움에 오래토록 처한 것이다. 원헌(原憲)이 누추한 집에 살았고,[18] 민손(閔損)이 문수(汶水) 가에 있을 것이라 했으며,[19] 노(魯)나라의 청백리 계문자(季文子)[20]와 제(齊)나라의 검소

所以處約樂之久, 而不爲之動也.(물욕(物欲)이 그 마음을 얽어맬 수 없기 때문에, 곤궁함에 처할 수 있고 즐거움을 오래 유지할 수 있어서, 물욕(物欲) 때문에 움직이지 않는다.)”라고 실려 있다.

16) 『사서혹문(四書或問)』 권9에 호씨(胡氏)의 말로, “舜之飯糗茹草, 若將終身; 衣袗衣鼓琴, 若固有之, 此安仁者之久處約 · 長處樂也. 原憲環堵, 閔損汶上, 魯之季文子, 齊之晏平仲, 此利仁者之久處約 · 長處樂也.(순(舜) 임금이 마른밥을 먹고 채소를 먹을 때에는 평생을 그대로 할 것 같았고, 화려한 옷을 입고 거문고를 탈 때는 본래 그런 것을 가지고 있었던 것처럼 여긴 것은 인(仁)을 편안히 여기는 사람이 곤궁함에 오래토록 처하고 즐거움에 오래토록 처한 것이다. 원헌(原憲)이 누추한 집에 살았고, 민손(閔損)이 문수(汶水) 가에 있을 것이라 했으며, 노(魯)나라의 청백리 계문자(季文子)와 제(齊)나라의 검소한 안평중(晏平仲)과 같은 사람들은 인(仁)을 이롭게 여기는 사람이 곤궁함에 오래토록 처하고 즐거움에 오래토록 처한 것이다.)”라고 실려 있다.

17) 순(舜) 임금이 마른밥을 먹고 화려한 옷을 입은 것 : 『맹자(孟子)』 「진심하(盡心下)」에서 “맹자가 말하였다. ‘순(舜) 임금이 마른밥을 먹고 채소를 먹을 때에는 평생을 그대로 할 것 같았다. 천자가 되어서는 화려한 옷을 입고 거문고를 타며, 두 여자가 모시는 것을 본래 가지고 있었던 것처럼 여겼다.’(孟子曰 : ‘舜之飯糗茹草也, 若將終身焉. 及其爲天子也, 被袗衣鼓琴, 二女果, 若固有之’)”라고 하였다.

18) 원헌(原憲)이 누추한 집에 살았고 : 『장자(莊子)』 「양왕(讓王)」에서 “원헌이 노나라에 살면서 누추하고 협소한 집에 생풀로 지붕을 올렸으며 쑥대를 엮은 문도 튼튼하지 못한데 뽕나무를 깎아 지도리를 만들었다.(原憲居魯, 環堵之室, 茨以生草, 蓬戶不完, 桑以爲樞.)”라고 하였다.

19) 민손(閔損)이 문수(汶水) 가에 있을 것이라 했으며 : 『논어(論語)』 「옹야(雍也)」에서 “계씨(季氏)가 민자건(閔子騫)을 비읍(費邑)의 읍재(邑宰)로 삼으려 하였다. 민자건(閔子騫 : 閔損)이 사자(使者)에게 말하였다. ‘나를 위해 잘 말해 주시오. 만약 다시 나를 부르러 온다면 나는 반드시 노(魯)나라를 떠나 제(齊)나라의 문수 가에 있을 것입니다.’(季氏使閔子騫, 爲費宰. 閔子騫曰 : ‘善爲我辭焉. 如有復我者, 則吾必在汶上矣.’)”라고 하였다.

20) 노(魯)나라의 청백리 계문자(季文子) : 계문자는 춘추(春秋) 시대의 노나라 대부(大夫)로 청백한 행실로 유명하다. 『춘추좌전(春秋左傳)』 양공(襄公) 5년 기사에 의하면, 계문자가 죽은 뒤에 양공이 그의 살림을 챙겨 보니, 명주옷 입은 첩도 없었고 곡식 먹이는 말도 없었으며, 저장한 금옥(金玉)이나 여분의 그릇도 없었다 한다.

한 안평중(晏平仲)[21]과 같은 사람들은 인을 이롭게 여기는 사람이 곤궁함에 오래토록 처하고 즐거움에 오래토록 처한 것이다."

◯ 添此二句之論, 而後本文之意乃足, 而上語有收結.
이 두 구절의 논의를 보탠 뒤에 경문의 뜻은 충족되었고, 위의 말도 결말을 맺게 되었다.

朱註

◯ 謝氏曰 : "仁者心無內外遠近精粗之間, 非有所存而自不亡, 非有所理而自不亂, 如目視而耳聽, 手持而足行也.
사씨(謝氏 : 謝良佐)가 말하였다. "인(仁)한 사람은 마음에 안과 밖, 먼 것과 가까운 것, 정밀함과 거침의 간격이 없어서,[22] 마음을 보존하려고 하지 않아도 저절

---

21) 제(齊)나라의 검소한 안평중(晏平仲) : 안평중은 춘추 시대 제(齊)나라의 재상으로 영공(靈公), 장공(莊公), 경공(景公)을 차례로 섬긴 안영(晏嬰)이다. 안영은 검소한 생활을 하기로 이름이 나 베옷을 입고 조회에 나아갔으며, 30년 동안 갖옷 한 벌로 지냈다고 한다. 『안자춘추(晏子春秋)』 권6 「내편(內篇) · 잡하(雜下)」에 의하면, 일찍이 안영이 밥을 먹고 있을 적에 경공이 보낸 사자가 와서 밥을 나누어 먹었는데, 음식이 부족하여 둘 다 배가 부르지 않았다. 사자가 돌아가서 경공에게 말하니, 안영이 가난한 것은 자신의 죄라고 하면서 안영에게 천금과 시조(市租)를 하사하였다. 안영이 받지 않으면서 말하기를 "임금에게 후하게 받고서 백성들에게 베풀지 않는 것은 어진 사람이 하지 않는 일입니다. 그러므로 받지 않는 것입니다."라고 하였다.

22) 인(仁)한 사람은 마음에 안과 밖, 먼 것과 가까운 것, 정밀함과 거침의 간격이 없어서 : 『주자어류(朱子語類)』 권26, 「논어8(論語八)」, 16조목에는 다음과 같이 설명한다. "섭하손이 물었다. '인(仁)을 편안히 여기면 마음에 안과 밖, 멀고 가까움, 정밀하고 거침의 간격이 없습니다. 성이 움직이지 않으면 이미 모두 지극한 이치가 보존됩니다. 정이 이미 발현하면 지극한 이치가 드러나지 않음이 없습니다. 인을 이롭게 여기는 것은 본시 이미 발현한 데서 살피는 것이지, 다시 발현하기 이전에 삼가는 것이 아니지 않습니까?' 주희가 말하였다. '만일 발현하기 이전의 때라면 스스로 공부를 할 수 없다. 발현하기 이전의 때에는 요순으로부터 평범한 사람에 이르기까지 한 가지이다.' 섭하손이 물었다. '원헌(原憲)이 '이기기를 좋아하고 자기의 공로를 자랑하며, 원망하고 욕심내는 것을 행하지 않으려 한다'고 했는데, 이것은 그의 좋지 않은 많은 일들이 모두 이미 발현한 것입니다. 다만 깨끗하게 막아버리고서 머물렀을 뿐이니, 인을 실천할 수 없었을 뿐만 아니라, 또한 인을 구하는 일도 아닙니다.' 주희가 말하였다. '이와 같다.'(問: '安仁者, '心無內外遠近精粗之間'. 性之未動, 旣皆至理所存; 情之旣發, 無非至理所著. 利仁固是審於旣發, 莫更著謹於未發否?' 曰: '若未發時, 自著不得工夫. 未發之時, 自堯舜至於塗人, 一也.' 問: '原憲'克 · 伐 · 怨 · 欲不行', 是他許多不好物事都已發了, 只白地壅遏得住, 所以非獨不得爲仁, 亦非求仁之事.' 曰: '是如此.')"

로 없어지지 않으며, 다스리려고 하지 않아도 저절로 혼란해지지 않으니, 마치 눈이 보고 귀가 들으며, 손으로 잡고 발로 걸어가는 것과 같다.

詳說

○ 去聲.

'인자심무내외원근정조지간(仁者心無內外遠近精粗之間)'에서 '간(間)'자는 거성(去聲)이다.

○ 以'心'字冠之.

'인자심무내외원근정조지간(仁者心無內外遠近精粗之間)'라고 하여 '심(心)'자를 첫머리에 두었다.

○ 雙峰饒氏曰: "仁熟, 無適不然."[23)]

'인자심무내외원근정조지간(仁者心無內外遠近精粗之間)'에 대해, 쌍봉 요씨(雙峰饒氏: 饒魯)가 말하였다. "인(仁)이 익숙하면 가는 곳마다 그렇게 하지 않음이 없다."

○ 慶源輔氏曰: "存言體, 理言用."[24)]

'비유소존이자불망, 비유소리이자불란(非有所存而自不亡, 非有所理而自不亂)'에서 '존(存: 보존하다)'자와 '리(理: 다스리다)'자에 대해, 경원 보씨(慶源輔氏: 輔廣)가 말하였다. "보존한다는 것은 본체를 말하고, 다스린다는 것은 작용을 말한다."

○ 雙峰饒氏曰: "心存, 事理."[25)]

'비유소존이자불망, 비유소리이자불란(非有所存而自不亡, 非有所理而自不亂)'에서 '존(存: 보존하다)'자와 '리(理: 다스리다)'자에 대해, 쌍봉 요씨(雙峰饒氏: 饒魯)가

---

23) 호광 편(胡廣 編), 『논어집주대전(論語集註大全)』 권4에 요로(饒魯)의 말로, "心無內外遠近精粗之間, 是說他仁熟處. …… 唯仁者內面如此, 外面亦如此, 遠近精粗, 無適不然.(마음에 안과 밖, 먼 것과 가까운 것, 정미함과 거침의 간격이 없다는 것은 그의 인(仁)이 익숙함을 말한 것이다. …… 오직 인(仁)한 사람만이 내면이 이와 같고, 외면도 이와 같으며, 먼 것과 가까운 것, 정밀함과 거침에 가는 곳마다 그렇게 하지 않음이 없다.)"라고 실려 있다.

24) 조순손(趙順孫), 『논어찬소(論語纂疏)』 권2에는 보광(輔廣)의 말로, "深潛, 謂不淺露而德性淵宏. 純粹, 謂無瑕疵而氣質明淨也.(심잠(深潛: 깊이 있다)이라 한 것은 천박하게 드러나지 않아 그 덕성이 심원하고 광대하다는 것을 말한다. 순수하다고 한 것은 흠이 없어 그 기질이 맑고 깨끗하다는 것을 말한다.)"라고 되어 있다.

25) 호광 편(胡廣 編), 『논어집주대전(論語集註大全)』 권4에 요로(饒魯)의 말로, "存是心存, 理是事理.('존(存: 보존하다)'은 마음이 보존되는 것이고, '리(理: 다스리다)'는 일이 다스려지는 것이다.)"라고 실려 있다.

말하였다. "마음이 보존되고, 일이 다스려지는 것이다."

○ 安.

'여목시이이청, 수지이족행야(如目視而耳聽, 手持而足行也)'라는 구절은 편안히 여기는 것이다.

朱註

知者謂之有所見則可, 謂之有所得則未可. 有所存, 斯不亡; 有所理, 斯不亂, 未能無意也.

지혜로운 사람을 본 것이 있다고 말하는 것은 괜찮지만, 터득한 것이 있다고 말하는 것은 안 된다. 보존하는 것이 있어야 없어지지 않고, 다스리는 것이 있어야 혼란해지지 않으니, 의도함이 없을 수 없다.

詳說

○ 知及之而行不至.

'지자위지유소견즉가, 위지유소득즉미가(知者謂之有所見則可, 謂之有所得則未可)'라고 한 구절은 앎이 거기에 미치지만 실행이 이르지 못한 것이다.

○ 利.

'미능무의야(未能無意也)'라는 말은 이롭게 여기는 것이다.

○ 目視耳聽 · 手持足行, 是無意也.

'미능무의야(未能無意也)'에서 '무의(無意 : 의도함이 없음)'는 눈이 보고 귀가 들으며, 손이 잡고 발이 걸어가는 것이 의도함이 없음을 말한다.

朱註

安仁則一, 利仁則二. 安仁者非顏 · 閔以上, 去聖人爲不遠, 不知此味也. 諸子雖有卓越之才, 謂之見道不惑則可, 然未免於利之也."

인(仁)을 편안히 여기는 것은 하나인데, 인을 이롭게 여기는 것은 둘이다. 인을 편안히 여기는 사람은 안회(顏回)와 민자건(閔子騫) 이상으로 성인과의 거리가 멀지 않은 사람이 아니면 이러한 의미를 알지 못한다. 여러 제자들은 비록 탁월한 재능을 가지고 있지만, 도(道)를 봄에 미혹하지 않는다고 말하는 것은 괜찮지만, 그것을 이롭게 여기는 것을 벗어나지 못하였다."

詳說

○ 朱子曰："上蔡見識直是高, 諸解中未有及此者."[26]

'안인즉일, 리인즉이(安仁則一, 利仁則二)'에 대해, 주자(朱子 : 朱熹)가 말하였다. "상채(上蔡 : 謝良佐)의 식견은 참으로 고원하니, 여러 해석 가운데 이에 미칠 만한 것이 없다."

○ 以此八字形容安·利之別, 此下又就孔門諸子中證其近似者.

'안인즉일, 리인즉이(安仁則一, 利仁則二)'라고 한 이 여덟 글자로 편안하게 여김과 이롭게 여김의 구별을 형용하였고, 이 아래는 또 공자 문하의 여러 제자 가운데 그것과 근사한 사람들로 증명하였다.

○ 上聲.

'안인자비안·민이상(安仁者非顏·閔以上)'에서 '상(上)'자는 상성(上聲)이다.

○ '非'字釋於此.

'안인자비안·민이상(安仁者非顏·閔以上)'에서 '비(非)'자는 '거성인위불원(去聖人爲不遠)'에서 풀이한다.

○ 朱子曰："知得此味, 猶未到安處."[27]

'부지차미야(不知此味也)'에 대해, 주자(朱子 : 朱熹)가 말하였다. "이 의미를 알았다고 해도 여전히 인(仁)을 편안하게 여기는 경지에 도달한 것은 아니다."

---

26) 『주자어류(朱子語類)』 권26, 「논어8(論語八)」, 15조목에는 "先生再三誦'安仁則一, 利仁則二'之句, 以爲解中未有及此者. 因歎云 : '此公見識直是高. 利仁, 貪利爲之, 未要做遠底, 且就近底做; 未要做精底, 且就粗底做.'(선생님께서는 거듭 '인(仁)을 편안히 여기는 것은 하나인데, 인(仁)을 이롭게 여기는 것은 둘이다'라는 구절을 읊고, 해석 가운데 이에 미칠 만한 것이 없다고 여겼다. 이어 탄식하면서 말하였다. '이 분(謝良佐)의 식견은 참으로 고원하다. 인(仁)을 이롭게 여기면 이익을 탐해서 하는 것이니, 먼 것을 하려고 하지 않고 가까운 것에서 하려고 하며, 정밀한 것을 하려고 하지 않고 거친 것에서 하려고 하는 것이다.')"라고 되어 있다.

27) 『주자어류(朱子語類)』 권26, 「논어8(論語八)」, 15조목에는 "問 : ''安仁者非顏·閔以上, 不知此味', 便是聖人之事乎?' 曰 : '是. 須知'非顏·閔以上, 不知此味', 到顏·閔地位知得此味, 猶未到安處也.'(물었다. ''인(仁)을 편안히 여기는 사람은 안회(顏回)와 민자건(閔子騫) 이상이 아니면 이러한 의의를 알지 못한다'라고 한 것은 곧 성인의 일이란 말입니까?' 주자(朱子 : 朱熹)가 대답하였다. '그렇다. 모름지기 '안회와 민자건 이상이 아니면 이러한 의미를 알지 못한다'라는 것을 알아야 하니, 안회와 민자건의 지위에 도달해서 이 의미를 알았다고 해도 여전히 인(仁)을 편안하게 여기는 경지에 도달한 것은 아니다.')"라고 되어 있다.

○ 知也.

'위지견도불혹즉가(謂之見道不惑則可)'에서 '불혹(不惑)'은 아는 것이다.

○ 朱子曰 : "顔 · 曾得仁之深者也, 子夏 · 子貢得知之深者也."[28]

'연미면어리지야(然未免於利之也)'에 대해, 주자(朱子 : 朱熹)가 말하였다. "안자(顔子)와 증자(曾子)는 인(仁)의 깊은 것을 얻은 사람들이고, 자하(子夏)와 자공(子貢)은 지(知)의 깊은 것을 얻은 사람이다."

○ 又曰 : "而今做工須是利仁."[29]

'연미면어리지야(然未免於利之也)'에 대해, 주자(朱子 : 朱熹)가 또 말하였다. "지금 공부를 하려면 모름지기 인(仁)을 이롭게 여겨야 한다."

○ 吳氏曰 : "學問不出知行, 知主知, 仁主行."[30]

위 구절에 대해 오씨(吳氏)가 말하였다. "학문은 앎과 실천을 벗어나지 않으니, 지(知)는 앎을 중심으로 하고 인(仁)은 실천을 중심으로 한다.

---

28) 『주자어류(朱子語類)』 권26, 「논어8(論語八)」, 12조목에는 "仁 · 知雖一, 然世間人品所得, 自有不同. 顔子 · 曾子, 得仁之深者也; 子夏 · 子貢, 得知之深者也. 如程門之尹氏則仁勝, 上蔡則知勝. (인(仁)과 지(知)는 비록 한 가지이지만 세간의 사람들이 성품으로 얻은 것에는 본래 같지 않음이 있다. 안자(顔子)와 증자(曾子)는 인(仁)의 깊은 것을 얻은 사람들이고, 자하(子夏)와 자공(子貢)은 지(知)의 깊은 것을 얻은 사람이다. 예컨대 정자(程子) 문하의 윤씨(尹氏 : 尹焞)는 인(仁)이 뛰어나고, 상채(上蔡 : 謝良佐)는 지(知)가 뛰어나다.)"라고 되어 있다.

29) 『주자어류(朱子語類)』 권26, 「논어8(論語八)」, 11조목에는 "蕭景昭問 : '而今做工夫, 且須利仁.' 曰 : '唯聖人自誠而明, 合下便自安仁. 若自明而誠, 須是利仁.'(숙경소(蕭景昭 : 주자 문인)가 물었다. '지금 공부를 하려면 또한 모름지기 인(仁)을 이롭게 여겨야 합니다.' 주자(朱子 : 朱熹)가 대답하였다. '오직 성인은 성실함으로 말미암아 밝아지기 때문에, 원래 저절로 인(仁)을 편안하게 여긴다. 만약 밝음으로 말미암아 성실해지는 것이라면 모름지기 인(仁)을 이롭게 여겨야 한다.')"

30) 호병문, 『사서통(四書通)』「논어통(論語通)」 권2에서 오씨(吳氏)의 말로, "不仁者不可一日處, 聖人之言, 待人以厚, 故以久長言之爾.(인(仁)하지 못한 사람은 곤궁함과 즐거움에 하루도 처할 수 없는데, 성인의 말은 사람을 후하게 대우하기 때문에 '오랫동안'이라 말하였다.)"라고 실려 있다.

[4-3-1]

子曰 : "惟仁者, 能好人, 能惡人."
공자가 말하였다. "오직 인(仁)한 사람이라야 남을 좋아할 수 있고, 남을 미워할 수 있다."

朱註

○ 好·惡, 皆去聲. 惟之爲言獨也. 蓋無私心, 然後好惡當於理.
'능호인, 능오인(能好人, 能惡人)'에서 '호(好)'자와 '오(惡)'자는 모두 거성이다. '유(惟)'라는 말은 '홀로'라는 뜻이다. 대개 사사로운 마음이 없는 뒤에 좋아하고 미워함이 이치에 합당하게 된다.

詳說

○ '惟'字多作語辭用, 故遇'獨'義處必訓之.
'유지위언독야(惟之爲言獨也)'에 대해, '유(惟)'자는 대부분 어조사로 사용되기 때문에 '홀로'라는 의미로 쓰인 곳을 만나면 반드시 훈고한다.

○ 訓.
'유지위언독야(惟之爲言獨也)'라고 한 것은 훈고이다.

○ 程子曰 : "公最近仁."31)
'개무사심(蓋無私心)'에 대해, 정자(程子)가 말하였다. "공변됨이 인(仁)에 가장 가깝다."

○ 去聲.
'연후호오당어리(然後好惡當於理)'에서 '당(當)'자는 거성(去聲)이다.

○ 『大學』曰 : "惟仁人能愛人, 能惡人."32)
'개무사심, 연후호오당어리(蓋無私心, 然後好惡當於理)'에 대해, 『대학(大學)』에서 말하였다. "오직 인(仁)한 사람만이 남을 사랑할 수 있고, 남을 미워할 수 있다."

○ 延平李氏曰 : "當理而無私心則仁矣."33)
'개무사심, 연후호오당어리(蓋無私心, 然後好惡當於理)'에 대해, 연평 이씨(延平李

31) 정호(程顥)·정이(程頤), 『하남정씨외서(河南程氏外書)』 권4.
32) 『대학장구(大學章句)』 전(傳) 제10장.
33) 주희, 『연평답문(延平答問)』에는 "當理而無私心卽仁矣.(이치에 맞아서 사사로운 마음이 없는 것이 곧 인(仁)이다.)"라고 되어 있다.

氏 : 李侗)가 말하였다. "이치에 합당하고 사사로운 마음이 없으면 인(仁)하다."

○ 胡氏曰 : "無私, 體也; 當理, 用也."[34)]

'개무사심, 연후호오당어리(蓋無私心, 然後好惡當於理)'에 대해, 호씨(胡氏)가 말하였다. "사사로움이 없는 것은 본체이고, 이치에 합당한 것은 작용이다."

○ 雙峰饒氏曰 : "忠清章因事而原其心, 故先言當理; 此章由心而達於事, 故先言無私."[35)]

'개무사심, 연후호오당어리(蓋無私心, 然後好惡當於理)'에 대해, 쌍봉 요씨(雙峰饒氏 : 饒魯)가 말하였다. "충청장(忠清章)은 일에 따라서 그 마음을 미루어 보았기 때문에 먼저 이치에 합당함을 말했고,[36)] 이 장(章)은 마음으로부터 말미암아 일

---

34) 호광 편(胡廣 編), 『논어집주대전(論語集註大全)』 권4에 호씨(胡氏)의 말로, "無私心, 體也; 好惡當於理, 用也.(사사로운 마음이 없는 것은 본체이고, 좋아함과 미워함이 이치에 맞는 것은 작용이다.)"라고 실려 있다.

35) 호광 편(胡廣 編), 『논어집주대전(論語集註大全)』 권4에 요로(饒魯)의 말로, "'忠清'章論仁, 是因事而原其心, 故先言當理, 而後言無私心. 能好惡, 是由心而達於事, 故先言無私心, 而後言當於理.('충청(忠清 : 충성과 청결함)' 장(章)에서 인(仁)을 논한 것은 일에 따라서 그 마음을 미루어 본 것이기 때문에 먼저 이치에 합당함을 말한 뒤에 사사로운 마음이 없음을 말하였다. 좋아할 수 있고 미워할 수 있다는 것은 마음으로부터 말미암아 일에 도달하는 것이기 때문에 먼저 사사로운 마음이 없음을 말한 뒤에 이치에 합당함을 말하였다.)"라고 실려 있다.

36) 충청장(忠清章)은 일에 따라서 그 마음을 …… 먼저 이치에 합당함을 말했고 : 『논어(論語)』「공야장(公冶長)」 제18장에서 "자장(子張)이 물었다. '영윤(令尹)인 자문(子文)이 세 번 벼슬하여 영윤이 되었지만 기뻐하는 기색이 없었고, 세 번 벼슬을 그만두면서도 서운해 하는 기색이 없었습니다. 옛날 자신이 맡아보던 영윤의 정사(政事)를 반드시 새로 부임해온 영윤에게 알려주었으니, 어떻습니까?' 공자가 대답하였다. '충성스럽다.' 다시 물었다. '인(仁)이라 할 만합니까?' 공자가 대답하였다. '모르겠지만, 어찌 인이 될 수 있겠는가?' 또 물었다. '최자(崔子)가 제(齊)나라 임금을 시해하니, 진문자(陳文子)는 말 10승(乘)을 소유하고 있었는데, 이를 버리고 그 곳을 떠났습니다. 다른 나라에 이르러 '이 사람도 우리나라 대부 최자와 같다'라 말하고 그 곳을 떠났으며, 또 한 나라에 이르러서도 또 '이 사람 또한 우리나라 대부 최자와 같다'라 말하고 떠나갔으니, 어떻습니까?' 공자가 대답하였다. '깨끗하다.' 다시 물었다. '인이라 할 만합니까?' 공자가 대답하였다. '모르겠지만, 어찌 인이 될 수 있겠는가?'(子張問曰 : '令尹子文三仕爲令尹, 無喜色; 三已之, 無慍色. 舊令尹之政, 必以告新令尹, 何如?' 子曰 : '忠矣.' 曰 : '仁矣乎?' 曰 : '未知, 焉得仁?' '崔子弒齊君, 陳文子有馬十乘, 棄而違之. 至於他邦, 則曰, '猶吾大夫崔子也.' 違之. 之一邦, 則又曰, '猶吾大夫崔子也.' 違之, 何如?' 子曰 : '清矣.' 曰 : '仁矣乎?' 曰 : '未知, 焉得仁?')"라 하였다. 이에 대해 주자는 주석에서 "나는 선생님(李侗을 가리킴)께 '이치에 합당하고 사사로운 마음이 없으면 인(仁)이다.'라는 말을 들었다. 이제 이 말을 가지고 두 사람의 일을 관찰해 보면 비록 그 행실의 높음은 따라갈 수 없을 것 같지만 모두 그것이 꼭 이치에 합당하고 참으로 사사로운 마음이 없는지는 알 수 없다.(愚聞之師曰, '當理而無私心, 則仁矣.' 今以是而觀二子之事, 雖其制行之高若不可及, 然皆未有以見其必當於理, 而眞無私心也.)"라고 하였다.

에 도달했기 때문에 먼저 사사로운 마음이 없음을 말하였다."

○ 雲峰胡氏曰 : "須看'能'字, 當理始可謂之'能'."[37)]

'개무사심, 연후호오당어리(蓋無私心, 然後好惡當於理)'에 대해, 운봉 호씨(雲峯胡氏 : 胡炳文)가 말하였다. "모름지기 '능(能 : 할 수 있다)'자를 보아야만 이치에 합당함을 비로소 '능(能 : 할 수 있다)'이라 말할 수 있다."

○ 釋畢.

경문의 풀이가 끝났다.

○ 此下又引程子說證之.

이 아래는 또 정자(程子 : 程頤)의 말을 인용해서 그것을 증명하였다.

朱註

程子所謂'得其公正'是也.

정자(程子 : 程頤)가 이른바 '그 공정(公正)함을 얻었다'라고 한 말[38)]이 이것이다.

---

37) 호광 편(胡廣 編), 『논어집주대전(論語集註大全)』 권4에 호병문(胡炳文)의 말로, "皆須看'能'字, 好惡當於理, 始可謂之能.(모두 모름지기 '능(能 : 할 수 있다)'자를 보아야만, 좋아함과 미워함이 이치에 합당한 것을 비로소 '능(能 : 할 수 있다)'이라 말할 수 있다.)"라고 되어 있다.

38) 정자(程子 : 程頤)가 이른바 '그 공정(公正)함을 얻었다'라고 한 말 : 정이(程頤), 『하남정씨경설(河南程氏經說)』 권7에서 "오직 인(仁)한 사람이라야 남을 좋아할 수 있고, 남을 미워할 수 있다는 것은 그 공정함을 얻었기 때문이다.(惟仁者, 能好人, 能惡人, 得其公正也.)"라고 하였다. 『주자어류(朱子語類)』 권26, 「논어8(論語八)」, 19조목에는 다음과 같이 정돈 되어 있다. "심한이 물었다. '오직 인(仁)한 사람이라야 남을 좋아할 수 있고, 남을 미워할 수 있다'는 구절에 대해, 정자는 '그 공정함을 얻음이 이것이다'라고 했습니다.' 주희가 말하였다. '오늘날 사람들은 대부분 공정(公正)이란 두 글자를 연결해서 보는데, 사실상 공(公)은 그 자체로 공(公)이고, 정(正)은 그 자체로 정(正)이니, 이 두 글자는 서로 작게 보아서는 안 된다. 공은 마음의 내면이 공평하다[公]는 것이니, 바로 좋아하고 싫어함이 이치에 마땅함을 얻었다는 말이다. 진실로 공평하고서 바르지[正] 않다면 그 좋아하고 미워함은 반드시 모두 이치에 마땅할 수 없을 것이다. 바르되 공평하지 못하다면 사물들 사이에서 간절하게 그 옳음을 구하고자 하지만 마음은 오히려 공평치 못할 것이다. 이 두 글자는 하나를 작게 보아서는 안 된다.'(問 '唯仁者能好人, 能惡人', 程子所謂'得其公正是也'. 曰: '今人多連看'公正'二字, 其實公自是公, 正自是正, 這兩箇字相少不得. 公是心裏公, 正是好惡得來當理. 苟公而不正, 則其好惡必不能皆當乎理; 正而不公, 則切切然於事物之間求其是, 而心卻不公. 此兩字不可少一.')"

詳說

○ 叔子.

'정자소위(程子所謂)'에서 '정자(程子)'는 동생 정이(程頤)이다.

○ 朱子曰:"無私, 公; 當理, 正."[39]

'정자소위'득기공정'시야(程子所謂'得其公正'是也)'에 대해, 주자(朱子 : 朱熹)가 말하였다. "사사로움이 없는 것이 공(公)이고, 이치에 합당한 것이 정(正)이다."

朱註

○ 游氏曰:"好善而惡惡, 天下之同情. 然人每失其正者, 心有所繫而不能自克也. 惟仁者無私心, 所以能好·惡也."

유씨(游氏 : 游酢)가 말하였다. "선(善)을 좋아하고 악(惡)을 미워함은 세상 사람들의 똑같은 감정이다. 그러나 사람이 매번 그 올바름을 잃는 것은 마음에 매여 있는 것이 있어서 스스로 극복하지 못하기 때문이다. 오직 인(仁)한 사람만이 사사로운 마음이 없기 때문에 좋아하고 미워할 수 있다."

詳說

○ 如字.

'호선이오악(好善而惡惡)'에서 '악(惡)'은 본래의 음으로 읽는다.

---

39) 『주자어류(朱子語類)』 권26, 「논어8(論語八)」, 18조목에는 "蕭景昭說此章. 先生云, '『注』中引程子所謂'得其公正', 是如何?' 答云:'只是好惡當理, 便是公正.' 先生曰:'程子只著箇'公正'二字解, 某恐人不理會得, 故以'無私心'解'公'字, '好惡當於理'解'正'字. 有人好惡當於理, 而未必無私心; 有人無私心, 而好惡又未必皆當於理. 惟仁者旣無私心, 而好惡又皆當於理也.'(소경소(蕭景昭 : 주자 문인)가 이 장(章)을 설명하였다. 선생님(주자)께서 말하였다. '『논어집주(論語集註)』 가운데 정자가 말한 '그 공정함을 얻는다'라는 것을 인용한 것은 어떠한가?' 소경소가 대답하였다. '다만 좋아함과 미워함이 이치에 합당한 것이 바로 공정함입니다.' 주자(朱子 : 朱熹)가 말하였다. '정자는 다만 '공정(公正)'이라는 두 글자를 붙여서 풀이했는데, 나는 사람들이 이해하지 못할까 걱정했기 때문에 '사사로운 마음이 없다'라는 것으로 '공(公)'자를 풀이하고, '좋아함과 미워함이 이치에 합당하다'라는 것으로 '정(正)'자를 풀이하였다. 어떤 사람은 좋아함과 미워함이 이치에 합당하지만 꼭 사사로운 마음이 없지는 않고, 어떤 사람은 사사로운 마음이 없지만 좋아함과 미워함이 또 꼭 모두 이치에 합당하지는 않다. 오직 인(仁)한 사람만이 이미 사사로운 마음이 없고, 좋아함과 미워함도 또 모두 이치에 합당하다.')"라고 되어 있다.

○ 人皆可好·惡人.

'천하지동정(天下之同情)'이라 한 것은 사람들이 모두 남을 좋아하고 미워할 수 있다는 말이다.

○ 不能當理.

'연인매실기정자(然人每失其正者)'는 이치에 합당할 수 없다는 말이다.

○ 『大全』曰: "牽於私."

'심유소계이불능자극야(心有所繫而不能自克也)'에서 '소계(所繫)'에 대해, 『논어집주대전』에서 말하였다. "사사로움에 매인다는 것이다."

○ 克私.

'심유소계이불능자극야(心有所繫而不能自克也)'에서 '극(克)'자는 사사로움을 극복한다는 것이다.

○ 不仁者, 不能好·惡人.

'심유소계이불능자극야(心有所繫而不能自克也)'라고 한 것은 인(仁)하지 않은 사람이어서 남을 좋아하거나 미워할 수 없다는 말이다.

○ 以上文上意也. 蓋從'惟'字得之, '惟'字與'然'字相照.

이 위로는 경문의 뜻이다. 대개 경문 '유인자(惟仁者)'에서 '유(惟)'자에서부터 그 뜻을 얻었으니, 이 '유(惟)'자와 '연인매실기정자(然人每失其正者)'에서 '연(然)'자는 서로 비추어 보아야 한다.

○ 此章重在'能'字.

이 장(章)의 중점은 '능(能 : 할 수 있다)'자에 있다.

[4-4-1]

子曰 : "苟志於仁矣, 無惡也."
공자가 말하였다. "진실로 인(仁)에 뜻을 두면 악(惡)함이 없다."

朱註

○ 惡, 如字. 苟, 誠也. 志者, 心之所之也. 其心誠在於仁, 則必無爲惡之事矣.
'무악야(無惡也)'에서 '악(惡)'은 본래의 음으로 읽는다. 구(苟)는 '진실로'이다. 지(志)는 마음이 가는 곳이다. 그 마음이 진실로 인(仁)에 있으면 반드시 악(惡)을 저지르는 일이 없을 것이다.

詳說

○ 此章之訓'苟', 亦如上章之訓'惟', 蓋恐讀者汎看而認爲語辭耳.
이 장(章)에서 '구(苟)'자를 훈고한 것은 또한 위 장(章)에서 '유(惟)'자를 훈고한 것과 같으니, 독자들이 대충 보아서 어조사로 여길까 염려했기 때문이다.

○ 訓畢.
'지자, 심지소지야(志者, 心之所之也)'까지에서 훈고가 끝났다.

○ 直言'心'字, 以重其事.
'기심성재어인(其心誠在於仁)'에서 곧바로 '심(心)'자를 말했는데, 그것으로 그 일을 중시하였다.

○ 潛室陳氏曰 : "此是君子小人分路, 東行人一心向東, 無復有回轉向西之理."[40]
'기심성재어인, 칙필무위악지사의(其心誠在於仁, 則必無爲惡之事矣)'에 대해, 잠실 진씨(潛室陳氏 : 陳埴)가 말하였다. "이는 군자와 소인이 길을 나누어 가는 것이니, 동쪽으로 가는 사람은 한 마음으로 동쪽을 향해 가야지 다시 되돌려서 서쪽을 향하는 이치가 없다는 뜻이다."

○ 釋畢.
경문의 풀이가 끝났다.

---

40) 진식(陳埴), 『목종집(木鐘集)』 권1에는 "此是君子小人分路, 猶向東行人一心向東去, 無復有回轉向西之理.(이는 군자와 소인이 길을 나누어 가는 것이니, 마치 동쪽으로 가는 사람은 한 마음으로 동쪽을 향해 가야지 다시 되돌려서 서쪽을 향하는 이치가 없는 것과 같다.)"라고 실려 있다.

○ 此章重在'苟'字.

이 장(章)의 중점은 '구(苟 : 진실로)'자에 있다.

朱註

○ **楊氏曰 : "苟志於仁, 未必無過擧也. 然而爲惡則無矣."**[41]

양씨(楊氏 : 楊時)가 말하였다. "진실로 인(仁)에 뜻을 두었더라도 꼭 지나친 행동이 없지는 않다. 그러나 악(惡)을 저지르는 일은 없을 것이다."

詳說

○ 猶言'雖志於仁'.

'구지어인(苟志於仁)'은 마치 '비록 인(仁)에 뜻을 두었더라도'라고 말하는 것과 같다.

○ 慶源輔氏曰 : "或用意過當, 或氣質之偏, 或氣壹之動."[42]

'미필무과거야(未必無過擧也)'에서 '과거(過擧 : 지나친 행동)'에 대해, 경원 보씨(慶源輔氏 : 輔廣)가 말하였다. "이는 간혹 의도가 적당함을 넘어서거나, 간혹 기질이 치우친 것이거나, 기(氣)가 전일하게 움직인 것이다."

○ 朱子曰 : "雖有過差, 不謂之惡."[43]

---

41) 『주자어류(朱子語類)』 권26, 「논어8(論語八)」, 25조목에는 "楊氏云: 苟志於仁矣, 未必無過擧也, 然而爲惡則無矣."라고 되어 있다.

42) 조순손(趙順孫), 『논어찬소(論語纂疏)』 권2에는 보광(輔廣)의 말로, "'過擧', 謂或用意過當, 或資質之偏, 或氣壹之動. 志無惡, 則志爲之主也; 志在於仁, 則思慮自不到惡上矣, 又安得志於爲惡哉?('과거(過擧 : 지나친 행동)'라는 것은 간혹 의도가 적당함을 넘어서거나, 간혹 기질이 치우친 것이거나, 기(氣)가 전일하게 움직인 것을 말한다. 뜻을 둔 것이 악함이 없다면 뜻을 둔 것이 주인이 된 것이고, 뜻을 둔 것이 인(仁)에 있다면 사려가 저절로 악함에 이르지 않을 것이니 또 어찌 악을 저지르는 데 뜻을 둘 수 있겠는가?)"라고 실려 있다.

43) 『주자어류(朱子語類)』 권26, 「논어8(論語八)」, 22조목에는 "問 : ''苟志於仁矣, 無惡也'. 竊謂學者有志於仁, 雖有趨向已正, 而心念未必純善而無過差. 纔有過差, 便卽是惡, 豈得言無?' 曰 : '志於仁, 則雖有過差, 不謂之惡. 惟其不志於仁, 是以至於有惡. 此'志'字, 不可草草看.'(물었다. '진실로 인(仁)에 뜻을 두면 악함이 없다'라고 한 것에 대해, 생각하건대 배우는 사람이 인에 뜻을 두어 비록 취향이 이미 올바르다고 하더라도, 생각이 꼭 순전히 선해서 잘못이 없지는 않습니다. 그리고 잘못이 있자마자 곧 악인데 어찌 없다고 말할 수 있습니까?' 주자(朱子 : 朱熹)가 대답하였다. '인에 뜻을 두면 비록 잘못이 있더라도 그것을 악이라 말하지 않는다. 오직 그가 인에 뜻을 두지 않았기 때문에 악을 저지르는 데 이르는 것이다. 여기에서 '지(志)'자는 대충 보

'연이위악즉무의(然而爲惡則無矣)'에 대해, 주자(朱子 : 朱熹)가 말하였다. "잘못이 있더라도 그것을 악(惡)이라 말하지 않는다."

아서는 안 된다.')"라고 되어 있다. 24조목에서는 "'苟志於仁矣', 方志仁時, 便無惡. 若間斷不志仁時, 惡又生.' 或云: '過非心所欲爲, 惡則心所欲.' 曰: '惡是誠中形外, 過是偶然過差.'('진실로 인에 뜻을 둔다'는 말은 인에 뜻을 둘 때는 곧 악이란 없다는 것이다. 만일 간격이 벌어져 인에 뜻을 두지 않을 때라면 악이 또한 생겨난다. 어떤 이가 물었다. '허물은 마음이 하려는 것이 아니지만 악은 마음이 하고자 하는 것입니다.' 주희가 말하였다. '악은 마음속에 정성스러운 것이 바깥으로 구체화 된 것이고, 허물은 우연히 잘못을 저지른 것이다.')"라고 하였다.

[4-5-1]

子曰 : "富與貴是人之所欲也, 不以其道得之, 不處也; 貧與賤是人之所惡也, 不以其道得之, 不去也.

공자가 말하였다. "부(富)와 귀(貴)는 사람들이 원하는 것이지만, 그것을 정상적인 방법으로 얻지 않으면 처하지 않으며, 빈(貧)과 천(賤)은 사람들이 싫어하는 것이지만, 그것을 정상적인 방법으로 얻지 않았다 하더라도 버리지 않는다.

朱註

○ 惡, 去聲.

'빈여천시인지소오야(貧與賤是人之所惡也)'에서 '오(惡)'자는 거성(去聲)이다.

詳說

○ 去, 上聲, 下同.

'불거야(不去也)'에서 '거(去)'자는 상성(上聲)이고 아래도 마찬가지이다.

○ 雙峯饒氏曰 : "天下之同欲同惡, 雖君子無以異於人. 欲惡與人同, 而去取與人異."[44]

---

44) 호광 편(胡廣 編), 『논어집주대전(論語集註大全)』 권3에 요로(饒魯)의 말로, "天下之所同欲者, 莫如富貴; 所同惡者, 莫如貧賤. 雖君子之心, 亦無以異於人也. 然人之常情, 欲之則必趨之, 惡之則必避之, 鮮有不因是而喪其所守者. 惟君子則不然, 於富貴未嘗不欲, 而得之不以其道, 則寧避之而不處; 於貧賤未嘗不惡, 而得之雖不以道, 亦寧安之而不去. 是何君子欲惡之與人同, 而去取之與人異邪? 誠以富貴雖可欲. 而所欲有大於富貴者. 貧賤雖可惡. 而所惡有大於貧賤者.(세상 사람들이 꼭 같이 원하는 것은 부귀만한 것이 없고 꼭 같이 싫어하는 것은 빈천만한 것이 없다. 비록 군자의 마음이라 하더라도 또한 다른 사람과 다름이 없다. 그러나 사람들의 일반적인 감정은 그것을 원하면 반드시 그것을 좇고, 그것을 싫어하면 반드시 그것을 피하니, 이러한 것 때문에 그가 지키는 것을 잃어버리지 않는 사람이 드물다. 오직 군자만이 그렇게 하지 않으니, 부귀에 대해서 원하지 않은 적이 없지만 그것을 얻는 데 정상적인 방법으로 하지 않으면 차라리 그것을 피할지언정 처하지 않으며, 빈천에 대해서 싫어하지 않은 적이 없지만 그것을 얻는 데 비록 정상적인 방법으로 하지 않으면 또한 차라리 그것을 편안히 여길지언정 버리지 않는다. 이렇게 하는 것이 어찌 군자가 원하거나 싫어하는 것이 다른 사람들과 꼭 같은데, 그것을 버리거나 취함이 다른 사람들과 다르기 때문이겠는가? 참으로 부귀는 비록 원할 만한 것이지만 원하는 것에 부귀보다 큰 것이 있고, 빈천이 비록 싫어할 만한 것이지만 싫어하는 것이 빈천보다 큰 것이 있기 때문이다.)"라고 실려 있다. 박문호(朴文鎬)가 『논어집주대전』에 있는 요로(饒魯)의 말을 요약했는데, 원래의 의미와는 다르게 보인다.

위 구절에 대해, 쌍봉 요씨(雙峰饒氏 : 饒魯)가 말하였다. "세상 사람들이 꼭 같이 원하고 꼭 같이 싫어하는 것에 대해서는 비록 군자라고 하더라도 다른 사람들과 다를 것이 없다. 원하는 것과 싫어하는 것은 다른 사람들과 같은데, 그것을 버리거나 취함은 다른 사람들과 다르다."

朱註

不以其道得之, 謂不當得而得之.

그 정상적인 방법으로 얻지 않았다는 것은 마땅히 얻어서는 안 될 것을 얻음을 말한다.

詳說

○ 朱子曰 : "非道而得富貴, 如'孔子主我, 衛卿可得'之類."[45)]

'위부당득이득지(謂不當得而得之)'에 대해, 주자(朱子 : 朱熹)가 말하였다. "이는 정당한 방법이 아닌데도 부귀를 얻는 것이니, 예컨대 '공자가 나(彌子)를 주인으로 삼는다면 위(衛)나라의 경(卿)을 얻을 수 있을 것이다'[46)]라는 부류와 같다."

---

45) 『주자어류(朱子語類)』 권26, 「논어8(論語八)」, 28조목에는 "問 : '君子當得富貴. 所謂不當得而得者, 乃人君不能用其言, 徒欲富貴其身.' 曰 : '富貴不以道得之, 不但說人君不用其言, 只富貴其身. 如此說, 卻說定了. 凡是富貴貧賤有不當得而得者, 皆不處不去. 如'孔子主我, 衛卿可得'之類, 亦是不當得之富貴. 須且平說, 不要執定一事. 又終食·造次·顚沛, 一句密似一句, 須至傾覆流離之際, 亦不違仁也.'(물었다. '군자는 마땅히 부귀를 얻어야 한다. 그런데 이른바 마땅히 얻어서는 안 될 것을 얻는다고 말한 것은 곧 군주가 그의 말을 쓰지 않는데도 한갓 그 자신만을 부귀하게 하려는 것입니다.' 주자(朱子 : 朱熹)가 대답하였다. '부귀를 그 정당한 방법이 아닌 것으로 얻는다는 것은 단지 군주가 그의 말을 쓰지 않는데도 그 자신만을 부귀하게 하려는 것만을 말하는 것이 아니다. 이와 같이 말한다면 오히려 말이 한정되어 버린다. 무릇 부귀와 빈천은 마땅히 얻어야 할 것이 아닌데도 얻게 되는 경우에는 모두 처하지도 버리지도 않는다는 것이다. 예컨대 '공자가 나(彌子)를 주인으로 삼는다면 위(衛)나라의 경(卿)을 얻을 수 있을 것이다'는 부류 또한 마땅히 얻어서는 안 될 부귀이다. 모름지기 평이하게 말해야지 한 가지 일만을 고집하여 한정해서는 안 된다. 또 밥을 먹는 동안과 황급한 상황과 위급한 상황에서도 인(仁)을 어기지 않음이라는 구절은 한 단계 한 단계씩 더욱 치밀해지니 모름지기 무너지고 흩어지는 지경 즉 위급한 상황에 이르러서도 또한 인을 어기지 않아야 한다는 것이다.)"라고 되어 있다.

46) 공자가 나(彌子)를 주인으로 삼는다면 위(衛)나라의 경(卿)을 얻을 수 있을 것이다 : 『맹자(孟子)』「만장상(萬章上)」에서 "위(衛)나라에 있을 때 안수유(顔讐由)를 주인으로 삼았다. 미자(彌子)의 아내는 자로(子路)의 아내와 형제간이었다. 미자가 자로에게 일러 말하였다. '공자가 나를 주인으로 삼으면 위(衛)나라의 경(卿)을 얻을 수 있을 것이다.'자로가 이 말을 아뢰니, 공자

○ 勉齋黃氏曰：“無博弈淫肆之事, 而以水火盜賊致貧賤.”[47]

‘위부당득이득지(謂不當得而得之)’에 대해, 면재 황씨(勉齋黃氏：黃榦)가 말하였다. “바둑과 장기, 사치함과 방탕함 등의 일은 없지만, 물과 불, 도적 등으로 빈천에 이르는 것이다.”

○ 本文二‘不以其道得之’, 語同而意異. 上則‘之’字下有‘則’字意, 下則‘不’字上有‘雖’字意.

본문에 ‘불이기도득지(不以其道得之)’라는 말이 두 차례 있는데, 말은 같지만 뜻은 다르다. 앞의 것은 ‘지(之)’자 아래에 ‘즉(則：~하면)’자의 뜻이 있고, 뒤의 것은 ‘불(不)’자 앞에 ‘수(雖：비록)’자의 뜻이 있다.

○ 因訓而遂釋之.

훈고에 따라 마침내 경문을 풀이하였다.

朱註

然於富貴則不處, 於貧賤則不去, 君子之審富貴而安貧賤也如此.

그러나 부귀(富貴)에서는 처하지 않고, 빈천(貧賤)에서는 버리지 않으니, 군자가 부귀를 살피고 빈천을 편안히 여기는 것이 이와 같다.[48]

가 말하였다. ‘천명에 달려 있다.’ 공자는 나아갈 때 예(禮)로 하고, 물러날 때 의(義)로 하여, 얻고 얻지 못함에 ‘천명에 달려 있다’라고 했으니, 만약 옹저(癰疽)와 시인(侍人)인 척환(瘠環)을 주인으로 삼는다면 이는 의(義)도 없고 명(命)도 없는 것이다.(於衛主顔讎由. 彌子之妻與子路之妻, 兄弟也. 彌子謂子路曰：‘孔子主我, 衛卿可得也.’ 子路以告, 孔子曰：‘有命.’ 孔子進以禮, 退以義, 得之不得曰‘有命.’ 而主癰疽與侍人瘠環, 是無義無命也.)”라고 하였다.

47) 호광 편(胡廣 編), 『논어집주대전(論語集註大全)』 권4에 황간(黃榦)의 말로, “博奕鬪狠 · 奢侈淫肆之類, 皆所以取貧賤之道. 不以其道者, 謂無此等事, 而爲水火盜賊, 詿誤陷於刑戮之類, 以致貧賤也.(바둑 · 장기와 개싸움, 사치함과 방탕함 등의 부류는 모두 빈천을 취하는 길이다. 그 정당한 방법으로 하지 않는다는 것은 이와 같은 일이 없지만 물과 불, 도적에 의해서 잘못되어 형벌에 빠지는 따위로 빈천에 이르는 것이다.)”라고 실려 있다.

48) 『주자어류(朱子語類)』 권26, 「논어8(論語八)」, 37~39조목에서 이에 대해 자세하게 설명하고 있다. 37조목에서는 “‘부와 귀’, ‘빈과 천’은 지극히 거친 측면에 나아가 말한 것이다. 뒤에서 ‘밥 한 끼 먹는 사이에도 인에서 벗어나지 않는다’고 한 것과 ‘잠깐 사이 · 넘어지는 사이에도 반드시 이렇게 한다’고 한 구절은 세밀하게 말한 것이다. 그러나 먼저 이 지극히 거친 근본을 확립하지 않으면 뒤쪽의 많은 세밀한 공부는 다시 놓아둘 곳이 없고, 사람들 또한 그 말을 얻어 들을 수 없다. 반드시 먼저 부귀에 머물지 않고, 빈천에서 떠나지 않는 것에 능숙해지고, 이 거친 근본을 확립한 다음에 지극히 세밀한 곳을 말할 수 있다. 만일 이익을 보면 달려가고, 편

한 것을 보면 빼앗는다면 이는 거친 것에서 안정을 확립하지 못한 것이니 다시 무엇을 말하겠는가! 이것은 바로 '가난하면서 아첨하지 않고, 부유하면서 교만하지 않는다'는 말과 '가난하면서 즐기고, 부유하면서 예를 좋아한다'는 말과 비슷하다. 만일 아첨하지 않고 교만하지 않을 수 없다면 어떻게 즐거움과 예를 좋아함을 말할 수 있겠는가! 오히려 먼저 거친 것에 나아가기에 앞서 세밀한 것을 말하였다.('富與貴, 貧與賤', 方是就至粗處說. 後面'無終食之間違仁', 與'造次 · 顚沛必於是', 方說得來細密. 然先不立得這箇至粗底根脚, 則後面許多細密工夫更無安頓處, 人更無可得說. 須是先能於富貴不處, 貧賤不去, 立得這箇粗底根脚了, 方可說上至細處去. 若見利則趨, 見便則奪, 這粗上不曾立得定, 更說箇甚麼! 正如'貧而無諂, 富而無驕', 與'貧而樂, 富而好禮'相似. 若未能無諂無驕, 如何說得樂與好禮! 卻是先就粗處說上細上去.)" 38조목에서는 "부귀와 빈천에 대해 머물지 않고 떠나지 않는다는 이 한 구절은 또 거칠게 말한 것으로, 이는 바로 군자의 살갗이고, 그 이면에는 또 많은 일이 잠재되어 있다. 그러나 먼저 이 일을 할 수 있어야만이 비로소 그 인에서 떠나지 않을 수 있다. 이미 안정되게 붙잡은 다음에 존양의 노력이 여기에서부터 점점 치밀함을 더해가는 것이다. 임기손의 기록에서는 아래에서 이렇게 말하였다. '그러나 반드시 '밥 한 끼 먹는 사이에서 인에서 떠나지 않은' 다음에 '잠깐 사이에도 · 넘어지는 급한 상황에서도 반드시 이렇게 하는 것이다.'' 마치 맹자가 선과 이익의 사이를 말한 것과 같으니, 반드시 '간(間)'자의 측면에서부터 살펴야 한다. 다만 맹자의 말은 용감하고 결단력이 있지만, 공자의 말은 상세하고 부드러우니 배우는 이는 반드시 여기에 나아가 힘을 쏟아야 할 것이다. 오늘날 배우는 이들은 모두 일을 구제하지도 못하고, 겨우 대충대충 조금이 이익이 있으면 곧 일제히 놓쳐버리고 뒤엎어버린다. 나는 예전에 벗들에게 이렇게 말하였다. 반드시 이곳에 나아가서 기둥을 세워야 흙탕물에서 벗어날 것이다. 만일 이와 같지 못하다면 이는 진흙 안에 있는 것과 같으니, 나오려고 하면 할수록 진흙 속으로 떨어져 간다. 설령 도리를 말한다 해도 또한 적용할 곳이 없을 것이다. 마치 『대학(大學)』에서 '그 뜻을 정성스럽게 한 사람을 스스로를 속임이 없다'고 한 것과 같다. 자기를 속이지 않는 것에는 여러 가지 일이 있겠지만, 그것은 다만 '소인이 한가로이 머물면서 선하지 못한 짓을 하다가, 군자를 본 다음에는 겸연쩍게 그 선하지 못한 것을 가리고 그 선함을 드러낸다'는 것에 나아가 말했을 뿐이다. 무엇 때문에 먼저 이것을 버리라는 것인가? 끊지 못하면 가려고 해도 갈 것이 없고, 쪼지 못하면 다듬으려 해도 다듬을 것이 없다. 또 말하였다. '부귀를 살피는 것'은 의로움이고, '빈천에 편안한 것'은 명(命)이다.('富貴貧賤, 不處不去, 此一節, 且說箇粗底, 方是箇君子皮殼, 裏面更多有事在. 然先會做這事, 方始能不去其仁. 旣把得定, 然後存養之功自此漸漸加密. 夔孫錄此下云: '然必先'無終食違仁', 然後'造次 · 顚沛必於是'.' 如孟子言'善 · 利之間', 須從'間'字上看. 但孟子之言勇決, 孔子之言詳緩, 學者須就這上著力. 今學者都不濟事, 才略略有些利害, 便一齊放倒了! 某嘗向朋友說, 須是就這上立得脚住, 方是離得泥水. 若不如此, 則是在泥裏行, 才要出, 又墮在泥裏去. 縱說得道理, 也沒安頓處. 如大學所謂'誠其意者, 毋自欺也'. 毋自欺有多少事, 他卻只就'小人閒居爲不善, 見君子而後厭然, 揜其不善而著其善'處說. 爲甚先要去了這箇? 蓋不切, 則磋無所施; 不琢, 則磨無所措矣.' 又曰:''審富貴', 是義; '安貧賤', 是命.')"라고 하였다. 그리고 39조목에서는 "정당하게 얻은 부귀가 아니면 머물지 않고, 정당하게 얻은 빈천이 아니라도 떠나지 않는다는 것은 이 일에 머물라고 말하는 것이다. '군자가 인을 떠나면 어떻게 이름을 이룰 수 있겠는가'라는

詳說

○ 上聲.

'연어부귀칙불처(然於富貴則不處)'에서 '처(處)'자는 상성(上聲)이다.

○ 程子曰 : "惟特立者能之."

'연어부귀즉불처(然於富貴則不處)'에 대해, 정자(程子)가 말하였다. "오직 특별히 뛰어난 사람만이 그렇게 할 수 있다."

○ 因釋而遂論之.

'연어부귀즉불처, 어빈천즉불거(然於富貴則不處, 於貧賤則不去)'라고 한 것은 경문 풀이에 따라서 마침내 의미를 설명하였다.

○ 引下二節之'君子'而冠之於此.

'군자지심부귀이안빈천야여차(君子之審富貴而安貧賤也如此)'라고 한 것은 아래 본문 두 구절의 '군자(君子)'하는 말을 이끌어서 여기에서 첫머리에 두었다.

○ 王氏曰 : "審有兩端, 安只一路."[49)]

'군자지심부귀이안빈천야여차(君子之審富貴而安貧賤也如此)'에 대해, 왕씨(王氏)가 말하였다. "살핌에는 두 방면이 있는데, 편안히 여김은 다만 하나의 길일 뿐이다."

[4-5-2]

君子去仁, 惡乎成名?

군자가 인(仁)을 버리고 어찌 이름을 이룰 수 있겠는가?

朱註

○ 惡, 平聲.

'오호성명(惡乎成名)'에서 '오(惡)'자는 평성(平聲)이다.

말은 주재하는 곳이다. 밥 한 끼 먹는 사이, 잠깐 사이, 넘어지는 위급한 순간 등은 조잡아서 보존하는 곳이다.'('不以道得富貴不處, 不以道得貧賤不去, 是說處這事. "君子去仁, 惡乎成名", 是主宰處. 終食·造次·顚沛, 是操存處.')"라고 하였다.

49) 호광 편(胡廣 編), 『논어집주대전(論語集註大全)』 권4.

詳說

◯ 雙峰饒氏曰 : "是結上生下."50)

위 본문에 대해 쌍봉 요씨(雙峰饒氏 : 饒魯)가 말하였다. "이는 위를 결론짓고 아래를 생겨나게 한 것이다."

朱註

言君子所以爲君子, 以其仁也. 若貪富貴而厭貧賤, 則是自離其仁, 而無君子之實矣. 何所成其名乎?

'군자가 군자다운 까닭은 그 인(仁)함 때문이다. 만약 부귀(富貴)를 탐내고 빈천(貧賤)을 싫어한다면, 이는 스스로 그 인함을 떠나서 군자의 실질이 없는 것이다. 어떻게 그 이름을 이룰 수 있겠는가.'라고 말한 것이다.

詳說

◯ 慶源輔氏曰 : "'貪'字與'審'字相反, '厭'字與'安'字相反."51)

'약탐부귀이염빈천(若貪富貴而厭貧賤)'에 대해, 경원 보씨(慶源輔氏 : 輔廣)가 말하였다. "'약탐부귀이염빈천(若貪富貴而厭貧賤)'에서 '탐(貪)'자는 '군자지심부귀이안빈천야여차(君子之審富貴而安貧賤也如此)'에서 '심(審)'자와 상반되고, '염(厭)'자는 '안(安)'자와 상반된다."

◯ 添此一語, 而後本文上下節之意始連續.

'약탐부귀이염빈천(若貪富貴而厭貧賤)'라는 말을 보탠 뒤에 본문의 위아래 구절의 뜻이 비로소 끊어지지 않고 이어지게 되었다.

◯ 去聲.

'즉시자리기인(則是自離其仁)'에서 '리(離)'자는 거성(去聲)이다.

---

50) 호광 편(胡廣 編), 『논어집주대전(論語集註大全)』 권4에 요로(饒魯)의 말로, "忠清章論仁, 是因事而原其心, 故先言當理, 而後言無私心. 能好惡, 是由心而達於事, 故先言無私心, 而後言當於理.(충청장(忠清章)에서 인(仁)을 논한 것은 일에 따라서 그 마음을 미루어 본 것이기 때문에 먼저 이치에 합당함을 말한 뒤에 사사로운 마음이 없음을 말하였다. 좋아할 수 있고 미워할 수 있다는 것은 마음으로부터 말미암아 일에 도달하는 것이기 때문에 먼저 사사로운 마음이 없음을 말한 뒤에 이치에 합당함을 말하였다.)"라고 실려 있다.

51) 조순손(趙順孫), 『논어찬소(論語纂疏)』 권2.

○ 釋'去'字.

'즉시자리기인(則是自離其仁)'이라 한 것은 본문 '군자거인(君子去仁)'에서 '거(去)' 자를 풀이한 것이다.

○ 新安陳氏曰 : "因'名'字而遡其實."[52]

'이무군자지실의(而無君子之實矣)'에 대해, 신안 진씨(新安陳氏 : 陳櫟)가 말하였다. "경문 '오호성명(惡乎成名)'에서 '명(名)'자에 따라서 그 실질을 거슬러 올라갔다."

○ 釋兼論, 無訓.

경문 풀이에 의미 설명을 겸하였으나 훈고는 없다.

[4-5-3]

君子無終食之間違仁, 造次必於是, 顚沛必於是."

군자는 밥을 먹는 동안이라도 인(仁)을 어김이 없으니, 황급한 상황에도 반드시 인(仁)에 의거해야 하고, 위급한 상황에도 반드시 인(仁)에 의거해야 한다."

朱註

○ 造, 七到反. 沛, 音貝.

'조차필어시(造次必於是)'에서 '조(造)'는 '칠(七)'과 '도(到)'의 반절(反切)이다. '전패필어시(顚沛必於是)'에서 '패(沛)'자는 음이 패(貝)이다.

詳說

○ '是'指仁.

'조차필어시, 전패필어시(造次必於是,顚沛必於是)'에서 두 개의 '시(是)'자는 인(仁)을 가리킨다.

52) 호광 편(胡廣 編), 『논어집주대전(論語集註大全)』 권4에 진력(陳櫟)의 말로, "名者實之賓, 因'名'字而遡其實.(이름은 실질의 손님이니, 경문 '오호성명(惡乎成名)'에서 '명(名)'자에 따라서 그 실질을 거슬러 올라갔다.)"라고 실려 있다.

朱註

終食者, 一飯之頃. 造次, 急遽苟且之時. 顚沛, 傾覆流離之際.

종식(終食)은 한 끼 밥을 먹는 시간이다. 조차(造次)는 급하고 구차한 때이다. 전패(顚沛)는 무너지고 흩어지는 지경이다.

詳說

○ 上聲.

'일반지경(一飯之頃)'에서 '반(飯)'자는 상성(上聲)이다.

○ 朱子曰: "『左傳』'過信爲次', 是不爲久計之意."[53]

'전패, 경복유리지제(顚沛, 傾覆流離之際)'에 대해, 주자(朱子 : 朱熹)가 말하였다. "『춘추좌전(春秋左傳)』에서 '군대가 이틀 이상 주둔하는 것을 차(次)라고 한다.'[54] 라고 말한 것은 오래 갈 수 없는 계획이라는 뜻이다.'

○ 音福.

'경복유리지제(傾覆流離之際)'에서 '복(覆)'자는 음이 복(福)이다.

○ 朱子曰: "如曾子易簀之時."[55]

'경복유리지제(傾覆流離之際)'에 대해, 주자(朱子 : 朱熹)가 말하였다. "이는 예컨대 증자(曾子)가 임종할 때와 같다.[56]"

53) 『주자어류(朱子語類)』 권26, 「논어8(論語八)」, 41조목에는 "周李卿問'造次'之義. 曰: '杜預謂, '造次之期', 言草草不成禮也, 便是此意. 『左傳』謂, '過信爲次', 亦只是苟且不爲久計之意.'(주이경(周李卿 : 주자 문인)이 '조차(造次)'의 의미에 대해 물었다. 주자(朱子 : 朱熹)가 대답하였다. '두예(杜預)가 '조차지기(造次之期 : 갑자기 만남)'라고 했는데, 이는 바빠서 예를 제대로 차리지 못한다는 것을 말하니 바로 이 뜻이다. 『춘추좌전(春秋左傳)』에서 '군대가 이틀 이상 주둔하는 것을 차(次)라고 한다'라고 말한 것도 또한 다만 구차하여 오래 갈 수 없는 계획이라는 뜻일 뿐이다.')"라고 되어 있다.

54) 군대가 이틀 이상 주둔하는 것을 차(次)라고 한다 : 『춘추좌전(春秋左傳)』 장공(莊公) 3년 기사에 "무릇 군대가 하루 밤을 주둔하는 것을 '사(舍)'라 하고, 군대가 이틀 주둔하는 것을 '신(信)'이라 하며, 이틀 이상 주둔하는 것을 '차(次)'라고 한다.(凡師一宿爲舍, 再宿爲信, 過信爲次.)"라고 하였다.

55) 호광 편(胡廣 編), 『논어집주대전(論語集註大全)』 권4.

56) 증자(曾子)가 임종할 때와 같다 : 『예기』「단궁상(檀弓上)」에서 증자가 임종할 때 깔고 있던 자리를 깨끗하고 반듯한 것으로 갈아 깐 것을 말한다. 당시 증자는 대부가 깔아야 하는 자리를 깔고 있었는데, 마땅치 않다고 여겨 임종임에도 불구하고 바꿔 깔았다.

○ 訓畢.

훈고가 끝났다.

朱註

蓋君子之不去乎仁如此, 不但富貴 · 貧賤 · 取舍之間而已也.

대개 군자가 인(仁)을 버리지 않음이 이와 같으니, 단지 부귀(富貴)와 빈천(貧賤)을 취하거나 버리는 사이일 뿐만은 아닌 것이다.

詳說

○ 違卽去也.

경문 '군자무종식지간위인(君子無終食之間違仁)'에서 '위(違 : 어기다)'가 곧 '개군자지불거호인여차(蓋君子之不去乎仁如此)'에서 '거(去 : 버리다)'이다.

○ 蒙訓而省釋之.

'개군자지불거호인여차(蓋君子之不去乎仁如此)'라고 한 것은 훈고 덕분에 경문의 풀이를 생략하였다.

○ 此下又取首節意幷論以收之.

이 아래는 또 첫 절(節)의 뜻을 취하여 함께 논의해서 거두어들여 정리하였다.

○ 上聲, 下幷同.

'부단부귀 · 빈천 · 취사지간이이야(不但富貴 · 貧賤 · 取舍之間而已也)'에서 '사(舍)'자는 상성(上聲)이고, 아래도 모두 마찬가지이다.

朱註

言君子爲仁, 自富貴 · 貧賤 · 取舍之間, 以至於終食 · 造次 · 顚沛之頃, 無時無處而不用其力也.

군자가 인(仁)을 실천함에 부귀(富貴)와 빈천(貧賤)을 취하고 버리는 데서부터 밥을 먹는 동안과 황급한 상황과 위급한 상황에 이르기까지 어느 때이든, 어느 곳이든 그 힘을 쓰지 않음이 없다는 것을 말한다.

詳說

○ 取中節而冠之.

'언군자위인(言君子爲仁)'이라 한 것은 경문 가운데 구절, 즉 '군자거인, 오호성명

(君子去仁, 惡乎成名)'을 취하여 첫머리에 둔 것이다.

○ 本文三節微有意不相屬之嫌, 故逐節之註, 必相照釋之. '圈'下又統而論之.

'언군자위인(言君子爲仁)'이라 한 것에 대해, 경문 세 개의 구절은 뜻이 서로 이어지지 않는 혐의가 조금 있기 때문에 매 구절마다의 주석에서 반드시 서로 비추어 풀이를 하였다. '○(圈 : 言君子爲仁 앞의 ○)' 아래는 또 총괄해서 논하였다.

○ 首節.

'자부귀 · 빈천 · 취사지간(自富貴 · 貧賤 · 取舍之間)'이라 한 것은 첫 구절을 가리킨다.

○ 末節.

'이지어종식 · 조차 · 전패지경(以至於終食 · 造次 · 顚沛之頃)'이라 한 것은 끝 구절을 가리킨다.

○ 指終食 · 造次 · 顚沛.

'무시무처이불용기력야(無時無處而不用其力也)'에서 '무시(無時)'는 '밥을 먹는 동안과 황급한 상황 및 위급한 상황'을 가리킨다.

○ 指富貴 · 貧賤 · 取舍.

'무시무처이불용기력야(無時無處而不用其力也)'에서 '무처(無處)'는 '부귀(富貴)와 빈천(貧賤)을 취하고 버리는 것'을 가리킨다.

○ 猶言無時而不用其力, 無處而不用其力. 此省文法也, 與蔡琰「胡笳詞」'無日無夜兮, 不思我鄕土', 文勢相類.

'무시무처이불용기력야(無時無處而不用其力也)'라고 한 것은 마치 어느 때이든 그 힘을 쓰지 않음이 없고, 어느 곳이든 그 힘을 쓰지 않음이 없다고 말하는 것과 같다. 이는 문장을 생략하는 방법이니, 채염(蔡琰)[57]의 「호가사(胡笳詞)」에서 '낮이든 밤이든 내 고향을 생각한다'라고 한 것과 글의 형세가 서로 같은 부류이다.

○ 以上合論首 · 末節, 此下又相因言之.

여기에서는 첫 구절과 끝 구절을 합쳐서 논했고, 이 아래는 또 서로 관련지어서

57) 채염(蔡琰, 생몰년 미상) : 후한(後漢) 말기의 학자이자 음악가였던 채옹(蔡邕)의 딸로, 박학(博學)하고 음률(音律)에 뛰어났다고 한다. 자는 문희(文姬) 또는 소희(昭姬)이다. 처음에 위중도(衛中道)에게 시집갔으나 자식을 두지 못하고 남편이 일찍 죽어 친정에 돌아와 있던 중, 흉노에 붙잡혀 가서 거기에서 12년간 살면서 아들 둘을 낳았다. 당시 북방을 통일한 조조(曹操)가 채옹과의 옛 정을 생각해서 몸값을 치르고 그녀를 데려와 동사(董祀)에게 개가시켰다. 이에 채염은 절개 잃은 것을 상심하고 또 그 두 아들을 잊지 못하여 「호가십팔박(胡笳十八拍)」을 지었다.(『후한서(後漢書)』 권84, 「열녀열전(列女列傳) · 동사처(董祀妻)」)

말하였다.

朱註

然取舍之分明, 然後存養之功密; 存養之功密, 則其取舍之分益明矣.[58)]
그러나 취하고 버리는 분별이 밝아진 뒤에 존양(存養)의 공부가 정밀해지며, 존양의 공부가 정밀해지면 그 취하고 버리는 분별은 더욱 밝아진다.

詳說

○ 去聲, 下同.
'연취사지분명(然取舍之分明)'에서 '분(分)'자는 거성(去聲)이고, 아래도 마찬가지이다.

○ 慶源輔氏曰: "無違仁也."[59)]
'연취사지분명, 연후존양지공밀(然取舍之分明, 然後存養之功密)'에 대해, 경원 보씨(慶源輔氏: 輔廣)가 말하였다. "인(仁)을 어김이 없는 것이다."

○ 此主首節而言.
'연취사지분명, 연후존양지공밀(然取舍之分明, 然後存養之功密)'이라 한 것은 첫 구절을 중심으로 말한 것이다.

○ 此主末節而言.
'존양지공밀, 즉기취사지분익명의(存養之功密, 則其取舍之分益明矣)'라고 한 것은

---

58) 『주자어류(朱子語類)』 권26, 「논어8(論語八)」, 42조목에 보면, "蜚卿問: '注云: '取舍之分明, 然後存養之功密; 存養之功密, 則取舍之分益明.' 如何?' 曰: '此言內外大小皆當理會. 外若不謹細行, 則內何以爲田地根本. 內雖有田地根本, 而外行不謹, 則亦爲之搖奪. 如世間固有小廉曲謹, 而臨大節無可取者, 亦有外面界辨分明, 而內守不固者.'(비경(蜚卿)이 물었다. '주(注)에서 '취사선택이 분명해진 다음에 존양의 공부가 치밀해진다. 존양의 공부가 치밀해지면 취사선택이 더욱 분명해진다'고 한 것은 무슨 뜻입니까?' 주희가 말하였다. '이것은 안과 밖, 크고 작은 것을 모두 마땅히 이해해야 함을 말한 것이다. 바깥에서 만일 미세한 행실에 삼가지 못하면 안에서 어떻게 터전과 근본을 만들 수 있겠는가? 안에 비록 터전과 근본이 있을지라도 바깥의 행실을 삼가지 못한다면 또한 그에 의해 동요하고 빼앗기게 될 것이다. 이는 마치 세상에 본시 자그마한 청렴, 사소한 삼감을 갖고 있지만, 큰 절개가 필요한 일을 마주해서는 취할 만한 것이 없는 이가 또한 밖으로는 한계와 분별이 분명하지만 안으로는 지킴이 굳세지 못한 것과 같다.')"라고 하였다.

59) 조순손(趙順孫), 『논어찬소(論語纂疏)』 권2에는 보광(輔廣)의 말로, "故取舍之分明, 則存養之功愈精密, 而無違闕之處.(그러므로 취하고 버리는 분별이 밝아지면 존양의 공부가 더욱 정밀해지고 어기거나 빠트리는 곳이 없다.)"라고 실려 있다.

끝 구절을 중심으로 말한 것이다.

○ 慶源輔氏曰: "取舍在外, 而有助於內; 存養在內, 而有益於外."60)

'존양지공밀, 즉기취사지분익명의(存養之功密, 則其取舍之分益明矣)'에 대해, 경원 보씨(慶源輔氏: 輔廣)가 말하였다. "취하고 버리는 것은 밖에 있지만 안에 도움이 있고, 존양은 안에 있지만 밖에 유익함이 있다."

○ 相因雖同, 而'然後'二字有費力底意, '則'字·'益'字有順底意, 其用功之難易蓋可見矣.

위 구절에 대해, 서로 관련지은 것은 비록 같지만 '연후존양지공밀(然後存養之功密)'에서 '연후(然後)'라는 두 글자는 힘을 쏟는다는 뜻이 있고, '즉기취사지분익명의(則其取舍之分益明矣)'에서 '즉(則)'자와 '익(益)'자는 순조롭다는 뜻이 있으니, 그 공부의 어려움과 쉬움을 대체로 알 수 있다.

○ '仁'字, 此章之題目.

'인(仁: 어질다)'자가 이 장(章)의 제목이다.

60) 조순손(趙順孫), 『논어찬소(論語纂疏)』 권2에는 보광(輔廣)의 말로, "取舍之分在外, 所謂審富貴而安貧賤是也, 而實有助於內. 存養之功在內, 所謂無終食·造次·顚沛之違是也, 而實有益於外.(취하고 버리는 분별은 밖에 있으니 이른바 부귀를 자세히 살피고 빈천에 편안한 것이 이것이지만, 실제로는 안에 도움이 있다. 존양의 공부는 안에 있으니 이른바 밥을 먹는 동안과 황급한 상황과 위급한 상황에도 어기지 않는 것이 이것이지만, 실제로는 밖에 유익함이 있다.)"라고 실려 있다.

[4-6-1]

子曰："我未見好仁者·惡不仁者. 好仁者, 無以尚之; 惡不仁者, 其爲仁矣, 不使不仁者加乎其身.
공자가 말하였다. "나는 인(仁)을 좋아하는 사람과 불인(不仁)을 미워하는 사람을 보지 못하였다. 인을 좋아하는 사람은 거기에 더 보탤 것이 없고, 불인을 싫어하는 사람은 그가 인을 실천함에 불인한 것이 그 몸에 더해지지 못하도록 하는 것이다.

朱註

○ 好·惡, 皆去聲. 夫子自言未見好仁者·惡不仁者. 蓋好仁者眞知仁之可好, 故天下之物無以加之.
'호(好)'자와 '오(惡)'자는 모두 거성(去聲)이다. 공자가 스스로 다음과 같이 말하였다. '인(仁)을 좋아하는 사람과 불인(不仁)을 미워하는 사람을 보지 못하였다. 인을 좋아하는 사람은 인이 좋아할 만한 것임을 참으로 알기 때문에 세상의 그 어떤 것도 거기에 더 보탤 것이 없다.

詳說

○ 釋'我'字.
'부자자언미견호인자·오불인자(夫子自言未見好仁者·惡不仁者)'에서 '자언(自言)'은 경문 '아미견호인자(我未見好仁者)'에서 '아(我)'자를 풀이한 것이다.

○ 朱子曰："又從而解之."61)

---

61) 『주자어류(朱子語類)』 권26, 「논어8(論語八)」, 50조목에는 "好仁·惡不仁, 只是利仁事, 卻有此二等, 然亦無大優劣. 只是好仁者是資性渾厚底, 惡不仁者是資性剛毅底; 好仁者惻隱之心較多, 惡不仁者羞惡之心較多. 聖人之意, 謂我未見好仁·惡不仁者. 又從而自解之曰, '我意所謂好仁者, 須是無以尚之; 所謂惡不仁者, 須是不使不仁者加乎其身'. 是好之篤, 惡之切, 如此等人, 不是說那略略恁地好仁·惡不仁底.(인(仁)을 좋아하는 것과 불인(不仁)을 미워하는 것은 다만 인을 이롭게 여기는 일일 뿐인데, 도리어 이 두 개의 등급이 있지만 또한 큰 우열은 없다. 다만 인을 좋아하는 사람은 자질과 성품이 돈후한 사람이며, 불인을 미워하는 사람은 자질과 성품이 굳세고 과감한 사람이다. 인을 좋아하는 사람은 측은(惻隱)하는 마음이 비교적 많고, 불인을 미워하는 사람은 수오(羞惡)하는 마음이 비교적 많다. 성인의 뜻은 나는 인을 좋아하고, 불인을 미워하는 사람을 보지 못했다는 것을 말한다. 또 이어서 스스로 풀이하면서 '내 생각에 이른바 인을 좋

‘부자자언미견호인자 · 오불인자(夫子自言未見好仁者 · 惡不仁者)’에 대해, 주자(朱子 : 朱熹)가 말하였다. “이는 또 이어서 그것을 풀이한 것이다.”

○ 此呼也.

‘부자자언미견호인자 · 오불인자(夫子自言未見好仁者 · 惡不仁者)’라고 한 것은 호응(呼應)에서 호(呼 : 호소함)이다.

○ 添此四字, 而後知其所尙者爲何耳.

‘고천하지물무이가지(故天下之物無以加之)’라고 하여, 본문 ‘무이상지(無以尙之)’에 ‘천하지물(天下之物)’이라는 네 글자를 보탠 뒤에야 보탤 대상이 무엇인지를 알 수 있게 되었다.

○ 釋‘尙’字.

‘고천하지물무이가지(故天下之物無以加之)’라고 한 것에서 ‘가(加)’자는 본문 ‘무이상지(無以尙之)’에서 ‘상(尙)’자를 풀이한 것이다.

○ 朱子曰 : “有以尙之, 則其好可移.”[62]

‘고천하지물무이가지(故天下之物無以加之)’에 대해, 주자(朱子 : 朱熹)가 말하였다. “거기에 더 보탤 것이 있으면 그 좋아함이 옮겨갈 수 있을 것이다.”

朱註

惡不仁者眞知不仁之可惡, 故其所以爲仁者, 必能絶去不仁之事, 而不使少有及於其身.

불인(不仁)을 싫어하는 사람은 불인이 미워할 만함을 참으로 알기 때문에, 그 인(仁)을 실천함에 반드시 불인한 일을 완전히 끊어 버려서 그것이 조금이라도 그 몸에 미치지 않도록 할 수 있다.’

아하는 사람은 모름지기 거기에 더 보탤 것이 없다는 것이며, 이른바 불인을 미워하는 사람은 모름지기 불인한 것이 그의 몸에 더해지지 못하도록 한다는 것이다.’라고 하였다. 이는 독실하게 좋아하고, 절실하게 미워하는 것이니 이와 같은 사람은 대충대충 이렇게 인을 좋아하고, 인하지 않음을 미워하는 것을 말하는 것이 아니다.)”라고 되어 있다.

62) 『사서혹문』 권9에는 “李氏曰 : ‘好仁好色, 擧天下之物未有以尙之者. 有以尙之, 則其好可移矣.’(이씨가 말하였다. ‘인을 좋아하는 것과 색(色)을 좋아하는 것은 세상의 그 어떤 것을 들어도 거기에 더 보탤 것이 없다. 만약 거기에 더 보탤 것이 있으면 그 좋아함이 옮겨갈 수 있을 것이다.’)”라고 되어 있다. 이 구절은 주자의 말이 아니다.

詳說

○ 雙峰饒氏曰: "'其', 將然之辭."[63]

'고기소이위인자(故其所以爲仁者)'에서 '기(其)'자에 대해, 쌍봉 요씨(雙峰饒氏: 饒魯)가 말하였다. "'기(其)'자는 장차 그러할 것이라는 말이다."

○ 以'者'易矣. 此'矣'字蓋與'也'字之用同.

'고기소이위인자(故其所以爲仁者)'에서 '자(者)'자는 경문 '기위인의(其爲仁矣)'에서 '의(矣)'자를 바꾼 것이다. 경문에서 '의(矣)'자는 대개 '야(也)'자의 용법과 마찬가지이다.

○ 上聲.

'필능절거불인지사(必能絶去不仁之事)'에서 '거(去)'자는 상성(上聲)이다.

○ 者.

'필능절거불인지사(必能絶去不仁之事)'에서 '사(事)'자는 '자(者)'자와 마찬가지이다.

○ 釋'加'字.

'이불사소유급어기신(而不使少有及於其身)'라고 한 것은 경문 '불사불인자가호기신(不使不仁者加乎其身)'에서 '가(加)'자를 풀이한 것이다.

○ 釋畢無訓.

경문의 풀이는 끝났으나 훈고는 없다.

朱註

> 此皆成德之事, 故難得而見之也.
>
> 이는 모두 덕을 이루는 일이기 때문에, 그런 사람을 얻어서 보기 어렵다.

詳說

○ 朱子曰: "只是利仁事有此二等, 然亦無大優劣. 好仁者惻隱之心較多, 惡不仁者羞惡之心較多. 顔子·明道好仁, 孟子·伊川惡不仁."[64]

---

63) 호병문, 『사서통(四書通)』「논어통(論語通)」 권2.

64) 『주자어류(朱子語類)』 권26, 「논어8(論語八)」, 50조목에는 "好仁·惡不仁, 只是利仁事, 卻有此二等, 然亦無大優劣. 只是好仁者是資性渾厚底, 惡不仁者是資性剛毅底; 好仁者惻隱之心較多, 惡不仁者羞惡之心較多. 聖人之意, 謂我未見好仁·惡不仁者.(인(仁)을 좋아하는 것과 불인(不仁)을 미워하는 것은 다만 인을 이롭게 여기는 일일 뿐인데, 도리어 이 두 개의 등급이 있지만 또한

'차개성덕지사(此皆成德之事)'에 대해, 주자(朱子 : 朱熹)가 말하였다. "이는 다만 인을 이롭게 여기는 일에 이 두 개의 등급이 있는 것일 뿐이지만, 또한 큰 우열은 없다. 인을 좋아하는 사람은 측은(惻隱)하는 마음이 비교적 많고, 불인을 미워하는 사람은 수오(羞惡)하는 마음이 비교적 많다. 안자(顏子 : 顏回)와 명도(明道 : 程顥)는 인을 좋아하는 것이고, 맹자와 이천(伊川 : 程頤)는 불인을 미워하는 것이다."

○ **又曰 : "皆是己身上事, 非是專言好人之仁, 惡人之不仁也."**[65]

'차개성덕지사(此皆成德之事)'에 대해, 주자(朱子 : 朱熹)가 또 말하였다. "이는 모두 자신과 관련된 일이니, 오로지 다른 사람의 인을 좋아하고 다른 사람의 불인을 미워함을 말하는 것이 아니다."

○ **又曰 : "惡不仁終是兩件, 好仁却渾淪. 學者未能好仁, 且從惡不仁上做去, 庶幾堅實."**[66]

큰 우열은 없다. 다만 인을 좋아하는 사람은 자질과 성품이 돈후한 사람이며, 불인을 미워하는 사람은 자질과 성품이 굳세고 과감한 사람이다. 인을 좋아하는 사람은 측은(惻隱)해하는 마음이 비교적 많고, 불인을 미워하는 사람은 수오(羞惡)하는 마음이 비교적 많다. 성인의 뜻은 나는 인을 좋아하고, 불인을 미워하는 사람을 보지 못했다는 것을 말한다.)"라고 하였고, 51조목에는 "如顏子·明道是好仁, 孟子·伊川是惡不仁; 康節近於好仁, 橫渠是惡不仁.(예컨대 안자(顏子 : 顏回)와 명도(明道 : 程顥)는 인을 좋아하는 것이고, 맹자와 이천(伊川 : 程頤)는 불인을 미워하는 것이며, 강절(康節 : 邵雍)은 인을 좋아하는 것에 가깝고, 횡거(橫渠 : 張載)는 불인을 미워하는 것에 가깝다.)"라고 되어 있다.

65) 『주자어류(朱子語類)』 권26, 「논어8(論語八)」, 53조목에는 "'好仁者無以尚之', 言好之深, 而莫有能變易之者. '惡不仁者不使加乎其身', 言惡之篤, 而不使不仁之事加於己. 此與'如好好色, 如惡惡臭', 皆是自己上事. 非是專言好人之仁, 惡他人之不仁也.('인(仁)을 좋아하는 사람은 거기에 더 보탤 것이 없다'라고 한 것은 인을 좋아하는 것이 깊어서 그를 변화시킬 수 있는 것이 없음을 말한다. '불인(不仁)을 싫어하는 사람은 불인한 것이 그 몸에 가해지지 못하도록 한다'라고 한 말은 불인을 미워하는 것이 독실해서 불인한 일이 자신에게 더해지지 못하도록 함을 말한다. 이것과 '아름다운 색(色)을 좋아하는 것과 같고, 나쁜 냄새를 싫어하는 것과 같다'라는 말은 모두 자신과 관련된 일이다. 오로지 다른 사람의 인을 좋아하고 다른 사람의 불인을 미워함을 말하는 것이 아니다.)"라고 되어 있다.

66) 『주자어류(朱子語類)』 권26, 「논어8(論語八)」, 48조목에는 "問 : '好仁·惡不仁, 有輕重否?' 曰 : '也微有些輕重. 好仁, 是他資質寬厚和重; 惡不仁, 是剛毅方正. 好仁, 則於仁與禮上多些; 惡不仁, 則於義與智上多些. 好仁, 只知有仁, 而不見那不仁來害他; 惡不仁, 是曾得知這病痛, 惟恐來害他. 略與安行·强行相似. 好仁, 是康强底人, 平生未嘗病, 亦不知有病痛; 惡不仁, 是曾被病害, 知得病源, 惟恐病來侵著. 惡不仁終是兩件, 好仁卻渾淪了. 學者未能好仁, 且從惡不仁上做將去, 庶幾堅實.'(물었다. '인(仁)을 좋아하고 불인(不仁)을 미워하는 것에 경중의 차이가 있습니까?' 주자(朱子 : 朱熹)가 대답하였다. '또한 조금은 경중의 차이가 있다. 인을 좋아함은 그의 자질이

'차개성덕지사(此皆成德之事)'에 대해, 주자(朱子 : 朱熹)가 또 말하였다. "불인을 미워하는 것은 결국 두 갈래이지만, 인을 좋아하는 것은 오히려 합쳐서 빠진다. 배우는 사람이 아직 인을 좋아할 수 없다면 또한 불인을 미워하는 측면을 좇아 실천해가면 거의 견실해질 것이다."

○ **又曰 : "好仁而未至, 却不及惡不仁之切."**[67]

'차개성덕지사(此皆成德之事)'에 대해, 주자(朱子 : 朱熹)가 또 말하였다. "인을 좋아하면서 지극하지 못하면 오히려 불인을 미워하는 절실함에 미치지 못한다."

○ **此應也. 添此二句, 而後本文之意始足.**

'차개성덕지사, 고난득이견지야(此皆成德之事, 故難得而見之也)'라고 한 것은 호응(呼應)에서 응(應 : 응답함)이다. 이 두 구절을 보탠 뒤에 본문의 뜻이 비로소 충족되었다.

관대하고 온화한 것이며, 불인을 미워하는 것은 그의 자질이 굳세고 방정한 것이다. 인을 좋아하면 인(仁)과 예(禮)의 측면이 많고, 불인을 미워하면 의(義)와 지(智)의 측면이 많다. 인을 좋아하는 것은 다만 인이 있는 줄만 알고 불인이 그를 해치려 한다는 것을 알지 못하는 것이다. 불인을 미워하는 것은 이러한 병통을 알고서 오직 그것이 그를 해치려 할까 염려하는 것이다. 대충 편안히 실행하는 것과 억지로 실행하는 것의 관계와 서로 비슷하다. 인을 좋아하는 사람은 강건한 사람이니, 평생토록 병폐가 없으며 또한 병통이 있는 줄도 모른다. 불인을 미워하는 사람은 이러한 병폐에 피해를 입은 적이 있어서 병통의 근원을 알고 오직 병통이 다시 침입해 오는 것을 염려한다. 불인을 미워하는 것은 결국 두 갈래이지만, 인을 좋아하는 것은 오히려 합쳐서 빠진다. 배우는 사람이 아직 인을 좋아할 수 없다면 또한 불인을 미워하는 측면을 좇아 실천해가면 거의 견실해질 것이다.')"라고 되어 있다.

67) 『주자어류(朱子語類)』 권26, 「논어8(論語八)」, 49조목에는 "問 : '好仁者如顏子, 惡不仁者似孟子否?' 曰 : '好仁者與惡不仁者本無優劣, 只是他兩箇資質如此. 好仁底人, 是箇溫柔寬厚底資質, 只見得好仁處好, 不甚嫌那不仁底, 他只見得好仁路上熟. 惡不仁者, 便是箇剛勁峭直底資質, 心裏眞箇是惡那不仁底事. 好仁底較强些子, 然好仁而未至, 卻不及那惡不仁之切底. 蓋惡不仁底眞是壁立千仞, 滴水滴凍, 做得事成.'(물었다. '인을 좋아하는 것은 마치 안자(顏子 顏回)와 같고, 불인을 미워하는 것은 마치 맹자와 비슷합니까?' 주자(朱子 : 朱熹)가 대답하였다. '인을 좋아하는 사람과 불인을 미워하는 사람은 본래 우열이 없는데, 다만 그들 두 사람들의 자질이 이와 같을 뿐이다. 인을 좋아하는 사람은 따뜻하고 관대한 자질로, 다만 인을 좋아하는 것이 좋다는 것을 알고 저 불인한 것을 별로 싫어하지 않으니, 그는 다만 인을 좋아하는 길을 잘 알 뿐이다. 불인을 미워하는 사람은 굳세고 엄정한 자질로, 마음속으로 저 불인한 일을 참으로 미워한다. 인을 좋아하는 사람은 비교적 조금 강하지만, 인을 좋아하면서 지극하지 못하면 오히려 저 불인을 미워하는 절실함에 미치지 못한다. 이는 불인을 미워하는 사람은 참으로 천 길 높이 우뚝 솟은 절벽 같은 기상으로, 물줄기가 떨어지고 얼음이 떨어지는 것처럼 일을 이루어나가기 때문이다.')"라고 되어 있다.

[4-6-2]

有能一日用其力於仁矣乎? 我未見力不足者.
하루라도 그 힘을 인(仁)에 쓴 사람이 있는가? 나는 힘이 부족한 사람을 아직 보지 못하였다.

朱註

言好仁·惡不仁者,[68] 雖不可見, 然或有人果能一旦奮然用力於仁, 則我又未

---

68) 好仁·惡不仁者 : 『주자어류(朱子語類)』 권26, 「논어8(論語八)」, 50조목과 51조목에서 이에 대해 자세하게 설명하고 있다. 50조목에서는 "'好仁·惡不仁, 只是利仁事, 卻有此二等, 然亦無大優劣. 只是好仁者是資性渾厚底, 惡不仁者是資性剛毅底; 好仁者惻隱之心較多, 惡不仁者羞惡之心較多. 聖人之意, 謂我未見好仁·惡不仁者.' 又從而自解之曰: '我意所謂好仁者, 須是'無以尙之'; 所謂惡不仁者, 須是'不使不仁者加乎其身'. 是好之篤, 惡之切, 如此等人, 不是說那略略恁地好仁·惡不仁底.' 又曰: '伯夷是惡不仁底, 柳下惠是好仁底, 也無大故優劣.'('인(仁)을 좋아하고 불인(不仁)을 미워하는 사람은 다만 인을 이롭게 여기는 일일 뿐이지만, 오히려 이런 두 등급이 있다. 그러나 또한 큰 우열은 없다. 다만 인을 좋아하는 사람은 자질과 성품이 합쳐서 빠지고 도타우며, 인하지 않음을 미워하는 이는 자질과 성품이 굳세고 과감하다. 인을 좋아하는 사람은 불쌍히 여기는 마음이 비교적 많고, 불인을 미워하는 이는 부끄러움을 느끼는 마음이 비교적 많다. 성인의 뜻은 나는 인을 좋아하고, 불인을 미워하는 이를 보지 못했다는 말이다.' 또 따라가며 스스로 풀이하면서 말하였다. '내 생각에 인을 좋아한다는 말은 반드시 그에 더할 것이 없다. 불인을 미워한다는 말은 반드시 '어질지 못한 것이 그의 몸에 더해지지 못하도록 한다'는 말이다. 이는 독실하게 좋아하고, 절실하게 미워하는 것이니, 이와 같은 사람은 대충대충 이렇게 인을 좋아하고, 불인을 미워함을 말하는 것이 아니다.' 또 말하였다. '백이는 인하지 않음을 미워했던 사람이고, 유하혜는 인을 좋아했던 사람이다. 이 또한 크게 우열이 나뉠 이유가 없다.')"라고 하였다. 51조목에서는 "因論'好仁·惡不仁', 曰: '此亦以資質而言. 蓋有一等人, 只知好仁, 更不管惡不仁事; 一等人專是惡不仁意思多, 然其'不使不仁者加乎其身', 則所爲必無不仁矣. 然畢竟好仁者終是較得便宜, 緣他只低著頭自去做了. 惡不仁者卻露些圭角芒刃, 得人嫌在. 如顏子明道是好仁, 孟子伊川是惡不仁; 康節近於好仁, 橫渠是惡不仁.'(이어서 '인을 좋아함과 불인을 미워함'에 대해 논하며 말하였다. '이 또한 자질로 말하였다. 어떤 사람은 다만 인을 좋아할 줄만 알아서 다시 불인을 미워하는 일에 상관하지 않는다. 어떤 사람은 오로지 불인을 미워하는 뜻이 많지만 '어질지 못한 것이 그의 몸에 더해지지 못하도록 한다면' 그가 하는 일은 반드시 어질지 않음이 없을 것이다. 그러나 마지막엔 인을 좋아하는 사람이 결국 더 편의를 얻는 것은 그는 다만 겸손하게 스스로 해나갈 뿐이기 때문이다. 불인을 미워하는 사람은 오히려 조금이나마 규각과 예기를 드러내기 때문에 남들의 의심을 얻게 된다. 예를 들어 안자·명도는 인을 좋아했고, 맹자·이천은 불인을 미워하였다. 강절은 인을 좋아한 것에 가깝고, 횡거는 불인을 미워하였다.')"라고 하였다.

見其力有不足者.

인(仁)을 좋아하고 불인(不仁)을 미워하는 사람을 비록 볼 수 없지만, 간혹 어떤 사람이 과연 하루아침에 분발하여 인에 힘쓸 수 있다면, 나는 또한 그 힘이 부족한 사람을 아직 보지 못했다는 것을 말한다.

詳說

○ 承上節而言.

'언호인 · 오불인자, 수불가견(言好仁 · 惡不仁者, 雖不可見)'이라 한 것은 위 구절을 이어서 말하였다.

○ '有能'二字, 已含此意.

'언호인 · 오불인자, 수불가견(言好仁 · 惡不仁者, 雖不可見)'이라 한 것에 대해, 본문 '유능일일용기력어인의호(有能一日用其力於仁矣乎)'에서 '유능(有能)'이라는 두 글자는 이미 이러한 뜻을 포함하고 있다.

○ 本文'乎'字下又有'能一日用其力於仁則'九字之義, 故此下著'則'字.

경문 '유능일일용기력어인의호(有能一日用其力於仁矣乎)'에서 '호(乎)'자 아래에는 또 '능일일용기력어인즉(能一日用其力於仁則 : 하루라도 그 힘을 인(仁)에 쓴 사람이 있다면)'이라는 의미가 있기 때문에 주석에서는 '연혹유인과능일단분연용력어인(然或有人果能一旦奮然用力於仁)'이라는 말 아래에 '즉아우미견기력유부족자(則我又未見其力有不足者)'에서 '즉(則)'자를 붙였다.

○ 承上節'未見'而著'又'字.

'즉아우미견기력유부족자(則我又未見其力有不足者)'의 '우(又)'자는 경문의 위 구절 '부자자언미견호인자 · 오불인자(夫子自言未見好仁者 · 惡不仁者)'에서 '미견(未見)'을 이어서 '우(又)'자를 붙였다.

○ 釋畢無訓.

경문의 풀이는 끝났으나 훈고는 없다.

○ 此下又申論之.

이 아래는 또 그것을 거듭 밝혀 논한다.

朱註

蓋爲仁在己, 欲之則是, 而志之所至, 氣必至焉. 故仁雖難能, 而至之亦易也.

대개 인(仁)을 실천하는 것은 자신에게 달려 있으니 그것을 원하면 바로 인(仁)

하게 되는 것이며, 뜻이 이르는 곳에는 기(氣)가 반드시 이른다.69) 그러므로 인(仁)은 비록 잘 실천하기는 어렵지만 거기에 이르는 것은 또한 쉽다.

詳說

◯ 見「顔淵」.

'개위인재기(蓋爲仁在己)'에서 '위인재기(爲仁在己)'라는 말은 『논어(論語)』「안연(顔淵)」에 보인다.70)

◯ 指仁.

'욕지즉시(欲之則是)'에서 '시(是)'자는 인(仁)을 가리킨다.

◯ 見『孟子』「公孫丑」

'이지지소지, 기필지언(而志之所至, 氣必至焉)'이라는 말은 『맹자(孟子)』「공손추상

---

69) 뜻이 이르는 곳에는 기(氣)가 반드시 이른다 : 『주자어류(朱子語類)』 권26, 「논어8(論語八)」, 58조목에서, "주희가 말하였다. '힘을 쓴다는 것은 기운을 말한 측면이 비교적 많지만 뜻도 또한 윗면에 있는 것이다. '뜻이 이르는 곳에는 기가 반드시 이른다.'고 하는데 이 기운은 마치 대장과 똑같다. 지휘가 한 번 내려지면 삼군(三軍)이 모두 따른다. 다만 뜻이 확립되지 못함을 걱정할 뿐이니, 만일 뜻을 확립할 수 있다면 기운은 저절로 내가 부릴 수 있는 것이다. '뜻이란 기운의 장수이고, 기운이란 몸을 채우고 있다.' 사람이 이처럼 시들고 쇠약함을 내놓고 이처럼 유약한 것도 다만 뜻이 확립되지 않았을 뿐이기 때문이다. 뜻이 확립되어 저절로 분발해서 용감하게 해나가면 이 기운은 생긴다. 뜻이 이 안에 있으면 기운도 이 안에 있다.' 이어서 손을 들고 말하였다. '마음이 이 손에 있으면 손은 곧 따뜻해진다. 이 다리에 있으면 다리가 곧 따듯해진다. 뜻과 기운은 저절로 서로 따르는 것이다. 만일 참으로 인을 추구하려 한다면 어떻게 힘이 부족한 것을 걱정하겠는가! 성인께서 또 말씀하신 것도 또한 일반적으로 힘을 쓰되 힘이 부족한 사람이 있으니, 그는 지나치게 어리석고 약하다는 것을 알 수 있다. 그러나 이런 종류의 사람은 또한 아주 드문 것이다.'(曰: '用力說氣較多, 志亦在上面了. '志之所至, 氣必至焉'. 這志如大將一般, 指揮一出, 三軍皆隨. 只怕志不立, 若能立志, 氣自由我使. '夫志, 氣之帥也; 氣, 體之充也'. 人出來恁地萎萎衰衰, 恁地柔弱, 亦只是志不立. 志立自是奮發敢爲, 這氣便生. 志在這裏, 氣便在這裏.' 因擧手而言曰: '心在這手上, 手便暖; 在這脚上, 脚便暖. 志與氣自是相隨. 若眞箇要求仁, 豈患力不足! 聖人又說道, 亦有一般曾用力而力不足之人, 可見昏弱之甚. 如這般人也直是少.')"라고 하였다.

70) '위인재기(爲仁在己)'라는 말은 『논어(論語)』「안연(顔淵)」에 보인다 : 『논어(論語)』「안연(顔淵)」 제1장에는 "안연(顔淵)이 인(仁)에 대해 물었다. 공자가 대답하였다. '자신의 사사로운 욕망을 이겨 예(禮)에 돌아가는 것이 인을 실천하는 것이니, 하루 동안이라도 자신의 사사로운 욕망을 이겨 예에 돌아가면 온 세상 사람들이 인을 허가해주는 것이다. 인을 실천하는 것은 자신에게 달려 있지 남에게 달려 있는 것이겠는가?'(顔淵問仁. 子曰 : '克己復禮爲仁, 一日克己復禮, 天下歸仁焉. 爲仁由己, 而由人乎哉?')"라고 되어 있다.

(公孫丑上)」에 보인다.[71]

○ 指上節.

'고인수난능(故仁雖難能)'이라 한 것은 위 구절을 가리킨다.

○ 去聲, 下同.

'이지지역이야(而至之亦易也)'에서 '이(易)'자는 거성(去聲)이고 아래도 마찬가지이다.

○ 指此節.

'이지지역이야(而至之亦易也)'이라 한 것은 이 구절을 가리킨다.

○ 用力, 此章之綱領.

'용력(用力 : 힘을 쓰다)'이 이 장(章)의 강령이다.

[4-6-3]

蓋有之矣, 我未之見也."
아마 그런 사람이 있을 텐데 내가 아직 보지 못했을 것이다."

朱註

蓋, 疑辭. 有之, 謂有用力而力不足者. 蓋人之氣質不同, 故疑亦容或有此昏弱之甚, 欲進而不能者, 但我偶未之見耳.

개(蓋)는 의문사이다. 유지(有之)는 힘을 쓰는데도 힘이 부족한 사람이 있음을 말한다. 대개 사람의 기질은 같지 않기 때문에 또한 혹시라도 이렇게 매우 우매하고 유약한 사람이 있어 나아가려고 해도 그렇게 할 수 없는 경우는, 다만 내가 우연히 아직 그를 보지 못했을 뿐이라 생각한 것이다.

---

71) '이지지소지, 기필지언(而志之所至, 氣必至焉)'이라는 말은 『맹자(孟子)』「공손추상(公孫丑上)」에 보인다 : 『맹자(孟子)』「공손추상(公孫丑上)」에는 "지(志)는 기(氣)의 장수(將帥)이고, 기(氣)는 몸에 꽉 차 있는 것이다. 지(意)는 지극하고 기(氣)가 그 다음이다. 그러므로 '그 지(志)를 잘 잡되 그 기(氣)를 난폭하게 하지 말라.'고 하였다.(夫志, 氣之帥也; 氣, 體之充也. 夫志至焉, 氣次焉. 故曰, '持其志, 無暴其氣.')"라고 되어 있다.

詳說

○ 指上節而言.

'위유용력이력부족자(謂有用力而力不足者)'라고 한 것은 위 구절을 가리켜서 말한 것이다.

○ 訓畢.

'위유용력이력부족자(謂有用力而力不足者)'에서 훈고가 끝났다.

○ 上言志·氣, 此言氣質, 蓋以用力者言之, 則是志爲師也; 以力不足者言之, 則非志之罪也, 故只言氣質.

'개인지기질부동(蓋人之氣質不同)'에 대해, 위에서는 지(志)와 기(氣)를 말했는데 여기에서 '기질(氣質)'을 말한 것은, 대개 힘을 쓰는 것으로 말하면 지(志)가 장수이지만 힘이 부족한 것으로 말하면 지(志)의 죄(罪)가 아니기 때문에 다만 기질을 말했을 뿐이다.

○ 四字釋'蓋'字.

'고의역용혹유차혼약지심(故疑亦容或有此昏弱之甚)'에서 '의역용혹(疑亦容或)'이라는 네 글자는 경문 '개유지의(蓋有之矣)'에서 '개(蓋)'자를 풀이한 것이다.

○ 指力不足者.

'고의역용혹유차혼약지심(故疑亦容或有此昏弱之甚)'에서 '차(此)'자는 힘이 부족한 사람을 가리킨다.

○ 氣昏質弱.

'고의역용혹유차혼약지심(故疑亦容或有此昏弱之甚)'에서 '혼약지심(昏弱之甚)'은 기(氣)가 어둡고 질(質)이 약한 것이다.

○ '我未之見', 多一'之'字, 而與上二節之'我未見'其義微不同. 故著'偶'字以別之.

경문에서 '아미지견(我未之見)'이라는 구절을 보면 '지(之)'라는 한 글자가 많으니, 위 경문 두 개의 구절에서 '아미견(我未見)'이라 한 것과는 그 의미가 조금은 같지 않다. 그러므로 주석에서는 '단아우미지견이(但我偶未之見耳)'라고 하여 '우(偶)'자를 붙여 구별하였다.

○ 以'耳'易'也'.

'단아우미지견이(但我偶未之見耳)'에서 '이(耳)'자는 경문 '아미지견야(我未之見也)'에서 '야(也)'자를 바꾼 것이다.

○ 釋畢.

경문의 풀이가 끝났다.

○ 此下又申論.

이 아래는 또 거듭 밝혀 논한다.

朱註

蓋不敢終以爲易, 而又歎人之莫肯用力於仁也.

대개 감히 끝내 이를 쉬운 것으로 여기지 못했지만, 또한 사람들이 기꺼이 인(仁)에 힘쓰려고 하지 않음을 탄식한 것이다.

詳說

○ 以仁爲易.

'개불감종이위이(蓋不敢終以爲易)'에서 '이위이(以爲易)'라고 한 것은 인(仁)을 쉽다고 한 말이다.

○ 此正意也, 卽偶未之見耳之說也.

'개불감종이위이(蓋不敢終以爲易)'이라 한 것은 진정한 뜻이니, 곧 우연히 보지 못했을 뿐이라는 말이다.

○ 朱子曰 : "所謂'力不足者, 中道而廢', 此等人亦未之見, 可見用力於仁者之難得也."[72]

'이우탄인지막긍용력어인야(而又歎人之莫肯用力於仁也)'에 대해, 주자(朱子 : 朱熹)

---

72) 『주자어류(朱子語類)』 권26, 「논어8(論語八)」, 62조목에는 "問 : '『集注』前後說不同. 前說能用力於仁, 未見其力有不足者; 後說有用力而力不足者. 旣曰用力, 亦安有昏弱欲進而不能者?' 曰 : '有這般人, 其初用力非不切至, 到中間自是欲進不能. 夫子所謂'力不足者, 中道而廢', 正說此等人. 冉求力可做, 卻不自去著力耳. 間或有曾用力而力不足底人, 這般人亦是難得.'(물었다. '『논어집주(論語集注)』에서 앞뒤의 말이 다릅니다. 앞에서는 인에 힘을 쓸 수 있다면 힘이 부족한 사람을 보지 못했다고 말했고, 뒤에서는 힘을 써도 힘이 부족한 사람이 있다고 말했습니다. 이미 힘을 쓴다고 했는데, 또한 어찌 어둡고 약해서 나아가고자 하지만 그렇게 할 수 없는 사람이 있겠습니까?' 주자(朱子 : 朱熹)가 대답하였다. '이러한 사람이 있으니, 그 처음에 힘쓰는 것이 간절하고 지극하지 않음이 없지만, 중간에 이르러 저절로 나아가려고 해도 그렇게 할 수 없는 것이다. 공자의 이른바 '힘이 부족한 사람은 도중에 그만 둔다'라는 것이 바로 이러한 사람을 말한 것이다. 염구(冉求)는 힘은 쓸 만했지만, 오히려 스스로 힘을 쓰지 않았을 뿐이다. 간혹 힘을 썼는데도 힘이 부족한 사람이 있으니, 이러한 사람도 또한 얻기 힘들다.')"라고 되어 있다.

가 말하였다. “이른바 ‘힘이 부족한 사람은 도중에 그만 둔다’라고 했는데, 이러한 사람도 보지 못했으니 인(仁)에 힘을 쓰는 사람을 얻기 어렵다는 것을 알 수 있다.”

○ 此又一意也. 與偶未見之說微不同, 故著‘又’字. 但如此則本文‘矣’字頗齟齬. 雖然, 首節‘矣’字已不能甚明云.

‘이우탄인지막긍용력어인야(而又歎人之莫肯用力於仁也)’라고 한 것은 또 하나의 뜻이다. 이는 우연히 보지 못했다는 말과 조금은 같지 않기 때문에 ‘우(又)’자를 붙였다. 그러나 이와 같으면 본문 ‘개유지의(蓋有之矣)’에서 ‘의(矣)’자와 자못 충돌한다. 비록 그러하지만 첫 구절 ‘기위인의(其爲仁矣)’에서 ‘의(矣)’자는 이미 별로 분명하지 못하였다.

朱註

○ 此章言仁之成德, 雖難其人, 然學者苟能實用其力, 則亦無不可至之理. 但用力而不至者, 今亦未見其人焉, 此夫子所以反覆而歎息之也.

이 장(章)은 인(仁)의 덕(德)을 이루는 사람을 비록 얻기 어렵지만, 배우는 사람이 만약 실제로 그 힘을 쓴다면 또한 이르지 못할 리가 없다. 그러나 힘을 쓰는데도 이르지 못하는 사람을 지금 또한 보지 못했다고 말했으니, 이것이 공자가 반복해서 탄식한 까닭이다.

詳說

○ 難得其人.

‘수난기인(雖難其人)’이라 한 것은 그러한 사람을 얻기 어렵다는 뜻이다.

○ 首節.

‘인지성덕, 수난기인(仁之成德, 雖難其人)’은 첫 구절을 가리킨다.

○ 次節.

‘연학자구능실용기력, 즉역무불가지지리(然學者苟能實用其力, 則亦無不可至之理)’는 둘째 구절을 가리킨다.

○ 末節.

‘단용력이부지자, 금역미견기인언(但用力而不至者, 今亦未見其人焉)’은 끝 구절을 가리킨다.

○ 此卽上註'又歎人之莫肯用力於仁'之說也. 向之備一意者, 至此遂爲正意. 何也? 如此說, 然後於歎辭爲切, 蓋偶未見之說無事乎再嚼, 而勉人用力其事爲急故耳.

'단용력이부지자, 금역미견기인언(但用力而不至者, 今亦未見其人焉)'은 곧 위 주석에서 '또한 사람들이 기꺼이 인(仁)에 힘쓰려고 하지 않는 것을 탄식한 것이다'라고 말한 것이다. 앞에서 한 가지 의미를 갖춘 것이 여기에 이르러는 진정한 의미가 되었다. 무엇 때문인가? 이와 같이 말한 뒤에야 탄식한 말이 절실하게 되니, 우연히 보지 못했다고 하는 말을 다시 곱씹어 볼 필요 없이 사람들이 그 일에 힘쓰는 것이 시급함을 권면하기 때문이다.

○ 音福.

'차부자소이반복이탄식지야(此夫子所以反覆而歎息之也)'에서 '복(覆)'자는 음이 복(福)이다.

○ 總括三節.

이 주석은 본문 세 개의 구절을 총괄한 것이다.

○ 雲峰胡氏曰: "用力而不至者, 亦未之見, 益可歎也. 然不謂世無其人, 但謂我未見其人, 猶有不絶望之意. 勉人切, 而待人厚."73)

운봉 호씨(雲峯胡氏: 胡炳文)가 말하였다. "힘을 쓰는데도 이르지 못하는 사람을 또한 보지 못했다는 것은 더욱 탄식할 만하다. 그러나 세상에 그런 사람이 없다고 말하지 않고, 다만 내가 아직 그런 사람을 보지 못했다고 말한 것은 또한 절망하지 않은 뜻이 있다. 이렇듯 사람들을 권면하는 일이 절실하고 사람들을 대우하는 일이 두텁다."

---

73) 호광 편(胡廣 編), 『논어집주대전(論語集註大全)』 권4에 호병문(胡炳文)의 말로 "用力而未至者, 亦未之見, 益可歎也. 然不必謂世無其人, 但謂我未見其人, 猶有不絶望之意焉. 其勉人也切, 而待人也厚, 可於此觀聖人之心矣.(힘을 쓰는데도 이르지 못하는 사람을 또한 보지 못했다는 것은 더욱 탄식할 만하다. 그러나 꼭 세상에 그런 사람이 없다고 말하지 않고, 다만 내가 아직 그런 사람을 보지 못했다고 말한 것은 또한 절망하지 않은 뜻이 있다. 이렇듯 사람들을 권면하는 것이 절실하고 사람들을 대우하는 것이 두터우니, 이러한 데서 성인의 마음을 살펴볼 수 있다.)"라고 되어 있다.

[4-7-1]

子曰："人之過也，各於其黨. 觀過，斯知仁矣."
공자가 말하였다. "사람의 허물은 각각 그 부류에 따른다. 그 허물을 살펴보면 인(仁)함을 알 수 있다."

朱註

黨，類也.
'각어기당(各於其黨)'에서 '당(黨)'은 유(類 : 부류)이다.[74)]

詳說

○ 訓.
훈고이다.

朱註

程子曰："人之過也，各於其類. 君子常失於厚，小人常失於薄；君子過於愛，小人過於忍."[75)]
정자(程子 : 程頤)가 말하였다. "사람의 허물은 각각 그 부류에 따른다. 군자는 항상 후덕함에서 잘못되고 소인은 항상 야박함에서 잘못되며, 군자는 사랑에 지나치고, 소인은 잔인함에 지나치다."

---

74) 당(黨)'은 유(類 : 부류)이다 :『주자어류(朱子語類)』 권26, 「논어8(論語八)」, 65조목에는 "당(黨)은 부류[類]이고, 치우침[偏]이다. 군자는 도타움에 지나치고, 소인은 엷음에 지나치니, 이것을 보면 인(仁)과 불인(不仁)을 알 수 있다. 군자가 도타움에 지나쳐 도타움에 비록 옳지 않은 점이 있더라도 결국 어진 사람이다.('黨，類也，偏也. 君子過於厚，小人過於薄，觀此則仁與不仁可知. 君子過於厚，厚雖有未是處，終是仁人.')"라고 하였다.

75)『주자어류(朱子語類)』 권26, 「논어8(論語八)」, 76조목에는 "伊川謂: '人之過也，各於其類，君子常失於厚，小人常失於薄；君子過於愛，小人傷於忍.'"으로 되어 있다. 즉, 만인걸이 이천은 '사람의 잘못은 각각 그 부류에 따른다. 군자는 언제나 도타움에서 잘못을 저지르고, 소인은 언제나 엷음에서 잘못을 저지른다. 군자는 사랑에 지나치고 소인은 인색함에서 해친다.'고 했다고 물으며, 이것은 '예는 사치하기 보다는 차라리 검소하라'는 것과 같은 뜻입니다라고 하자, 주희가 '가깝다.'(愚謂，此與'禮，與其奢也，寧儉'，同意. 曰: '近之.')라고 하였다.

詳說

○ 叔子.

'정자왈(程子曰)'에서 '정자(程子)'는 동생 정이(程頤)이다.

○ 殘忍.

'소인과어인(小人過於忍)'에서 '인(忍)'자는 잔인함을 가리킨다.

○ 朱子曰 : "人之過不止於此, 伊川只擧一隅耳."[76]

주자(朱子 : 朱熹)가 말하였다. "사람의 허물은 여기에 그치지 않으니, 이천(伊川 : 程頤)은 다만 한 귀퉁이만 들었을 뿐이다."

朱註

尹氏曰 : "於此觀之, 則人之仁不仁可知矣."

윤씨(尹氏 : 尹焞)가 말하였다. "여기에서 살펴보면 사람의 인(仁)함과 불인(不仁)함을 알 수 있다."

詳說

○ 指厚薄愛忍.

'어차관지(於此觀之)'에서 '차(此)'자는 후덕함·야박함·사랑함·잔인함을 가리킨다.

○ 朱子曰 : "此'仁'字指慈愛而言."[77]

'즉인지인불인가지의(則人之仁不仁可知矣)'에서 앞의 '인(仁)'자에 대해, 주자(朱子 : 朱熹)가 말하였다. "이 '인(仁)'자는 자애로움을 가리켜 말한 것이다."

○ 添'不仁'二字, 以補本文所省文.

'즉인지인불인가지의(則人之仁不仁可知矣)'에서 '불인(不仁)'이라는 두 글자를 보태 본문에서 생략한 글을 보충하였다.

---

76) 주희(朱熹), 『주문공문집(朱文公文集)』 권42, 「답오회숙(答吳晦叔)」에는 "又謂'人之過, 不止于厚薄愛忍四者', 而疑伊川之說爲未盡. 伊川止是擧一隅耳.(또 '사람의 허물은 후덕함·야박함·사랑함·잔인함 네 가지에 지나지 않는다'라고 말했는데, 생각하건대 이천(伊川 : 程頤)의 말이 미진한 것 같다. 이천은 다만 한 귀퉁이만 들었을 뿐이다.)"라고 되어 있다.

77) 『주자어류(朱子語類)』 권26, 「논어8(論語八)」, 68조목에는 "'觀過斯知仁', 此'仁'字, 是指慈愛而言.('그 허물을 살펴보면 인(仁)함을 알 수 있다'에서 이 '인'자는 자애로움을 가리켜서 말한 것이다.)"라고 되어 있다.

◯ 朱子曰 : "過於愛厚, 雖是過, 然亦是從那仁中來, 血脈未至斷絶. 過於薄忍, 則仁之血脈已斷絶."[78)]

'즉인지인불인가지의(則人之仁不仁可知矣)'에 대해, 주자(朱子 : 朱熹)가 말하였다. "후덕함과 사랑함에서 지나치다는 것은 비록 허물이지만 또한 저 인(仁)함 가운데로부터 나온 것이므로 아직 혈맥이 끊어지는 데는 이르지 않았다. 야박함과 잔인함에서 지나친 것이라면 인함의 혈맥과는 이미 끊어졌다."

◯ 慶源輔氏曰 : "人情於人之過失, 多不致察, 故夫子發此歎."[79)]

'즉인지인불인가지의(則人之仁不仁可知矣)'에 대해, 경원 보씨(慶源輔氏 : 輔廣)가 말하였다. "사람들의 마음은 남의 과실에 대해서는 대부분 자세히 살피지 않기 때문에 공자는 이렇게 탄식하였다."

◯ 釋畢.

경문의 풀이가 끝났다.

朱註

吳氏曰 : "後漢吳祐謂'掾以親故, 受汙辱之名, 所謂觀過知仁'是也."

오씨(吳氏 : 吳棫)가 말하였다. "후한(後漢) 때 오우(吳祐)가 '관리가 어버이 때문에 더러운 이름을 감수했으니, 이른바 허물을 살펴보면 인(仁)함을 안다는 것이다'라고 말한 것이 이에 해당한다."

詳說

◯ 兪絹反.

'후한오우위연이친고(後漢吳祐謂掾以親故)'에서 '연(掾)'은 '유(兪)'와 '견(絹)'의 반절(反切)이다.

---

78) 『주자어류(朱子語類)』 권26, 「논어8(論語八)」, 73조목에는 "性之問此章. 曰 : '所謂君子過於厚與愛者, 雖然是過, 然亦是從那仁中來, 血脈未至斷絶. 若小人之過於薄與忍, 則與仁之血脈已是斷絶, 其謂之仁, 可乎?'(성지(性之 : 주자 문인)가 이 장(章)에 대해 물었다. 주자(朱子 : 朱熹)가 대답하였다. '이른바 군자가 후덕함과 사랑함에서 지나치다는 것은 비록 허물이지만 또한 저 인(仁)함 가운데로부터 나온 것이므로 아직 혈맥이 끊어지는 데는 이르지 않았다. 만약 소인이 야박함과 잔인함에서 지나친 것이라면 인함의 혈맥과는 이미 끊어진 것인데 그것을 인이라 말하는 것이 괜찮겠는가?)"라고 되어 있다.

79) 호광 편(胡廣 編), 『논어집주대전(論語集註大全)』 권4.

○ 『後漢書』「本傳」曰："祐遷膠東侯相，政惟仁簡，以身率物. 嗇夫孫性私賦民錢，市衣以進其父，父怒曰'有君如是，何忍欺?' 促歸伏罪. 性懼，詣閤持衣自首. 祐曰：'掾以親故，受汙穢之名，所謂觀過斯知仁矣.' 便[80]歸謝父，還以衣遺之."

위 구절에 관해 『후한서(後漢書)』「본전(本傳)」에서 말하였다. "오우(吳祐)가 교동후(膠東侯)의 상(相：집정관)이 되었을 때 정사(政事)가 어질고 간편하여 솔선수범하였다. 색부(嗇夫：말단 관리) 손성(孫性)이 사사로이 백성의 돈을 거두어 옷을 사서 자기 아버지에게 드리니, 그의 아버지가 화를 내며, '이와 같은 상관이 있는데 어찌 차마 속일 수가 있겠는가?'라 말하고, 돌아가서 죄를 자백하도록 재촉하였다. 손성은 두려워하며 관가에 옷을 가지고 가서 자수하였다. 이에 대해 오우는 '관리가 어버이 때문에 더러운 이름을 감수했으니, 이른바 허물을 살펴보면 인(仁)함을 안다는 것이다.'라고 말하고, 돌아가서 그의 아버지에게 사례하게 하고 옷도 다시 보내 주었다."

○ 祐之引此文，只斷章取義，而吳氏取其說以'是也'二字斷之，則遂爲此章之正義.

오우(吳祐)가 '허물을 살펴보면 인(仁)함을 안다'라는 말은 끌어들인 것은 다만 단장취의일 뿐이지만, 오씨(吳氏：吳棫)가 그 말을 취해서 '이것이다'라는 말로 단정했으니, 마침내 이 장(章)의 진정한 의미가 되었다.

朱註

愚按：此亦但言人雖有過，猶可卽此而知其厚薄，非謂必俟其有過，而後賢否可知也.

내가 살펴보건대, 이는 또한 다만 사람이 비록 허물이 있다고 해도 오히려 그것에서 그의 돈후함과 야박함을 알 수 있다고 말한 것이지, 반드시 그 허물이 있기를 기다린 뒤에 현명함과 현명하지 못함을 알 수 있다고 말한 것은 아니다.

詳說

○ 指吳說.

'차역단언인수유과(此亦但言人雖有過)'에서 '차(此)'자는 오씨(吳氏：吳棫)의 말을 가리킨다.

---

80) 『논어집주대전』에는 사(使)로 되어 있다. 글자의 모양이 비슷하여 혼동한 것 같다.

○ 指過.

'유가즉차이지기후박(猶可卽此而知其厚薄)'에서 '차(此)'자는 허물을 가리킨다.

○ 添'雖'·'猶'二字, 而與圈上正意微不同, 蓋恐讀者泥於吳說, 必俟人之有過而後求其賢. 故辨之如此, 以備一意.

'차역단언인수유과, 유가즉차이지기후박(此亦但言人雖有過, 猶可卽此而知其厚薄)'에서 '수(雖)'자와 '유(猶)'자 두 글자를 첨가하여 '○(圈 : 吳氏曰 앞의 ○)' 위의 진정한 뜻과는 조금 다른데, 이는 독자들이 오씨(吳氏 : 吳棫)의 말에 구애되어 반드시 사람이 허물이 있기를 기다린 뒤에 현명함을 구한다고 할까 염려한 것이다. 그러므로 이와 같이 변별하여 또 하나의 뜻을 갖추었다.

○ 補此一語而意益明白.

'비위필사기유과, 이후현부가지야(非謂必俟其有過, 而後賢否可知也)'라고 한 말을 보충하여 뜻이 더욱 명백해졌다.

○ 吳說只向仁一邊去, 故朱子又雙寫厚薄賢否以補其意.

오씨(吳氏 : 吳棫)의 말은 다만 인(仁)함이라는 한 측면으로만 말했기 때문에 주자는 또 돈후함과 야박함, 현명함과 현명하지 못함을 짝지어 써서 그 뜻을 보충하였다.

[4-8-1]

子曰 : "朝聞道, 夕死可矣."
공자가 말하였다. "아침에 도(道)를 깨달으면 저녁에 죽어도 괜찮다."

朱註

道者, 事物當然之理. 苟得聞之, 則生順死安, 無復遺恨矣. 朝夕, 所以甚言其時之近.

도(道)는 사물(事物)의 당연한 이치이다. 참으로 그것을 얻어 들었다면, 살아서는 순응하고 죽어서도 편안하니 다시 여한(餘恨)이 없을 것이다.[81] 조석(朝夕)은 그 시간의 가까움을 심하게 말한 것이다.

詳說

○ 因訓而遂釋.

'도자, 사물당연지리(道者, 事物當然之理)'라고 한 것은 훈고에 따라서 경문의 풀이를 마친 것이다.

---

81) 도(道)는 사물(事物)의 당연한 이치이다. …… 여한(餘恨)이 없을 것이다 : 『주자어류(朱子語類)』 권26, 「논어8(論語八)」, 81조목에서는 "도는 단지 사물의 당연한 이치이고, 단지 하나의 옳은 곳을 찾는 것일 뿐이다. 큰 것은 쉽사리 환하게 깨달을 수 있지만, 내용이 있는 미세한 것은 사람이 반드시 스스로 인식할 수 있도록 노력해야 한다. 만일 도리를 파악하는 것이 분명하고 환하다면 삶은 본시 좋지만, 죽음이라도 지장이 없는 것이다. 그렇지 않으면 살아있어도 일을 구제하지 못하고, 죽어도 쓸데없이 죽는 것이다. 또 말하였다. '듣는다'는 말은 보통 사람과 성인을 통틀어 말한 것이지, 오로지 성현만을 말하지는 않는다. 그렇지만 크게는 도를 듣지 못한 이를 위해 가정한 것이다. 마치 어제는 듣지 못하다가 오늘 들었다는 말이 바로 이런 것이다. 정자가 '사람이 알고서 믿기가 힘들다. 참으로 얻은 것이 아니라면 어떻게 저녁에 죽는 것이 괜찮다고 하겠는가!'라고 했으니, 안 다음에는 반드시 얻으려 해야 하고, 얻은 후에야 믿음이 독실해지는 것이다. '저녁에 죽어도 괜찮다'는 것은 다만 죽더라도 지장이 없다고 말하는 것일 뿐 꼭 죽어야 한다는 말은 아니다.(道只是事物當然之理, 只是尋箇是處. 大者易曉. 於細微曲折, 人須自辨認取. 若見得道理分曉, 生固好, 死亦不妨. 不然, 生也不濟事, 死也枉死. 又云: 所謂'聞'者, 通凡聖而言, 不專謂聖賢, 然大率是爲未聞道者設. 且如昨日不曾聞, 今日聞之, 便是. 程子所謂'人知而信者爲難, 非誠有所得, 豈以夕死爲可乎!' 知後須要得, 得後方信得篤. '夕死可矣', 只是說便死也不妨, 非謂必死也.)라고 하였다. 그 위의 79조목에서는 '도(道)'에 대해 다음과 같이 설명한다. "섭하손이 물었다. ''아침에 도를 깨달으면'에서 도란 무엇입니까?' 주희가 말하였다. '도는 다만 눈앞의 분명한 도리일 뿐이다.'(問: ''朝聞道', 道是如何?' 曰: '道只是眼前分明底道理.')"

○ 齊氏曰 : “如曾子之‘唯!’”[82]

‘구득문지(苟得聞之)’에 대해, 제씨(齊氏)가 말하였다. “마치 증자(曾子)가 ‘예!’라고 대답한 것[83]과 같다.”

○ 潛室陳氏曰 : “非謂耳聞, 謂心悟也, 卽一日融會貫通處.”[84]

‘구득문지(苟得聞之)’에 대해, 잠실 진씨(潛室陳氏 : 陳埴)가 말하였다. “이는 귀로 듣는 것을 말하는 것이 아니라 마음으로 깨닫는 것을 말하니, 곧 하루아침에 투철하게 이해한다는 뜻이다.”

○ 新安陳氏曰 : “四字本於『西銘』‘存吾順事, 沒吾寧也.’”[85]

‘즉생순사안(則生順死安)’에서 ‘생순사안(生順死安)’에 대해, 신안 진씨(新安陳氏 : 陳櫟)가 말하였다. “이 네 글자는 장재(張載) 『서명(西銘)』의 ‘살아서 나는 하늘에 순응하고, 죽어서 나는 편안하다.’라는 구절에 근본한다.”

○ 胡氏曰 : “兼生順言之者, 惟其生順而後死安.”[86]

‘즉생순사안(則生順死安)’에 대해, 호씨(胡氏)가 말하였다. “살아서 순응하는 것을 겸해서 말한 것은 오직 살아서 순응한 뒤에 죽어서 편안하다는 말이다.”

○ 去聲.

‘무부유한의(無復遺恨矣)’에서 ‘부(復)’자는 거성(去聲)이다.

---

82) 호병문, 『사서통(四書通)』「논어통(論語通)」 권2에 제씨(齊氏)의 말로, “子貢猶謂‘性與天道, 不可得聞’, 必如曾子之‘唯’而後能聞爾.(자공은 오히려 ‘성(性)과 천도(天道)에 대해서는 듣지를 못했다’라고 말했으니, 반드시 증자(曾子)가 ‘예!’라고 대답한 것과 같은 뒤에야 들었다고 할 수 있다.)”라고 실려 있다.

83) 증자(曾子)가 ‘예!’라고 대답한 것 : 『논어(論語)』「이인(里仁)」 제15장에서 “공자가 말하였다. ‘삼(參)아! 나의 도(道)는 하나의 이치로 모든 것을 꿰뚫었다.’ 증자가 대답하였다. ‘예!’(子曰 : ‘參乎! 吾道, 一以貫之.’ 曾子曰 : ‘唯!’)”라고 하였다.

84) 진식(陳埴), 『목종집(木鐘集)』 권1에는 “此聞, 非謂耳聞, 謂心悟也, 卽程門所謂一日融會貫通處.(여기에서 들음은 귀로 듣는 것을 말하는 것이 아니라 마음으로 깨닫는 것을 말하니, 곧 정자 문하에서 말하는 하루아침에 투철하게 이해한다는 것이다.)”라고 되어 있다.

85) 호광 편(胡廣 編), 『논어집주대전(論語集註大全)』 권4에 진력(陳櫟)의 말로, “名者實之賓, 因‘名’字而遡其實.(이름은 실질의 손님이니, 본문 ‘오호성명(惡乎成名)’에서 ‘명(名)’자에 따라서 그 실질을 거슬러 올라갔다.)”라고 실려 있다.

86) 호광 편(胡廣 編), 『논어집주대전(論語集註大全)』 권4에 호씨(胡氏)의 말로, “夫子但以夕死爲可, 而今兼生順言之者, 惟其生順而後死安也.(공자는 다만 저녁에 죽어도 괜찮다고 했는데 이제 살아서 순응하는 것을 겸해서 말한 것은 오직 살아서 순응한 뒤에 죽어서 편안하다는 것이다.)”라고 실려 있다.

○ 襯'可'字.

'무부유한의(無復遺恨矣)'라고 한 것은 본문 '석사가의(夕死可矣)'에서 '가(可)'자와 결부된다.

○ 雲峰胡氏曰 : "'可矣'二字, 令人惕然有深省處."87)

경문 '석사가의(夕死可矣)'에서 '가의(可矣)'에 대해, 운봉 호씨(雲峯胡氏 : 胡炳文)가 말하였다. "'가의(可矣)'라는 두 글자는 사람들에게 근심스럽고 두렵게 깊이 살피도록 하는 것이다."

○ 雙峯饒氏曰 : "此章重在聞道, 不在死生."88)

쌍봉 요씨(雙峰饒氏 : 饒魯)가 말하였다. "이 장(章)은 중점이 도(道)를 듣는 데 있지 죽고 사는 데 있지 않다."

○ 旣釋而復訓.

'조석, 소이심언기시지근(朝夕, 所以甚言其時之近)'이라 한 것은 이미 경문 풀이를 했지만, 다시 훈고한 것이다.

朱註

○ 程子曰 : "言人不可以不知道, 苟得聞道, 雖死可也."

정자(程子 : 程頤)가 말하였다. "사람은 도(道)를 알지 않으면 안 되니, 진실로 도(道)를 얻어 듣는다면 비록 죽어도 괜찮다고 말한 것이다."

詳說

○ 叔子.

'정자왈(程子曰)'에서 '정자(程子)'는 동생 정이(程頤)이다.

○ 添'雖'字.

'수사가야(雖死可也)'라고 한 것은 본문 '석사가의(夕死可矣)'에 '수(雖)'자를 보탠 것이다.

○ 朱子曰 : "將此二句反之, 曰'若人不聞道, 雖長生亦何爲?'"89)

---

87) 호병문, 『사서통(四書通)』「논어통(論語通)」 권2.

88) 호광 편(胡廣 編), 『논어집주대전(論語集註大全)』 권3.

89) 『주자어류(朱子語類)』 권26, 「논어8(論語八)」, 82조목에는 "曰 : '看得此章, 聖人非欲人聞道而必死, 但深言道之不可不聞耳. 若將此二句來反之曰, '若人一生而不聞道, 雖長生亦何爲?' 便自明白.' 曰 : '然. 若人而聞道, 則生也不虛, 死也不虛. 若不聞道, 則生也枉了, 死也枉了.'(물었다. '이

‘구득문도, 수사가야(苟得聞道, 雖死可也)’에 대해, 주자(朱子 : 朱熹)가 말하였다. “이 두 구절을 뒤집으면 ‘만약 사람이 평생 동안 도를 듣지 못한다면 비록 오래 산다고 해도 또한 무엇을 하겠는가?’라는 것이다.”

○ 此正說.

‘구득문도, 수사가야(苟得聞道, 雖死可也)’라는 구절은 정면으로 말한 것이다.

朱註

又曰 : “皆實理也, 人知而信者爲難. 死生亦大矣. 非誠有所得, 豈以夕死爲可乎?”

(程顥가) 또 말하였다. “이는 모두 실질적인 이치이니, 사람이 이를 알아서 믿는 것이 어렵다. 죽고 사는 것은 또한 큰일이다. 진실로 터득한 것이 있지 않다면 어찌 저녁에 죽는 것을 괜찮다고 하겠는가?”

詳說

○ 伯子.

‘우왈(又曰)’의 주체는 형 정호(程顥)이다.

○ 通指事物當然之道.

‘개실리야(皆實理也)’라고 한 것은 사물의 당연한 도리를 통틀어 가리킨다.

○ 朱子曰 : “物物有那實理, 不外乎日用當行之間.”[90]

장(章)을 보면 성인은 사람이 도(道)를 듣고 반드시 죽기를 원한 것이 아니라, 다만 도에 대해 듣지 않을 수 없음을 깊이 말했을 뿐입니다. 만약 이 두 구절을 뒤집어서 ‘만약 사람이 평생 동안 도를 듣지 못한다면 비록 오래 산다고 해도 또한 무엇을 하겠는가?’라고 하면 저절로 명백해집니다.’ 주자(朱子 : 朱熹)가 대답하였다. ‘그렇다. 만약 사람이 도를 들으면 삶도 헛되지 않고, 죽음도 헛되지 않는다. 만약 도를 듣지 못하면 삶이 쓸모없고, 죽음도 쓸모없다.’)”라고 되어 있다.

90) 『주자어류(朱子語類)』 권26, 「논어8(論語八)」, 90조목에는 “先生顧安卿曰 : ‘伊川說實理, 有不可曉處. 云‘實見得是, 實見得非’, 恐是記者之誤, ‘見’字上必有漏落. 理自是理, 見自是見. 蓋物物有那實理, 人須是實見得.’(선생님[주자]이 안경(安卿 : 陳淳)을 돌아보고 말하였다. ‘이천(伊川 : 程頤)이 실질적인 이치를 말한 것은 이해할 수 없는 점이 있다. 그는 ‘실질적으로 옳음을 알고, 실질적으로 그름을 안다’라고 했는데, 아마 기록한 사람의 잘못인 것 같다. ‘견(見 : 알다)’자 앞에 반드시 빠진 것이 있을 것이다. 이치는 그 자체로 이치이고, 아는 것은 그 자체로 아는 것이다. 사물마다 저 실질적인 이치가 있으니 사람은 반드시 실질되게 그것을 알아야 한다.’)”라고 되어 있다. 82조목에는 “曰 : ‘道誠不外乎日用常行之間.’(주자(朱子 : 朱熹)가 대답하였다. ‘도는 참으로 일상생활의 행위에서 벗어나지 않는다.’)”라고 되어 있다.

‘개실리야(皆實理也)’에 대해, 주자(朱子 : 朱熹)가 말하였다. “사물마다 저 실질적인 이치가 있지만 일상생활에서 마땅히 행해야 하는 일을 벗어나지 않는다.”

○ 朱子曰 : “若知得眞實, 必能信之篤, 守之固.”[91)]

‘인지이신자위난(人知而信者爲難)’에 대해, 주자(朱子 : 朱熹)가 말하였다. “만약 아는 것이 진실하면 반드시 믿음이 독실할 것이고, 지키는 일도 견고할 것이다.”

○ ‘生’字帶過說, 如‘異同’之‘同’, ‘緩急’之‘緩’. 讀者不必泥看.

‘사생역대의(死生亦大矣)’에서 ‘생(生)’자는 붙여서 넘어가는 말이니, 예컨대 ‘이동(異同)’의 ‘동(同)’자나 ‘완급(緩急)’의 ‘완(緩)’자와 같다. 독자들은 굳이 구애되어 볼 필요가 없다.

○ 指知道而信.

‘비성유소득(非誠有所得)’이라 한 것은 도를 알고 믿는 일을 가리킨다.

○ 此反說.

‘기이석사위가호(豈以夕死爲可乎)’는 뒤집어서 말한 것이다.

---

91) 『주자어류(朱子語類)』 권26, 「논어8(論語八)」, 82조목에는 “問 : ‘『集注』云, ‘道者, 事物當然之理.’ 然嘗思道之大者, 莫過乎君臣父子夫婦朋友之倫, 而其有親, 有義, 有別, 有信, 學者苟至一日之知, 則孰不聞焉? 而卽使之死, 則亦覺未甚濟得事. 然而所謂道者, 果何處眞切至當處? 又何以使人聞得而遂死亦無憾?’ 曰 : ‘道誠不外乎日用常行之間. 但公說未甚濟事者, 第恐知之或未眞耳. 若是知得眞實, 必能信之篤, 守之固. 幸而未死, 則可以充其所知, 爲聖, 爲賢. 萬一卽死, 則亦不至昏昧過了一生, 如禽獸然. 是以爲人必以聞道爲貴也.’(물었다. ‘『논어집주(論語集註)』에서 ‘도(道)는 사물의 당연한 이치이다.’라고 했습니다. 그러나 일찍이 생각하건대, 도의 큰 것은 군신·부자·부부·붕우 관계의 질서를 넘어서는 것이 없었고, 부자유친·군신유의·붕우유신도 배우는 사람들이 만약 하루아침에 알게 되면 누구인들 그것을 들어보지 못했겠습니까? 그런데 가령 죽는다면 또한 별로 일을 이루지 못할 것 같습니다. 그렇다면 이른바 도(道)는 과연 어떤 점이 참으로 절실하고 지극히 당연한 것입니까? 또 무엇 때문에 사람이 듣게 되면 마침내 죽더라도 유감이 없게 되는 것입니까?’ 주자(朱子 : 朱熹)가 대답하였다. ‘도는 참으로 일상생활의 행위에서 벗어나지 않는다. 다만 그대가 별로 일을 이루지 못할 것이라 말한 것은 다만 아는 것이 혹 진실하지 못했을 것이다. 만약 아는 것이 진실하면 반드시 믿음이 독실할 것이고, 지키는 것도 견고할 것이다. 다행이 죽지 않는다면 그가 알고 있는 것을 확충하여, 성인이 되고 현인이 될 수 있을 것이다. 만일 죽게 되더라도 또한 짐승들이 그런 것처럼 혼미하게 일생을 보내는 데 이르지 않을 것이다. 이 때문에 사람은 반드시 도를 듣는 것을 귀하게 여기는 것이다.’)”라고 되어 있다.

[4-9-1]

子曰："士志於道，而恥惡衣惡食者，未足與議也."
공자가 말하였다. "선비가 도(道)에 뜻을 두고서 나쁜 옷과 나쁜 음식을 부끄러워하는 사람은 함께 논의하기에 충분하지 않다."

朱註

心欲求道，而以口體之奉不若人爲恥，其識趣之卑陋甚矣，何足與議於道哉?
마음에 도(道)를 구하려고 하면서 입과 몸을 봉양하는 것이 남만 못한 것을 부끄러움으로 삼는다면, 그 지식과 취향의 비루함이 심하니 어찌 함께 도(道)를 논의하기에 충분하겠는가?

詳說

○ 添'欲'字以見其志道之淺.
'심욕구도(心欲求道)'라고 한 것은 본문 '사지어도(士志於道)'에 '욕(欲)'자를 보태어서 그 도에 뜻을 둔 것이 천박함을 나타내었다.

○ 衣食.
'이이구체지봉불약인위치(而以口體之奉不若人爲恥)'에서 '구체지봉(口體之奉)'은 옷과 음식이다.

○ 惡.
'이이구체지봉불약인위치(而以口體之奉不若人爲恥)'에서 '불약인(不若人)'은 나쁘다는 것이다.

○ 朱子曰："這般半上落下底人，志得不力. 只名爲志道，外物來誘，又遷變."[92]
'이이구체지봉불약인위치(而以口體之奉不若人爲恥)'에 대해, 주자(朱子：朱熹)가 말

92) 『주자어류(朱子語類)』 권26, 「논어8(論語八)」, 92조목에는 "問：''志於道，而恥惡衣惡食.' 旣是志道，如何尙如此?' 曰：'固有這般半上半落底人，其所謂志，也是志得不力. 只是名爲志道，及外物來誘，則又遷變了，這箇最不濟事.'(물었다. ''도에 뜻을 두고서 나쁜 옷과 음식을 부끄러워 한다'라고 했는데, 이미 도에 뜻을 두었는데 어떻게 또한 이와 같이 할 수 있습니까?' 주자(朱子：朱熹)가 대답하였다. '진실로 이렇게 이도 저도 아니고 애매한 사람이 있으니, 그들이 말하는 뜻은 또한 뜻을 둔 것에 힘을 들이지 않은 것이다. 다만 명목상으로는 도에 뜻을 두었다고 하지만 바깥 사물이 와서 유혹하면 또 변하니, 이것이 가장 일을 이루지 못하는 것이다.')"라고 되어 있다.

하였다. “이렇게 이도 저도 아니고 애매한 사람은 뜻을 둔 것에 힘을 들이지 않은 것이다. 다만 명목상으로는 도에 뜻을 두었다고 하지만 바깥 사물이 와서 유혹하면 또 변한다.”

○ 以此一句直指病根.

‘기식취지비루심의(其識趣之卑陋甚矣)’라는 구절로 곧바로 병통의 근원을 가리켰다.

○ 添‘於道’二字, 而本文之意足.

‘하족여의어도재(何足與議於道哉)’라고 한 것은 본문 ‘미족여의야(未足與議也)’에 ‘어도(於道)’라는 두 글자를 보태어서 본문의 뜻이 충족되었다.

○ 有釋無訓.

경문의 풀이는 있으나 훈고는 없다.

朱註

○ 程子曰: “志於道而心役乎外, 何足與議也?”

정자(程子: 程頤)가 말하였다. “도(道)에 뜻을 두었지만 마음이 바깥 사물에 힘쓰면 어찌 함께 논의하기에 충분하겠는가?”

詳說

○ 叔子.

‘정자왈(程子曰)’에서 ‘정자(程子)’는 동생 정이(程頤)이다.

○ 華陽范氏曰: “志於道者, 重內而忘外.”[93]

‘지어도이심역호외(志於道而心役乎外)’에 대해, 화양 범씨(華陽范氏: 范祖禹)[94]가 말하였다. “도에 뜻을 둔 사람은 안을 중시하고 밖을 잊는다.”

---

93) 주희, 『논맹정의(論孟精義)』「논어정의」 권2 하(下).

94) 범조우(范祖禹, 1041~1098): 자는 순보(淳甫) 또는 몽득(夢得)이고 호는 화양선생이며, 송나라 때 성도 화양(成都華陽: 현 사천성 성도(成都))사람이다. 시호는 정헌(正獻)이다. 가우(嘉祐) 8년에 진사에 급제하여, 시교서랑(試校書郎), 지룡수현(知龍水縣) 등을 지냈다. 15년간 사마광이 『자치통감』을 편찬하는 데 참여했으며, 사마광의 추천으로 비서성정자(秘書省正字)에 임명되고 철종 때는 급사중(給事中), 한림학사(翰林學士)를 역임하였다. 정호(程顥)·정이(程頤)를 사사했으며, 사마광의 학문을 추종하였다. 저서는 『시해(詩解)』, 『고문효경설(古文孝經說)』, 『제의(祭儀)』, 『삼경요어(三經要語)』, 『당감(唐鑒)』, 『범태사집(范太史集)』 등이 있다.

○ **王氏曰**: "'未'字見聖人待人寬厚處, 兩'何足'字是先儒鞭迫緊切處."[95]

'하족여의야(何足與議也)'에 대해, 왕씨(王氏)가 말하였다. "경문 '미족여의야(未足與議也)'에서 '미(未)'자는 성인이 사람을 대우하는 것이 관대함을 나타내고, 주자와 정자가 '하족(何足)'이라 한 말은 선대 학자들이 부지런히 노력한 것이 긴요하고 절실한 곳이다."

95) 호광 편(胡廣 編), 『논어집주대전(論語集註大全)』 권4.

[4-10-1]

子曰 : "君子之於天下也, 無適也, 無莫也, 義之與比."
공자가 말하였다. "군자는 천하의 일에서 오로지 주장함도 없고, 기꺼이 그렇게 하지 않는 것도 없으니, 의(義)를 따를 뿐이다."

朱註

適, 丁歷反. 比, 必二反.
'무적야(無適也)'에서 '적(適)'은 '정(丁)'과 '역(歷)'의 반절(反切)이다. '의지여비(義之與比)'에서 '비(比)'는 '필(必)'과 '이(二)'의 반절(反切)이다.

詳說

○ 勉齋黃氏曰 : "'於天下', 言於天下之事無不然. 惟義之從, 不可先懷適 · 莫之念."[96)]
'위부당득이득지(謂不當得而得之)'에 대해, 면재 황씨(勉齋黃氏 : 黃榦)가 말하였다. "'천하의 일에 있어서'라는 것은 천하의 일에 그렇게 하지 않음이 없다는 것을 말한다. 오직 의(義)를 따를 뿐이니[97)] 먼저 오로지 주장하거나 기꺼이 그렇게 하지

---

96) 진덕수, 『사서집편(四書集編)』「논어집편(論語集編)」 권2에 황간(黃榦)의 말로, "'於天下', 言天下之事無不然, 如出處去就以至立政用人之類, 皆在其中. 惟義之從而已, 不可先懷適 · 莫之念也. ('천하의 일에서'라는 것은 천하의 일에 그렇게 하지 않음이 없다는 말이니, 예컨대 벼슬에 나아가거나 은거하는 행동거지에서부터 정사(政事)의 도를 확립하여 사람을 부리는 일 따위와 같은 것이 모두 그 가운데 있다. 오직 의(義)를 따를 뿐이니 먼저 오로지 주장하거나 기꺼이 그렇게 하지 않는 생각을 품어서는 안 된다.)"라고 실려 있다.

97) 오직 의(義)를 따를 뿐이니 : 『주자어류(朱子語類)』 권26의 95조목과 96조목은 '의(義)를 따르는 일'에 대해 다음과 같이 설명한다. 95조목에서는 "'의를 따를 뿐이다'는 것은 내가 가서 의(義)와 더불어 서로 친하는 것이 아니라, 의가 저절로 더불어 따르는 것이다.('義之與比', 非是我去與義相親, 義自是與比.)"라고 하였고, 96조목에서는 "경지(敬之)가 물었다. ''의를 따를 뿐이다'라는 것은 내가 이 안에서 주장하는 것이 의에 있다는 말입니다.' 주희가 말하였다. '그 자체로 말을 덧붙일 것이 없으니, 다만 주장하는 것도 그렇게 하지 않겠다는 것도 없이, 의리가 마땅히 어떠한가를 본다는 것일 뿐이다. '사물에 대처하는 것이 의이다'는 것도 다만 의리가 마땅히 그것에 대처해야 하는지를 볼 뿐이라는 것이다. 의로운 부귀함이면 부귀하고, 의로운 빈천함이면 빈천하며, 살아야 한다면 살고, 죽어야 한다면 죽되, 다만 의리가 마땅히 어떠한지를 볼 뿐이다.'(敬之問: ''義之與比', 是我這裏所主者在義.' 曰: '自不消添語言, 只是無適無莫, 看義理合如何. '處物爲義', 只看義理合如何區處他. 義當富貴便富貴, 義當貧賤便貧賤, 當生則生, 當死則死, 只看義理合如何.')"라고 하였다.

않는 생각을 품어서는 안 된다."

○ '義之與比', 『諺』釋合更商. 蓋當依'之'字文勢, 不必泥'與'字耳. '與比'只是一義.
'의지여비(義之與比)'에 대해 『언해』본의 풀이는 마땅히 다시 생각해야 한다.[98] 마땅히 '지(之)'자의 문장 어세에 의거해야지, '여(與)'자에 구애될 필요가 없다. '여비(與比)'는 다만 하나의 의미이다.

○ '君子之', '之'字下有'心'字意, 觀於圈下謝氏說可知.
'군자지어천하야(君子之於天下也)'에서 '군자지(君子之)'는 '지(之)'자 아래에 '심(心)'자의 뜻이 있으니, '○(圈 : 謝氏曰 앞의 ○)뒤에 나오는' 아래 사씨(謝氏 : 謝良佐)의 말을 살펴보면 알 수 있다.

朱註

'適', 專主也. 『春秋傳』曰, '吾誰適從?'是也. '莫', 不肯也. '比', 從也.
'적(適)'은 오로지 주장함이다. 『춘추좌전(春秋左傳)』에 '내 오로지 누구를 따르겠는가?'라고 한 것이 이것이다. '막(莫)'은 기꺼이 하려고 하지 않는다는 것이다.[99]

---

98) '의지여비(義之與比)'에 대해 『언해』본의 풀이는 마땅히 다시 생각해야 한다 : 교정청 『언해』본에는 '의(義)로 더브러 비(比)ᄒᆞᄂᆞ니라'라고 되어 있고, 율곡 언해본에는 '의(義)를 다뭇 비(比)홀 디니라.'라고 되어 있다.

99) '적(適)'은 오로지 주장함이다. …… '막(莫)'은 기꺼이 하려고 하지 않는다는 것이다. : 『주자어류(朱子語類)』 권26, 「논어8(論語八)」, 97조목에는 다음과 같이 설명하고 있다. "남헌은 '주장하는 것도 그렇게 하지 않겠다는 것도 없다'를 설명하면서 '적(適)은 반드시 해야 할 것이 있는 것이라고 했고, 막(莫)은 주장하는 것이 없는 것'이라고 했습니다. 이 말을 살펴보면 편치 않습니다. 정씨가 '갈 곳도 없고, 가지 못하는 곳도 없다. 또한 의가 따르려는 곳이어야 한다'고 하는 것이 좋습니다. 주희가 말하였다. '옛 사람들이 글자의 뜻을 풀이하면서 '적(適)'자를 '왕(往)'자로 사용한 경우는 없다. 이 '적(適)'자는 당연히 '내가 오로지 누구를 따르겠는가'라고 할 때의 '적(適)'이다. 음(音)은 적(的)이고, 단적(端的)의 뜻이다. 정해진 것이 없고 또한 정해지지 않은 것도 없다는 것을 말할 뿐이다. 흠부(欽夫)가 '우리 유학에는 주장하는 것도 주장하지 않는 것도 없는데, 불교는 주장하는 것이 있고 그렇게 하지 않겠다는 것이 있다.'고 했는데, 이 말과도 통한다.'(南軒說''無適無莫', 適, 是有所必; 莫, 是無所主', 便見得不安. 程氏謂'無所往, 無所不往, 且要義之與比處', 便安了.' 曰: '古人訓釋字義, 無用'適'字爲'往'字者. 此'適'字, 當如'吾誰適從'之'適', 音的, 是端的之意. 言無所定, 亦無所不定爾. 欽夫云'吾儒無適·無莫, 釋氏有適·有莫', 此亦可通.')" 장식의 『계사논어해』 권2에서는 "적(適)이란 반드시 해야 할 것이 있는 것이고, 막(莫)은 주장하는 일이 없다는 것이다. 여기에서 잘못하지 않으면 저기에서 잘못하면서 한 쪽에 기대지 않는 이가 드물기 때문이다.(適則有所必, 莫則無所主. 蓋不失之於此, 則失之於彼, 鮮不倚於一偏也.)"라고 하였다.

'비(比)'는 따른다는 것이다.

詳說

○ 去聲, 諸經幷同.

'『춘추전』왈(『春秋傳』曰)'에서 '전(傳)'자는 거성(去聲)이고, 모든 경전에서 모두 마찬가지이다.

○ 『左』僖五年.

'『춘추전』왈(『春秋傳』曰)'이라 한 것은 『춘추좌전(春秋左傳)』 희공(僖公) 5년 기사이다.

○ 有訓無釋者, 以圈下謝說備矣.

여기에서 훈고만 있고 풀이가 없는 것은 '○(圈 : 謝氏曰 앞의 ○)' 아래 사씨(謝氏 : 謝良佐)의 말이 잘 갖추어졌기 때문이다.

朱註

謝氏曰 : "適, 可也. 莫, 不可也. 無可無不可, 苟無道以主之, 不幾於猖狂自恣乎?

사씨(謝氏 : 謝良佐)가 말하였다. "'적(適)'은 괜찮다는 것이고, '막(莫)'은 안 된다는 것이다. 괜찮은 것도 없고 안 되는 것도 없는데, 만약 도(道)로 중심을 삼음이 없다면, 거의 미친 듯이 날뛰어 스스로 방자하지 않겠는가?"

詳說

○ 按 : 朱子依文而訓, 故曰專主, 曰不肯. 謝氏立論以訓字, 故曰可, 曰不可.

'적, 가야. 막, 불가야(適, 可也. 莫, 不可也)'에 관해, 내 생각에 주자는 문장에 의거하여 훈고했기 때문에 '적(適)'에 대해서는 오로지 주장함도 없다고 했으며, '막(莫)'에 대해서는 기꺼이 하려고 하지 않는다고 하였다. 사씨(謝氏 : 謝良佐)는 논의[의미 설명]를 세워서 글자를 훈고했기 때문에 '적(適)'에 대해서는 괜찮다고 했고, '막(莫)'에 대해서는 안 된다고 하였다.

○ 見「微子」.

'무가무불가(無可無不可)'는 『논어(論語)』「미자(微子)」에 보인다.[100]

---

100) '무가무불가(無可無不可)'는 『논어(論語)』「미자(微子)」에 보인다 : 『논어(論語)』「미자(微子)」 제8장에서 "나는 이것과는 다르니, 괜찮은 것도 없고 안 되는 것도 없다.(我則異於是, 無可無不可)"라고 하였다.

○ 猶曰'無可無不可而已.'

'무가무불가(無可無不可)'라는 말은 마치 '괜찮은 것도 없고 안 되는 것도 없을 뿐이다'라고 말하는 것과 같다.

○ '無'字釋於此.

'구무도이주지(苟無道以主之)'에서 '무(無)'자는 '주지(主之)'에서 풀이한다.

○ 音祈.

'불기어창광자자호(不幾於猖狂自恣乎)'에서 '기(幾)'자는 음이 기(祈)이다.

○ 音昌.

'불기어창광자자호(不幾於猖狂自恣乎)'에서 '창(猖)'자는 음이 창(昌)이다.

朱註

此佛·老之學, 所以自謂心無所住而能應變, 而卒得罪於聖人也. 聖人之學不然, 於無可無不可之間, 有義存焉. 然則君子之心, 果有所倚乎?"

이는 불교와 노자의 학문이 스스로 마음에 머무르는 곳이 없어 변화에 대응할 수 있다고 말하지만, 마침내 성인에게 죄를 얻게 된 이유이다. 성인의 학문은 그렇지 않아서 괜찮은 것도 없고 안 되는 것도 없는 사이에 의(義)가 존재한다. 그렇다면 군자의 마음이 과연 치우치는 것이 있는가?"101)

101) 『주자어류(朱子語類)』 권26, 「논어8(論語八)」, 99조목에 의하면 다음과 같이 논의된다. "선생[朱子]이 물었다. '사씨는 '군자의 마음은 과연 의지하는 것이 있는가?'라고 했는데, 어떻게 보아야 하는가?' 황의강이 말하였다. '다만 사물을 따라 헤아려 가는 것일 뿐 의에 의지하는 것이 아닙니다.' 주희가 말하였다. '다만 마음을 붙잡고서 옳은 것과 옳지 않은 것을 볼 뿐이다.' 황의강이 물었다. ''안 된다거나 안 될 것이 없다'는 것은 모두 용납하는 마음이 없습니다. 다만 성인은 하나의 의가 있을 뿐이지만, 불교와 노자는 그들의 저절로 그러함만을 듣습니다. 이와 같습니까?' 주희가 말하였다. '성인 또한 '된다[可]'고 말하지 않았고, 또한 '안 된다[不可]'고 말하지도 않았다. 다만 의가 어떠한가를 보았을 뿐이다. 불교와 노자는 모두 이것을 보지 못하고 내가 원하는 도가 되면 바로 되고, 내가 원하는 도가 안 되면 바로 안 된다고 했으니, 이는 다만 내게 있는 것으로부터 말했기 때문이다.'(先生問: '謝氏謂'君子之心果有所倚乎'? 如何看?' 義剛云: '只是隨事物去量度, 不是倚於義.' 曰: '只是把心去看是與不是.' 義剛因問: ''無可無不可', 皆是無所容心. 但聖人是有箇義, 佛老是聽其自然. 是恁地否?' 曰: '聖人也不說道可, 也不說道不可, 但看義如何耳. 佛老皆不睹是, 我要道可便是可, 我要道不可便是不可, 只由在我說得.')"

詳說

○ 雙峯饒氏曰："自謂無所住著, 似乎無適·莫."[102]

'소이자위심무소주이능응변(所以自謂心無所住而能應變)'에 대해, 쌍봉 요씨(雙峰饒氏 : 饒魯)가 말하였다. "스스로 머무르는 곳이 없다고 말하는 것은 마치 오로지 주장함도 없고 기꺼이 그렇게 하지 않는 것도 없다는 것 같다."

○ 東陽許氏曰："心無住者, 應事則可亦可, 不可亦可, 何獨應變不同聖人? 其應常亦未嘗同."[103]

'소이자위심무소주이능응변(所以自謂心無所住而能應變)'에 대해, 동양 허씨(東陽許氏 : 許謙)가 말하였다. "마음이 머무를 데가 없다는 것은 일에 대응하는 것이 할 만해도 괜찮고 안 되어도 괜찮은데, 어찌 유독 변화에 대응하는 것이 성인과 같지 않은가? 그 대응함이 항상 또한 같은 적이 없다."

○ '自謂'二字之意貫至此.

'소이자위심무소주이능응변(所以自謂心無所住而能應變)'에서 '자위(自謂)'라는 두 글자의 뜻은 '응변(應變)'에까지 관통한다.

○ 二句正釋本文.

'어무가무불가지간, 유의존언(於無可無不可之間, 有義存焉)'이라는 두 구절은 경문을 정면으로 풀이한 것이다.

○ 將引用『中庸』'焉有所倚'之語, 故著'果'字.

'과유소의호(果有所倚乎)'라고 한 것은 『중용(中庸)』의 '언유소의(焉有所倚 : 어찌 달리 의지할 것이 있겠는가)'라는 말[104]을 인용하려고 한 것이기 때문에 '과(果)'자를 붙였다.

○ 偏倚於適·莫.

'과유소의호(果有所倚乎)'라고 한 것은 오로지 주장함도 없고 기꺼이 그렇게 하지 않음도 없다는 말에 치우치게 의지하였다.

---

102) 호광 편(胡廣 編), 『논어집주대전(論語集註大全)』 권4.

103) 호광 편(胡廣 編), 『논어집주대전(論語集註大全)』 권4.

104) 『중용(中庸)』의 '언유소의(焉有所倚 : 어찌 달리 의지할 것이 있겠는가)'라는 말 : 『중용장구(中庸章句)』 제32장에서 "오직 천하의 지극한 성(誠)이어야, 천하의 큰 법을 경륜(經綸)하고, 천하의 큰 근본을 세우며, 천지의 화육(化育)을 알 수 있으니, 어찌 달리 의지할 것이 있겠는가?(唯天下至誠, 爲能經綸天下之大經, 立天下之大本, 知天地之化育, 夫焉有所倚?)"라고 하였다.

○ 此又申論而收之.

이는 또 거듭 밝혀 논해서 거두어들인 것이다.

[4-11-1]

子曰："君子懷德, 小人懷土; 君子懷刑, 小人懷惠."
공자가 말하였다. "군자는 덕을 생각하고 소인은 거처하는 곳을 생각하며, 군자는 형법을 생각하고 소인은 은혜를 생각한다."

朱註

懷, 思念也. 懷德, 謂存其固有之善; 懷土, 謂溺其所處之安. 懷刑, 謂畏法; 懷惠, 謂貪利. 君子小人趣向不同, 公私之間而已矣.

회(懷)는 생각하는 것이다. 회덕(懷德)은 본디 가지고 있는 선(善)을 보존하는 것을 말하고, 회토(懷土)는 거처하는 곳의 편안함에 빠지는 것을 말한다. 회형(懷刑)[105]은 법을 두려워하는 것을 말하고, 회혜(懷惠)는 이익을 탐내는 것을 말한다. 군자와 소인의 취향이 같지 않음은 공(公)과 사(私)의 사이일 뿐이다.

詳說

○ 東陽許氏曰："常念念不忘."[106]

'회, 사념야(懷, 思念也)'에 대해, 동양 허씨(東陽許氏 : 許謙)가 말하였다. "항상 잊지 않고 계속 생각한다는 것이다."

---

105) 회형(懷刑) : 이에 대해서는 『주자어류(朱子語類)』 권26, 「논어8(論語八)」, 100조목~102조목에 자세하게 거론되고 있다. 100조목에서는 "'형법[刑]을 생각한다'는 것은 다만 '선하지 못함을 미워해서', 선하지 못한 일이 그 한 몸에 더해지지 않도록 하는 것일 뿐이다.('懷刑', 只是'惡不善', 不使不善之事加乎一身.)"라고 하였고, 101조목에서는 "'군자는 형법을 생각한다'는 것은 형법을 생각하여 반드시 위반하지 않는 것을 말하니, 마치 법을 두려워한다고 말하는 것과 같을 뿐이다.('君子懷刑', 言思刑法而必不犯之, 如懼法之云爾.)"라고 하였다. 그리고 102조목에서는 "'군자는 형법을 생각한다'는 것은, 예를 들자면 『예기』에서 '법령을 두려워 한다[畏法令]'거나 또는 '정교를 엄숙하게 한다[肅政教]'는 등이 모두 이런 것이다. 어떤 사람이 '예를 들어 '나라의 큰 금기를 물은 다음에 들어간다'는 것도 이런 것입니까?'라고 묻자, 주희가 '꼭 이처럼 말할 것은 없다. 다만 '형법을 생각한다[懷刑]'는 한 구절이면 또한 좋다고 할 만 하다. 예를 들어 조목을 어기거나 방해가 되는 일은 하지 않는다는 것도 또한 크게 좋을 것이다.'라고 하였다.('君子懷刑', 如禮記所謂'畏法令', 又如'肅政教'之類, 皆是." 或謂: '如'問國之大禁而後敢入', 是否?' 曰: '不必如此說. 只此'懷刑'一句, 亦可爲善. 如違條礙貫底事不做, 亦大段好了.')"라고 되어 있다.

106) 호광 편(胡廣 編), 『논어집주대전(論語集註大全)』 권4에 허겸(許謙)의 말로, "君子常切思懷, 念念不忘.(군자는 항상 절실하게 생각하여 잊지 않고 계속 생각한다.)"라고 실려 있다.

○ 三'懷'字有愛義. '懷刑'之'懷'有畏義, 其語勢則與『孟子』之'傷廉'相似云.

경문에서 세 개의 '회(懷)'자는 사랑함의 의미가 있다. '회형(懷刑)'의 '회(懷)'자는 두려움의 의미가 있으니, 그 어세가 『맹자(孟子)』의 '청렴을 손상한다'[107]라는 것과 서로 비슷하다고 할 수 있다.

○ 上聲.

'위닉기소처지안(謂溺其所處之安)'에서 '처(處)'자는 상성(上聲)이다.

○ 東陽許氏曰: "惟思自逸, 不能遷善以成德."[108]

'위닉기소처지안(謂溺其所處之安)'에 대해, 동양 허씨(東陽許氏 : 許謙)가 말하였다. "오직 자신의 안일함을 생각하면 선함에로 옮겨가서 덕을 이룰 수 없다."

○ 東陽許氏曰: "惟務苟得, 雖刑法在前亦不顧."[109]

'위탐리(謂貪利)'에 대해 동양 허씨(東陽許氏 : 許謙)가 말하였다. "오직 구차하게 얻는 데만 힘쓰면 비록 형법이 눈앞에 있어도 또한 돌아보지 않을 것이다."

○ 訓畢.

'위탐리(謂貪利)'에서 훈고가 끝났다.

○ 八字盡該本文.

'군자소인취향부동(君子小人趣向不同)'이라는 여덟 글자는 경문을 모두 갖추었다.

○ 以論代釋.

'공사지간이이의(公私之間而已矣)'라는 구절은 의미 설명으로 경문의 풀이를 대신한 것이다.

○ 以'公私'二字斷盡本文.

'공사지간이이의(公私之間而已矣)'라고 하여 '공사(公私)'라는 두 글자로 본문을 완전히 결단하였다.

---

107) 『맹자(孟子)』의 '청렴을 손상한다' : 『맹자(孟子)』「이루하(離婁下)」에서 "맹자가 말하였다. '얼핏 보면 취할 만하고, 자세히 보면 취하지 말아야 할 경우에 취하면 청렴을 손상한다. 얼핏 보면 줄 만하고, 자세히 보면 주지 말아야 할 경우에 주면 은혜를 손상한다. 얼핏 보면 죽을 만하고, 자세히 보면 죽지 말아야 할 경우에 죽으면 용맹을 손상한다.'(孟子曰 : '可以取, 可以無取, 取, 傷廉. 可以與, 可以無與, 與, 傷惠. 可以死, 可以無死, 死, 傷勇.')"라고 하였다.

108) 호광 편(胡廣 編), 『논어집주대전(論語集註大全)』 권4.

109) 호광 편(胡廣 編), 『논어집주대전(論語集註大全)』 권4.

朱註

尹氏曰 : "樂善惡不善, 所以爲君子; 苟安務得, 所以爲小人."

윤씨(尹氏 : 尹焞)가 말하였다. "선(善)을 좋아하고 불선(不善)을 미워함은 군자가 되는 까닭이고, 구차히 편안하려 하고 얻기를 힘씀은 소인이 되는 까닭이다."

詳說

○ 音洛.

'낙선오불선(樂善惡不善)'에서 '낙(樂)'자는 음이 '낙(洛)'이다.

○ 『大全』曰 : "謂懷德."110)

'낙선오불선(樂善惡不善)'에서 '낙선(樂善)에 대해, 『논어집주대전』에서 말하였다. "덕을 생각하는 것을 말한다."

○ 去聲.

'낙선오불선(樂善惡不善)'에서 '오(惡)'자는 거성(去聲)이다.

○ 『大全』曰 : "謂懷刑."111)

'낙선오불선(樂善惡不善)'에서 '오불선(惡不善)에 대해, 『논어집주대전』에서 말하였다. "형법을 생각하는 것을 말한다."

○ 『大全』曰 : "謂懷土."112)

'구안무득(苟安務得)'에서 '구안(苟安)에 대해, 『논어집주대전』에서 말하였다. "거처하는 곳을 생각하는 것을 말한다."

○ 『大全』曰 : "謂懷惠."113)

'구안무득(苟安務得)'에서 '무득(務得)'에 대해, 『논어집주대전』에서 말하였다. "은혜를 생각하는 것을 말한다."

○ 朱子曰 : "但言如此則可以爲君子, 如此則爲小人."114)

---

110) 호광 편(胡廣 編), 『논어집주대전(論語集註大全)』 권4.

111) 호광 편(胡廣 編), 『논어집주대전(論語集註大全)』 권4.

112) 호광 편(胡廣 編), 『논어집주대전(論語集註大全)』 권4.

113) 호광 편(胡廣 編), 『논어집주대전(論語集註大全)』 권4.

114) 『주자어류(朱子語類)』 권26, 「논어8(論語八)」, 103조목에는 "先生又言 : '如漢擧孝廉, 必曰'順鄕里, 肅政教.' '肅政教'之云, 是亦懷刑之意也.' 某因思得'此所謂君子者, 非所謂成德之人也. 若成德之人, 則誠不待於懷刑也. 但言如此則可以爲君子, 如此則爲小人, 未知是否.'(선생님(朱子)이 또 말하였다. '예컨대 한(漢)나라에서 효성스럽고 청렴한 사람을 등용하면서, 반드시 '향리

주자(朱子 : 朱熹)가 말하였다. "그러나 이와 같이 하면 군자가 될 수 있고, 이와 같이 하면 소인이 된다는 것을 말한다."

○ **又曰 : "懷德之君子, 不待懷刑而自安於善; 懷土之小人, 特欲全其所保而未必有逐利貪得之心, 其爲善惡亦各有淺深."**115)

주자(朱子 : 朱熹)가 또 말하였다. "덕을 생각하는 군자는 형법을 기다릴 필요가 없이 스스로 선함에 편안하고, 거처할 곳을 생각하는 소인은 다만 그 보유한 것을 온전히 하려고 하여 이익을 쫓아 얻는 것을 탐내는 마음이 반드시 있는 것은 아니니, 그 선함과 악함이 되는 것도 또한 각각 깊고 얕음이 있다."

에서 순조롭고 정교(政教)를 엄숙하게 한다'라고 하였다. '정교를 엄숙하게 한다'라고 말한 것은 또한 형법을 생각한다는 뜻이다.' 나는 이어서 이렇게 생각하였다. '여기에서 이른바 군자는 덕을 이룬 사람을 말하는 것이 아니다. 만약 덕을 이룬 사람이라면 진실로 형법을 생각하는 것을 기다릴 필요가 없을 것이다. 그러나 이와 같이 하면 군자가 될 수 있고, 이와 같이 하면 소인이 된다는 것을 말하니, 옳은지 그른지 모르겠다.')"라고 되어 있다.

115) 『사서혹문(四書或問)』 권9.

[4-12-1]

子曰:"放於利而行, 多怨."
공자가 말하였다. "이익(利益)에 따라서 행동하면 원망이 많다."

朱註

◯ 放, 上聲.
'방어리이행(放於利而行)'에서 '방(放)'자는 상성(上聲)이다.

朱註

孔氏曰:"放, 依也. 多怨, 謂多取怨."
공씨(孔氏:孔安國)[116]가 말하였다. "방(放)은 의거함이다. 다원(多怨)은 원망을 많이 취하는 것을 말한다."

詳說

◯ 『大全』曰:"名安國, 西漢曲阜人."[117]
'공씨왈(孔氏曰)'에서 '공씨(孔氏)'에 대해, 『논어집주대전』에서 말하였다. "이름은 안국(安國)이고, 서한(西漢) 시대 곡부(曲阜) 사람이다."

◯ 倣同.
'방, 의야(放, 依也)'에서 '방(放)'자는 '방(倣:의거하다)'자와 같다.

◯ 添'取'字而後無怨己·怨人相混之嫌. 蓋南軒釋作怨人, 而朱子常非之云.
'위다취원(謂多取怨)'에 대해, 경문 '다원(多怨)'에 '취(取)'자를 보탠 뒤에 자기를 원망함과 남을 원망함이 서로 섞인 혐의가 없어졌다. 남헌(南軒:張敬夫)은 이를 남을 원망하는 것으로 풀이했고, 주자는 항상 그것이 틀렸다고 말했기 때문이다.

---

116) 공안국(孔安國, B.C.156~B.C.74):자는 자국(子國)이며, 산동성 곡부(曲阜) 사람이다. 서한시대(西漢) 무제 때의 학자로, 공자의 제11대 자손이며, 박사(博士), 간대부(諫大夫)를 거쳐, 임회(臨淮) 태수를 지냈다. 『시(詩)』는 신공(申公)에게서 배우고, 『상서(尚書)』는 복생(伏生)에게서 전수받았다. 공안국은 노(魯)나라의 공왕(共王)이 공자의 옛 집을 헐었을 때 나온 과두문자(蝌蚪文字)로 된 『고문상서(古文尚書)』, 『예기(禮記)』, 『논어(論語)』, 『효경(孝經)』을 금문(今文)과 대조·고증, 해독하여 주석을 붙였는데, 이에서 고문학(古文學)이 비롯되었다고 하여, 공안국을 고문학의 시조라고 한다.
117) 호광 편(胡廣 編), 『논어집주대전(論語集註大全)』 권4.

○ 勉齋黃氏曰 : "謂之放, 則無一言一動不在於利; 謂之多, 則不但一二人而已."118)

면재 황씨(勉齋黃氏 : 黃榦)가 말하였다. "따른다고 말하면 모든 말과 행동이 이익에 있지 않음이 없다는 것이고, 많다고 말하면 단지 한 두 사람만이 아니라는 것이다."

○ 有訓無釋, 以圈下程子說備矣.

훈고는 있으나 경문의 풀이는 없으니, '○(圈 : 아래 程子曰 앞의 ○)' 아래 정자(程子 : 程頤)의 말이 갖추어졌기 때문이다.

朱註

程子曰 : "欲利於己, 必害於人, 故多怨."

정자(程子 : 程頤)가 말하였다. "자기에게 이익이 되기를 원하면 반드시 남에게 해로움을 끼치기 때문에, 원망이 많다."119)

詳說

○ 此圈雖無, 恐亦無妨. 而必著之者, 豈以程子說不擧'放'字, 難爲正釋故耶?

'여기 정자왈(程子曰 앞의 ○)'에서 '○(圈)'는 비록 없더라도 또한 무방할 것 같다. 그런데 반드시 드러낸 것은 어찌 정자(程子 : 程頤)의 말이 '방(放)'자를 들지 않아서 진정한 풀이가 되기 어렵기 때문이 아니겠는가?

○ 叔子.

'정자왈(程子曰)'에서 '정자(程子)'는 동생 정이(程頤)이다.

○ 三字是多怨之本.

'필해어인(必害於人)'에서 '해어인(害於人)'이라는 세 글자는 원망이 많게 되는 근본이다.

○ 朱子曰 : "只是要便宜底人, 凡事只認自家, 不恤他人. 所以多怨."120)

118) 호광 편(胡廣 編), 『논어집주대전(論語集註大全)』 권4.

119) 『주자어류(朱子語類)』 권26, 「논어8(論語八)」, 106조목에는 "이익에 따라 행동하면 다만 도리에 의거하여 해나가더라도 또한 어떻게 남들에게 하나도 원망을 사지 않을 수 있겠는가! 다만 도리를 아는 자는 반드시 '비록 원망하는 일이 있더라도 어떻게 그를 구휼하겠는가!'라고 할 뿐이다. 만일 이익에 따라 행동한다면 이치를 거슬리고 사사로움을 좇는 것이니 원망을 많이 사게 되는 것은 필연적이다.(放於義而行, 只據道理做去, 亦安能盡無怨於人. 但識道理者須道是: '雖有怨者, 如何恤得他!' 若放於利, 則悖理徇私, 其取怨之多, 必矣.)"라고 하였다.

120) 『주자어류(朱子語類)』 권26, 「논어8(論語八)」, 105조목에는 "'放於利而行, 多怨', 只是要便宜

위 구절과 관련하여 주자(朱子 : 朱熹)가 말하였다. "다만 자기의 이익만을 원하는 사람은 모든 일에 대해 자신만을 인정하고 다른 사람을 고려하지 않는다. 그러므로 원망이 많다."

底人. 凡事只認自家有便宜處做, 便不恤他人, 所以多怨.('이익(利益)에 따라서 행동하면 원망이 많다'라고 한 것은 다만 자기의 이익만을 원하는 사람이다. 모든 일에 대해 다만 자신에게 이익이 있는 것만 인정하니 다른 사람을 고려하지 않는다.)"라고 되어 있다.

[4-13-1]

子曰 : "能以禮讓爲國乎, 何有? 不能以禮讓爲國, 如禮何?"
공자가 말하였다. "예(禮)와 겸양으로 나라를 다스릴 수 있다면 무슨 어려움이 있겠는가? 예와 겸양으로 나라를 다스릴 수 없다면 예(禮)를 어찌하겠는가?"

朱註

讓者, 禮之實也. 何有, 言不難也. 言有禮之實以爲國, 則何難之有.
양(讓)은 예(禮)의 실질이다. 하유(何有)는 어렵지 않음을 말한다. 예(禮)의 실질을 가지고 나라를 다스리면 무슨 어려움이 있겠는가라는 말이다.

詳說

○ 朱子曰 : "辭讓發於本心之誠, 這却僞不得."121)
'양자, 예지실야(讓者, 禮之實也)'에 대해, 주자(朱子 : 朱熹)가 말하였다. "사양함은 본심의 정성스러움에서 일어나기 때문에 이는 또한 거짓으로 할 수 없다."

○ 訓畢.
'하유, 언부난야(何有, 言不難也)'에서 훈고가 끝났다.

○ '禮讓'之'禮'字輕輕帶過, 以見重在於'讓'字.
'언유예지실이위국(言有禮之實以爲國)'에서 '예양(禮讓)'의 '예(禮)'자는 가볍게 넘어가야 하니, 그것으로 중점이 '양(讓)'자에 있다는 것을 알 수 있다.

---

121) 『주자어류(朱子語類)』 권26, 「논어8(論語八)」, 111조목에는 "問 : ''讓者, 禮之實也', 莫是辭讓之端發於本心之誠然, 故曰'讓是禮之實?'' 曰 : '是. 若玉帛交錯, 固是禮之文; 而擎跽曲拳, 升降俛仰, 也只是禮之文, 皆可以僞爲. 惟是辭讓方是禮之實, 這卻僞不得. 旣有是實, 自然是感動得人心. 若以好爭之心, 而徒欲行禮文之末以動人, 如何感化得他?'(물었다. ''겸양은 예(禮)의 실질이다'라는 것은 사양하는 단서가 본심의 정성스러움에서 일어나기 때문에 '겸양은 예의 실질이다'라고 하는 것이 아닙니까?' 주자(朱子 : 朱熹)가 대답하였다. '그렇다. 만약 옥과 비단이 오가는 것이라면 본디 예(禮)의 문식이고, 손을 들어 올리고 꿇어앉으며, 몸을 굽히고 주먹을 쥐며, 오르내리고 고개를 숙이고 우러러 보는 것도 또한 다만 예의 문식일 뿐이니, 이것들은 모두 거짓으로도 할 수 있는 것이다. 오직 이 사양함이야말로 예의 실질이니, 이는 또한 거짓으로 할 수 없다. 이미 이 실질이 있으면 저절로 그러하게 다른 사람의 마음을 감동시키는 것이다. 만약 다투기를 좋아하는 마음으로 한갓 예의 문식의 말단을 실행하여 남을 감동시키려 한다면 어떻게 그를 감화시킬 수 있겠는가?')라고 되어 있다.

○ 朱子曰:"旣有是實, 自然感動得人心."122)

'언유예지실이위국, 즉하난지유(言有禮之實以爲國, 則何難之有)'에 대해, 주자(朱子:朱熹)가 말하였다. "이미 이 실질됨이 있으면 저절로 그러하게 다른 사람의 마음을 감동시킬 수 있다."

○ 猶言能以禮讓爲國, 則於爲國乎何有也. 本文'爲國'二字屬下句, 而『集註』移屬上句, 蓋互用也.

'언유예지실이위국, 즉하난지유(言有禮之實以爲國, 則何難之有)'라 한 구절은 마치 예(禮)와 겸양으로 나라를 다스릴 수 있다면 나라를 다스리는 데 무슨 어려움이 있겠는가라고 말하는 것과 같다. 본문의 '위국(爲國:나라를 다스림)'이라는 말은 아래 구절에 속하는데 『논어집주(論語集註)』에서 위 구절에 옮겨 붙인 것은 서로 교체해서 사용할 수 있기 때문이다.

朱註

不然, 則其禮文雖具, 亦且無如之何矣, 而況於爲國乎?"

그렇지 않다면 그 예(禮)의 문식이 비록 갖추어졌더라도 또한 어찌할 수 없는데, 하물며 나라를 다스리는 것은 어떻겠는가?"

詳說

○ 指'不能以禮讓爲國'七字.

'불연(不然)'은 본문 '불능이예양위국(不能以禮讓爲國)'이라는 일곱 글자를 가리킨다.

○ '禮之文也'與'禮之實'對, 卽'如禮何'之'禮'字.

'즉기예문수구(則其禮文雖具)'에서 '예의 문식'은 '예의 실질됨'과 짝이 되니, 곧 경문 '여예하(如禮何:예를 어찌하겠는가)'에서 '예(禮)'자이다.

○ 朱子曰:"禮之節文亦不能行."123)

---

122) 『주자어류(朱子語類)』 권26, 「논어8(論語八)」, 111조목.

123) 『주자어류(朱子語類)』 권26, 「논어8(論語八)」, 113조목에는 "問:'禮者, 自吾心恭敬, 至於事爲之節文, 兼本末而言也. '讓者, 禮之實', 所爲恭敬辭遜之心是也. 君子欲治其國, 亦須是自家盡得恭敬辭遜之心, 方能以禮爲國. 所謂'一家讓, 一國興讓', 則爲國何難之有? 不能盡恭敬辭遜之心, 則是無實矣. 雖有禮之節文, 亦不能行, 況爲國乎?' 曰:'且不奈禮之節文何, 何以爲國?'(물었다. '예(禮)는 내 마음의 공경함에서부터 일과 행위의 절문(節文)에 이르기까지 근본과 말단

‘역차무여지하의(亦且無如之何矣)’에 대해, 주자(朱子 : 朱熹)가 말하였다. “예의 절문(節文)도 실행할 수 없다.”

○ 釋畢.

‘역차무여지하의(亦且無如之何矣)’에서 경문의 풀이가 끝났다.

○ 添此一句而本文之意始足.

‘이황어위국호(而況於爲國乎)’라는 구절을 보태어서 경문의 뜻이 비로소 충족되었다.

○ ‘讓’字, 此章之題目.

‘양(讓 : 겸양)’자가 이 장(章)의 제목이다.

을 겸해서 말한 것입니다. ‘겸양은 예의 실질이다’라는 것은 이른바 공경하고 사양하는 마음이 이것입니다. 군자가 그 나라를 다스리려고 하면 또한 모름지기 스스로 공경하고 사양하는 마음을 다 발휘해야 비로소 예(禮)로 나라를 다스릴 수 있는 것입니다. 이른바 ‘한 집안이 겸양하면 한 나라에 겸양이 흥기한다’라고 했으니, 나라를 다스리는 데 무슨 어려움이 있겠습니까? 공경하고 사양하는 마음을 다 발휘할 수 없으면 이는 실질적인 것이 없습니다. 비록 예의 절문이 있다고 하더라도 또한 실행할 수 없는데, 하물며 나라를 다스리는 일은 어떻겠습니까?’ 주자(朱子 : 朱熹)가 대답하였다. ‘또한 예의 절문을 어찌할 수 없다면 어떻게 나라를 다스리겠는가?’)”라고 되어 있다.

[4-14-1]

子曰："不患無位, 患所以立. 不患莫己知, 求爲可知也."
공자가 말하였다. "지위가 없음을 걱정하지 않고 지위에 설 것을 걱정하며, 자기를 알아주는 사람이 없음을 걱정하지 않고 알려질 만하기를 구해야 한다."

朱註

所以立, 謂所以立乎其位者. 可知, 謂可以見知之實.
'소이립(所以立)'은 그 지위에 설 수 있는 것을 말한다. '가지(可知)'는 남에게 알려질 만한 실질을 말한다.

詳說

○ 朱子曰："致君澤民之具."124)
'위소이립호기위자(謂所以立乎其位者)'에서 '기위자(其位者)'에 대해, 주자(朱子 : 朱熹)가 말하였다. "지위는 군주를 보좌하고 백성들을 윤택하게 만드는 수단이다."

○ 又曰："猶言不怕無官做, 但怕有官不會做."125)
'위소이립호기위자(謂所以立乎其位者)'에 대해, 주자(朱子 : 朱熹)가 또 말하였다. "마치 맡을 관직이 없는 것을 걱정하지 않고, 다만 관직이 있는데도 맡아서 처리하지 못하는 것을 걱정하라는 말과 같다."

○ '者'字實.
'위소이립호기위자(謂所以立乎其位者)'에서 '자(者)'자가 실질적이다.

○ 添'見'字而後無己知·人知相混之嫌.
'가지, 위가이견지지실(可知, 謂可以見知之實)'이라 하여, 경문 '구위가지야(求爲可知也)'에서 '가지(可知)'에 '견(見)'자를 보탠 뒤에 자기를 알아주는 것과 남이 알

---

124) 『주자어류(朱子語類)』 권26, 「논어8(論語八)」, 115조목에는 "'不患無位, 患所以立', 猶云不怕無官做, 但怕有官不會做. 若有致君澤民之具, 達則行之, 無位非所患也.('지위가 없음을 걱정하지 않고 지위에 설 것을 걱정한다'라는 말은 마치 맡을 관직이 없는 것을 걱정하지 않고, 다만 관직이 있는데도 맡아서 처리하지 못하는 것을 걱정하라는 말과 같다. 만약 군주를 보좌하고 백성들을 윤택하게 하는 수단을 가지고 있고, 그것을 통달하면 실행하니 지위가 없는 걱정할 것이 아니다.)"라고 되어 있다.
125) 『주자어류(朱子語類)』 권26, 「논어8(論語八)」, 115조목.

아주는 것이 서로 혼동되는 혐의가 없게 되었다.

○ '之實'二字有力.

'가지, 위가이견지지실(可知, 謂可以見知之實)'에서 '지실(之實)'이라는 두 글자가 힘이 있다.

○ 有訓無釋.

훈고는 있으나 경문의 풀이는 없다.

朱註

○ **程子曰: "君子求其在己者而已矣."**

정자(程子: 程頤)가 말하였다. "군자는 자신에게 있는 것을 구할 뿐이다."

詳說

○ 叔子.

'정자왈(程子曰)'에서 '정자(程子)'는 동생 정이(程頤)이다.

○ 南軒張氏曰: "患所以立, 求爲可知, 爲己者之事也."[126]

남헌 장씨(南軒張氏: 張栻)가 말하였다. "지위에 설 것을 걱정하고 알려질 만하기를 구하는 것은 자신을 위한 학문을 하는 사람의 일이다."

126) 장식(張栻), 『계사논어해(癸巳論語解)』 권2.

[4-15-1]

子曰 : "參乎! 吾道一以貫之." 曾子曰 : "唯!"
공자가 말하였다. "삼(參)아! 나의 도(道)는 하나의 이치로 모든 것을 꿰뚫었다." 증자가 대답하였다. "예!"

朱註

◯ 參, 所金反. 唯, 上聲.
'삼(參)'은 '소(所)'와 '금(金)'의 반절(反切)이다. '유(唯)'자는 상성(上聲)이다.

朱註

參乎者, 呼曾子之名而告之. 貫, 通也. 唯者, 應之速而無疑者也.
'삼호(參乎)'라고 한 것은 증자(曾子)의 이름을 부르고 알려준 것이다. 관(貫)은 통(通)함이다. 유(唯)는 빠르게 반응하여 의심이 없다는 것이다.

詳說

◯ 朱子曰 : "一對萬而言."127)
경문 '오도일이관지(吾道一以貫之)'에서 '일(一)'에 대해, 주자(朱子 : 朱熹)가 말하였다. "일(一)은 만(萬 : 모든 것)에 상대해서 말한 것이다."

◯ 雙峰饒氏曰 : "'之'字指萬而言."128)
경문 '오도일이관지(吾道一以貫之)'에서 '지(之)'자에 대해, 쌍봉 요씨(雙峰饒氏 : 饒魯)가 말하였다. "'지(之)'자는 '만(萬 : 모든 것)'을 가리켜 말한 것이다.

◯ 訓畢.
'관, 통야(貫, 通也)'에서 훈고가 끝났다.

朱註

聖人之心, 渾然一理, 而泛應曲當, 用各不同.
성인의 마음은 혼연(渾然)히 하나의 이치이지만 널리 대응하고 곡진히 마땅하여

---

127) 『주자어류(朱子語類)』 권27, 「논어9(論語九)」, 46조목.
128) 호광 편(胡廣 編), 『논어집주대전(論語集註大全)』 권3.

그 작용이 각각 같지 않다.

詳說

○ 四字釋'吾道'二字.

'성인지심(聖人之心)'이라는 네 글자는 경문 '오도일이관지(吾道一以貫之)'에서 '오도(吾道)'라는 두 글자를 풀이한 것이다.

○ 上聲, 下同.

'혼연일리(渾然一理)'에서 '혼(渾)'자는 상성(上聲)이고 아래도 마찬가지이다.

○ 四字釋一字.

'혼연일리(渾然一理)'이라는 네 글자는 경문 '오도일이관지(吾道一以貫之)'에서 '일(一)'이라는 글자를 풀이한 것이다.

○ 去聲, 下同.

'이범응곡당(而泛應曲當)'에서 '당(當)'자는 거성(去聲)이고 아래도 마찬가지이다.

○ 變'以'言'而'者, 見其泯然無迹, 不假著力也.

경문 '오도일이관지(吾道一以貫之)'에서 '이(以)'자를 바꾸어 '이범응곡당(而泛應曲當)'에서 '이(而)'라고 말한 것은 그것이 전혀 자취가 없어 힘을 쏟을 필요가 없음을 나타낸다.

○ 泛言其廣, 曲言其纖悉.

'이범응곡당(而泛應曲當)'에서 '범(泛)'자는 그것이 넓은 것을 말하고, '곡(曲)'자는 그것이 자세히 갖추었음을 말한다.

○ 此四字釋'貫'字.

'이범응곡당(而泛應曲當)'에서 '범응곡당(泛應曲當)'이라는 네 글자는 본문 '오도일이관지(吾道一以貫之)'에서 '관(貫)'이라는 글자를 풀이한 것이다.

○ 朱子曰 : "'一'是一心, '貫'是萬事.129) 只此一心之理, 盡貫衆理.130)"

---

129) '一'是一心, '貫'是萬事 : 『주자어류(朱子語類)』 권27, 「논어9(論語九)」, 4조목.

130) 只此一心之理, 盡貫衆理 : 『주자어류(朱子語類)』 권27, 「논어9(論語九)」, 38조목에는 "因及器之夜來所問, 云 : '曾子正不是守約. 這處只見曾子許多實行, 一一做工夫得到, 聖人度得如此, 遂告以吾只是從這心上流出, 只此一心之理, 盡貫衆理.'(이어서 기지(器之 : 陳埴)가 밤에 물었던 것을 언급하며 말하였다. '증자(曾子)는 꼭 간략함을 지킨 것이 아니다. 여기에서는 다만 증자의 수많은 실제 행동을 볼 수 있을 뿐이니, 일일이 공부를 해서 도달했기 때문에 성인이 이와 같이 헤아리고 마침내 나는 다만 이 마음에서부터 흘러나올 뿐이니, 다만 이 하나의 마음의

주자(朱子 : 朱熹)가 말하였다. "경문 '오도일이관지(吾道一以貫之)'에서 '일(一)'은 하나의 마음이고, '관(貫)'은 만사(萬事 : 온갖 일)이다. 다만 이 하나의 마음의 이치가 온갖 이치를 모두 꿰뚫는다."

○ 又曰 : "貫如散錢, 一如索子."131)

주자(朱子 : 朱熹)가 또 말하였다. "꿰뚫는 것[貫]은 흩어진 동전과 같고, 하나[一]는 끈과 같다."

○ 東陽許氏曰 : "是就聖人應事處說. 若只說萬理一源, 却只是論造化, 與此章意不相似."132)

동양 허씨(東陽許氏 : 許謙)가 말하였다. "이는 성인이 일에 대응하는 것에서 말한 차원이다. 만약 온갖 이치가 그 근원을 하나로 한다고 말하면 이는 오히려 다만 조화(造化)를 논한 것일 뿐이니, 이 장(章)의 뜻과는 서로 비슷하지 않다."

○ 此四字就'之'字而貼出'萬'字意.

'용각부동(用各不同)'이라는 네 글자는 경문 '오도일이관지(吾道一以貫之)'에서 '지(之)'자에서 '만(萬)'자의 뜻을 내붙였다.

○ 以上先釋'吾道一以貫之'六字之義.

이 위는 우선 '나의 도(道)는 하나의 이치로 모든 것을 꿰뚫었다'라는 여섯 글자의 뜻을 풀이하였다.

朱註

曾子於其用處, 蓋已隨事精察而力行之, 但未知其體之一爾.

이치가 온갖 이치를 모두 꿰뚫는 것이라 일러 주었다.')"라고 되어 있다.

131) 『주자어류(朱子語類)』 권27, 「논어9(論語九)」, 34조목.

132) 호광 편(胡廣 編), 『논어집주대전(論語集註大全)』 권4에 허겸(許謙)의 말로, "一理貫萬事, 固是說事物雖衆, 只是一箇道理, 此言'吾道一以貫之.' 是就聖人應事處說, 須要體認得聖人之心全是理, 行出全是道. 如此方是'吾道一以貫之.' 若只說萬理一原, 却只是論造化, 與此章意不相似. (하나의 이치가 온갖 일을 꿰뚫는다는 것은 본디 사물이 비록 많더라도 다만 하나의 도리일 뿐이라는 것을 말하니, 이것이 '나의 도(道)는 하나의 이치로 모든 것을 꿰뚫었다'라는 말이다. 이는 성인이 일에 대응하는 것에서 말한 것이니, 모름지기 성인의 마음이 온전히 이치임과 행동한 것이 온전히 도임을 체인해야 한다. 이와 같이 해야 비로소 '나의 도는 하나의 이치로 모든 것을 꿰뚫었다'라는 것이다. 만약 다만 온갖 이치가 그 근원을 하나로 한다고 말하면 이는 오히려 다만 조화(造化)를 논한 것일 뿐이니, 이 장(章)의 뜻과는 서로 비슷하지 않다.)"라고 실려 있다.

증자(曾子)는 그 작용하는 곳에 대해서는 대개 이미 일을 따라 정밀히 살피고 힘써 실천했지만, 그 본체가 하나임을 아직 알지 못했을 뿐이다.

詳說

○ 指聖人, 下同.

'증자어기용처(曾子於其用處)'에서 '기(其)'자는 성인을 가리키고, 아래도 마찬가지이다.

○ 朱子曰 : "千條萬緖, 一一身親歷之."133)

'개이수사정찰이력행지(蓋已隨事精察而力行之)'에 대해, 주자(朱子 : 朱熹)가 말하였다. "온갖 조목과 단서에 대해 일일이 몸소 그것을 겪었다."

○ 朱子曰 : "只見得聖人千條萬緖都好, 不知都是從這一箇大本中流出."134)

주자(朱子 : 朱熹)가 말하였다. "다만 성인의 온갖 두서(頭緖)들이 모두 좋다는 것만 알았을 뿐, 그것들이 모두 이 하나의 마음이 지어낸 것임을 알지 못하였다."

朱註

夫子知其眞積力久, 將有所得.

공자는 그가 성실히 학업을 쌓았고 오래토록 노력했기 때문에 장차 터득함이 있을 줄을 알았다.

詳說

○ 指曾子.

'부자지기진적력구(夫子知其眞積力久)'에서 '기(其)'자는 증자를 가리킨다.

---

133) 『주자어류(朱子語類)』 권27, 「논어9(論語九)」, 37조목.

134) 『주자어류(朱子語類)』 권27, 「논어9(論語九)」, 49조목에는 "問 : '曾子未聞一貫之前, 已知得忠恕未?' 曰 : '他只是見得聖人千頭萬緖都好, 不知都是這一心做來. 及聖人告之, 方知得都是從這一箇大本中流出. 如木千枝萬葉都好, 都是這根上生氣流注去貫也.'(물었다. '증자가 하나로 꿰뚫음에 대해 듣기 이전에 이미 충서를 알고 있었습니까?' 주자(朱子 : 朱熹)가 대답하였다. '그는 다만 성인의 온갖 두서(頭緖)들이 모두 좋다는 것만 알았을 뿐, 그것들이 모두 이 하나의 마음이 지어낸 것임을 알지 못하였다. 성인이 알려주기에 이르러 비로소 모든 것이 이 하나의 큰 근본에서 유출된 것임을 알았다. 마치 나무의 수많은 가지와 잎이 모두 좋지만, 이는 모두 이 뿌리의 생기가 흘러들어가 관통하고 있는 것과 같다.')"라고 되어 있다.

○ 出『荀子』「勸學」篇.

'부자지기진적력구(夫子知其眞積力久)'에서 '진적력구(眞積力久)'라는 말은 『순자』「권학(勸學)」편에 나온다.[135]

○ 新安倪氏曰 : "謂眞誠之積, 用力之久."[136]

'부자지기진적력구(夫子知其眞積力久)'에서 '진적력구(眞積力久)'라는 말에 대해, 신안 예씨(新安倪氏 : 倪士毅)가 말하였다. "진실하게 성실함이 쌓이고 노력을 오래토록 하는 것을 말한다."

○ 此八字已含'唯'字意.

'진적력구, 장유소득(眞積力久, 將有所得)'이라고 한 여덟 글자는 이미 본문의 '예!'라는 대답의 뜻을 포함하고 있다.

○ 以上先就曾子身上論其造詣, 此所謂文上意也. 此下以'是以'二字接之, 而遂釋下來.

이 위는 먼저 증자의 처지에서 그의 경지의 정도를 논한 것이니, 이른바 경문의 뜻이다. 이 아래는 '시이(是以 : 이 때문에)'라는 두 글자로 이어 받아서 마침내 뒤따르는 것을 풀이하였다.

朱註

> 是以呼而告之. 曾子果能默契其指, 卽應之速而無疑也.
>
> 이 때문에 이름을 부르고 알려주었다. 증자(曾子)는 과연 그 뜻을 묵묵히 알고서 곧바로 재빨리 응답하여 의심이 없었다.

詳說

○ 六字之釋已詳於上, 故略之.

'시이호이고지(是以呼而告之)'라고 한 여섯 글자에 대한 풀이는 이미 위에서 자세하게 설명했기 때문에 생략한다.

---

135) '진적력구(眞積力久)'라는 말은 『순자』「권학(勸學)」편에 나온다 : 『순자』「권학(勸學)」에서 "성실히 누적하고 오래토록 노력하면 학문의 길에 들어서게 되며, 학문은 죽음에 이른 뒤에야 그친다.(眞積力久則入, 學至乎沒而後止也.)"라고 하였다.

136) 호광 편(胡廣 編), 『논어집주대전(論語集註大全)』 권4에 예사의(倪士毅)의 말로, "『荀子』「勸學」篇, '其積力久則入', 謂眞誠之積, 用力之久.(『순자』「권학(勸學)」편에서 '성실히 누적하고 오래토록 노력하면 학문의 길에 들어서게 된다'라고 한 것은 진실하게 성실함이 쌓이고 노력을 오래토록 하는 것을 말한다.)"라고 되어 있다.

○ 以下節'子出'二字觀之, 蓋夫子親至曾子之室而告之也.

'시이호이고지(是以呼而告之)'에 대해, 경문 아래 구절의 '자출(子出 : 공자가 나갔다)'이라는 두 글자로 살펴보면 대개 공자가 몸소 증자의 거처에 와서 알려준 것 같다.

○ 合也.

'증자과능묵계기지(曾子果能默契其指)'에서 '계(契)'자는 합치한다는 뜻이다.

○ 指夫子.

'증자과능묵계기지(曾子果能默契其指)'에서 '기(其)'자는 공자를 가리킨다.

○ 此四字說所以'唯'之故.

'증자과능묵계기지(曾子果能默契其指)'에서 '묵계기지(默契其指)'라는 네 글자는 본문의 '예!'라고 대답한 까닭을 설명한 것이다.

○ 朱子曰 : "不可只去一上尋, 須去'萬上'理會.[137] 今不愁不理會得一, 只愁不理會得貫. 理會貫未得, 便言一, 天資高者流爲佛·老, 低底只成一箇鶻突物事.[138]"

주자(朱子 : 朱熹)가 말하였다. "다만 하나[一]라는 측면에서 찾아서는 안 되니, 모름지기 '온갖 것[萬]'이라는 측면에서 이해해야 한다. 이제 하나를 이해하지 못한 것을 근심하지 말고 다만 꿰뚫음을 이해하지 못하는 것을 근심할 뿐이다. 아직 꿰뚫음을 이해하지 못한 상태에서 하나를 말하면, 타고난 자질이 뛰어난 사람은 불교와 도교로 흘러가고, 자질이 떨어지는 사람은 다만 하나의 모호한 것이 될 뿐이다."

---

137) 不可只去一上尋, 須去萬上理會 : 『주자어류(朱子語類)』 권27, 「논어9(論語九)」, 49조목에는 "所謂一者, 對萬而言. 今卻不可去一上尋, 須是去萬上理會. 若只見夫子語一貫, 便將許多合做底事都不做, 只理會一, 不知卻貫箇甚底.(이른바 하나[一]라는 것은 '온갖 것[萬]'에 상대해서 말한 것이다. 지금 또한 하나[一]라는 측면에서 찾아서는 안 되니, 모름지기 '온갖 것[萬]'이라는 측면에서 이해해야 한다. 만약 다만 공자가 하나로 꿰뚫음을 말해 준 것을 보고서 곧 수많은 마땅히 해야 할 일들을 전혀 하지 않고 다만 하나만을 이해하려고 한다면 오히려 무엇을 꿰뚫겠다는 것인지 알 수 없다.)"라고 되어 있다.

138) 今不愁不理會得一, 只愁不理會得貫. 理會貫未得, 便言一, 天資高者流爲佛·老, 低底只成一箇鶻突物事 : 『주자어류(朱子語類)』 권27, 「논어9(論語九)」, 34조목에는 "又曰 : '不愁不理會得一, 只愁不理會得貫. 理會貫不得便言一時, 天資高者流爲佛·老, 低者只成一團鶻突物事在這裏.'(주자(朱子 : 朱熹)가 또 말하였다. '하나를 이해하지 못한 것을 근심하지 말고 다만 꿰뚫음을 이해하지 못하는 것을 근심할 뿐이다. 아직 꿰뚫음을 이해하지 못한 상태에서 하나를 말하는 경우, 타고난 자질이 뛰어난 사람은 불교와 도교로 흘러가고, 자질이 떨어지는 사람은 다만 거기에 하나의 모호한 것이 있게 될 뿐이다.)"라고 되어 있다.

○ 又曰 : "夫子只以一貫語二人, 須是他承當得. 曾子是踐履篤實上做到, 故警之曰'汝平日之所行者皆一理耳'; 子貢是博聞强識上做到, 故警之曰'吾之多識不過一理耳.'"139)

주자(朱子 : 朱熹)가 또 말하였다. "공자가 다만 하나로 꿰뚫었다는 말을 이 두 사람에게만 알려준 것은 모름지기 그들이 감당할 수 있었기 때문이다. 증자는 독실하게 실천하는 측면에서 하나로 꿰뚫어낸 사람이기 때문에 '네가 평상시에 행동하는 것들은 모두 하나의 이치일 뿐이다'라고 타일렀고, 자공은 널리 듣고 잘 기억하는 측면에서 하나로 꿰뚫어낸 사람이기 때문에 '내가 많이 아는 것은 하나의 이치에 지나지 않는다'라고 타일렀다."

○ 釋畢.

경문의 풀이가 끝났다.

---

139) 『주자어류(朱子語類)』 권27, 「논어9(論語九)」, 46조목에는 "自今觀之, 夫子只以一貫語此二人, 亦須是它承當得, 想亦不肯說與領會不得底人. 曾子是踐履篤實上做到, 子貢是博聞强識上做到. 夫子舍二人之外, 別不曾說, 不似今人動便說一貫也.(지금 살펴보면 공자가 다만 하나로 꿰뚫었다는 말을 이 두 사람에게만 알려준 것은 또한 모름지기 그들이 감당할 수 있었을 것이고, 또한 깨달을 수 없는 사람에게는 말해주려고 하지 않았기 때문일 것이다. 증자는 독실하게 실천하는 측면에서 하나로 꿰뚫어낸 사람이고, 자공은 널리 듣고 잘 기억하는 측면에서 하나로 꿰뚫어낸 사람이다. 공자가 이 두 사람을 제외하고는 따로 말한 적이 없으니, 오늘날 사람들이 걸핏하면 하나로 꿰뚫음을 말하는 것과는 같지 않다.)"라고 되어 있다. 또 『주자어류(朱子語類)』 권27, 「논어9(論語九)」, 44조목에는 "子貢尋常自知識而入道, 故夫子警之曰, '汝以予爲多學而識之者歟?' 對曰, '然. 非與?' 曰, '非也, 予一以貫之.' 蓋言吾之多識, 不過一理爾. 曾子尋常自踐履入, 事親孝, 則眞箇行此孝, 爲人謀, 則眞箇忠, 朋友交, 則眞箇信. 故夫子警之曰, '汝平日之所行者, 皆一理耳.' 惟曾子領略於片言之下, 故曰, '忠恕而已矣.'(자공은 평소에 지식으로부터 도에 들어갔기 때문에 공자는 그에게 '너는 내가 많이 배워 아는 이라 여기느냐?'라고 말하니, 자공이 '그렇습니다. 아닙니까?'라고 대답했고, 공자는 '아니다, 나는 하나로 꿰뚫었다.'라고 타일렀다. 이는 대개 내가 많이 아는 것은 하나의 이치에 불과할 뿐이라는 말이다. 증자는 평소에 실천으로부터 도에 들어갔기에 어버이를 섬김에 효도를 하면 참으로 이 효도를 실행했고, 다른 사람을 위해 도모하면 참으로 충심으로 했으며, 친구와 사귀면 참으로 미덥게 하였다. 그러므로 공자는 그에게 '너가 평소에 행동하는 것들은 모두 하나의 이치일 뿐이다.'라고 타일렀다. 오직 증자만은 한 마디 말을 바로 깨달았기 때문에 '충(忠)과 서(恕)일 뿐이다'고 했던 것이다.)"라고 되어 있다.

[4-15-2]

子出. 門人問曰 : "何謂也?" 曾子曰 : "夫子之道, 忠恕而已矣."
공자가 나갔다. 문인(門人)들이 물었다. "무슨 말씀입니까?" 증자(曾子)가 대답하였다. "선생님(孔子)의 도(道)는 충(忠)과 서(恕)일 뿐이다."

詳說

○ 楊氏曰 : "曾子之門人也."[140)]

'문인문왈(門人問曰)'에서 '문인(門人)'에 대해, 양씨(楊氏 : 楊時)가 말하였다. "증자의 문인이다."

○ 以'子出'二字而可見其爲曾子門人. 且胡氏以此下十章爲曾子門人所記云. 『語類』謂夫子之門人, 恐記者之誤.

경문의 '자출(子出 : 공자가 나갔다)'이라는 두 글자로 그들이 증자의 문인임을 알 수 있다. 또 호씨(胡氏 : 胡寅)는 여기에서 아래 10개의 장(章)을 증자의 문인이 기록한 것이라 하였다.[141)] 『주자어류(朱子語類)』에서 공자의 문인이라 말한 것은 아마 기록한 사람의 오류일 것이다.[142)]

○ '何謂也', 指一貫而問其義也.

경문에서 '하위야(何謂也)'라고 말한 것은 하나로 꿰뚫는다는 것을 가리켜 그 의미를 물은 것이다.

---

140) 주희, 『논맹정의(論孟精義)』「논어정의」 권2 하(下).

141) 호씨(胡氏 : 胡寅)는 여기에서 아래 10개의 장(章)을 증자의 문인이 기록한 것이라 했다 : 『논어(論語)』「이인(里仁)」 제24장 주자 주석에서 "호씨(胡氏 : 胡寅)가 말하였다. '오도일관(吾道一貫)에서 여기까지 10개의 장(章)은 의심컨대 모두 증자의 문인이 기록한 것 같다.'(胡氏曰 : '自吾道一貫, 至此十章, 疑皆曾子門人所記也.')"라고 하였다.

142) 『주자어류(朱子語類)』에서 공자의 문인이라 말한 것은 아마 기록한 사람의 오류일 것이다 : 『주자어류(朱子語類)』 권27, 「논어9(論語九)」, 35조목에서 "問 : '門人, 是夫子之門人否?' 曰 : '是也. 夫子說一貫時, 未有忠恕, 及曾子說忠恕時, 未有體·用, 是後人推出來. 忠恕是大本, 所以爲一貫.'(물었다. '문인(門人)은 공자의 문인입니까?' 주자(朱子 : 朱熹)가 대답하였다. '그렇다. 공자가 하나로 꿰뚫음을 말했을 때는 충서(忠恕)라는 말이 없었고, 증자가 충서를 말했을 때에 이르러서는 체용(體用)이라는 말이 없었으니, 이는 후대 사람들이 미루어서 나온 것이다. 충서는 큰 근본이기 때문에 하나로 꿰뚫는 것이 된다.)"라고 하였다.

朱註

盡己之謂忠, 推己之謂恕. '而已矣'者, 竭盡而無餘之辭也. 夫子之一理渾然而泛應曲當, 譬則天地之至誠無息, 而萬物各得其所也.

자기 마음을 다하는 것을 충(忠)이라 하고, 자기 마음을 미루어 가는 것을 서(恕)라 한다. '충서이이의(忠恕而已矣)'에서 '이이의(而已矣)'는 모두 다하여 나머지가 없다는 말이다. 공자의 하나의 이치가 혼연하여 널리 대응하고 곡진히 마땅함은, 비유하면 천지가 지극히 성실하여 쉼이 없고 만물이 각각 제자리를 얻는 것과 같다.

詳說

○ 訓畢.

'갈진이무여지사야(竭盡而無餘之辭也)'에서 훈고가 끝났다.

○ 承上註.

'부자지일리혼연이범응곡당(夫子之一理渾然而泛應曲當)'은 본문 위 구절의 주석을 이어받은 것이다.

○ 四字出『中庸』.

'비즉천지지지성무식(譬則天地之至誠無息)'에서 '지성무식(至誠無息)'이라는 네 글자는 『중용(中庸)』에 나온다.[143)]

○ '各得其所'出『易』「繫辭」及見「子罕」.

'이만물각득기소야(而萬物各得其所也)'에서 '각득기소(各得其所)'라는 말은 『주역(周易)』「계사전(繫辭傳)」에 나오고 『논어(論語)』「자한(子罕)」에 보인다.[144)]

---

143) '지성무식(至誠無息)'이라는 네 글자는 『중용(中庸)』에 나온다 : 『중용장구(中庸章句)』 제26장에서 "그러므로 지극히 성실한 것은 쉼이 없으니, 쉬지 않으면 오래가고, 오래가면 징험이 나타나며, 징험이 나타나면 아득히 멀고 오래되며, 아득히 멀고 오래되면 넓고 두터우며, 넓고 두터우면 높고 밝다.(故至誠無息, 不息則久, 久則徵, 徵則悠遠, 悠遠則博厚, 博厚則高明.)"라고 하였다.

144) '각득기소(各得其所)'라는 말은 『주역(周易)』「계사전(繫辭傳)」에 나오고 『논어(論語)』「자한(子罕)」에 보인다 : 『주역(周易)』「계사전하(繫辭傳下)」에서 "한낮에 시장을 열어서 천하의 백성들을 오게 하고 천하의 재화(財貨)를 모아서 교역(交易)하고 물러가 각각 제 살 곳을 얻게 하였으니, 그것은 서합(噬嗑䷔)괘에서 취했을 것이다.(日中爲市, 致天下之民, 聚天下之貨, 交易而退, 各得其所, 蓋取諸噬嗑.)"라고 하였다. 『논어(論語)』「자한(子罕)」 제16장에서 "공자가 말하였다. '내가 위(衛)나라로부터 노(魯)나라로 돌아온 뒤에 음악이 바르게 되어 아(雅)와 송

○ 新安陳氏曰 : "此借天地之體用以形容聖人之體用."145)

신안 진씨(新安陳氏 : 陳櫟)가 말하였다. "이는 천지의 본체와 작용을 빌어서 성인의 본체와 작용을 형용한 것이다."

○ 於此亦已含'忠恕'二字之義. 蓋'一貫'二字, 以天道言之, 則'至誠無息, 萬物得所'是也. 本文無此意, 特註中借以爲譬耳. 以聖人言之, 則'一理渾然, 泛應曲當'是也. 此正夫子所以告曾子, 而曾子'唯'之者也. 以學者言之, 則忠之體, 恕之用, 亦足以當之, 此曾子所以告門人者也.

여기에서도 또한 이미 '충서(忠恕)'라는 두 글자의 의미를 포함하고 있다. 대개 '하나로 꿰뚫는다[一貫]'라는 두 글자는 천도(天道)로 말하면 '지극히 성실하여 쉼이 없고 만물이 제자리를 얻는다'라는 표현이 이것이다. 경문에는 이러한 뜻이 없지만 다만 주석에서 그것을 빌어 비유했을 뿐이다. '하나로 꿰뚫는다'라는 말은 성인으로 말하면 '하나의 이치가 혼연하여 널리 대응하고 곡진히 마땅하다'라는 표현이 이것이다. 이는 바로 공자가 증자에게 알려준 것이고 증자가 '예!'라고 대답한 까닭이다. '하나로 꿰뚫는다'라는 말은 배우는 사람으로 말하면 충(忠)이 본체이고 서(恕)가 작용이라는 것도 또한 그것을 감당하기에 충분하니, 이는 증자가 문인들에게 알려준 까닭이다.

朱註

自此之外, 固無餘法, 而亦無待於推矣.

이것 이외에는 진실로 남은 방법이 없고, 또한 미루어 나가는 일을 기다릴 필요도 없다.

詳說

○ 朱子曰 : "便是那竭盡無餘之謂."146)

(頌)이 각기 제자리를 찾게 되었다.'(子曰 : '吾自衛反魯然後樂正, 雅·頌各得其所.')"라고 하였다.

145) 호광 편(胡廣 編), 『논어집주대전(論語集註大全)』 권4에 진력(陳櫟)의 말로, "此就聖人分上移上一步, 借天地之道之體用, 以形容聖道之體用.(이는 성인의 분수에서 한 걸음 올라가 천지의 도의 본체와 작용을 빌어 성인의 도의 본체와 작용을 형용한 것이다.)"라고 실려 있다.

146) 『주자어류(朱子語類)』 권27, 「논어9(論語九)」, 56조목에서 "曾子眞積力久, 工夫至到, 遂能契之深而應之速. 云'而已矣'者, 竭盡無餘之詞. 所以『集注』說'自此之外, 固無餘法', 便是那竭盡無餘之謂. 聖人只是箇忠, 只是箇恕, 更無餘法. 學者則須推之, 聖人則不消如此, 只是箇至誠不息,

'자차지외, 고무여법(自此之外, 固無餘法)'에 대해, 주자(朱子 : 朱熹)가 말하였다. "이는 곧 모두 다하여 나머지가 없다는 것을 말한다."

○ 更無己之可盡, 忠不足言也.

'자차지외, 고무여법(自此之外, 固無餘法)'은 더 이상 다할 만한 자기의 마음이 없으면 충(忠)은 말할 필요가 없다는 것이다.

○ 慶源輔氏曰 : "皆自然而然, 莫之爲而爲."147)

'이역무대어추의(而亦無待於推矣)'에 대해, 경원 보씨(慶源輔氏 : 輔廣)가 말하였다. "모두 저절로 그러하고 또 그러하며 그렇게 함이 없는데도 그렇게 되는 것148)들이다."

○ 更無己之可推, 恕不足言也.

'이역무대어추의(而亦無待於推矣)'는 더 이상 미루어 나갈 만한 자기의 마음이 없으면 서(恕)는 말할 필요가 없다는 것이다.

○ 此十五字所以釋'而已矣'三字之義者, 而亦有拋却'忠恕'二字之意.

'자차지외, 고무여법, 이역무대어추의(自此之外, 固無餘法, 而亦無待於推矣)'라고 한 열 다섯 글자는 그것으로 '이이의(而已矣 : ~일 뿐이다)'라는 세 글자의 의미를 풀이한 것이고, 또한 '충서(忠恕)'라는 두 글자를 떨쳐 버리는 뜻이 있다.

萬物各得其所而已. 這一箇道理, 從頭貫將去.(증자는 성실히 학업을 쌓았고 오래토록 노력했기 때문에 공부가 경지에 도달해서 마침내 깊이 부합해서 재빨리 응답한 것이다. '(충서일) 뿐이다[而已矣]'라고 한 것은 모두 다하여 나머지가 없다는 말이다. 그러므로 『논어집주(論語集註)』에서는 '이것 이외에는 진실로 남은 방법이 없다'라고 한 것이니, 이는 곧 모두 다하여 나머지가 없다는 것을 말한다. 성인은 다만 하나의 충심일 뿐이니, 다만 이 하나의 충심일 뿐 다시 나머지 것은 없는 것이다. 배우는 사람은 모름지기 이를 미루어 나가야 하겠지만, 성인은 이와 같이 할 필요가 없으니 다만 지극히 성실하여 쉼이 없고 만물이 각각 제자리를 얻을 뿐인 것이다. 이 하나의 도리는 처음부터 꿰뚫어 간다.)"라고 되어 있다.

147) 호광 편(胡廣 編), 『논어집주대전(論語集註大全)』 권4에 보광(輔廣)의 말로, "聖道之體用, 與天地一, 則至矣盡矣, 不可以有加矣, 故曰, '自此之外, 固無餘法.' 皆自然而然, 莫之爲而爲, 故曰, '亦無待於推矣.'(성인의 도(道)의 본체와 작용은 천지와 하나이니 지극하고 다하여 보탤 것이 없다. 그러므로 '이것 이외에는 진실로 남은 방법이 없다'라고 말하였다. 이것들은 모두 저절로 그러하고 또 그러하며 그렇게 함이 없는데도 그렇게 되기 때문에 '또한 미루어 나가는 것을 기다릴 필요도 없다'라고 말하였다.)"라고 실려 있다.

148) 그렇게 함이 없는데도 그렇게 되는 것 : 『맹자(孟子)』「만장상(萬章上)」에서 "그렇게 함이 없는데도 그렇게 되는 것은 천(天)이고, 이르게 함이 없는데도 이르는 것은 명(命)이다.(莫之爲而爲者, 天也; 莫之致而至者, 命也.)"라고 하였다.

○ 以上就上節而釋'夫子之道, 忠恕而已矣'之意, 是此章之正義也.

이 위는 본문 위 구절에서 '선생님(孔子)의 도(道)는 충(忠)과 서(恕)일 뿐이다'라는 뜻을 풀이한 것이니, 이 장(章)의 진정한 의미이다.

朱註

曾子有見於此而難言之, 故借學者盡己·推己之目以著明之, 欲人之易曉也.

증자는 여기에서 깨달은 것이 있었지만 말로 표현하기가 어려웠기 때문에 배우는 사람들의 자기 마음을 다하고 자기 마음을 미루어 나가는 조목을 빌려서 그것을 드러내 밝혔으니, 사람들이 쉽게 이해하도록 하려는 것이다.

詳說

○ 指上項所書.

'증자유견어차이난언지(曾子有見於此而難言之)'에서 '차(此)'자는 위 항목에서 적은 것을 가리킨다.

○ 明所以變'一貫'言'忠恕'之意.

'증자유견어차이난언지(曾子有見於此而難言之)'에서 '난언지(難言之)'라는 것은 '하나로 꿰뚫는다'라는 말을 바꾸어 '충서(忠恕)'라고 말한 까닭의 뜻을 밝혔다.

○ '借'字與上'譬'字意相近, 蓋以'借'·'譬'二字觀之, 此'忠恕'與『中庸』之'忠恕'未見其有異, 但所借明之本事異耳.

'고차학자진기·추기지목이저명지(故借學者盡己·推己之目以著明之)'에서 '차(借)'자는 위의 주석 '비즉천지지지성무식, 이만물각득기소야(譬則天地之至誠無息, 而萬物各得其所也)'에서 '비(譬)'자와 뜻이 서로 비슷하니, 대개 '차(借)'자와 '비(譬)'자 두 글자로 살펴보면 여기에서 '충서(忠恕)'는 『중용(中庸)』의 '충서(忠恕)'와 다른 점이 있음을 볼 수 없지만, 단지 빌려서 밝힌 본래의 일이 다를 뿐이다.

○ 去聲.

'욕인지이효야(欲人之易曉也)'에서 '이(易)'자는 거성(去聲)이다.

○ 與'難言'二字相照.

'욕인지이효야(欲人之易曉也)'에서 '이효(易曉)'는 '증자유견어차이난언지(曾子有見於此而難言之)'에서 '난언(難言)'이라는 두 글자와 서로 대조된다.

○ 朱子曰 : "借粗以形容細."[149]

주자(朱子 : 朱熹)가 말하였다. "이는 거친 것을 빌어서 자세한 것을 형용하였다."

○ 又曰 : "忠在一心上, 恕則自忠而出, 貫乎事物之間."[150]

주자(朱子 : 朱熹)가 또 말하였다. "충(忠)은 하나의 마음에 달려있고, 서(恕)는 충(忠)으로부터 나오기 때문에 사물의 사이를 꿰뚫는다."

○ 又曰 : "天地是一箇無心底忠恕, 聖人是一箇無爲底忠恕, 學者是一箇著力底忠恕. 學者之忠恕, 乃是忠恕 · 正名 · 正位."[151]

주자(朱子 : 朱熹)가 또 말하였다. "천지는 사사로운 마음이 없는 충서(忠恕)이고, 성인은 인위로 하지 않는 충서이며, 배우는 사람은 힘써 노력하는 충서이다. 배우는 사람의 충서는 곧 충서이고 명분을 바로잡으며 지위를 바로잡는 것이다.[152]"

---

149) 『주자어류(朱子語類)』 권27, 「논어9(論語九)」, 101조목에는 "亞夫問'忠恕而已矣.' 曰 : '此曾子借學者忠恕以明一貫之妙. 蓋一貫自是難說得分明, 惟曾子將忠恕形容得極好. 學者忠恕, 便待推, 方得. 才推, 便有比較之意. 聖人更不待推, 但'老者安之, 少者懷之, 朋友信之', 便是. 聖人地位, 如一泓水在此, 自然分流四出. 借學者忠恕以形容一貫, 猶所謂借粗以形容細.'(아부(亞夫 : 주자 문인 暖淵)가 '충서(忠恕)일 뿐이다'라고 한 것에 대해 물었다. 주자(朱子 : 朱熹)가 대답하였다. '이는 증자가 배우는 사람들의 충서를 빌어서 하나로 꿰뚫는 것의 오묘함을 밝힌 것이다. 대개 하나로 꿰뚫는다는 것은 본래 분명하게 말하기 어렵기 때문에 오직 증자가 충서로 형용한 것이 지극히 훌륭하다. 배우는 사람의 충서는 곧 미루어 나가기를 기다려야만 터득할 수 있다. 그러나 미루어 나가자마자 곧 비교하는 뜻이 있다. 성인은 더 이상 미루어 나갈 필요가 없으니, 다만 '늙은이를 편안하게 해주고, 젊은이를 감싸주며, 친구들에게 미덥게 한다'라는 것이 바로 이것이다. 성인의 지위는 마치 깊은 못의 물이 여기에 있으면 저절로 나뉘어 사방으로 흘러가는 것과 같다. 배우는 사람의 충서를 빌어서 하나로 꿰뚫는다는 것을 형용하는 것은 마치 거친 것을 빌어서 자세한 것을 형용하는 것과 같다.)"라고 하였다.

150) 『주자어류(朱子語類)』 권27, 「논어9(論語九)」, 10조목에는 "忠恕一貫. 忠在一上, 恕則貫乎萬物之間. 只是一箇一, 分著便各有一箇一. '老者安之', 是這箇一; '少者懷之', 亦是這箇一; '朋友信之', 亦是這箇一, 莫非忠也. 恕則自忠而出, 所以貫之者也.(충서(忠恕)와 일관(一貫)에서, 충(忠)은 하나[一]에 달려있고, 서(恕)는 만물 사이를 꿰뚫는다. 다만 하나의 하나[一]일 뿐이지만 나누어지면 곧 각각 하나의 하나[一]가 있다. '늙은이를 편안하게 한다'라는 것은 이 하나이고, '젊은이를 품어준다'라는 것도 이 하나이며, '친구들에게 미덥다'라는 것도 이 하나이니, 충(忠)이 아닌 것이 없다. 서(恕)는 충(忠)으로부터 나오기 때문에 그것을 꿰뚫는 것이다.)"라고 되어 있다.

151) 『주자어류(朱子語類)』 권27, 「논어9(論語九)」, 54조목에는 "要之, 天地是一箇無心底忠恕, 聖人是一箇無爲底忠恕, 學者是一箇著力底忠恕. 學者之忠恕, 方正定是忠恕.(요컨대 천지는 사사로운 마음이 없는 충서(忠恕)이고, 성인은 인위로 하지 않는 충서이며, 배우는 사람의 충서는 단정하고 확고한 것이 충서이다.)"라고 되어 있다. 또 『주자어류(朱子語類)』 권27, 「논어9(論語九)」, 26조목에는 "天地是無心底忠恕, 聖人是無爲底忠恕, 學者是求做底忠恕.(천지는 사사로운 마음이 없는 충서(忠恕)이고, 성인은 인위로 하지 않는 충서이며, 배우는 사람은 그렇게 하기를 추구하는 충서이다.)"라고 되어 있다.

○ 雙峰饒氏曰："易曉便可用功. 曾子之學, 主於誠身, 故其告人, 便就行處說."[153]

쌍봉 요씨(雙峰饒氏 : 饒魯)가 말하였다. "쉽게 이해하는 것이면 힘써 공부할 수 있다. 증자의 학문은 몸을 성실하게 하는 것을 중점으로 삼기 때문에 다른 사람들에게 알려준 것은 곧 행동하는 측면에서 말하였다."

○ 此乃就此節而釋'夫子之道, 忠恕而已矣'之義, 是此節之正義也.

이는 곧 이 구절에서 '공자의 도는 충서일 뿐이다'라는 말의 의미를 풀이한 것이니, 이 구절의 진정한 의미이다.

○ 釋畢.

경문의 풀이가 끝났다.

朱註

蓋'至誠無息'者, 道之體也, 萬殊之所以一本也. '萬物各得其所'者, 道之用也, 一本之所以萬殊也.

대개 '지극히 성실하여 쉼이 없다'라는 말은 도(道)의 본체이니 온갖 다른 것들이 하나의 근본이 되는 근거이다. '만물이 각각 제자리를 얻는다'라는 말은 도의 작용이니, 하나의 근본이 온갖 다른 것들이 되는 근거이다.

---

152) 배우는 사람의 충서는 곧 충서이고 명분을 바로잡으며 지위를 바로잡는 것이다 : 『주자어류(朱子語類)』 권27, 「논어9(論語九)」, 13조목에는 "'충서(忠恕)일 뿐이다'는 말은 바로 충서(忠恕)라는 것이 아니라, 단지 '충서'라는 글자를 빌려 하나로 꿰뚫는 도리를 추려냈을 뿐이다. 사람들은 남과 나, 사물과 나를 많이들 말하면서도 모두 이해하지를 못한다. 성인께서는 또 모름지기 자기로 남을 헤아린 적이 있었던가! 저절로 그러하게 돈후하게 하거나 야박하게 하고, 가볍게 여기거나 무겁게 여겨도 적절하지 않음이 없었다. '충서(忠恕)는 도에서 멀리 떨어지지 않았다'라고 한 것은 바로 명분을 바로잡고 지위를 바로잡는 일이다.('忠恕而已矣', 不是正忠恕, 只是借'忠恕'字貼出一貫底道理. 人多說人己物我, 都是不曾理會. 聖人又幾曾須以己度人! 自然厚薄輕重, 無不適當. '忠恕, 違道不遠', 乃是正名·正位.)"라고 되어 있다.

153) 호광 편(胡廣 編), 『논어집주대전(論語集註大全)』 권3에 요로(饒魯)의 말로, "學者所易曉, 便可用功. 盡得忠, 便會有這一; 盡得恕, 便會以貫之. 一以貫之, 是自然底忠恕, 忠恕是勉强底一以貫之. 曾子之學, 主於誠身, 故其告人, 便就行處說.(배우는 사람들이 쉽게 이해하는 것이면 힘써 공부할 수 있다. 충(忠)을 다 발휘할 수 있으면 이 하나[一]를 가질 수 있고, 서(恕)를 다 발휘할 수 있으면 꿰뚫을 수 있다. 하나로 꿰뚫는 것은 저절로 그러한 충서이고, 충서는 간신히 하는 일이관지(一以貫之)이다. 증자의 학문은 몸을 성실하게 하는 것을 중점으로 삼기 때문에 다른 사람들에게 알려준 것이 곧 행동하는 측면에서 말하였다.)"라고 실려 있다.

詳說

○ 朱子曰 : "一本是統會處, 萬殊是流行處."[154]

주자(朱子 : 朱熹)가 말하였다. "하나의 근본이라는 것은 총괄해서 모으는 곳이고, 온갖 다른 것들은 유행하는 곳이다."

○ 又曰 : "曾子知萬事各有一理, 而未知萬理本乎一理, 故指而語之.[155] 而今不是一本處難認, 是萬殊處難認.[156]"

주자(朱子 : 朱熹)가 또 말하였다. "증자는 온갖 일들이 각각 하나의 이치를 가지고 있다는 것은 알았지만, 온갖 이치들이 하나의 이치에 근본 하는 점을 몰랐기 때문에, 공자는 그것을 지적해서 말해주었다. 지금 하나의 근본이 되는 일이 알기 어려운 것이 아니라, 온갖 가지로 다르다는 점이 알기 어렵다는 것이다."

○ 慶源輔氏曰 : "用出於體, 體散於用."[157]

경원 보씨(慶源輔氏 : 輔廣)가 말하였다. "작용은 본체에서 나오고, 본체는 작용에 흩어진다."

○ 栗谷曰 : "一本之理, 理之體也; 萬殊之理, 理之用也. 理何有萬殊乎? 氣之不齊, 故乘氣流行, 乃有萬殊也. 理何以流行乎? 氣之流行也, 理乘其機故也."[158]

율곡(栗谷 : 李珥)이 말하였다. "하나의 근본으로서 리(理)는 리의 본체이고, 온갖 다른 것들의 리는 리의 작용이다. 리에 어떻게 온갖 다른 것들이 있는가? 기(氣)가 가지런하지 않기 때문에 기를 타고 유행하니 이에 온갖 다른 것들이 있게 된다. 리에 어떻게 유행하는가? 기(氣)가 유행하는데 리가 그 기틀을 타기 때문이다."

---

154) 진덕수(陳德秀), 『서산독서기(西山讀書記)』 권15.

155) 『주자어류(朱子語類)』 권27, 「논어9(論語九)」, 41조목

156) 『주자어류(朱子語類)』 권27, 「논어9(論語九)」, 60조목.

157) 호광 편(胡廣 編), 『논어집주대전(論語集註大全)』 권4에 보광(輔廣)의 말로, "'萬殊之所以一本'者, 指用之出於體, 謂萬殊之實, 出於一本也. '一本之所以萬殊'者, 指體之散於用, 謂一本之實, 散於萬殊也. 指用之出於體, 指體之散於用, 則一以貫之之實可見矣.('온갖 다른 것들이 하나의 근본이 되는 근거이다'라는 말은 작용이 본체에서 나온다는 것을 가리키니, 온갖 다른 것들의 실질이 하나의 근본에서 나온다는 것을 말한다. '하나의 근본이 온갖 다른 것들이 되는 근거이다'라는 말은 본체가 작용에 흩어지는 것을 가리키니, 하나의 근본의 실질이 온갖 다른 것들에 흩어진다는 것을 말한다. 작용이 본체에서 나온다는 것을 가리키고 본체가 작용에 흩어지는 것을 가리키면, '하나로 꿰뚫는다'는 것의 실질도 알 수 있다.)"라고 실려 있다.

158) 이이(李珥), 『율곡선생전서(栗谷先生全書)』 권12, 「서(書) 4 · 답안응휴(答安應休)」.

○ 南塘曰："世之學者類皆於分殊處不能精察辨認, 而喜言一理. 是雖終日言之, 實不知其爲何物事也. 有見於分殊而未及乎一本者有之, 顏·曾之在未見'卓爾'·未聞'一貫'之前是也; 無見於分殊而能見乎一本者決無之, 莊·釋之言道與性是也. 故朱子作『延平行狀』, 記其言曰：'槪以理一而不察其分之殊. 此學者所以流於疑似亂眞之說而不自知也.'[159] 延平又言：'吾儒之學所以異於異端者, 理一分殊也.'[160] 理不患不一, 所難者分殊耳."

남당(南塘：韓元震)이 말하였다. "세상의 학자들은 모두 분수처(分殊處：나누어 달라지는 곳)에 대해 정밀하게 살피고 분별해서 알지 못하고 하나의 이치를 말하기를 좋아한다. 이는 비록 종일토록 말해도 실제로 그것이 어떠한지를 알지 못하는 것이다. 분수(分殊)에 대해서는 아는 것이 있지만 하나의 근본에는 미치지 못한 경우가 있으니, 안회가 '공자의 도가 내 앞에 우뚝 서있는 것 같다'라고 한 것[161]을 알기 이전과 증자가 '공자가 나의 도는 하나로 꿰뚫었다'라고 한 말을 듣기 이전이 이것이다. 분수(分殊)에 대해서는 아는 것이 없는데 하나의 근본을 알 수 있는 경우는 결코 없으니, 장자(莊子)가 도(道)를 말한 것과 석가가 성(性)을 말한 것이 이것이다. 그러므로 주자는 『연평행장(延平行狀)』을 지어 연평(延平：李侗)의 말을 다음과 같이 기록하였다. '이치가 하나임을 개괄하지만 그 나뉨이 다름을 살피지 못한다. 이것이 배우는 사람들이 비슷한 것 같지만 진실을 혼란시키는 학설에 흘러들어가면서도 스스로 알지 못하는 까닭이다.' 연평이 또 말하였다. '우리 유학이 이단과 다른 까닭은 이치가 하나이지만 나뉘어 달라지는 것에 있다.' 이치는 그것이 하나가 아님을 걱정하지 않으니, 어려운 것은 나뉘어 달라지는 것일 뿐이다."

---

159) 槪以理一而不察其分之殊. 此學者所以流於疑似亂眞之說而不自知也：주희, 『연평답문(延平答問)』 부록.

160) 吾儒之學所以異於異端者, 理一分殊也：이청복(李清馥), 『민중리학연원고(閩中理學淵源考)』 권5에 이동(李侗)의 말로 실려 있다.

161) 안회가 '공자의 도가 내 앞에 우뚝 서있는 것 같다'라고 한 것：『논어(論語)』「자한(子罕)」 제10장에서 "안연(顏淵：顏回)이 크게 탄식하며 말하였다. '공자의 도(道)는 우러러볼수록 더욱 높고, 뚫을수록 더욱 견고하며, 바라봄에 앞에 있더니 홀연히 뒤에 있다. 공자는 차근차근히 사람을 잘 이끌어서 문장으로 나의 지식을 넓혀주고 예(禮)로 나의 행동을 요약하게 해 주었다. 공부를 그만두려고 해도 그만둘 수 없어 이미 나의 재주를 다했는데도, 공자의 도가 내 앞에 우뚝 서있는 것 같다. 비록 그를 따르려고 하지만 말미암을 데가 없다.'(顏淵喟然歎曰：'仰之彌高, 鑽之彌堅, 瞻之在前, 忽焉在後. 夫子循循然善誘人, 博我以文, 約我以禮. 欲罷不能, 旣竭吾才, 如有所立卓爾. 雖欲從之, 末由也已.')"라고 하였다.

○ 一本之理, 卽萬物萬事一源之理也; 萬殊之理, 卽萬物異體之性及萬事各具之理也. 朱子初年只說一源, 及見延平以後改是云.

하나의 근본으로서 이치는 곧 만물과 만사가 하나의 근원인 이치이고, 온갖 다른 이치는 곧 만물이 몸을 달리하는 성(性)과 만사가 각각 갖춘 이치이다. 주자(朱子 : 朱熹)가 초년에는 다만 하나의 근원만을 말했는데, 연평을 만난 뒤 이를 고쳤다고 한다.

○ 東陽許氏曰 : "是言夫子之心至誠無息, 夫子之應萬事各得其所."[162]

동양 허씨(東陽許氏 : 許謙)가 말하였다. "이는 공자의 마음이 지극히 성실하여 쉼이 없으며, 공자의 만사에 대응함이 각각 제자리를 얻었다는 것을 말한다."

朱註

以此觀之, '一以貫之'之實可見矣.

이것으로 살펴보면 '하나로 꿰뚫는다'는 말의 실질을 알 수 있을 것이다.

詳說

○ '實'字當細看.

'일이관지지실가견의(一以貫之之實可見矣)'에서 '실(實)'자는 자세히 살펴보아야 한다.

○ 此又摘出上所取譬天地之道而申論之, 以收歸於上節一貫之義. 蓋所以明曾子所未言之義, 而'一以貫之'四字之義始足矣. 故不復著'譬'字, 而天地之道遂爲夫子之道, 觀於一'實'字可知矣.

이는 또 위에서 천지의 도(道)에 비유한 것을 끄집어내어 거듭 밝혀 논한 것이니,

---

162) 호광 편(胡廣 編), 『논어집주대전(論語集註大全)』 권4에 허겸(許謙)의 말로, "上言'至誠無息', 是以天地之至誠無息, 喩夫子之一理渾然; '萬物各得其所', 是以天地之生萬物各得其所, 喩夫子之泛應曲當. 下言'至誠無息者, 道之體', 是言夫子之心, 至誠無息, 乃道之體; '萬物各得其所', 是言夫子之應萬事, 各得其所, 爲道之用.(위에서 '지극히 성실하여 쉼이 없다'라고 말한 것은 천지의 지극히 성실하여 쉼이 없는 것으로 공자의 하나의 이치가 혼연함을 비유한 것이고, '만물이 각각 제자리를 얻는다'라고 말한 것은 천지가 만물을 낳아 각각 제자리를 얻도록 하는 것으로 공자의 널리 대응하고 곡진히 마땅함을 비유한 것이다. 아래에서 '지극히 성실하여 쉼이 없는 것은 도(道)의 본체이다'라고 말한 것은 공자의 마음이 지극히 성실하여 쉼이 없으니 곧 도의 본체임을 말한 것이고, '만물이 각각 제자리를 얻는다'라고 말한 것은 공자의 만사에 대응함이 각각 제자리를 얻는 것이 도의 작용임을 말한 것이다.)"라고 실려 있다.

이로 위 구절의 하나로 꿰뚫는다는 의미에 귀결시켰다. 대개 이로 증자가 말하지 않은 의미를 밝혔으니, '일이관지(一以貫之)'라는 네 글자의 의미가 비로소 충족되었다. 그러므로 다시 '비(譬)'자를 드러내어 천지의 도가 마침내 공자의 도가 되었으니, 여기에서 '실(實)'자를 살펴보면 알 수 있을 것이다.

朱註

或曰:"'中心'爲'忠', '如心'爲'恕'." 於義亦通.

어떤 사람이 "'속마음[中心]'이 충(忠)이고 '같은 마음[如心]'이 서(恕)이다"라고 했는데, 의미에서는 또한 통한다.

詳說

○ **朱子曰:"『周禮』疏."**[163]

'혹왈(或曰)'이라 한 것에 대해, 주자(朱子:朱熹)가 말하였다. "이 말은 『주례』의 소(疏)에 있는 말이다."

○ **慶源輔氏曰:"中心所有, 本無一毫之不盡."**[164]

'중심위충(中心爲忠)'에 대해, 경원 보씨(慶源輔氏:輔廣)가 말하였다. "속마음에 가지고 있는 것은 본래 조금도 다하지 않음이 없다."

○ **慶源輔氏曰:"如我之心而推之於外, 無彼此之間."**[165]

'여심위서(如心爲恕)'에 대해, 경원 보씨(慶源輔氏:輔廣)가 말하였다. "내 마음과 같이하여 밖으로 미루어 나가면 피차간의 차이가 없다."

○ **於此文之義.**

'어의역통(於義亦通)'에서 '어의(於義)'는 '이 글의 의미에서'라는 뜻이다.

○ **此又取『周禮』疏中裂字爲訓之語以備一義, 蓋中心·如心於盡己·推己爲近之.**

여기에서 또 『주례』의 소(疏) 가운데 글자를 갈라서 훈고하는 말을 취하여 하나의 의미를 갖춘 것은 대개 '속마음[中心]'과 '같은 마음[如心]'이 '자기를 다하는 것[盡己]'과 '자기를 미루어 나가는 것[推己]'에 가깝기 때문이다.

---

163) 『주자어류(朱子語類)』 권27, 「논어9(論語九)」, 61조목.

164) 호광 편(胡廣 編), 『논어집주대전(論語集註大全)』 권4에 보광(輔廣)의 말로, "'中心爲忠', 謂中心所存, 本無一毫之不盡也.('속마음[中心]이 충(忠)이다'라고 한 것은 속마음에 보존한 것은 본래 조금도 다하지 않음이 없다.)"라고 실려 있다.

165) 호광 편(胡廣 編), 『논어집주대전(論語集註大全)』 권4.

朱註

程子曰 : "以己及物, 仁也; 推己及物, 恕也. '違道不遠'是也.

정자(程子 : 程顥)가 말하였다. "자신으로 남에게 미치는 것이 인(仁)이고, 자기 마음을 미루어 나가서 남에게 미치는 것이 서(恕)이다. 『중용(中庸)』에서 '충(忠)과 서(恕)는 도(道)와 거리가 멀지 않다'라고 한 말이 이것이다.

詳說

○ 伯子.

'정자왈(程子曰)'에서 '정자(程子)'는 형 정호(程顥)이다.

○ 朱子曰 : "是自然,[166] 是聖人事.[167]"

'이기급물, 인야(以己及物, 仁也)'에 대해, 주자(朱子 : 朱熹)가 말하였다. "이는 저절로 그러한 것이고 성인의 일이다."

○ 變'忠'言'仁'者, 以其動以人耳, 人道莫切於仁.

'이기급물, 인야(以己及物, 仁也)'에서 '충(忠)'을 바꾸어 '인(仁)'을 말한 것은 그 움직임을 사람으로 한 것일 뿐이니, 사람의 도(道)는 인(仁)보다 절실한 것이 없기 때문이다.

○ 朱子曰 : "是著力,[168] 是賢人以下.[169]"

'추기급물, 서야(推己及物, 恕也)'에 대해, 주자(朱子 : 朱熹)가 말하였다. "이는 힘을 기울이는 것이고, 현명한 사람 이하의 일이다."

---

166) 是自然 : 『주자어류(朱子語類)』 권27, 「논어9(論語九)」, 65조목에는 "'以己', 是自然.('자신으로 하는 것'는 저절로 그러한 것이다.)"라고 되어 있다.

167) 是聖人事 : 『주자어류(朱子語類)』 권27, 「논어9(論語九)」, 66조목에는 "'以己及物', 是大賢以上聖人之事.('자신으로 남에게 미치는 것'은 매우 현명한 사람 이상인 성인의 일이다.)"라고 되어 있다.

168) 是著力 : 『주자어류(朱子語類)』 권27, 「논어9(論語九)」, 65조목에는 "'推己', 是著力.('자신을 미루어 나가는 것'은 힘을 기울이는 것이다.')"라고 되어 있다.

169) 是賢人以下 : 『주자어류(朱子語類)』 권27, 「논어9(論語九)」, 66조목에는 "如賢人以下, 知得我旣是要如此, 想人亦要如此, 而今不可不教他如此, 三反五折, 便是推己及物. 只是爭箇自然與不自然.(예컨대 현명한 사람 이하의 경우는 내가 이미 이와 같이 하려고 하는 것을 알고 남들 또한 이와 같이 하려고 한다고 생각하면서도 지금은 어쩔 수 없이 남들에게 이와 같이 하라고 하면서 반복해서 반성하는 것이 바로 자기를 미루어 사물에 미치는 것이다. 그러나 다만 저절로 그러함과 저절로 그러하지 못함의 차이일 뿐이다.)"라고 되어 있다.

○ 出『中庸』.

‘위도불원시야(違道不遠是也)’에서 ‘위도불원(違道不遠)’은 『중용(中庸)』에 나온다.[170]

○ 猶言‘違道不遠’之忠恕是也.

‘위도불원시야(違道不遠是也)’라고 한 것은 마치 ‘위도불원(違道不遠)’은 충서(忠恕)가 이것이라 말하는 것과 같다.

○ 以上論『中庸』之忠恕.

이 위는 『중용(中庸)』의 충서를 논의하였다.

朱註

> 忠恕一以貫之. 忠者天道, 恕者人道; 忠者無妄, 恕者所以行乎忠也.
>
> 충서(忠恕)는 하나로 꿰뚫는 것이다. 충(忠)은 천도(天道)이고 서(恕)는 사람의 도(道)이며, 충은 함부로 함이 없는 것이고 서는 충이 실행되는 근거이다.

詳說

○ 猶言‘一以貫之章’之忠恕.

‘충서일이관지(忠恕一以貫之)’라고 한 것은 마치 ‘일이관지장(一以貫之章)’의 충서를 말하는 것과 같다.

○ 朱子曰 : “天道是體, 人道是用. ‘動以天’之‘天’, 只是自然.”[171]

‘충자천도, 서자인도(忠者天道, 恕者人道)’에 대해, 주자(朱子 : 朱熹)가 말하였다. “천도(天道)는 본체이고, 사람의 도는 작용이다. ‘움직임을 천도로 한다[動以天]’[172]라고 할 때의 ‘천(天)’은 다만 저절로 그러한 것일 뿐이다.”

○ 又曰 : “‘動以天’之說, 則以聖賢而分天人, 此以內外而分天人.”[173]

---

170) ‘위도불원(‘違道不遠)’은 『중용(中庸)』에 나온다 : 『중용장구(中庸章句)』 제13장에서 “충(忠)과 서(恕)는 도(道)와 거리가 멀지 않으니, 자기 몸에 베풀어 보아 원하지 않는 것을 또한 남에게 베풀지 말라는 것이다.(忠恕違道不遠, 施諸己而不願, 亦勿施於人.)”라고 하였다.

171) 『주자어류(朱子語類)』 권27, 「논어9(論語九)」, 34조목.

172) 움직임을 천도로 한다[動以天] : 정이(程頤), 『역정전(易程傳)』 무망괘(无妄卦) 주석에서 “움직임을 천도로 하면 함부로 함이 없고, 움직임을 인욕(人欲)으로 하면 함부로 한다.(動以天爲无妄, 動以人欲則妄矣.)”라고 하였다.

173) 『사서혹문(四書或問)』 권9에는 “聖人之忠恕爲動以天, 而賢人之忠恕爲動以人矣. 而又以忠爲天

'충자천도, 서자인도(忠者天道, 恕者人道)'에 대해, 주자(朱子 : 朱熹)가 또 말하였다. "'움직임을 천도로 한다(動以天)'라는 주장은 성인과 현명한 사람으로 천(天)과 인(人)을 구분한 것이고 이것(충은 천도이고 서는 사람의 도이다)은 안과 밖으로 천과 인을 구분한 것이다."

○ **又曰 : "此與'誠者, 天之道; 誠之者, 人之道', 語意自不同."**174)

'충자천도, 서자인도(忠者天道, 恕者人道)'에 대해, 주자(朱子 : 朱熹)가 또 말하였다. "이는 '정성스러움은 하늘의 도(道)이고, 정성스러워지려는 것은 사람의 도이다'라는 말과는 그 뜻이 본래 같지 않다."

○ **潛室陳氏曰 : "其體無妄, 故曰天; 其用推行, 故曰人."**175)

'충자천도, 서자인도(忠者天道, 恕者人道)'에 대해, 잠실 진씨(潛室陳氏 : 陳埴)가 말하였다. "그 본체는 함부로 함이 없기 때문에 천이라 했고, 그 작용은 미루어 나가 실행하기 때문에 인이라 하였다."

○ **黃氏曰 : "聖人之忠是天之天, 恕是天之人. 學者之忠是人之天, 恕是人之人."**176)

'충자천도, 서자인도(忠者天道, 恕者人道)'에 대해, 황씨(黃氏)가 말하였다. "성인의 충은 천도 가운데 천도이고, 성인의 서는 천도 가운데 인도이다. 배우는 사람

道, 恕爲人道, 何耶? 且盡己 · 推己, 均有涉乎人爲, 又何以有天人之分耶? 曰 : '彼以聖賢而分也, 此以內外而分也.'(성인의 충서는 움직이기를 천도로 하고, 현명한 사람의 충서는 움직임을 사람의 도로 한다. 그런데 또 충을 천도라 하고 서를 사람의 도라고 하는 것은 무엇 때문인가? 또 자신을 다하는 것과 자신의 마음을 미루어 나가는 것은 모두 사람이 그렇게 하는 것과 관련이 되는데 또 무엇 때문에 천(天)과 인(人)의 구분이 있는가? 대답한다. '저것(動以天)은 성인과 현명한 사람으로 천과 인을 구분한 것이고, 이것(以忠爲天道, 恕爲人道)은 안과 밖으로 천과 인을 구분한 것이다.')"라고 되어 있다.

174) 『주자어류(朱子語類)』 권27, 「논어9(論語九)」, 73조목에는 "問 : '天道 · 人道, 初非以優劣言. 自其渾然一本言之, 則謂之天道; 自其與物接者言之, 則謂之人道耳.' 曰 : '然. 此與'誠者, 天之道; 誠之者, 人之道', 語意自不同.'(물었다. '천도(天道)와 인도(人道)는 애초에는 우열로 말하지 않았습니다. 그 혼연한 하나의 근본으로부터 말하면 곧 천도라 하고, 그 사물과 접촉하는 것으로부터 말하면 인도라고 하는 것일 뿐입니다.' 주자(朱子 : 朱熹)가 대답하였다. '그렇다. 이는 '정성스러움은 하늘의 도(道)이고, 정성스러워지려는 것은 사람의 도이다'라는 말과는 그 뜻이 본래 같지 않다.')"라고 되어 있다.

175) 진식(陳埴), 『목종집(木鐘集)』 권1에는 "忠恕是對立道理, 故以體用言. 其體無妄, 故曰天; 其用推行, 故曰人.(충(忠)과 서(恕)는 대립하는 도리이기 때문에 본체와 작용으로 말하였다. 그 본체는 함부로 함이 없기 때문에 천(天)이라 했고, 그 작용은 미루어 나가 실행하기 때문에 인(人)이라 하였다.)"라고 되어 있다.

176) 조순손(趙順孫), 『사서찬소』「중용찬소(中庸纂疏)」 권2에 황씨(黃氏)의 말로 실려 있다.

의 충은 인도 가운데 천도이고, 배우는 사람의 서는 인도 가운데 인도이다."

○ 雙峯饒氏曰: "此以微而天理顯, 而人事分忠恕."177)

'충자천도, 서자인도(忠者天道, 恕者人道)'에 대해, 쌍봉 요씨(雙峰饒氏 : 饒魯)가 말하였다. "이는 은미한 것으로 천리(天理)가 드러났고, 사람의 일을 충과 서로 나눈 것이다."

○ 陳氏曰: "心之存主, 眞實無妄."178)

'충자무망(忠者無妄)'에 대해, 진씨(陳氏 : 陳淳)가 말하였다. "이는 마음이 주인을 보존하면 진실로 함부로 함이 없다는 것이다."

○ '乎'字不必泥看.

'서자소이행호충야(恕者所以行乎忠也)'에서 '호(乎)'자는 굳이 구애되어 볼 필요가 없다.

○ 雙峰饒氏曰: "此以內而存心, 外而行事分忠恕."179)

'충자무망, 서자소이행호충야(忠者無妄, 恕者所以行乎忠也)'에 대해 쌍봉 요씨(雙峰饒氏 : 饒魯)가 말하였다. "이는 안으로 마음을 보존하고 밖으로 일을 실행하는 것을 충과 서로 나눈 것이다."

朱註

忠者體, 恕者用, 大本達道也. 此與'違道不遠'異者, '動以天'爾."

충(忠)은 체(體)이고 서(恕)는 용(用)이니, 큰 근본과 공통된 도(道)이다. 이것이 『중용(中庸)』에서 '충과 서는 도와 거리가 멀지 않다'라고 한 것과 다른 점은 '움직임을 천도로 한다(動以天)'라는 것일 뿐이다."

詳說

○ 此句亦出『中庸』.

177) 호광 편(胡廣 編), 『논어집주대전(論語集註大全)』 권4.

178) 진순(陳淳), 『북계대전집(北溪大全集)』 권5에는 "蓋中之爲大本, 是專指未發處言之. 此忠之爲大本, 則是就心之存主處, 眞實無妄爲言.(대개 중(中)이 큰 근본이 되는 것은 오로지 미발처(未發處 : 아직 일어나지 않은 상태)를 가리켜서 말한 것이다. 여기에서 충(忠)이 큰 근본이 되는 것은 마음이 주인을 보존하는 측면에서 진실로 함부로 함이 없는 것으로 말한 것이다.)"라고 되어 있다.

179) 호광 편(胡廣 編), 『논어집주대전(論語集註大全)』 권4.

'대본달도야(大本達道也)'라는 구절도 또한 『중용(中庸)』에 나온다.[180]

○ 雙峰饒氏曰:"此以靜而未發, 動而已發, 分忠恕."[181]

'충자체, 서자용, 대본달도야(忠者體, 恕者用, 大本達道也)'에 대해, 쌍봉 요씨(雙峰饒氏:饒魯)가 말하였다. "이는 고요하여 아직 일어나지 않음과 움직여 이미 일어난 것으로 충과 서를 나눈 것이다."

○ 猶言體者大本, 用者達道也.

'충자체, 서자용, 대본달도야(忠者體, 恕者用, 大本達道也)'라고 한 것은 마치 본체는 큰 근본이고 작용은 공통된 도라고 말하는 것과 같다.

○ 以上論此章之忠恕.

'충자체, 서자용, 대본달도야(忠者體, 恕者用, 大本達道也)'까지는 이 장(章)의 충서를 논의한 것이다.

○ 朱子曰:"『中庸』之言, 則'動以人'耳."[182]

'차여'위도불원'이자, '동이천'이(此與'違道不遠'異者, '動以天'爾)'에 대해, 주자(朱子:朱熹)가 말하였다. "『중용(中庸)』의 말은 '움직임을 사람의 도(道)로 한다'라는 것일 뿐이다."

---

180) '대본달도야(大本達道也)'라는 구절도 또한 『중용(中庸)』에 나온다:『중용장구(中庸章句)』 제1장에서 "희로애락이 아직 일어나지 않은 것을 중(中)이라 말하고, 일어나서 모두 절도(節度)에 맞는 것을 화(和)라고 말한다. 중이라는 것은 천하의 큰 근본이고, 화라는 것은 천하의 공통된 도(道)이다.(喜怒哀樂之未發, 謂之中; 發而皆中節, 謂之和. 中也者, 天下之大本也; 和也者, 天下之達道也.)"라고 하였다.

181) 호광 편(胡廣 編), 『논어집주대전(論語集註大全)』 권4.

182) 『주자어류(朱子語類)』 권27, 「논어9(論語九)」, 76조목에는 "'忠恕'一段, 明道解得極分明. 其曰, '以己及物, 仁也; 推己及物, 恕也. '忠恕違道不遠'是也.' 分明自作一截說. 下面'忠恕一貫之'以下, 卻是言聖人之忠恕. 故結云, '所以與「違道不遠」異者, '動以天'爾.' 若曰, '『中庸』之言, 則'動以人'爾.'('충서' 단락에 대해서는 명도(明道:程顥)가 매우 분명하게 풀이하였다. 그는 '자신으로 남에게 미치는 것은 인(仁)이고, 자신의 마음을 미루어 나가 남에게 미치는 것은 서(恕)이다. '충서(忠恕)는 도(道)와 거리가 멀지 않다'라는 것이 이것이다'라고 하였다. 이는 스스로 경계한 뚜렷한 주장을 한 것임이 분명하다. 그 아래 '충서는 하나로 꿰뚫은 것이다'라는 말 이 아래는 또한 성인의 충서를 말한 것이다. 그러므로 끝맺으면서 '이 때문에 '도와 거리가 멀지 않다'는 것과 다른 점은 '움직임을 천도로 한다'라는 것일 뿐이다.'라고 한 것이다. 이는 마치 '『중용(中庸)』의 말은 '움직임을 사람의 도(道)로 한다'는 것일 뿐이다'라고 하는 것과 같다.)"라고 되어 있다.

○ 此又合兩說而以天人斷之, 以示聖賢之分. '動以天'·'動以人', 猶言上達事·下學事.

'차여'위도불원'이자, '동이천'이(此與'違道不遠'異者, '動以天'爾)'라고 한 것은 또 두 가지 주장을 합치고 천(天)과 인(人)으로 갈라서 성인과 현명한 사람의 구분을 보여준 것이다. '움직임을 천도(天道)로 한다'와 '움직임을 사람의 도(道)로 한다'라는 것은 마치 위로 천리(天理)를 통달하는 일과 아래로 인간의 일을 배우는 일이라 말하는 것과 같다.

朱註

又曰: "'維天之命, 於! 穆不已', 忠也; '乾道變化, 各正性命', 恕也."

정이(程頤)가 또 말하였다. "'하늘의 명령은, 아! 심원(深遠)하여 그치지 않는다'라는 것은 충(忠)이고, '건(乾)의 도(道)가 변화하여 각각 성명(性命)을 바르게 한다'라는 것은 서(恕)이다."

詳說

○ 叔子.

'우왈(又曰)'의 주체는 동생 정이(程頤)이다.

○ 音烏.

'오목불이(於穆不已)'에서 '오(於)'자는 음이 오(烏)이다.

○ 見『詩』「維天之命」.

'유천지명, 오목불이(維天之命, 於穆不已)'라는 말은 『시경(詩經)』「유천지명(維天之命)」에 보인다.

○ 見『易』「乾·彖傳」.

'건도변화, 각정성명(乾道變化, 各正性命)'이라는 말은 『주역(周易)』「건괘(乾卦)·단전(彖傳)」에 보인다.

○ 陳氏曰: "朱子'至誠無息'及'道之體'等語, 皆是祖述此條而敷演之."183)

183) 호광 편(胡廣 編), 『논어집주대전(論語集註大全)』 권4에 진씨(陳氏)의 말로, "朱子謂'譬則天地之至誠無息, 而萬物各得其所', 及'至誠無息者, 道之體; 萬物各得其所者, 道之用', 等語, 皆是祖述程子此條而敷演之, 皆是卽天地之道, 以形容聖人之道. 根源於程子, 而盡發於朱子, 淵乎微哉!(주자(朱子: 朱熹)가 '비유하면 천지가 지극히 성실하여 쉼이 없고 만물이 각각 제자리를 얻는 것과 같다'라고 한 것과 '지극히 성실하여 쉼이 없는 것은 도(道)의 본체이고, 만물이 각

진씨(陳氏)가 말하였다. "주자의 '지극히 성실하여 쉼이 없음'과 '도(道)의 본체'라는 등의 말은 모두 이 조목을 조술(祖述)하고 부연한 것이다."

◯ 王氏曰 : "朱子於夫子之意詳, 程子於曾子之意詳."184)

왕씨(王氏)가 말하였다. "주자는 공자의 뜻에 대해 상세하고, 정자는 증자의 뜻에 상세하다."

◯ 以上程子二說, 皆合忠恕於一貫中言之, 與圈上正釋其意微不同.

이 위에 있는 정자의 두 구절은 모두 충서를 하나로 꿰뚫는 것 속에 합쳐서 말한 것이니, '◯(圈 : 앞 구절 程子曰 앞의 ◯)' 위의 진정한 풀이와는 그 뜻이 조금 다르다.

朱註

又曰 : "聖人教人各因其才. '吾道一以貫之', 惟曾子爲能達此, 孔子所以告之也. 曾子告門人曰 : '夫子之道, 忠恕而已矣', 亦猶夫子之告曾子也.

정자(程子)가 또 말하였다. "성인이 사람을 가르침에 각각 그 자질에 따라 달리 하였다. '나의 도(道)는 하나의 이치로 모든 것을 꿰뚫었다'라고 한 것은 오직 증자(曾子)만이 이를 통달할 수 있었으니, 공자가 증자에게 알려준 것이다. 증자가 문인들에게 '공자의 도는 충서일 뿐이다'라고 알려준 것도 또한 마치 공자가 증자에게 알려준 것과 같다.

詳說

◯ 當考.

'우왈(又曰)'의 주체가 누구인지는 마땅히 고찰해 보아야 한다.

◯ 句. 或句於'達'者, 恐非.

'유증자위능달차(惟曾子爲能達此)'의 '차(此)'자에서 구절이 끊어진다. 어떤 사람은 '달(達)'자에서 구절이 끊어진다고 하는데 아마도 아닌 것 같다.

각 제자리를 얻는 것은 도의 작용이다'라고 말한 것 등은 모두 정자(程子)의 이 조목을 조술(祖述)하고 부연한 것이며, 모두 천지의 도에서 성인의 도를 형용한 것이다. 정자에게서 근원하고 주자에게서 모두 다 발휘되었으니, 깊고도 미묘하다!)"라고 실려 있다.

184) 호광 편(胡廣 編), 『논어집주대전(論語集註大全)』 권4에 왕씨(王氏)의 말로 실려 있다.

○ 新安陳氏曰 : "謂'敎人各因其才'."[185)]

신안 진씨(新安陳氏 : 陳櫟)가 말하였다. "이는 성인이 사람을 가르침에 각각 그 자질에 따라 달리했다는 것을 말한다."

○ 忠恕本'下學上達'之名義, 而門人正下學上進之時節, 故因其才而告以忠恕, 使之易達.

충서는 본래 '아래로 인간의 일을 배우고 위로 천리(天理)를 통달한다'라는 말의 의미이고, 마침 증자의 문인들이 아래로 인간의 일을 배워서 위로 향상하는 상황이었기 때문에 그 자질에 따라서 충서라고 알려주었으니, 그들이 쉽게 도달하도록 한 것이다.

○ 此下又證之以『中庸』之忠恕.

이 아래는 또 『중용(中庸)』의 충서로 증명한다.

朱註

『中庸』所謂'忠恕違道不遠', 斯乃'下學上達'之義."

『중용(中庸)』에서 이른바 '충(忠)과 서(恕)는 도(道)와 거리가 멀지 않다'라고 한 것은 바로 '아래로 인간의 일을 배우고 위로 천리(天理)를 통달한다'라는 뜻이다."

詳說

○ 見「憲問」.

'사내하학상달지의(斯乃下學上達之義)'에서 '하학상달(下學上達)'이라는 말은 『논어(論語)』「헌문(憲問)」에 보인다.[186)]

---

185) 호광 편(胡廣 編), 『논어집주대전(論語集註大全)』 권4에 진력(陳櫟)의 말로, "曾子之才, 能達一貫, 故夫子以一貫告之. 門人之才, 未達一貫, 惟可告以忠恕, 故曾子以忠恕告之. 此所謂敎人各因其才, 所以曰 : '亦猶夫子之告曾子也.'(증자의 자질은 하나로 꿰뚫는 데 도달할 수 있기 때문에 공자는 하나로 꿰뚫는 것으로 알려주었다. 증자의 문인들의 자질은 하나로 꿰뚫는 데 도달할 수 없어서 증자는 오직 충서로만 알려줄 수 있었기 때문에 증자는 충서로 그들에게 알려주었다. 이는 이른바 사람을 가르침에 각각 그 자질에 따라 달리한다는 것이기 때문에 '또한 마치 공자가 증자에게 알려준 것과 같다'라고 말한 것이다.)"라고 실려 있다.

186) '하학상달(下學上達)'이라는 말은 『논어(論語)』「헌문(憲問)」에 보인다 : 『논어(論語)』「헌문(憲問)」 제37장에서 "공자가 말하였다. '나를 알아주는 사람이 없구나!' 자공(子貢)이 말하였다. '어찌하여 선생님을 알아주는 사람이 없습니까?' 공자가 말하였다. '나는 하늘을 원망하지 않고 사람을 탓하지 않으며, 아래로 인간의 일을 배우고 위로 천리(天理)를 통달하려고 하니, 나

○ 雙峰饒氏曰 : “下學忠恕, 上達一貫.”[187]

쌍봉 요씨(雙峰饒氏 : 饒魯)가 말하였다. “아래로 충서를 배우고 위로 하나로 꿰뚫는 것에 통달한다.”

○ 按 : 程子此一說又分‘一貫’·‘忠恕’爲二, 而此章之忠恕與『中庸』之忠恕同歸. 此正圈上正意也. 蓋論說之體與訓釋之例不同, 容有出入錯綜, 幷行而不悖者矣.

내가 생각하건대, 정자(程子)의 이 한마디 말은 또 ‘하나로 꿰뚫는 것’과 ‘충서’를 나누어 둘로 만든 것이지만, 이 장(章)의 충서는 『중용(中庸)』의 충서와 귀결을 같이한다. 이는 바로 ‘○(圈 : 앞의 程子曰)’ 위의 진정한 뜻이다. 대개 경문 의미 설명의 체제는 훈고와 경문 풀이의 방법과는 같지 않지만, 간혹 들쑥날쑥 뒤얽혀도 병행해서 어그러지지 않는 것이 있다.

○ ‘忠恕’二字, 此章之題目.

‘충서(忠恕 : 자기 마음을 다하고 미루어 가는 일)’라가 두 글자가 이 장(章)의 제목이다.

를 알아주는 것은 하늘일 것이다!’(子曰 : ‘莫我知也夫!’ 子貢曰 : ‘何爲其莫知子也?’ 子曰 : ‘不怨天, 不尤人, 下學而上達, 知我者, 其天乎!’)”라고 하였다.

187) 호광 편(胡廣 編), 『논어집주대전(論語集註大全)』 권4에 요로(饒魯)의 말로, “程子謂忠恕違道不遠, 下學忠恕, 所以上達一貫. 此論不可易.(정자(程子)는 『중용(中庸)』에서 ‘충(忠)과 서(恕)는 도(道)와 거리가 멀지 않다’라고 한 것은 아래로 충서를 배우기 때문에 위로 하나로 꿰뚫는 것에 통달할 수 있다고 말하였다. 이 논의는 바뀔 수 없다.)”라고 실려 있다.

[4-16-1]

子曰 : "君子喩於義, 小人喩於利."
공자가 말하였다. "군자는 의(義)에 밝고, 소인은 이(利)에 밝다."

朱註

喩, 猶曉也. 義者, 天理之所宜[188]; 利者, 人情之所欲.
유(喩)는 효(曉 : 밝다)와 같다. 의(義)는 천리(天理)의 마땅함이고, 이(利)는 인정(人情)이 원하는 것이다.

詳說

○ 猶俗言穿穴也.
'유, 유효야(喩, 猶曉也)'라고 한 것은 마치 세속에서 구멍을 뚫는다고 말하는 것과 같다.

○ 有訓無釋.
훈고는 있으나 경문의 풀이는 없다.[189]

---

188) 義者, 天理之所宜 : 『주자어류(朱子語類)』 권27, 「논어9(論語九)」, 120조목에서는 이에 대해 다음과 같이 설명한다. "진순이 물었다. 『집주(集註)』에서는 '의는 천리의 마땅함이다.'라고 했는데, 일설에는 또 '의는 마땅한 이치이다'라고 했습니다. 뜻에 차이가 있습니까? 주희가 말하였다. '다만, 마땅하게 처신하는 것이 바로 의로움이다. 마땅함의 이치나 이치의 마땅함은 모두 똑같으니, 다만 글을 쓰면서 이렇게 변한 것일 뿐이다. 마치 차가운 물, 뜨거운 물, 물이 찬 것, 물이 뜨거운 것이라고 하는 것이나 마찬가지이다.'(問: '集注謂'義者, 天理之所宜.' 一說又謂'義者, 宜之理'. 意有異否?' 曰: '只宜處便是義. 宜之理, 理之宜, 都一般, 但做文恁地變. 只如冷底水, 熱底水, 水冷底, 水熱底一般.')"

189) 『주자어류(朱子語類)』 권27, 「논어9(論語九)」, 112조목과 113조목에서 풀이한 내용은 다음과 같다. 112조목을 보면, "'군자는 의에 밝다'는 장에 대해 물었다. 주희가 말하였다. '소인의 마음은 오직 저 이로움과 해로움만을 깨달을 뿐이지만 군자의 마음은 오직 저 의리만을 깨달을 뿐이다. 군자는 의롭고 이치대로인 것을 볼 뿐, 이롭고 해로운 것은 보지 않는다. 이롭고 해로운 것을 볼 뿐, 의롭고 이치대로인 것을 보지 않는다.'(問: '喩於義'章. 曰: '小人之心, 只曉會得那利害; 君子之心, 只曉會得那義理. 見義理底, 不見得利害; 見利害底, 不見得義理.')라고 하였고, 113조목에서는 "'군자는 의로움에 밝고, 소인은 이로움에 밝다.'라고 하니, 군자는 다만 마땅해 해야 할 것과 하지 말아야 할 것만을 알아서, 마땅히 해야 할 곳에서는 곧 이처럼 할 뿐이다. 소인은 이로움과 해로움을 비교하여 이와 같이 하면 이롭고, 이와 같이 하면 해롭다. 군자는 다시 이로움과 해로움을 돌아보지 않고, 다만 하늘의 이치가 마땅히 어떠한지를 볼 뿐

朱註

程子曰："君子之於義, 猶小人之於利也. 惟其深喩, 是以篤好."190)

정자(程子 : 程頤)가 말하였다. "군자의 의(義)에 대한 태도는 마치 소인의 이(利) 대한 태도와 같다. 오직 명백하게 알기 때문에 독실하게 좋아한다."

詳說

○ 叔子.

'정자왈(程子曰)'에서 '정자(程子)'는 동생 정이(程頤)이다.

○ 去聲.

'시이독호(是以篤好)'에서 '호(好)'자는 거성(去聲)이다.

○ 王氏曰："篤好在喩後."191)

왕씨(王氏)가 말하였다. "독실하게 좋아하는 것은 아는 것 뒤에 있다."

○ 象山陸氏曰："所喩由其所習, 所習由其所志."192)

이다. '의(宜)'자는 '이(利)'자와 다르므로, 자세히 봐야 한다.'('君子喩於義, 小人喩於利.' 君子只知得箇當做與不當做, 當做處便是合當如此. 小人則只計較利害, 如此則利, 如此則害. 君子則更不顧利害, 只看天理當如何. '宜'字與'利'字不同, 子細看!')"라고 하였다.

190) 惟其深喩, 是以篤好 : 『주자어류(朱子語類)』 권27, 「논어9(論語九)」, 118조목에는 다음과 같이 설명한다. "의로움에 밝고 이로움에 밝다는 것은 단지 한 가지 일의 측면에서일 뿐이다. 군자가 오직 보는 것은 의로움이고, 소인이 오직 보는 것은 이로움이다. 마치 백이(伯夷)는 엿을 보고 '나이 드신 분께 드릴만 하다'고 하고 도척(盜跖)은 그것을 보고 '울타리 지도리를 매끄럽게 할 만 하다'고 하는 것과 같다. 소인은 이로움에 대해, 그가 이 한 가지 물건을 보면 곧 한 물건을 만들어 그를 위해 사용할 것을 생각하는데, 비교와 계산이 정밀하여 또한 군자가 알 수 없는 점이 있다. 이는 그의 기품 속에 원래부터 거칠고 나쁜 것이 많이 있어 저 물건을 보자마자 곧 나와서 그에 호응하는 것이다. 이 하나의 구멍은 바로 저 구멍과 상대되는 것과 같다. 군자는 의로움에 대해 또한 이와 같다. 어떤 사람이 물었다. '이천은 '오직 명백하게 알기 때문에 독실하게 좋아한다'고 했습니다. 이는 '오직 독실히 좋아하기 때문에 명백하게 안다'고 해도 또한 괜찮을 것 같습니다.' 주희가 말하였다. '육자정(陸子靜)의 설명이 바로 이와 같다.'(喩義喩利, 只是這一事上. 君子只見得是義, 小人只見得是利. 如伯夷見飴, 曰: '可以養老.' 盜跖見之, 曰: '可以沃戶樞.' 蓋小人於利, 他見這一物, 便思量做一物事用他, 計較精密, 更有非君子所能知者. 緣是他氣稟中自元有許多鏖糟惡濁底物, 所以纔見那物事便出來應他. 這一箇穿孔, 便對那箇穿孔. 君子之於義, 亦是如此. 或曰: '伊川云: '惟其深喩, 是以篤好.' 若作'惟其篤好, 是以深喩', 也得.' 曰: '陸子靜說便是如此.')"

191) 호광 편(胡廣 編), 『논어집주대전(論語集註大全)』 권4에 왕씨(王氏)의 말로 실려 있다.

192) 육구연(陸九淵), 『상산집(象山集)』 권23, 「백록동서원강의(白鹿洞書院講義)」.

상산 육씨(象山陸氏 : 陸九淵)[193]가 말하였다. "아는 것은 익힌 것에 말미암고 익힌 것은 뜻을 둔 것에 말미암는다."

○ 喩故好, 好故喩. 二說相須, 其義乃備.

알기 때문에 좋아하고, 좋아하기 때문에 안다. 이 두 마디 말은 서로 따르니 그 의미가 갖추어졌다.

朱註

楊氏曰 : "君子有舍生而取義者. 以利言之, 則人之所欲無甚於生, 所惡無甚於死, 孰肯舍生而取義哉?

양씨(楊氏 : 楊時)가 말하였다. "군자는 생(生)을 버리고 의(義)를 취하는 경우가 있다. 이익으로 말하면, 사람이 원하는 것에는 삶보다 더 심한 것이 없고, 싫어하는 것에는 죽음보다 심한 것이 없는데, 누가 기꺼이 생(生)을 버리고 의(義)를 취하겠는가?

詳說

○ 上聲, 下同.

'군자유사생이취의자(君子有舍生而取義者)'에서 '사(舍)'자는 상성(上聲)이고 아래도 마찬가지이다.

○ 見『孟子』「告子」.

'군자유사생이취의자(君子有舍生而取義者)'에서 '사생이취의자(舍生而取義者)'라는 말은 『맹자(孟子)』「고자상(告子上)」에 보인다.[194]

---

193) 육구연(陸九淵, 1139~1192) : 자는 자정(子靜)이고, 호는 존재(存齋) · 상산옹(象山翁)이며, 상산선생(象山先生)이라 부르기도 한다. 송나라 때 금계(金溪 : 현 강서성 금계현) 사람으로 1172년에 진사에 급제하여 숭안현주부(崇安縣主簿), 지형문군(知荊門軍)을 역임하였다. 맹자(孟子)를 계승하여 정주(程朱)의 이학(理學)과 대비되는 육왕(陸王) 심학(心學)의 학파를 열었다. 주희가 정이천의 학통에 따라 도문학(道問學)을 더 존중한 데 반하여, 육구연은 정명도의 존덕성(尊德性)을 존중하였다. 이 때문에 주희는 격물치지(格物致知)의 성즉리설(性卽理說)을 제창하고, 육구연은 치지(致知)를 주로 한 심즉리설(心卽理說)을 제창하였다. 주희와 학문방법론 및 무극·태극론 등을 논쟁한 '아호지쟁(鵝湖之爭)'으로 유명하다. 그의 학문은 그의 제자 양자호(楊慈湖) 등에 의하여 강서(江西)와 절강(浙江) 각지에서 계승되었다. 저서로는 『상산선생전집(象山先生全集)』이 있다.

194) '사생이취의자(舍生而取義者)'라는 말은 『맹자(孟子)』「고자상(告子上)」에 보인다 : 『맹자(孟

○ 去聲.

'소오무심어사(所惡無甚於死)'에서 '오(惡)'자는 거성(去聲)이다.

○ 此反說.

'숙긍사생이취의재(孰肯舍生而取義哉)'라고 한 구절은 반대로 말한 것이다.

朱註

> **其所喩者義而已, 不知利之爲利故也. 小人反是."**
> 그가 안 것은 의(義)일 뿐이고, 이(利)가 이로운지를 모르기 때문이다. 소인은 이와 반대이다."

詳說

○ 此正說.

'기소유자의이이, 부지리지위리고야(其所喩者義而已, 不知利之爲利故也)'라고 한 구절은 정면으로 말한 것이다.

○ 此省文法.

'소인반시(小人反是)'라고 한 것은 문장을 생략하는 방법이다.

○ 按 : 程·楊二說皆主君子而言.

내가 생각하건대, 정이(程頤)와 양시(楊時) 두 사람의 말은 모두 군자를 중심으로 말한 것이다.

子)』「고자상(告子上)」에서 "맹자가 말하였다. '생선 요리도 내가 원하는 것이고 곰 발바닥 요리도 내가 원하는 것이지만, 이 두 가지를 아울러 얻을 수 없다면 생선을 버리고 곰 발바닥을 취하겠다. 생(生)도 내가 원하는 것이고 의(義)도 내가 원하는 것이지만, 이 두 가지를 아울러 얻을 수 없다면 생(生)을 버리고 의(義)를 취하겠다.'(孟子曰 : '魚我所欲也, 熊掌亦我所欲也, 二者不可得兼, 舍魚而取熊掌者也. 生亦我所欲也, 義亦我所欲也, 二者不可得兼, 舍生而取義者也.')"라고 하였다.

[4-17-1]

子曰："見賢思齊焉, 見不賢而內自省也."
공자가 말하였다. "현명한 사람을 보면 그와 같아지기를 생각하고, 현명하지 못한 사람을 보면 안으로 자신을 반성해야 한다."

朱註

○ 省, 悉井反. 思齊者, 冀己亦有是善; 內自省者, 恐己亦有是惡.
'견불현이내자성야(見不賢而內自省也)'에서 '성(省)'은 '실(悉)'과 '정(井)'의 반절(反切)이다. 같아지기를 생각하는 것은 자신도 또한 이러한 선함이 있기를 바라는 것이고, 안으로 자신을 반성한다는 것은 자신도 또한 이러한 악함이 있을까 두려워하는 것이다.[195]

詳說

○ 思.
'기기역유시선(冀己亦有是善)'에서 '기(冀)'자는 생각하는 것이다.

○ 齊.
'기기역유시선(冀己亦有是善)'에서 '선(善)'자는 같아지는 것이다.

○ 省.
'공기역유시악(恐己亦有是惡)'에서 '공(恐)'자는 반성하는 것이다.

○ 內.
'공기역유시악(恐己亦有是惡)'에서 '기(己)'자는 자신의 내면을 말한다.

○ 雙峰饒氏曰："謂警省, 非徒察也."[196]
'내자성자, 공기역유시악(內自省者, 恐己亦有是惡)'에서 '성(省)'자에 대해, 쌍봉 요씨(雙峰饒氏 : 饒魯)가 말하였다. "'성(省)'자는 경계하여 반성하는 것을 말하지, 한

195) 『주자어류(朱子語類)』 권27, 「논어9(論語九)」, 121조목에서는 다음과 같이 설명하고 있다. "'현명한 사람을 보면 그와 같아지기를 생각하고, 현명하지 못한 사람을 보면 안으로 자신을 반성해야 한다.'라는 말은 다른 사람의 선행을 보면 자신의 선행을 찾아보고, 다른 사람의 악행을 보면 자신의 악행을 찾아보라는 말이다. 이와 같이 해야만 보탬이 있을 것이다.('見賢思齊焉, 見不賢而內自省也.' 見人之善, 而尋己之善; 見人之惡, 而尋己之惡. 如此, 方是有益.)"
196) 호광 편(胡廣 編), 『논어집주대전(論語集註大全)』 권4.

갓 자세히 살피는 것이 아니다."

◯ 訓兼釋.

훈고에 경문의 풀이를 겸하였다.

朱註

胡氏曰:"見人之善惡不同, 而無不反諸身者, 則不徒羨人而甘自棄, 不徒責人而忘自責矣."

호씨(胡氏 : 胡寅)가 말하였다. "남의 선함과 악함이 똑같지 않음을 보고, 자신에게서 돌이켜보지 않음이 없다면, 한갓 남을 부러워만 하고 스스로 버리기를 달갑게 여기지 않는 것이며, 한갓 남을 꾸짖기만 하고 스스로 책망하기를 잊지 않는 것이다."

詳說

◯ 一作'之'.

'이무불반저신자(而無不反諸身者)'에서 '저(諸)'자는 어떤 판본에는 '지(之)'자로 되어 있다.

◯ 合而論之.

'이무불반저신자(而無不反諸身者)'라고 한 것은 경문의 내용을 합쳐서 논한 것이다.

◯ '不'字釋於此, 言必不至於徒羨人而甘自棄. 下句視此.

'즉불도선인이감자기(則不徒羨人而甘自棄)'에서 '불(不)'자는 '감자기(甘自棄)'까지 풀이하니, 한갓 남을 부러워만 하고 스스로 버리기를 달갑게 여기지 않는 것에 꼭 이르지는 않음을 말한다. 아래 구절도 이를 견주어 보면 된다.

◯ 思齊者.

'즉불도선인이감자기(則不徒羨人而甘自棄)'는 같아지기를 생각하는 것이다.

◯ 內省者.

'불도책인이망자책의(不徒責人而忘自責矣)'라고 한 것은 안으로 반성하는 일이다.

◯ 此二句反說以明之.

'즉불도선인이감자기, 불도책인이망자책의(則不徒羨人而甘自棄, 不徒責人而忘自責矣)' 라고 한 두 개의 구절은 반대로 설명하여 본문의 뜻을 밝혔다.

[4-18-1]

子曰 : "事父母幾諫. 見志不從, 又敬不違, 勞而不怨."
공자가 말하였다. "부모를 섬길 때는 은미하게 여쭈어야 한다. 부모의 뜻이 나의 간언(諫言)을 따르지 않는 것을 보면 더욱 공경하고 어기지 않으며, 수고로워도 원망하지 않아야 한다."

詳說

○ 皆論諫親之義.
모두 부모에게 간(諫)하는 도리를 논의하였다.

朱註

此章與「內則」之言相表裏. 幾, 微也. 微諫, 所謂'父母有過, 下氣怡色, 柔聲以諫'也.
이 장(章)은 『예기』「내칙(內則)」의 말과 서로 표리(表裏)가 된다. 기(幾)는 은미(隱微)함이다. 은미하게 여쭙는다는 것은 「내칙(內則)」에서 이른바 '부모에게 허물이 있으면 흥분을 가라앉히고 얼굴빛을 온화하게 하여 부드러운 말씨로 여쭙는다'라고 한 것이다.[197]

詳說

○『禮記』.
'「내칙(內則)」'은 『예기』의 편명이다.

○『大全』曰 : "朱子全引「內則」文以解此章."
『논어집주대전』에서 말하였다. "주자는 완전히 「내칙」의 글을 인용해서 이 장

197) 은미하게 여쭙는다는 것은 「내칙(內則)」에서 '…… 부드러운 말씨로 여쭙는다'라고 한 것이다 : 『주자어류(朱子語類)』 권27, 「논어9(論語九)」, 122조목에는, "진순이 '은미하게 여쭙는 것[幾諫]'에 대해 묻자, 주희가 말하였다. '기(幾)는 은미하다[微]는 뜻이니, 다만 조금씩 조금씩 잘고 은밀하게 여쭐 뿐이지 성내고 사나운 기색으로 세차게 끊어버리도록 하지 말라는 것이다. 「내칙」에서 '흥분을 가라앉히고 얼굴빛을 온화하게 하여 부드러운 말씨로 여쭙는다.'라는 것이 바로 이 뜻을 풀이한 것이다.'(問 '幾諫.' 曰: '幾, 微也, 只是漸漸細密諫, 不恁峻暴, 硬要闌截. 內則'下氣怡色 · 柔聲以諫', 便是解此意.')"

(章)을 풀이하였다."

○ 將引「內則」, 先以此一句冠之.

'「내칙」을 인용하려고 먼저 이 구절을 첫머리에 두었다.

○ 此與「坊記」所云'微諫不倦, 勞而不怨'之語亦相類.

『예기』「방기(坊記)」에서 '은미하게 간하기를 게을리하지 않고, 수고로워도 원망하지 않는다'라고 한 말과 또한 서로 같은 부류이다.

○ 訓畢.

'기, 미야(幾, 微也)'에서 훈고가 끝났다.

○ 『大全』曰 : "'所謂'以下「內則」文, 下倣此."

『논어집주대전』에서 말하였다. "'소위(所謂)'라는 글자 아래는 「내칙」의 글이고, 아래도 이와 마찬가지이다."

朱註

見志不從, 又敬不違, 所謂'諫若不入, 起敬起孝, 悅則復諫'也.

부모의 뜻이 나의 간언(諫言)을 따르지 않는 것을 보면 더욱 공경하고 어기지 않는다는 것은 「내칙(內則)」에 이른바 '여쭙는 말이 만일 받아들여지지 않더라도 더욱 공경하고 더욱 효도하여 기뻐하면 다시 여쭙는다'라는 것이다.

詳說

○ 朱子曰 : "上不違微諫之意, 下不違欲諫之心."[198]

'견지부종, 우경불위(見志不從, 又敬不違)'에 대해, 주자(朱子 : 朱熹)가 말하였다. "위로는 은미하게 간한 뜻을 어기지 않고, 아래로는 간하려는 마음을 어기지 않는 것이다."

○ 西山眞氏曰 : "起, 竦然興起之意."[199]

198) 『주자어류(朱子語類)』 권27, 「논어9(論語九)」, 126조목에는 "又云 : ''又敬不違'者, 上不違微諫之意, 切恐唐突以觸父母之怒; 下不違欲諫之心, 務欲置父母於無過之地. 其心心念念只在於此.' (주자(朱子 : 朱熹)가 또 말하였다. ''더욱 공경하고 어기지 않는다'라는 것은 위로는 은미하게 여쭙는다는 뜻을 어기지 않고, 당돌한 짓으로 부모를 화내게 하는 것을 깊이 두려워하라는 것이며, 아래로는 여쭈려는 마음을 어기지 않고, 부모가 허물이 없는 상태가 되도록 힘쓰라는 것이다. 마음속으로 늘 생각하는 것들이 다만 여기에 있어야 한다."라고 되어 있다.

199) 진덕수(眞德秀), 『대학연의(大學衍義)』 권6.

‘기경기효(起敬起孝)’에서 ‘기(起)’자에 대해, 서산 진씨(西山眞氏 : 眞德秀)가 말하였다. “‘기(起 : 더욱)’라는 것은 공경스럽게 흥기한다는 뜻이다.”

○ 「內則」作‘說’, 下同.

‘열칙부간(悅則復諫)’에서 ‘열(悅)’자는 「내칙」에 ‘열(說)’자로 되어 있고, 아래도 마찬가지이다.

○ 去聲.

‘열칙부간(悅則復諫)’에서 ‘부(復)’자는 거성(去聲)이다.

○ 朱子曰 : “見不從, 恐觸怒, 遂止不諫者, 非也; 務欲必諫, 遂至觸怒者, 亦非.”200)

주자(朱子 : 朱熹)가 말하였다. “만약 부모가 따르지 않는 것을 알게 되면 화나게 할까 두려워하여 마침내 멈추고 여쭙지 않는 것은 잘못이며, 반드시 여쭈어야겠다고 하여 마침내 화나게 하는 것도 잘못이다.”

朱註

勞而不怨, 所謂‘與其得罪於鄕黨 · 州閭, 寧孰諫. 父母怒不悅, 而撻之流血, 不敢疾怨, 起敬起孝’也.

수고로워도 원망하지 않는다는 것은 「내칙(內則)」에 이른바 ‘부모가 향당(鄕黨 : 시골 마을)과 주려(州閭 : 지방행정단위)에서 죄(罪)를 얻기보다는 차라리 힘을 다해 간해야 한다. 부모가 화내며 기뻐하지 않아서 매질을 해 피가 흐르더라도 감히 부모를 미워하고 원망하지 않으며, 더욱 공경하고 효도한다’라는 것이다.

詳說

○ ‘熟’同.

‘영숙간(寧孰諫)’에서 ‘숙(孰)’자는 ‘숙(熟 : 힘을 다함)’자와 같다.

○ 西山眞氏曰 : “反復純熟之謂.”201)

‘기경기효(起敬起孝)’에서 ‘숙(孰)’자에 대해, 서산 진씨(西山眞氏 : 眞德秀)가 말하였다. “‘숙(孰)’자는 반복해서 숙련하는 것을 말한다.”

---

200) 『주자어류(朱子語類)』 권27, 「논어9(論語九)」, 126조목에는 “若見父母之不從, 恐觸其怒, 遂止而不諫者, 非也; 欲必諫, 遂至觸其怒, 亦非也.’(만약 부모가 따르지 않는 것을 알게 되면 화나게 할까 두려워하여 마침내 멈추고 여쭈지 않는 것은 잘못이며, 반드시 여쭈어야겠다고 하여 마침내 화나게 하는 것도 잘못이다.’)”라고 되어 있다.

201) 진덕수(眞德秀), 『대학연의(大學衍義)』 권6.

○ 他達反.

'이달지유혈(而撻之流血)'에서 '달(撻)'은 '타(他)'와 '달(達)'의 반절(反切)이다.

○ 可謂勞苦.

'이달지유혈(而撻之流血)'라고 한 것은 고생스럽다고 말할 만하다.

○ 以引釋之, 此亦註釋之一例云.

여기까지 인용을 하여 경문을 풀이하는 것도 또한 주석의 한 사례라고 할 수 있다.

[4-19-1]

子曰："父母在, 不遠遊. 遊必有方."
공자가 말하였다. "부모가 살아 계실 때는 멀리 유람하지 않는다. 유람하면 반드시 일정한 장소가 있어야 한다."

朱註

遠遊, 則去親遠而爲日久, 定省曠而音問疏; 不惟己之思親不置, 亦恐親之念我不忘也. 遊必有方, 如己告云之東, 則不敢更適西, 欲親必知己之所在而無憂, 召己則必至而無失也.

멀리 유람하면 부모를 떠나는 것이 멀고 날짜가 오래되니, 혼정신성(昏定晨省)[202]을 못하게 되고 기별을 전하는 것도 소원해진다. 오직 자신이 부모를 생각하는 것을 버리지 못할 뿐 아니라, 부모가 나를 생각하여 잊지 못할까 두렵다. 유람하면 반드시 일정한 장소가 있어야 한다는 것은, 예컨대 스스로 동쪽으로 간다고 알려드렸으면 감히 바꾸어 서쪽으로 가지 않는 것과 같으니, 부모가 반드시 자신이 있는 곳을 알아서 근심함이 없고, 자신을 부르면 반드시 이르러 실수가 없도록 하려는 것이다.[203]

---

202) 혼정신성(昏定晨省) : 『예기』「곡례상(曲禮上)」에 나오는 말로, '저녁에는 부모님의 이부자리를 봐 드리고, 아침에는 부모님께 문안 인사를 드린다'라는 뜻이다.

203) 『주자어류(朱子語類)』 권27, 「논어9(論語九)」, 129조목에는 이 장에 대해 다음과 같이 설명하고 있다. "자식은 '부모가 살아 계실 때는 멀리 유람하지 않는다. 유람하면 반드시 일정한 장소가 있어야 한다.'에 대해 물었다. 주희가 말하였다. '자식된 사람은 반드시 부모의 마음으로 (자기의) 마음을 삼아야 한다. 부모는 자식을 사랑하는 마음을 조금도 놓아두지 않으니 자식도 어버이를 사랑하는 마음을 마땅히 내딛는 걸음걸이 마다 잊지 말아야 한다. 만일 멀리 놀러 나가게 되면 부모가 생각하는 마음이 간절할 뿐만 아니라 자식이 어버이의 집에서 멀리 떨어져 아침저녁으로 문안하고 보살피는 예절이 이 때문에 멀어지게 되므로 먼데서 놀지 않는 것이다. 만일 일의 상황상 반드시 놀러나가야 한다면, 또한 반드시 정해진 장소가 있어야 한다. 어버이가 내가 있는 곳을 알아서 걱정하지 않도록 하기 위함이고, 나를 부른다면 반드시 달려와서 잘못을 저지르는 일이 없게 하기 위함이다.'(問: '父母在, 不遠遊, 遊必有方.' 曰: '爲人子, 須是以父母之心爲心. 父母愛子之心未嘗少置, 人子愛親之心亦當跬步不忘. 若是遠遊, 不惟父母思念之切; 人子去親庭旣遠, 溫凊定省之禮, 自此間闊, 所以不遠遊. 如或有事勢須當遊, 亦必有定所. 欲親知己之所在而無憂, 召己, 則必至而無失.')"

詳說

○ 悉井反.

'정성광이음문소(定省曠而音問疏)'에서 '성(省)'은 '실(悉)'과 '정(井)'의 반절(反切)이다.

○ 與上下'己'字同. 或云音'以', 與下'更'字相照.

'여기고운지동(如己告云之東)'에서 '기(己)'자는 위 구절 아래 위의 '기(己)'자와 같다. 어떤 사람은 음이 '이(以)'라고 하여 아래 '즉불감경적서(則不敢更適西)'에서 '경(更)'자와 서로 대조한다.

○ 往也.

'여기고운지동(如己告云之東)'에서 '지(之)'자는 간다는 뜻이다.

○ 慶源輔氏曰 : "遠遊固不可, 近遊亦當有方. 詳味『集註』, 非身歷心驗, 不能盡其精微曲折之意. 事親者宜身體之."204)

경원 보씨(慶源輔氏 : 輔廣)가 말하였다. "멀리 유람하는 것은 본디 안 되고, 가까이 유람하는 것도 또한 일정한 장소를 두어야 한다. 『논어집주(論語集註)』를 자세히 음미해 보면, 몸소 겪어보고 마음으로 증험하지 않은 사람은 그 심오하고 복잡한 사정의 뜻을 다 알 수 없다. 부모를 섬기는 사람은 마땅히 그것을 몸소 체인해야 한다."

○ 新安陳氏曰 : "朱子事母盡孝, 所以發明此章, 曲盡孝子之心."205)

신안 진씨(新安陳氏 : 陳櫟)가 말하였다. "주자(朱子 : 朱熹)가 어머니를 섬김에 효도를 다했기 때문에 이 장(章)을 드러내 밝혀서 효자의 마음을 자세히 설명하였다."

○ 雙峰饒氏曰 : "不得已而遠出, 又有處變之道. 聖人言常不言變."206)

쌍봉 요씨(雙峰饒氏 : 饒魯)가 말하였다. "어쩔 수 없이 멀리 나가게 되면 또 변화에 대처하는 방법이 있다. 그러나 성인은 상도(常道 : 불변하는 도리)를 말하지 변

204) 호광 편(胡廣 編), 『논어집주대전(論語集註大全)』 권4.

205) 호광 편(胡廣 編), 『논어집주대전(論語集註大全)』 권4.

206) 호광 편(胡廣 編), 『논어집주대전(論語集註大全)』 권4에 요로(饒魯)의 말로, "問 : '有不得已而遠遊, 如之何?' 雙峯饒氏曰 : '不遠遊, 是常法. 不得已而遠出, 又有處變之道. 聖人言常不言變.' (물었다. '어쩔 수 없이 멀리 유람할 일이 있으면 어떻게 해야 합니까?' 쌍봉 요씨(雙峰饒氏 : 饒魯)가 말하였다. '어쩔 수 없이 멀리 나가게 되면 또 변화에 대처하는 방법이 있다. 그러나 성인은 상도(常道 : 불변하는 도리)를 말하지 변도(變道 : 임기응변의 도리)를 말하지 않는다.')"라고 실려 있다.

도(變道 : 임기응변의 도리)를 말하지 않는다."

○ 訓兼釋

훈고에 경문의 풀이를 겸하였다.

朱註

范氏曰 : "子能以父母之心爲心, 則孝矣."

범씨(范氏 : 范祖禹)가 말하였다. "자식이 부모의 마음을 자신의 마음으로 삼을 수 있으면 효도일 것이다."

詳說

○ 己見武伯章註.

'자능이부모지심위심(子能以父母之心爲心)'이라 한 것은 이미 '무백장(武伯章)' 주석에 보였다.207)

○ 言外意也. 凡論事親處, 皆可用此語, 故屢及之.

위 구절은 말 밖의 뜻이다. 무릇 부모를 섬김에 대해 논의한 것들은 모두 이 말을 쓸 수 있기 때문에 누차 언급하였다.

---

207) '자능이부모지심위심(子能以父母之心爲心)'이라 한 것은 이미 '무백장(武伯章)' 주석에 보였다 : 『논어(論語)』「위정(爲政)」 제6장 '맹무백문효장(孟武伯問孝章)'의 주자 주석에서 "자식이 이를 체인하여 부모의 마음을 내 마음으로 삼는다면, 그 몸을 지키는 모든 것이 스스로 삼가지 않음을 용납하지 않을 것이다. 이를 어찌 효(孝)라고 하지 않을 수 있겠는가?(人子體此, 而以父母之心爲心, 則凡所以守其身者, 自不容於不謹矣. 豈不可以爲孝乎?)"라고 하였다.

[4-20-1]

子曰："三年無改於父之道, 可謂孝矣."
공자가 말하였다. "3년 동안 아버지의 도(道)를 고침이 없어야 효도라고 말할 수 있다."

朱註

胡氏曰："已見首篇, 此蓋複出而逸其半也."
호씨(胡氏 : 胡寅)가 말하였다. "이미 첫 편(篇)에 보이는데, 여기에 중복해서 나왔기 때문에 그 절반이 빠져 있다."

詳說

○ 音現.
'이현수편(已見首篇)'에서 '현(見)'자는 음이 현(現)이다.

○ 「學而」.
'이현수편(已見首篇)'에서 '수편(首篇)'은 『논어(論語)』「학이(學而)」이다.

○ 音福.
'차개복출이일기반야(此蓋複出而逸其半也)'에서 '복(複)'자는 음이 복(福)이다.

○ 范氏曰："夫子之所常言也, 弟子各以所聞記之, 故又見於此."208)
범씨(范氏 : 范祖禹)가 말하였다. "공자가 늘 하던 말을 제자들이 각각 들은 것을 기록했기 때문에 또 여기에 보인 것이다."

○ 脫也.
'차개복출이일기반야(此蓋複出而逸其半也)'에서 '일(逸)'자는 빠트렸다는 뜻이다.

○ 上一半'父在觀其志, 父沒觀其行'也.
'차개복출이일기반야(此蓋複出而逸其半也)'에서 '기반(其半)'에 대해, 전반부 절반은 '아버지가 살아 계실 때는 그 자식의 의지를 살펴보고 아버지가 돌아가셨을 때는 그 자식의 행동을 살펴본다.'라는 것이다.

○ 無訓釋.
훈고나 경문의 풀이가 없다.

---

208) 주희, 『논맹정의(論孟精義)』「논어정의(論語精義)」 권2 하.

[4-21-1]

子曰:"父母之年, 不可不知也. 一則以喜, 一則以懼."
공자가 말하였다. "부모의 나이는 알지 않으면 안 된다. 한편으로는 그 때문에 기쁘고, 한편으로는 그 때문에 두렵다."

朱註

知, 猶記憶也. 常知父母之年, 則旣喜其壽, 又懼其衰. 而於愛日之誠, 自有不能已者.
'불가부지야(不可不知也)'에서 '지(知)'자는 마치 기억함과 같다. 항상 부모의 나이를 알고 있으면 이미 그 장수하신 것이 기쁠 뿐 아니라 또 앞으로 그 노쇠하신 것이 두렵다.[209] 하루하루를 아끼는 정성을 저절로 그만둘 수 없게 될 것이다.

詳說

○ 胡氏曰:"念念在此而不忘."[210]
'지, 유기억야(知, 猶記憶也)'에 대해, 호씨(胡氏)가 말하였다. "늘 생각이 여기에 있어서 잊지 못한다."

○ 訓也.
'지, 유기억야(知, 猶記憶也)'라고 한 것은 훈고이다.

○ 添'常'字.
'상지부모지년(常知父母之年)'이라 한 것은 본문 '지부모지년(知父母之年)'에 '상(常)'자를 보탠 것이다.

○ 合二'則'字.
'즉기희기수(則旣喜其壽)'에서 '즉(則)'자는 본문 '일즉이희, 일즉이구(一則以喜, 一

---

209) 이미 그 장수하신 것이 기쁠 뿐 아니라 또 앞으로 그 노쇠하신 것이 두렵다:『주자어류(朱子語類)』 권 27, 제130조목에는 "'한편으로는 그 때문에 기쁘고, 한편으로는 그 때문에 두렵다.'라는 말은 다만 한 가지 일의 다른 측면일 뿐이다. 오래 사시는 것이 기쁘지만, 다만 이 오래 산다는 것에서 또한 다가올 날들이 많지 않음을 두려워하는 것이다. 주(注) 가운데서 인용한 '이미 그 장수하신 것이 기쁠 뿐 아니라 또 앞으로 그 노쇠하신 것이 두렵다.'는 말은 조금 다르다. 이와 같다면 오히려 두 가지 일이 되기 때문이다.('一則以喜, 一則以懼.' 只是這一事上. 旣喜其壽, 只這壽上又懼其來日之無多. 注中引'旣喜其壽, 又懼其衰.' 微差些. 如此, 卻是兩事矣.)"
210) 호광 편(胡廣 編),『논어집주대전(論語集註大全)』 권4에 호씨(胡氏)의 말로 실려 있다.

則以懼)'에서 두 개의 '즉(則)'자를 합친 것이다.

○ 分二'一'字作'旣'·'又'字, '旣'屬已往, '又'屬將來.

'즉기희기수, 우구기쇠(則旣喜其壽, 又懼其衰)'라고 한 것은 본문 '일즉이희, 일즉이구(一則以喜, 一則以懼)'에서 두 개의 '일(一)'자를 나누어서 '기(旣)'자와 '우(又)'자로 만든 것이니, '기(旣)'자는 이미 지나간 것에 속하고, '우(又)'자는 앞으로 올 것에 속한다.

○ 添'其壽'·'其衰'四字, 而後知其所'喜·懼'者爲何事.

'즉기희기수, 우구기쇠(則旣喜其壽, 又懼其衰)'라고 한 것은 본문 '일즉이희, 일즉이구(一則以喜, 一則以懼)'에 '기수(其壽)'와 '기쇠(其衰)'라는 네 글자를 보탠 뒤에 본문에서 '희(喜)'와 '구(懼)'라고 한 것이 무슨 일인지를 알게 되었다.

○ 釋也. 此下又申論'懼'一邊而歸重者, 蓋爲常情之喜易而懼難也.

경문을 풀이한 것이다. 이 아래는 또 '구(懼)'자의 한 측면을 거듭 밝혀 논하여 중점을 귀결시켰으니, 이는 일반적인 감정이 기뻐하는 것은 쉬운데 두려워하는 것은 어렵기 때문이다.

○ 『揚子』「孝至」篇曰 : "孝子愛日."[211]

『양자(揚子)』「효지(孝至)」편에서 말하였다. "효자는 날을 아낀다."

○ 新安陳氏曰 : "惜此日之易過."[212]

'이어애일지성(而於愛日之誠)'에서 '애일(愛日)'에 대해, 신안 진씨(新安陳氏 : 陳櫟)가 말하였다. "오늘이 쉽사리 지나가는 것을 애석해 하는 것이다."

○ 王氏曰 : "四字於'懼'字旨意深切."[213]

'이어애일지성(而於愛日之誠)'에서 '애일지성(愛日之誠)'에 대해, 왕씨(王氏)가 말하였다. "이 네 글자는 '구(懼)'자보다 취지가 깊고 절실하다."

○ 南軒張氏曰 : "喜懼, 亦人子盡心於其親之一事."

'자유불능이자(自有不能已者)'에 대해, 남헌 장씨(南軒張氏 : 張栻)가 말하였다. "기뻐함과 두려워함도 또한 사람의 자식으로 그 부모에게 마음을 다하는 하나의 일이다."

---

211) 양웅(揚雄), 『양자법언(揚子法言)』 권10 「효지(孝至)」.

212) 호광 편(胡廣 編), 『논어집주대전(論語集註大全)』 권4.

213) 호광 편(胡廣 編), 『논어집주대전(論語集註大全)』 권4에 왕씨(王氏)의 말로 실려 있다.

[4-22-1]

子曰："古者言之不出，恥躬之不逮也."
공자가 말하였다. "옛날에 말을 함부로 입 밖에 내지 않은 것은 자신의 행동이 미치지 못하는 것을 부끄러워했기 때문이다."

朱註

言古者，以見今之不然. 逮，及也. 行不及言，可恥之甚. 古者所以不出其言，爲此故也.

옛날이라 말한 것은 지금은 그렇지 않음을 나타내려고 한 것이다. '치궁지불체야(恥躬之不逮也)'에서 '체(逮)'자는 미침이다. 행동이 말에 미치지 못함은 매우 부끄러워할 만한 것이다.[214] 옛날에 말을 함부로 입 밖에 내지 않은 까닭은 이 때문이었다.

詳說

○ 音現.

'이현금지불연(以見今之不然)'에서 '현(見)'자는 음이 현(現)이다.

○ 先論'言古'之意.

'언고자, 이현금지불연(言古者，以見今之不然)'은 먼저 '옛날이라 말한 것'의 뜻을 논한 것이다.

○ 此與'射不主皮，古之道'等'古'字同意.

'언고자, 이현금지불연(言古者，以見今之不然)'에서 '고(古)'자는 '활쏘기에는 가죽 뚫는 것에 중점을 두지 않는 것은 옛날의 활 쏘는 도(道)이다'[215]라고 한 것에서

---

214) 행동이 말에 미치지 못함은 매우 부끄러워할 만한 것이다 : 『주자어류(朱子語類)』 권27, 「논어9(論語九)」, 132조목에는 "사람이 말을 쉽게 하는 것은 실상이 없는 헛된 말이 부끄러운 줄 모르기 때문이다. 만일 부끄러움을 느낀다면 저절로 행하는 데 힘쓰고, 말하는 것을 쉽게 하지 않는다. 이는 다만 '부끄러움'에 달려 있을 뿐이다.(人之所以易其言者，以其不知空言無實之可恥也. 若恥，則自是力於行，而言之出也不敢易矣. 這箇只在'恥'上.)"라고 되어 있다.

215) 활쏘기에는 가죽 뚫는 것에 중점을 두지 않는 것은 옛날의 활 쏘는 도(道)이다 : 『논어(論語)』 「팔일(八佾)」 제16장에서 "공자가 말하였다. '활쏘기에는 가죽 뚫는 것에 중점을 두지 않는 것은 힘이 동등하지 않기 때문이니, 옛날의 활 쏘는 도(道)이다.'(子曰 : '射不主皮，爲力不同科，古之道也.')"라고 하였다.

'고(古)'자와 같은 뜻이다.

○ 去聲.

'행불급언(行不及言)'에서 '행(行)'자는 거성(去聲)이다.

○ 變'躬'言'行'.

'행불급언(行不及言)'이라 하여, 본문 '치궁지불체야(恥躬之不逮也)'에서 '궁(躬)'자를 바꾸어 '행(行)'자로 말하였다.

○ 卽本文蒙上之'言'字.

'행불급언(行不及言)'이라 한 것은 곧 본문이 위의 '고자언지불출(古者言之不出)'에서 '언(言)'자로 이어지기 때문이다.

○ 訓畢.

'가치지심(可恥之甚)'에서 훈고가 끝났다.

○ 謂不輕出.

'고자소이불출기언(古者所以不出其言)'이라 한 것은 말을 가볍게 입 밖에 내지 않음을 말한다.

○ 去聲.

'위차고야(爲此故也)'에서 '위(爲)'자는 거성(去聲)이다.

○ 蒙訓而釋之之辭.

'위차고야(爲此故也)'라고 한 것은 훈고에 힘입어 풀이한 말이다.

○ 釋畢.

경문의 풀이가 끝났다.

朱註

范氏曰:"君子之於言也, 不得已而後出之, 非言之難, 而行之難也. 人惟其不行也, 是以輕言之. 言之如其所行, 行之如其所言, 則出諸其口必不易矣."

범씨(范氏 : 范祖禹)가 말하였다. "군자는 말을 하는 경우 그만둘 수 없는 뒤에 입 밖에 내는 것이니, 말하기가 어려운 것이 아니라, 실행하기가 어렵기 때문이다. 사람들은 다만 그것을 실행하지 않으니, 이 때문에 가볍게 말하는 것이다. 말한 것이 그가 실행한 일과 같고, 실행한 일이 그가 말한 것과 같다면, 말을 입에서 내는 것이 꼭 쉽지는 않을 것이다."[216)]

詳說

○ 猶言行之難故也.

'비언지난, 이행지난야(非言之難, 而行之難也)'은 마치 실행이 어렵기 때문이라 말하는 것과 같다.

○ 此正說.

'비언지난, 이행지난야(非言之難, 而行之難也)'는 정면으로 말한 것이다.

○ 常人.

'인유기불행야(人惟其不行也)'에서 '인(人)'은 일반인이다.

○ 此反說.

'인유기불행야, 시이경언지(人惟其不行也, 是以輕言之)'는 반대로 말한 것이다.

○ 去聲.

'칙출제기구필불이의(則出諸其口必不易矣)'에서 '이(易)'자는 거성(去聲)이다.

○ 朱子曰: "此章緊要在'恥'字."217)

주자(朱子: 朱熹)가 말하였다. "이 장(章)은 긴요한 점이 '치(恥)'자에 있다.

○ 厚齋馮氏曰: "後之學者, 講說而已. 義理非不高遠, 吾躬只在一所, 不知恥之, 何哉?"218)

후재 풍씨(厚齋馮氏: 馮椅)가 말하였다. "후대의 학자들은 강론하고 설명할 뿐이다. 의리(義理)에 대해서는 높고 심원하지 않음이 없는데 몸소 실천하는 것은 한 곳에 머물러 있으면서 부끄러워할 줄 모르니, 무엇 때문인가?"

○ 此又正說而收之.

이는 또 정면으로 말해서 수습한 것이다.

---

216) 『주자어류(朱子語類)』 권27, 「논어9(論語九)」, 133조목에서는 "『논어집주(論語集註)』에서 인용한 범씨(范氏)의 말이 가장 훌륭하다. 단지 가볍게 말하기 때문에 저 행실이 일에 마땅하지 않게 되는 것이다. 실천을 통해 이른 것이 아니라면 어떻게 말이 여기까지 미치겠는가!(『集注』引范氏說最好. 只緣輕易說了, 便把那行不當事. 非踐履到底, 烏能言及此!)"라고 하였다.

217) 『주자어류(朱子語類)』 권27, 「논어9(論語九)」, 131조목.

218) 호병문, 『사서통』「논어통」 권2.

[4-23-1]

子曰 : "以約失之者鮮矣."
공자가 말하였다. "약(約 : 스스로를 단속함)으로 잘못되는 사람은 드물다."

朱註

○ 鮮, 上聲. 謝氏曰 : "不侈然以自放之謂約."

'선(鮮)'자는 상성(上聲)이다. 사씨(謝氏 : 謝良佐)가 말하였다. "교만하면서 스스로 방자하지 않는 것을 약(約)이라 말한다."

詳說

○ '不'字釋於此.

'불치연이자방지위약(不侈然以自放之謂約)'에서 '불(不)'자는 '자방(自放)'까지 풀이한다.

○ 朱子曰 : "有收斂近裏著實之意."219)

주자(朱子 : 朱熹)가 말하였다. "'약(約)'자에는 자신의 마음속으로 수렴하여 착실하다는 뜻이 있다."220)

○ 慶源輔氏曰 : "'約'與'放'相反."221)

경원 보씨(慶源輔氏 : 輔廣)가 말하였다. "'약(約)'자는 '방(放 : 방자함)'과 상반된다."

○ 訓也.

훈고이다.

朱註

尹氏曰 : "凡事約則鮮失, 非止謂儉約也."

---

219) 주희(朱熹), 『주문공문집(朱文公文集)』 권60, 「답증택지(答曾擇之)」.

220) 『주자어류(朱子語類)』 권27, 「논어9(論語九)」, 134조목에는 "'약(約 : 스스로를 단속함)으로 잘못되는 사람은 드물다.'는 말에서 '약(約)'자는 '알맹이'가 있는 글자[實字]이다. 예를 들어 '마음속에서 단속한다'거나 '예의에서 단속한다'는 말의 경우에는 '약(約)'자의 뜻이 가볍다. ('以約失之者鮮.' '約'字是'實'字. 若'約之于中', '約之于禮', 則'約'字輕.)"라고 하였다.

221) 호광 편(胡廣 編), 『논어집주대전(論語集註大全)』 권4.

윤씨(尹氏 : 尹焞)가 말하였다. "모든 일에 약(約 : 스스로를 단속함)하면 잘못이 적을 것이니,[222] 다만 검약(儉約)만을 말하는 것이 아니다."

詳說

○ 釋也.

'범사약칙선실(凡事約則鮮失)'이라 한 것은 경문을 풀이한 것이다.

○ '儉約'亦其一事, 故著'止'字.

'비지위검약야(非止謂儉約也)'에서 '검약(儉約)'은 또한 약(約 : 스스로를 단속함)의 한 가지 일이기 때문에 '지(止 : 다만)'자를 붙였다.

○ 此又訓也.

이는 또 훈고이다.

---

222) 『주자어류(朱子語類)』 권27, 「논어9(論語九)」, 135조목에는 정남승이 다음과 같이 말하였다. "사람은 반드시 몸단속을 하고, 예의와 법도에 들어맞도록 해야만 근거해서 지킬 것이 있게 되고, 잘못이 적어진다. 간혹 호사스럽게 자기 멋대로 한다면 어긋나지 않는 경우가 없을 것이다.(凡人須要檢束, 令入規矩準繩, 便有所據守, 方少過失. 或是侈然自肆, 未有不差錯.)"

[4-24-1]

子曰 : "君子欲訥於言而敏於行."
공자가 말하였다. "군자는 말은 어눌하게 하고, 실행은 민첩하게 하려고 한다."

朱註

○ 行, 去聲. 謝氏曰 : "放言易, 故欲訥; 力行難, 故欲敏."
'행(行)'자는 거성(去聲)이다. 사씨(謝氏 : 謝良佐)가 말하였다. "방자하게 말하기 쉽기 때문에 어눌하게 하려고 했으며, 힘써 실행하기는 어렵기 때문에 민첩하게 하려고 하였다."223)

詳說

○ 見「微子」.
'방언이(放言易)'에서 '방언(放言)'은 『논어(論語)』「미자(微子)」에 보인다.224)

○ 去聲.
'방언이(放言易)'에서 '이(易)'자는 거성(去聲)이다.

○ 有釋無訓.
경문의 풀이는 있으나 훈고는 없다.

○ 致堂胡氏曰 : "'敏'·'訥'雖若出於天資, 然可習也. 不自變其氣質, 奚貴於學?"225)

---

223) 『주자어류(朱子語類)』 권27, 「논어9(論語九)」, 137조목에서 정남승이 말하엿다. "말을 쉽게 하는 것을 두려워하기 때문에 어눌하려고 한다. 어눌하다는 것은 말이 입 밖으로 나오기 힘들다는 뜻이다. 행실은 그 어려운 것을 두려워하기 때문에 재빠르게 하려고 한다. 재빠르다는 것은 힘껏 행하면서 게으르지 않는 일이다.(言懼其易, 故欲訥. 訥者, 言之難出諸口也. 行懼其難, 故欲敏. 敏者, 力行而不惰也.)"

224) '방언(放言)'은 『논어(論語)』「미자(微子)」에 보인다 : 『논어(論語)』「미자(微子)」 제8장에서 "공자가 우중(虞仲)과 이일(夷逸)을 평하여, 숨어살면서 말을 방자하게 했지만 몸은 청렴을 유지했고 벼슬을 하지 않은 것은 권도(權道)에 알맞았다고 하였다.(謂虞仲夷逸, 隱居放言, 身中淸, 廢中權.)"라고 하였다.

225) 진덕수(陳德秀), 『서산독서기(西山讀書記)』 권27에 호인(胡寅)의 말로, "夫敏與訥雖若出於天資, 然可習也. 言煩而訥矯之, 行緩以敏勵之, 由我而已. 不自變其氣質, 學豈有功哉?(무릇 민첩함과 어눌함은 비록 천부적인 자질에서 나온 것 같지만 익힐 수 있다. 말이 번쇄한 것을 어눌함으로 교정하고, 실행이 느슨한 것을 민첩하도록 노력하는 것은 자신에게 달려 있을 뿐이다. 스스로 그 기질을 변화시키지 않는다면 배움이 어찌 공로가 있겠는가?)"라고 실려 있다.

치당 호씨(致堂胡氏 : 胡寅)가 말하였다. "'민첩함'과 '어눌함'은 비록 천부적인 자질에서 나온 것 같지만 익힐 수 있다. 스스로 그 기질을 변화시키지 않는다면 어찌 배움을 귀하게 여기겠는가?"

○ 雙峯饒氏曰 : "此矯輕警惰之法."226)

쌍봉 요씨(雙峰饒氏 : 饒魯)가 말하였다. "이는 경솔함을 교정하고 나태함을 경계하는 방법이다."

朱註

胡氏曰 : "自'吾道一貫'至此十章, 疑皆曾子門人所記也."

호씨(胡氏 : 胡寅)가 말하였다. "'오도일관(吾道一貫)'에서 여기까지 10개의 장(章)은 의심컨대 모두 증자의 문인이 기록한 것 같다."

詳說

○ '一貫章'直爲曾子之事, 一也; 言孝四章是曾子之行, 二也; 十章皆其辭簡要, 其意篤實, 於曾子之言與學爲近, 三也. 胡氏蓋屢致察於記者, 是亦讀書窮理之一事. 雖然, 通一部書, 非有子門人記之, 則必曾子門人也, 又何止此十章乎?

위 구절에 대해, '일관장(一貫章)'은 곧바로 증자의 일이니 그 하나이고, 그 뒤 효(孝)를 말한 4개의 장(章), 즉 제18장~제21장은 증자의 행동이니 그 둘이며, 10개의 장, 즉 제15장에서부터 제24장까지는 모두 그 말이 간결 · 긴요하고 그 뜻이 독실하여 증자의 말과 학문에 가까우니 그 셋이다. 호씨(胡氏 : 胡寅)는 대개 기록한 사람에 대해 거듭 자세히 살펴보았으니, 이렇게 하는 것 또한 독서로 이치를 궁구하는 하나의 일이다. 비록 그렇지만 『논어(論語)』라는 책을 통틀어서 보면 유자(有子)의 문인이 기록한 것이 아니면 반드시 증자의 문인일 것이니, 또한 어찌 이 10개의 장에 그치겠는가?

---

226) 호광 편(胡廣 編), 『논어집주대전(論語集註大全)』 권4.

[4-25-1]

子曰:"德不孤, 必有鄰."
공자가 말하였다. "덕(德)은 외롭지 않으니, 반드시 이웃이 있다."

朱註

隣, 猶親也. 德不孤立, 必以類應. 故有德者, 必有其類從之, 如居之有隣也.
인(隣)은 친(親:친한 사람)과 같다. 덕은 고립되지 않으니 반드시 같은 부류끼리 호응한다.227) 그러므로 덕이 있는 사람은 반드시 그 같은 부류가 따름이 있으니, 예컨대 거주하는 곳에 이웃이 있는 것과 같다.

詳說

○ 訓.
'인, 유친야(隣, 猶親也)'라고 한 것은 훈고이다.

○ 釋畢.
경문의 풀이가 끝났다.

○ 朱子曰:"'德不孤', 以理言; '必有隣', 以事言."228)
주자(朱子:朱熹)가 말하였다. "'덕은 외롭지 않다'라는 구절은 이치로 말한 것이고, '반드시 이웃이 있다'라는 구절은 일로 말한 것이다."

○ 又曰:"小人之德亦自有類."229)
주자(朱子:朱熹)가 또 말하였다. "소인의 덕을 가진 사람들에게도 또한 본래 같은

227) 같은 부류끼리 호응한다:『주자어류(朱子語類)』 권27, 「논어9(論語九)」, 140조목에는 "『논어(論語)』의 '덕은 외롭지 않다.'는 말은 '같은 소리끼리 호응하고 같은 기운끼리 서로 찾는다.'는 뜻이다. 좋은 사람[吉人]이 선을 행하면 저절로 훌륭한 사람들이 서로 반려가 되고, 흉한 덕을 가진 사람도 못된 사람[凶人]들이 함께 어울리니, 이것이 '덕은 외롭지 않아서 반드시 이웃이 있다'는 것이다.(『論語』中'德不孤'是'同聲相應, 同氣相求.' 吉人爲善, 便自有吉人相伴, 凶德者亦有凶人同之, 是'德不孤, 必有鄰'也.)"라고 되어 있다.

228) 『주자어류(朱子語類)』 권27, 「논어9(論語九)」, 139조목.

229) 『주자어류(朱子語類)』 권27, 「논어9(論語九)」, 138조목에는 "問:''德不孤, 必有鄰', 鄰是朋類否?' 曰:'然. 非惟君子之德有類, 小人之德亦自有類.'(물었다. ''덕은 외롭지 않으니 반드시 이웃이 있다'라는 말에서 이웃은 친구들과 같은 것입니까?' 주자(朱子:朱熹)가 대답하였다. '그렇다. 오직 군자의 덕을 가진 사람들에게만 같은 부류가 있는 것이 아니라, 소인의 덕을 가진 사람들에게도 또한 본래 같은 부류가 있다.')"라고 되어 있다.

부류가 있다."

○ 又曰 : "此與『易』言'德不孤'不同."

주자(朱子 : 朱熹)가 또 말하였다. "여기의 '덕불고(德不孤)'는 『주역(周易)』에서 '덕불고(德不孤)'를 말한 것[230]과 같지 않다."

---

230) 『주역(周易)』에서 '덕불고(德不孤)'를 말한 것 : 『주역(周易)』「곤괘(坤卦) · 문언전(文言傳)」에서 "직(直 : 곧음)은 그 올바름이고 방(方 : 방정함)은 그 의로움이다. 군자가 경(敬)으로 안을 곧게 하고 의(義)로 밖을 방정하게 하여, 경과 의가 확립되면 덕이 외롭지 않다. '곧고 방정하며 큰 것이니, 익히지 않아도 이롭지 않음이 없다'라고 한 것은 그 행한 것을 의심하지 않는 것이다.(直其正也, 方其義也. 君子敬以直內, 義以方外, 敬義立而德不孤. '直方大, 不習無不利', 則不疑其所行也.)"라고 하였다. 『주자어류(朱子語類)』 권27, 「논어9(論語九)」, 140조목에서는 "『주역(周易)』의 '덕은 외롭지 않다.'는 말은 다만 하나의 덕이 아님을 말하니, 안으로는 곧고 밖으로는 방정해서 안팎이 모두 덕이기 때문에 '외롭지 않다'는 말로 효사 가운데 '대(大)'자를 풀이하는 것이다. 만일 공경하기만 하고 의로움이 없고, 의롭기만 하고 공경함이 없다면 바로 외로울 것이다.(『易』中'德不孤.' 謂不只一箇德, 蓋內直而外方, 內外皆是德, 故'不孤'是訓爻辭中'大'字. 若有敬而無義, 有義而無敬, 卽孤矣.)"라고 하였고, 141조목에서는 "이것은 아마도 『주역(周易)』을 인용해서 설명해서는 안 될 것 같다. 『논어(論語)』에서 말하는 '덕은 외롭지 않으니 반드시 이웃이 있다'는 말은 다만 이와 같은 덕을 가지고 있으면 반드시 이와 같은 부류가 호응한다고 말하는 것일 뿐이다. 예를 들어 소인이 선하지 못한 짓을 하면 반드시 선하지 못한 이들이 호응하는 것과 같다. 『주역(周易)』에서 말하는 '공경함으로 안을 곧게 한다'는 것은 반드시 '의로움으로 밖을 단정하게 한다'는 것을 필요로 하고, '의로움으로 밖을 단정하게 한다'는 것은 반드시 '공경함으로 안을 곧게 한다'는 것을 필요로 한다. 외롭다[孤]는 것은 치우침[偏]과 같다. 공경함과 의로움이 이미 확립되었다면 덕은 치우치거나 외롭지 않으니 덕이 융성함을 말한다. 만일 『주역(周易)』을 인용하여 설명한다면 『논어(論語)』에서 말하는 것이 뒤섞여 이해하지 못하게 될까 걱정된다.(此處恐不消得引『易』中來說. 『語』所說'德不孤, 必有鄰', 只云有如此之德, 必有如此之類應. 如小人爲不善, 必有不善之人應之. 『易』中言'敬以直內', 須用'義以方外', '義以方外', 須用'敬以直內'. 孤, 猶偏也. 敬義旣立, 則德不偏孤, 言德盛. 若引『易』中來說, 恐將『論語』所說攪得沒理會了.)"

[4-26-1]

子游曰 : "事君數, 斯辱矣, 朋友數, 斯疏矣."
자유(子游 : 言偃)가 말하였다. "군주를 섬김에 자주 간하면 욕(辱)을 당하고, 친구 간에 자주 충고하면 소원해진다."

朱註

○ '數', 色角反. 程子曰 : "數, 煩數也."
'삭(數)'은 '색(色)'과 '각(角)'의 반절(反切)이다. 정자(程子 : 程顥)가 말하였다. "삭(數)은 번거롭게 자주 하는 것이다."

詳說

○ 伯子.
'정자왈(程子曰)'에서 '정자(程子)'는 형 정호(程顥)이다.

○ 訓也.
훈고이다.

朱註

胡氏曰 : "事君, 諫不行, 則當去; 導友, 善不納, 則當止. 至於煩瀆, 則言者輕, 聽者厭矣, 是以求榮而反辱, 求親而反疏也."
호씨(胡氏 : 胡寅)가 말하였다. "군주를 섬김에 간하는 말이 실행되지 않으면 마땅히 떠나야 하고, 친구를 이끌어 줌에 선(善)한 말이 받아들여지지 않으면 마땅히 그만두어야 한다. 번거롭고 모욕을 주는 상황에 이르면 말하는 사람은 가벼워지고, 듣는 사람은 싫어하니, 이 때문에 영화(榮華)를 구하다가 도리어 욕(辱)을 당하고, 친하기를 구하다가 도리어 소원해진다."[231]

---

231) 『주자어류(朱子語類)』 권27, 「논어9(論語九)」, 144조목는 호씨의 언급에 대해 다음과 같이 논의하고 있다. "오치가 물었다. '『논어집주(論語集註)』에서 인용한 호씨(胡氏)의 한 문단은 아마도 오로지 (임금에게) 간언하는 것만을 위주로 말한 것 같습니다. 아마도 교제하는 사이, 예를 들어 아첨하는 등의 부류도 또한 '번거롭게 하는 것'이니 간언에만 그치는 것은 아닐 듯합니다.' 주희가 말하였다. '만일 교제하는 곳에서 번거롭게 하는 것이라고 한다면, 이는 그 자체로 남에게 아첨하려는 것이니, 그 본성이 좋지 않은 일이다. 이렇게 말해서는 안 된다. 간언을 번거롭게 하는 것은

詳說

○ 句. 或云句於'諫'.

'사군(事君)'에서 구절이 끊어진다. 어떤 사람은 '간(諫)'자에서 구절이 끊어진다고 한다.

○ 句. 或云句於'善'.

'도우(導友)'에서 구절이 끊어진다. 어떤 사람은 '선(善)'자에서 구절이 끊어진다고 한다.

○ 見「先進」及「顔淵」

'즉당지(則當止)'까지의 내용은 『논어(論語)』「선진(先進)」과 「안연(顔淵)」에 보인다.232)

○ 以上先論其正.

'즉당지(則當止)'까지는 먼저 그 정면을 논하였다.

○ 合二'斯'字.

'즉언자경(則言者輕)'에서 '즉(則)'자는 본문의 두 개의 '사(斯)'자를 합친 것이다.

○ '辱'·'疏'之由.

'즉언자경, 청자염의(則言者輕, 聽者厭矣)'라고 한 것은 본문 '사욕의(斯辱矣)'의 '욕(辱 : 욕을 당함)'과 '사소의(斯疏矣)'의 '소(疏 : 소원해짐)'의 이유이다.

○ '榮'·'親'二字, 從'辱'·'疏'二字來.

'시이구영이반욕, 구친이반소야(是以求榮而反辱, 求親而反疏也)'에서 '영(榮)'자와 '친(親)'자 두 글자는 본문 '사욕의(斯辱矣)'의 '욕(辱 : 욕을 당함)'자와 '사소의(斯疏矣)'의 '소(疏 : 소원해짐)'자에서부터 왔다.

오히려 뜻은 좋지만, 일은 좋지 않을 뿐이다. 때문에 성인께서 특별히 말씀하셔서 배우는 이들을 경계한 것이다.'(問: '『集注』引胡氏一段, 似專主諫而言. 恐交際之間, 如諂媚之類, 亦是數, 不止是諫.' 曰: '若說交際處煩數, 自是求媚於人, 則索性是不好底事了, 是不消說. 以諫而數者, 卻是意善而事未善耳, 故聖人特言之以警學者.')"

232) '즉당지(則當止)'까지의 내용은 『논어(論語)』「선진(先進)」과 「안연(顔淵)」에 보인다 : 『논어(論語)』「선진(先進)」 제23장에서 "이른바 대신(大臣)이란 도(道)로 군주를 섬기다가 불가능하면 그만두는 것이다.(所謂大臣者, 以道事君, 不可則止.)"라고 하였다. 『논어(論語)』「안연(顔淵)」 제23장에서 "자공(子貢)이 친구 사귐에 대해 물었다. 공자가 대답하였다. '충심으로 말해주고 잘 이끌어 주되 불가능하면 그만두어서 스스로 욕되지 말게 하여야 한다.'(子貢問友. 子曰 : '忠告而善道之, 不可則止, 無自辱焉.')"라고 하였다.

○ 釋也.

경문을 풀이한 것이다.

朱註

范氏曰 : "君臣朋友, 皆以義合, 故其事同也."

범씨(范氏 : 范祖禹)가 말하였다. "군신(君臣) 관계와 붕우(朋友) 관계는 모두 의(義)로 합쳐졌기 때문에 그 일이 같다."

詳說

○ **新安陳氏曰 : "大倫中, 以人合者, 皆主義; 父子兄弟以天合者, 皆主恩."**[233]

'군신붕우, 개이의합(君臣朋友, 皆以義合)'에 대해, 신안 진씨(新安陳氏 : 陳櫟)가 말하였다. "큰 윤리 가운데 인간관계로 합쳐지는 것은 모두 의(義)를 중심으로 하고, 부자 관계와 형제 관계는 천륜으로 합쳐진 것으로 이것들은 모두 은혜를 중심으로 한다."

○ **新安陳氏曰 : "合則從, 不合則去."**[234]

'고기사동야(故其事同也)'에 대해, 신안 진씨(新安陳氏 : 陳櫟)가 말하였다. "부합하면 따르고 부합하지 않으면 떠나간다."

○ **論也**

'고기사동야(故其事同也)'라고 한 것은 경문의 의미를 설명한 것이다.

○ **東陽許氏曰 : "此章專主諫爭說."**[235]

---

233) 호광 편(胡廣 編), 『논어집주대전(論語集註大全)』 권4.

234) 호광 편(胡廣 編), 『논어집주대전(論語集註大全)』 권4.

235) 호광 편(胡廣 編), 『논어집주대전(論語集註大全)』 권4에 허겸(許謙)의 말로, "上言'至誠無息', 是以天地之至誠無息, 喩夫子之一理渾然; '萬物各得其所', 是以天地之生萬物各得其所, 喩夫子之泛應曲當. 下言'至誠無息者, 道之體', 是言夫子之心, 至誠無息, 乃道之體; '萬物各得其所', 是言夫子之應萬事, 各得其所, 爲道之用.(위에서 '지극히 성실하여 쉼이 없다'라고 말한 것은 천지의 지극히 성실하여 쉼이 없는 것으로 공자의 하나의 이치가 혼연함을 비유한 것이고, '만물이 각각 제자리를 얻는다'라고 말한 것은 천지가 만물을 낳아 각각 제자리를 얻도록 하는 것으로 공자의 널리 대응하고 곡진히 마땅함을 비유한 것이다. 아래에서 '지극히 성실하여 쉼이 없는 것은 도(道)의 본체이다'라고 말한 것은 공자의 마음이 지극히 성실하여 쉼이 없으니 곧 도의 본체임을 말한 것이고, '만물이 각각 제자리를 얻는다'라고 말한 것은 공자의 만사에 대응함이 각각 제자리를 얻는 것이 도의 작용임을 말한 것이다.)"라고 실려 있다.

동양 허씨(東陽許氏 : 許謙)가 말하였다. "이 장(章)은 오로지 간쟁을 중심으로 하여 말하였다."

권5

논어집주상설

論語集註詳說

제5편 第五

공야장 ◦ 公冶長

朱註

此篇皆論古今人物賢否得失, 蓋格物·窮理之一端也.

이 편(篇)은 모두 옛날과 요즘 인물(人物)에 대한 현명함 여부와 잘 잘못을 평론했으니, 격물(格物)·궁리(窮理)의 한 단서이다.

詳說

○『大全』曰:“公冶長以下, 今人; 孔文子以下, 古人.”[1)]

'차편개논고금인물현부득실(此篇皆論古今人物賢否得失)'에서 '고금인물(古今人物)'에 대해, 『논어집주대전』에서 말하였다. “공야장(公冶長) 아래로는 요즘 사람이고, 공문자(孔文子) 아래로는 옛날 사람이다.”

○ 至其末'言志章', 復論今人, '狂簡'·'自訟'·'十室'三章則汎論學者.

'차편개논고금인물현부득실(此篇皆論古今人物賢否得失)'에 대해, 그 끝부분 '언지장(言志章),' 즉 제25장에 이르러 다시 요즘 사람을 논했고, 제21장 '광간장(狂簡章)'과 제26장 '자송장(自訟章)'과 제27장 '십실장(十室章)' 세 개의 장(章)은 배우는 사람들을 두루 논하였다.

○ 一事.

'개격물·궁리지일단야(蓋格物·窮理之一端也)'에서 '일단(一端)'은 하나의 일이라는 뜻이다.

朱註

凡二十七章. 胡氏以爲疑多子貢之徒所記云.

모두 27장(章)이다. 호씨(胡氏:胡寅)가 '이 편(篇)은 자공(子貢)의 문도(門徒)들이 기록한 것이 많은 것 같다.'라고 하였다.

詳說

○『大全』曰:“以子貢方人, 故疑其然.”[2)]

'호씨이위의다자공지도소기운(胡氏以爲疑多子貢之徒所記云)'에 대해, 『논어집주대

1) 호광 편(胡廣 編), 『논어집주대전(論語集註大全)』 권5에는 “公冶長以下, 在當時爲今人也; 孔文子以下, 古人也.(공야장(公冶長) 아래로는 그 당시에 요즘 사람이고, 공문자(孔文子) 아래로는 옛날 사람이다.)”라고 되어 있다.

2) 호광 편(胡廣 編), 『논어집주대전(論語集註大全)』 권5.

전』에서 말하였다. "자공(子貢)이 사람들을 비교했기 때문에[3] 그렇게 생각하였다."

3) 자공(子貢)이 사람들을 비교했기 때문에 : 『논어(論語)』「헌문(憲問)」 제31장에서 "자공(子貢)이 사람들을 비교하니, 공자가 말하였다. '사(賜 : 子貢)는 현명한가 보다! 나는 그럴 겨를이 없다.'(子貢方人, 子曰 : '賜也, 賢乎哉! 夫我則不暇.')"라고 하였다.

[5-1-1]

子謂公冶長, "可妻也. 雖在縲絏之中, 非其罪也." 以其子妻之.
공자가 공야장(公冶長)을 다음과 같이 논하였다. "사위 삼을 만하다. 비록 포승으로 묶여 옥중(獄中)에 있었지만 그의 죄가 아니었다." 자신의 딸을 그에게 시집보냈다.

朱註

'妻', 去聲, 下同. '縲', 力追反; '絏', 息列反.
'이기자처지(以其子妻之)'에서 '처(妻)'자는 거성(去聲)이고 아래도 마찬가지이다. '수재류설지중(雖在縲絏之中)'에서 '류(縲)'는 '력(力)'과 '추(追)'의 반절(反切)이고, '설(絏)'은 '식(息)'과 '렬(列)'의 반절(反切)이다.

詳說

○ '謂', 猶'論'也.
경문 '자위공야장(子謂公冶長)'에서 '위(謂)'자는 마치 '논한다'라고 하는 것과 같다.

○ 女子亦子也.
경문 '이기자처지(以其子妻之)'에서 '자(子)'의 경우, 여자도 또한 자(子 : 자식)이다.

朱註

公冶長, 孔子弟子.
공야장(公冶長)은 공자의 제자(弟子)이다.

詳說

○『家語』曰 : "魯人, 字子長."[4)]
『공자가어(孔子家語)』에서 말하였다. "노(魯)나라 사람으로 자는 자장(子長)이다."

○『史記』「仲尼弟子傳」曰 : "齊人."[5)]

---

4) 『공자가어(孔子家語)』 권9, 「칠십이제자해(七十二弟子解)」 제38에서 "公冶長, 魯人, 字子長, 爲人能忍恥, 孔子以女妻之.(공야장(公冶長)은 노(魯)나라 사람으로 자는 자장(子長)이고, 그 사람됨이 치욕을 잘 참아 내어 공자가 딸을 그에게 시집보냈다.)"라고 하였다.
5) 『사기(史記)』 권67 「중니제자열전(仲尼弟子列傳)」에는 "公冶長, 齊人, 字子長.(공야장(公冶

『사기(史記)』「중니제자열전(仲尼弟子列傳)」에서 말하였다. "제(齊)나라 사람이다."

○ 『索隱』曰: "字子芝."

『사기색은(史記索隱)』[6]에서 말하였다. "자(字)는 자지(子芝)이다."

朱註

'妻', 爲之妻也. 縲, 黑索也; 絏, 攣也. 古者獄中以黑索拘攣罪人.

'이기자처지(以其子妻之)'에서 '처(妻)'자는 딸을 시집보내어 그의 아내가 되게 하는 것이다. 유(縲)는 검정색의 포승이고, 설(絏)은 결박이다. 옛날에 옥중(獄中)에서는 검정색의 포승으로 죄인을 결박하였다.

詳說

○ 如字.

'처, 위지처야(妻, 爲之妻也)'에서 뒤의 '처(妻)'는 본래의 음으로 읽는다.

○ 言以女爲其妻.

'처, 위지처야(妻, 爲之妻也)'는 딸을 그의 아내로 삼았다는 것을 말한다.

○ 間緣反.

'설, 련야(絏, 攣也)'에서 '련(攣)'은 '간(間)'과 '연(緣)'의 반절(反切)이다.

○ 訓畢.

훈고가 끝났다.

朱註

長之爲人無所考, 而夫子稱其可妻, 其必有以取之矣.

공야장(公冶長)의 사람됨은 상고할 곳이 없지만, 공자가 그를 사위 삼을 만하다고 칭찬했으니, 그에게 반드시 취할 만한 점이 있었을 것이다.

詳說

○ 經傳中他無所見, 故云爾. 如後章論開之學, 棖之慾之類, 皆放此.

長)은 제(齊)나라 사람으로 자는 자장(子長)이다.)"라고 되어 있다.

6) 『사기색은(史記索隱)』: 당(唐)나라 사마정(司馬貞)이 지은 『사기(史記)』의 주석서로서, 사마천의 『사기(史記)』에 나오는 인명(人名)과 역사적 사실 및 사마천의 생애 등을 고증하였다.

'장지위인무소고(長之爲人無所考)'의 경우, 경전(經傳)에서 그에 대해 알 수 있는 것이 없기 때문에 그렇게 말하였다. 예컨대 뒤 장(章)에서 칠조개(漆彫開)의 학문과 신장(申棖)의 욕망을 논한 것[7]과 같은 따위는 모두 이를 따른다.

○ 以'稱'易'謂'.

'이부자칭기가처(而夫子稱其可妻)'에서 '칭(稱)'자는 본문 '자위공야장(子謂公冶長)'에서 '위(謂)'자를 바꾼 것이다.

○ 朱子曰 : "非謂以非罪縲紲爲可妻."[8]

'기필유이취지의(其必有以取之矣)'에 대해, 주자(朱子 : 朱熹)가 말하였다. "이는 그가 죄도 없는데 포승으로 묶여 옥중(獄中)에 있었던 사안을 가지고 사위 삼을 만하다고 여기는 일을 말하는 것이 아니다."

○ 雙峰饒氏曰 : "可妻, 其素行; 縲紲非罪, 其一事."[9]

'기필유이취지의(其必有以取之矣)'에 대해, 쌍봉 요씨(雙峰饒氏 : 饒魯)가 말하였다. "사위로 삼을 만하다는 것은 그의 평소 행동이고, 포승으로 묶여 옥중(獄中)에 있었어도 그의 죄가 아니었다는 것은 그 한 가지 일이다."

○ 『集註』此下著'又'字者, 以此耳.

'기필유이취지의(其必有以取之矣)'에 대해, 『논어집주(論語集註)』에서 이 구절 아래에 '우(又)'자를 붙인 것은 이 때문이다.

---

7) 뒤 장(章)에서 칠조개(漆彫開)의 학문과 신장(申棖)의 욕망을 논한 것 : 『논어(論語)』「공야장(公冶長)」 제5장에서 "공자가 칠조개(漆雕開)에게 벼슬을 하도록 권하니, 그가 대답하였다. '저는 벼슬하는 것에 대해 아직 자신할 수 없습니다.' 공자가 기뻐하였다.(子使漆雕開仕, 對曰 : '吾斯之未能信.' 子說.)"라고 하였다. 또 같은 편 제10장에서 "공자가 말하였다. '나는 아직 강(剛)한 사람을 보지 못하였다.' 어떤 사람이 대답하였다. '신정(申棖)이라는 사람이 있습니다.' 공자가 말하였다. '신정(申棖)은 욕망이 많은 것이니, 어찌 강한 사람이 될 수 있겠는가?'(子曰 : '吾未見剛者.' 或對曰 : '申棖.' 子曰 : '棖也慾, 焉得剛?')"라고 하였다.

8) 『주자어류(朱子語類)』 권28, 「논어10(論語十)」, 1조목. 주희는 "'공자께서 '사위로 삼을 만하다[可妻]'고 하신 것은 반드시 택할 만한 점이 있었기 때문이다. '비록 포승에 묶여 있었지만'이라고 하신 것은 특별한 이유를 거론한 것이지 죄가 없는데도 포승에 묶인 몸이 되었기에 사위로 삼을 만하다고 여겼다는 말은 아니다.'(子謂'可妻', 必有以取之矣. '雖在縲紲之中', 特因而擧之, 非謂以非罪而陷縲紲爲可妻也.')"라고 하였다.

9) 호병문, 『사서통』「논어통」 권3에 요로(饒魯)의 말로, "可妻, 以其素行取之; 縲紲非罪, 以其一事言之.(사위로 삼을 만하다는 것은 그의 평소 행동으로 취한 것이고, 포승으로 묶여 옥중(獄中)에 있었어도 그의 죄가 아니었다는 것은 그 한 가지 일로써 말한 것이다.)"라고 실려 있다.

朱註

又言其人雖嘗陷於縲絏之中, 而非其罪, 則固無害於可妻也.
또 그 사람이 비록 포승으로 묶여 옥중(獄中)에 갇혀 있었지만 그 사람의 죄가 아니었다고 한 것은 본디 사위로 삼는 데 방해가 될 것이 없음을 말한다.

詳說

○ 添'嘗'字, 明其非今日之事; 以'陷'易'在', 見其誣辱之甚.
'우언기인수상함어류설지중(又言其人雖嘗陷於縲絏之中)'에서 '상(嘗)'자를 보탠 것은 그 일이 현재의 일이 아니라는 점을 밝힌 것이고, '함(陷)'자로써 경문 '수재류설지중(雖在縲絏之中)'에서 '재(在)'자를 바꾼 것은 그 일이 무고로 모욕을 당함이 심함을 나타낸다.

○ 東陽許氏曰: "爲人所誣."[10]
'이비기죄(而非其罪)'에 대해, 동양 허씨(東陽許氏: 許謙)가 말하였다. "다른 사람에게 무고를 당한 것이다."

○ 釋畢.
'이비기죄(而非其罪)'에서 경문 풀이가 끝났다.

○ 朱子曰: "雖陷縲絏, 而非其罪, 則其平昔之行可知."[11]
'즉고무해어가처야(則固無害於可妻也)'에 대해, 주자(朱子: 朱熹)가 말하였다. "비록 포승으로 묶여 옥중(獄中)에 갇혀 있었지만 그 사람의 죄가 아니었다고 한 것은 그의 평상시의 행동을 알 수 있다."

○ 雙峰饒氏曰: "在縲絏, 則似不可妻; 非其罪, 則無害於可妻."[12]
'즉고무해어가처야(則固無害於可妻也)'에 대해, 쌍봉 요씨(雙峰饒氏: 饒魯)가 말하였다. "포승으로 묶여 옥중에 갇혀 있었다면 사위로 삼을 수 없을 것 같은데, 그 사람의 죄가 아니었다면 사위로 삼는 데 방해가 될 것이 없다."

○ 東陽許氏曰: "縲絏不足汙其行."[13]
'즉고무해어가처야(則固無害於可妻也)'에 대해, 동양 허씨(東陽許氏: 許謙)가 말하였다. "포승으로 묶여 옥중에 갇혔다는 것은 그의 행동을 더럽히기에 충분하지

10) 호광 편(胡廣 編), 『논어집주대전(論語集註大全)』 권5.
11) 주희(朱熹), 『주문공문집(朱文公文集)』 권41, 「답정윤부(答程允夫)」.
12) 호병문, 『사서통』「논어통」 권3.
13) 호광 편(胡廣 編), 『논어집주대전(論語集註大全)』 권5.

않다.”

○ 此八字所以足本文之義者, 而‘以其子妻之’五字之義, 不復釋之. 下節倣此, 而皆於圈下之論詳之.

‘즉고무해어가처야(則固無害於可妻也)’라고 한 여덟 글자는 본문의 의미를 드러내기에 충분하니, 본문의 ‘이기자처지(以其子妻之)’라고 한 다섯 글자의 의미는 다시 풀이하지 않았다. 아래 절(節)은 이를 따랐고, 모두 ‘○(圈)’ 아래의 논의에서 자세하다.

朱註

夫有罪無罪在我而已, 豈以自外至者爲榮辱哉?

무릇 죄가 있고 없음은 자신에게 달려 있을 따름이니, 어찌 밖으로부터 이른 것을 가지고 영예나 치욕으로 여기겠는가?

詳說

○ 音扶.

‘부유죄무죄재아이이(夫有罪無罪在我而已)’에서 ‘부(夫)’자는 음이 부(扶)이다.

○ 慶源輔氏曰 : “在我無得罪之道, 有得罪之道.”14)

‘부유죄무죄재아이이(夫有罪無罪在我而已)’에 대해, 경원 보씨(慶源輔氏 : 輔廣)가 말하였다. “나에게 죄를 짓는 도리가 없는 것과 나에게 죄를 짓는 도리가 있는 것이다.”

○ 慶源輔氏曰 : “不幸有罪, 或幸免.”15)

‘기이자외지자위영욕재(豈以自外至者爲榮辱哉)’에 대해, 경원 보씨(慶源輔氏 : 輔廣)

14) 호광 편(胡廣 編), 『논어집주대전(論語集註大全)』 권5에 보광(輔廣)의 말로, “在我無得罪之道, 而不幸有罪自外至, 何足以爲辱? 在我有得罪之道, 雖或幸免其罪於外, 何足以爲榮?(나에게는 죄를 짓는 도리가 없는데 불행히 죄가 밖으로부터 이른다면 어찌 모욕으로 여기기에 충분하겠는가? 나에게는 죄를 짓는 도리가 있으면 비록 다행히 밖으로 그 죄를 모면하더라도 어찌 영예로 여기기에 충분하겠는가?)”라고 실려 있다.

15) 호광 편(胡廣 編), 『논어집주대전(論語集註大全)』 권5에 보광(輔廣)의 말로, “在我無得罪之道, 而不幸有罪自外至, 何足以爲辱? 在我有得罪之道, 雖或幸免其罪於外, 何足以爲榮?(나에게는 죄를 짓는 도리가 없는데 불행히 죄가 밖으로부터 이른다면 어찌 모욕으로 여기기에 충분하겠는가? 나에게는 죄를 짓는 도리가 있으면 비록 다행히 밖으로 그 죄를 모면하더라도 어찌 영예로 여기기에 충분하겠는가?)”라고 실려 있다.

가 말하였다. "불행히도 죄가 있거나, 간혹 다행히도 모면하는 것이다."

○ 此又申論縲絏之事.

'기이자외지자위영욕재(豈以自外至者爲榮辱哉)'라고 한 것은 또 포승으로 묶여 옥중(獄中)에 갇혀 있었던 일을 거듭 밝혀서 논하였다.

[5-1-2]

子謂南容, "邦有道, 不廢; 邦無道, 免於刑戮." 以其兄之子妻之.
공자가 남용(南容)을 다음과 같이 논하였다. "나라에 도(道)가 있을 때는 버려지지 않을 것이고, 나라에 도가 없을 때는 형벌을 모면할 것이다." 형의 딸을 그에게 시집보냈다.

詳說

○『家語』曰: "叔梁紇妾生孟皮, 一字伯尼."[16]

'이기형지자처지(以其兄之子妻之)'에서 '기형(其兄)'에 대해, 『공자가어(孔子家語)』에서 말하였다. "숙량흘(叔梁紇)의 첩이 맹피(孟皮)를 낳았는데, 자(字)를 백니(伯尼)라고도 한다."

○ 兄之子, 蓋子蔑之姊妹.

'이기형지자처지(以其兄之子妻之)'에서 '형지자(兄之子)'는 대개 자멸(子蔑 : 孔忠)[17]의 누나나 여동생일 것이다.

朱註

南容, 孔子弟子, 居南宮. 名縚, 又名适. 字子容, 謚敬叔. 孟懿子之兄也. 不廢, 言必見用也.

남용(南容)은 공자의 제자(弟子)로서 남궁(南宮 : 남쪽에 있는 궁궐)에 거주하였다. 이름은 도(縚)이고 또 괄(适)이라도 하였다. 자(字)는 자용(子容), 시호는 경숙(敬

16) 『공자가어(孔子家語)』 권9, 「본성해(本姓解)」 제39.

17) 공충(孔忠) : 자는 자멸(子蔑)이고, 공자의 형 맹피(孟皮)의 아들이다. 공자의 제자이기도 한 그는 공자 문하 72현(賢) 가운데 한 사람이다.

叔)이다. 맹의자(孟懿子)의 형(兄)이다. 불폐(不廢)는 반드시 등용될 것이라는 말이다.

詳說

○ 『史記索隱』曰: "因姓南宮."

'남용, 공자제자, 거남궁(南容, 孔子弟子, 居南宮)'에서 '거남궁(居南宮)'에 대해, 『사기색은(史記索隱)』에서 말하였다. "그 때문에 성(姓)이 남궁(南宮)이다."

○ 或單稱'南'爲姓.

'남용, 공자제자, 거남궁(南容, 孔子弟子, 居南宮)'에서 '거남궁(居南宮)'에 대해, 혹은 단독으로 '남(南)'을 성(姓)으로 한다.

○ 音'滔'.

'명도(名縚)'에서 '도(縚)'는 음이 '도(滔)'이다.

○ 『左傳』曰'說'.

'우명괄(又名适)'에서 '괄(适)'자에 대해 『춘추좌전(春秋左傳)』에서는 '열(說)'이라 하였다.

○ 神至反.

'시경숙(謚敬叔)'에서 '시(謚)'는 '신(神)'과 '지(至)'의 반절(反切)이다.

○ 訓畢.

훈고가 끝났다.

朱註

以其謹於言行, 故能見用於治朝, 免禍於亂世也.

그는 언행(言行)을 삼갔기 때문에, 잘 다스려지는 조정에서는 등용될 수 있었고, 난세(亂世)에는 재앙을 모면할 수 있었다.

詳說

○ 去聲.

'이기근어언행(以其謹於言行)'에서 '행(行)'자는 거성(去聲)이다.

○ 朱子曰: "三復'白圭'見其謹言, 謹言必能謹行."[18]

18) 『주자어류(朱子語類)』 권28, 「논어10(論語十)」, 3조목에는 "問: ''子謂南容'章, 『集注』云, '以其謹於言行.' 如其三復'白圭', 固見其謹於言矣. 謹於行處雖未見, 然言行實相表裏, 能謹於言, 必

'이기근어언행(以其謹於言行)'에 대해, 주자(朱子 : 朱熹)가 말하였다. "그가 '백규(白圭)'의 시(詩)를 매일 세 번 반복해서 외웠다[19]는 것은 그가 말을 삼갔음을 알 수 있고, 말을 삼갔으면 반드시 행동을 삼갔을 것이다."

○ 新安陳氏曰 : "此章本不見謹言行意, 參以白圭章, 故云."[20]

'이기근어언행(以其謹於言行)'에 대해, 신안 진씨(新安陳氏 : 陳櫟)가 말하였다. "이 장(章)에서는 본래 언행을 삼갔다는 뜻을 알 수 없으니, 백규장(白圭章)[21]을 참조했기 때문에 그렇게 말했을 것이다."

○ 去聲.

'고능견용어치조(故能見用於治朝)'에서 '치(治)'자는 거성(去聲)이다.

○ 音潮.

'고능견용어치조(故能見用於治朝)'에서 '조(朝)'자는 음이 조(潮)이다.

○ 厚齋馮氏曰 : "非必免縲絏. 縲絏, 聖人所不計, 特計其能保首領耳."[22]

'면화어난세야(免禍於亂世也)'에 대해, 후재 풍씨(厚齋馮氏 : 馮椅)가 말하였다. "이는 꼭 포승으로 묶여 옥중(獄中)에 있는 것을 모면하는 사안은 아니다. 포승으로 묶여 옥중(獄中)에 있는 것은 성인도 헤아리지 못한 것이니, 다만 그 목숨은 보존

能謹於行矣.' 曰 : '然.'(물었다. ''공자가 남용을 일러 말했다'라는 장(章)에 대해 『논어집주(論語集註)』에서는 '그는 언행을 삼갔기 때문이다.'라고 했는데, 예컨대 그가 세 번이나 '백규'편을 외웠다는 데서 진실로 그가 말을 삼갔음을 알 수 있습니다. 행동을 삼간 것은 비록 알 수 없지만 말과 행동은 서로 표리를 이루기 때문에 말에서 삼갈 수 있었다면 반드시 행동에서도 삼갈 수 있었을 것입니다.' 주자(朱子 : 朱熹)가 대답하였다. '그렇다.')"라고 되어 있다.

19) '백규(白圭)'의 시(詩)를 매일 세 번 반복해서 외웠다 : 『논어(論語)』「선진(先進)」 제5장에서 "남용(南容)이 '백규(白圭)'의 시(詩)를 매일 세 번 반복해 외우니, 공자가 그 형의 딸을 그에게 시집보냈다.(南容三復白圭, 孔子以其兄之子, 妻之.)"라고 하였다. '백규(白圭)'의 시(詩)는 『시』「대아(大雅) · 억(抑)」 가운데 "흰 옥돌 속에 있는 흠집은 그래도 깎아서 없앨 수 있지만, 말을 한 번 잘못해서 생긴 오점은 어떻게 해 볼 수가 없다.(白圭之玷 尙可磨也 斯言之玷 不可爲也)"라는 구절이다.

20) 호광 편(胡廣 編), 『논어집주대전(論語集註大全)』 권5.

21) 백규장(白圭章) : 『논어(論語)』「선진(先進)」 제5장을 말한다.

22) 호병문, 『사서통』「논어통」 권3에 풍의(馮椅)의 말로, "免於刑戮, 非必免於縲絏也. 縲絏之不免, 聖人所不能計也, 特計其能保首領耳.(형벌과 사형을 모면하는 것은 꼭 포승으로 묶여 옥중(獄中)에 있는 것을 모면하는 것은 아니다. 포승으로 묶여 옥중에 있는 것을 모면하지 못하는 것은 성인도 헤아리지 못한 것이니, 다만 그 목숨은 보존할 수 있을 것임을 헤아릴 뿐이다.)"라고 실려 있다.

할 수 있을 것임을 헤아릴 뿐이다."

○ 釋畢.

경문의 풀이가 끝났다.

朱註

事又見第十一篇.

이에 대한 일은 또 제11편, 즉 「선진(先進)」에 보인다.

詳說

○ 音現.

'현(見)'자는 음이 현(現)이다.

○ 白圭章.

'제십일편(第十一篇)'은 제5장인 백규장(白圭章)을 가리킨다.

○ 旣取用謹言之說, 故又著其所出.

이미 말을 삼갔다는 주장을 취해 썼기 때문에 또 그 출전을 드러내었다.

朱註

○ 或曰:"公冶長之賢不及南容, 故聖人以其子妻長而以兄子妻容, 蓋厚於兄而薄於己也."

어떤 사람이 말하였다. "공야장(公冶長)의 현명함이 남용(南容)에 미치지 못했기 때문에 성인이 자기 딸을 공야장에게 시집보내고 형의 딸을 남용에게 시집보냈으니, 이는 형에게 후덕하게 하고 자기에게 야박하게 한 것이다."

詳說

○ 按:王雱說如此, 蓋本於第五倫之私意云.

내가 생각하건대 왕방(王雱)[23]의 주장이 이와 같은데 대개 제오륜(第五倫)[24]의

23) 왕방(王雱, 1044~1076):자는 원택(元澤)이고, 왕안석(王安石)의 아들이다. 북송 시대 무주(撫州) 임천(臨川:현 강서성 소속) 사람이다. 성격이 민첩하여 성인이 되기도 전에 저서 수만 언(言)을 지었다. 영종(英宗) 치평(治平) 4년(1067) 진사에 급제하여, 신종(神宗) 희녕(熙寧) 연간에는 태자중윤(太子中允), 숭정전설서(崇政殿說書)를 지내고, 그 뒤 천장각대제겸시강(天章閣待制兼侍講), 용도각직학사(龍圖閣直學士) 등을 역임하였다. 저서에는 아버지와 함께 찬

사사로운 뜻에 근본했다고 한다.

朱註

程子曰:"此以己之私心窺聖人也. 凡人避嫌者, 皆內不足也.

정자(程子: 程頤)가 말하였다. "이는 자신의 사사로운 마음으로 성인을 엿본 것이다. 무릇 사람들이 혐의를 피하는 것은[25] 모두 마음속으로 충족하지 않기 때문이다.

詳說

○ 叔子.

'정자왈(程子曰)'에서 '정자(程子)'는 동생 정이(程頤)이다.

술한 『삼경신의(三經新義)』를 비롯하여, 도장(道藏)의 사가주(四家注)에 수록된 『노자주(老子注)』와 『도덕진경집의(道德眞經集義)』가 있고, 『이아의(爾雅義)』, 『논어의(論語義)』, 『맹자주(孟子注)』, 『장자주(莊子注)』 등이 있다.

24) 제오륜(第五倫, 생몰년 미상): 자는 백어(伯魚)이고, 동한(東漢) 시대 경조 장릉(京兆長陵: 현 섬서성 함양(咸陽)) 사람이다. 젊어서부터 의로운 행위로 칭찬을 받았고, 광무(光武) 건무(建武) 29년(53년)에 효렴(孝廉)으로 천거되어 회계태수(會稽太守)가 되었다. 장제(章帝)가 즉위하자 사공(司空)에 발탁되었는데, 글을 올려 외척들의 발호를 억제할 것을 건의하였다. 공무를 잘 받들고 절조를 지켜 관료로서 청백리라는 칭송을 들었다. 나중에 늙고 병들었다는 이유로 사직하고 귀향하였다.

25) 사람들이 혐의를 피하는 것은: 『주자어류(朱子語類)』 권28, 「논어10(論語十)」, 5조목에는 다음과 같이 기록되어 있다. "숙몽(叔蒙)이 정자의 '혐의를 피한다'는 주장에 대해 물었다. 주희가 말하였다. '마땅히 곡진하게 하는 것이니, 바로 도리가 마땅히 이와 같은 것이다. 또 예를 들어 혐의를 피한다는 것도 없을 수 없다. 예를 들어 통판(通判)을 삼으려는데 태수(太守)와 친척 사이라면 또한 마땅히 혐의를 피해야 한다. 제오륜(第五倫)의 일에서 이와 같은 것을 알 수 없는 것은 아니지만, 그 자체로 언제나 이 마음에 있는 것이 있어서 능히 없애지는 못하였다. 오늘날 사람들이 이런 모양새가 매우 많으니, 다만 인정에 끌려 이와 같이 하다가 이윽고 시간이 조금 지나면 이것을 올바른 도리로 간주하려고 하니, 크게 일을 해친다. 이 때문에 옛 사람들은 성의(誠意)·정심(正心)이란 측면에서 다시 공부를 했으니 바로 이런 데에 이르게 될까 두려워했기 때문이다.'(叔蒙問: 程子'避嫌'之說. 曰: '合當委曲, 便是道理當如此. 且如避嫌亦不能無. 如做通判, 與太守是親戚, 也合當避嫌. 第五倫之事非不見得如此, 自是常有這心在, 克不去. 今人這樣甚多, 只是徇情恁地去, 少間將這箇做正道理了, 大是害事. 所以古人於誠意·正心上更著工夫, 正怕到這處.)"라고 하였다.

○ 指或人之說.

'차이기지사심규성인야(此以己之私心窺聖人也)'에서 '차(此)'자는 앞의 어떤 사람의 말을 가리킨다.

○ 先破或說之非.

'차이기지사심규성인야(此以己之私心窺聖人也)'는 먼저 어떤 사람의 말의 잘못을 타파한 것이다.

○ 與'自反而不縮'意同.

'범인피혐자, 개내부족야(凡人避嫌者, 皆內不足也)'라고 한 것은 '스스로 돌이켜서 정직하지 못하다'[26]라고 말한 뜻과 같다.

○ 次論'避嫌'之義.

'범인피혐자, 개내부족야(凡人避嫌者, 皆內不足也)'라는 말 다음에는 '혐의를 피하는 일'의 의미를 논할 것이다.

朱註

聖人自至公, 何避嫌之有? 況嫁女必量其才而求配, 尤不當有所避也.

성인은 본래 지극히 공정하니, 어찌 혐의를 피하는 일이 있겠는가? 하물며 딸을 시집보내는 일은 반드시 딸의 자질을 헤아려서 배필을 구하는 것이니, 더욱 피하는 것이 있어서는 안 된다.

詳說

○ 與'本'字意同.

'성인자지공(聖人自至公)'에서 '자(自)'자는 '본(本 : 본래)'자의 뜻과 같다.

○ 楊氏曰 : "兄弟之子猶子也."[27]

'성인자지공(聖人自至公)'에 대해, 양씨(楊氏 : 楊時)가 말하였다. "이는 형제의 자

26) 스스로 돌이켜서 정직하지 못하다 : 『맹자(孟子)』「공손추상(公孫丑上)」에서 "예전에 증자(曾子)가 자양(子襄)에게 일러 말하였다. '그대는 용감함을 좋아하는가? 나는 공자에게서 위대한 용감함에 대해 들은 적이 있는데, 스스로 돌이켜서 정직하지 못하면 비록 미천한 사람이라도 내가 두려워하지 않겠는가? 그러나 스스로 돌이켜서 정직하다면 비록 천만 명이 있더라도 내가 가서 대적할 수 있다.'(昔者, 曾子謂子襄曰 : '子好勇乎? 吾嘗聞大勇於夫子矣, 自反而不縮, 雖褐寬博, 吾不惴焉? 自反而縮, 雖千萬人, 吾往矣.')"라고 하였다.

27) 양시(楊時), 『구산집(龜山集)』 권10.

식을 내 자식과 같이 여긴다는 것이다."

○ 汎論聖人之處事.

'하피혐지유(何避嫌之有)'는 성인이 일을 처리하는 방식에 대해 일반적으로 논한 것이다.

○ 『大全』曰: "夫婦皆可以配言."[28]

'황가녀필량기재이구배(況嫁女必量其才而求配)'에 대해, 『논어집주대전』에서 말하였다. "부부간은 모두 배필로 말할 수 있다."

○ 正論聖人之擇壻法.

성인이 사위를 선택하는 법도를 정면으로 논의한 것이다.

朱註

若孔子之事, 則其年之長幼 · 時之先後皆不可知, 惟以爲避嫌則大不可. 避嫌之事, 賢者且不爲, 況聖人乎?"

만약 공자의 일과 같은 경우라면, 그 연령의 차이와 시집간 시기의 선후(先後)를 모두 알 수 없으니, 그것을 오직 혐의를 피했다고 하면 크게 옳지 않다. 혐의를 피하는 일은 현명한 사람도 하지 않는데 하물며 성인은 어떻겠는가?"

詳說

○ 正指此章.

'약공자지사(若孔子之事)'는 바로 이 장(章)을 가리킨 것이다.

○ 上聲.

'즉기년지장유 · 시지선후개불가지(則其年之長幼 · 時之先後皆不可知)'에서 '장(長)' 자는 상성(上聲)이다.

○ 年有長幼, 故時有先後, 二事實一串意.

'기년지장유 · 시지선후(其年之長幼 · 時之先後)'를 보면, 연령에 차이가 있기 때문에 시집간 시기에 선후가 있을 것이니, 이 두 가지 일은 실은 한 가지 뜻이다.

○ 以後世言之, 量才量年外, 又有量地一事, 最爲其大者. 未知孔子時又何如耳.

'즉기년지장유 · 시지선후개불가지(則其年之長幼 · 時之先後皆不可知)'에 대해, 후세의 경우로 말하면, 자질을 헤아리고 연령을 헤아리는 것 이외에 또 처한 형편을

---

28) 호광 편(胡廣 編), 『논어집주대전(論語集註大全)』 권5.

헤아리는 일이 있어 그것이 가장 큰 일이 된다. 공자의 시대에는 또 어떠했는지 모르겠다.

○ 言其可知者惟此而已.

'유이위피혐즉대불가(惟以爲避嫌則大不可)'라고 한 것은 그 알 수 있는 일이 오직 이것일 뿐이라는 말이다.

○ 末又還'避嫌'二字上收之.

'피혐지사, 현자차불위, 황성인호(避嫌之事, 賢者且不爲, 況聖人乎)'라고 하여 끝에 또 '피혐(避嫌 : 혐의를 피한다)'라는 말로 되돌려 본문의 내용을 수렴하였다.

[5-2-1]

子謂子賤, "君子哉若人! 魯無君子者, 斯焉取斯?"
공자가 자천(子賤)을 다음과 같이 논하였다. "이 사람은 군자답다! 노(魯)나라에 군자가 없었다면 이 사람이 어디에서 이러한 덕(德)을 취했겠는가?"

朱註

○ '焉', 於虔反.
'사언취사(斯焉取斯)'에서 '언(焉)'은 '어(於)'와 '건(虔)'의 반절(反切)이다.

詳說

○ 與上章'謂'字同.
경문 '자위자천(子謂子賤)'에서 '위(謂)'자는 위 장(章)의 '위(謂)'자와 같다.

○ '若', 猶'此'也.
경문 '군자재약인(君子哉若人)'에서 '약(若)'자는 '차(此 : 이것)'자와 같다.

朱註

子賤, 孔子弟子, 姓宓, 名不齊.
자천(子賤)은 공자의 제자(弟子)이니, 성(姓)은 복(宓)이고, 이름은 부제(不齊)이다.

詳說

○ 音伏.
'성복(姓宓)'에서 '복(宓)'자는 음이 복(伏)이다.

○ 『家語』曰 : "魯人."[29]
『공자가어(孔子家語)』에서 말하였다. "노(魯)나라 사람이다."

○ 『史記』「仲尼弟子傳」曰 : "少孔子四十九歲."[30]

29) 『공자가어(孔子家語)』 권9, 「칠십이제자해(七十二弟子解)」 제38에서 "宓不齊, 魯人, 字子賤, 少孔子四十九歲.(복부제(宓不齊)는 노(魯)나라 사람으로 자는 자천(子賤)이며, 공자보다 49세 적다.)"라고 하였다.

30) 사마천, 『사기(史記)』 권67, 「중니제자열전(仲尼弟子列傳)」 제7에는 "宓不齊, 字子賤. 少孔子三十歲.(복부제(宓不齊)는 자가 자천(子賤)이다. 공자보다 30세 적다.)"라고 되어 있다.

『사기(史記)』「중니제자열전(仲尼弟子列傳)」에서 말하였다. "공자보다 49세 적다.[31]"

朱註

上斯斯此人, 下斯斯此德.

'사언취사(斯焉取斯)'에서 앞의 '사(斯)'자는 이 사람(子賤)이고, 뒤의 '사(斯)'자는 이러한 덕(德)이다.

詳說

○ '斯焉'之'斯'.

'상사사차인(上斯斯此人)'에서 앞의 '사(斯)'자는 경문 '사언취사(斯焉取斯)'에서 '사언(斯焉 : 이 사람)'의 '사(斯)'자 이다.

○ 此'斯'字未詳, 此與『詩』註中'何斯斯'·'違斯斯'之例, 恐有不同, 必是傳寫之誤也. 作'斯焉斯'·'取斯斯', 或作'上斯者'·'下斯者可也.

'상사사차인(上斯斯此人)'에서 뒤의 '사(斯)'자는 분명하지 않으니, 이는 『시경(詩經)』 주석 가운데 '하사사(何斯斯)'와 '위사사(違斯斯)'의 사례[32]와 아마도 같지 않음이 있으니, 반드시 옮겨 적은 사람의 잘못일 것이다. '사언(斯焉)의 사(斯)'와 '취사(取斯)의 사(斯)'라고 하거나, 혹 '앞의 사(斯)자'와 '뒤의 사(斯)자'라고 하는 것이 괜찮을 것이다.

○ 子賤.

'상사사차인(上斯斯此人)'에서 '차인(此人)'은 자천(子賤)을 가리킨다.

○ '取斯'之'斯'.

'하사사차덕(下斯斯此德)'에서 앞의 '사(斯)'자는 '취사(取斯)'의 '사(斯)'자이다.

○ 說見上.

'하사사차덕(下斯斯此德)'에서 뒤의 '사(斯)'자에 대해서는 설명을 앞에서 하였다.

○ 君子之德.

'하사사차덕(下斯斯此德)'에서 '차덕(此德)'은 군자의 덕을 가리킨다.

---

31) 공자보다 49세 적다 : 이 말은 『공자가어(孔子家語)』에 나오는데, 박문호(朴文鎬)가 출전을 착각한 것으로 보인다.

32) 『시경(詩經)』 주석 가운에 '하사사(何斯斯)'와 '위사사(違斯斯)'의 사례 : 『시경(詩經)』「국풍(國風)·소남(召南)·은기뢰(殷其靁)」 주자 주석에서 "하사(何斯)의 사(斯)는 이 사람이고, 위사(違斯)의 사(斯)는 이곳이다.(何斯斯, 此人也; 違斯斯, 此所也.)"라고 하였다.

○ 訓畢.

훈고가 끝났다.

朱註

子賤蓋能尊賢取友以成其德者. 故夫子旣歎其賢, 而又言'若魯無君子, 則此人何所取以成此德乎?' 因以見魯之多也.

자천(子賤)은 대개 현명한 사람을 존경하고 훌륭한 친구를 취하여 그 덕(德)을 이룬 사람일 것이다. 그러므로 공자는 이미 그의 현명함을 찬탄하고, 게다가 또 '노(魯)나라에 군자가 없었다면 이 사람이 어디에서 취하여 이러한 덕을 이루었겠는가?'[33]라고 말했으니, 이로 인하여 노나라에 현명한 사람이 많음을 나타내었다.

詳說

○ 胡氏曰: "孔子沒時, 子賤方二十餘歲, 意其進師夫子, 退從諸弟子,[34] 以成其德."[35]

'자천개능존현취우이성기덕자(子賤蓋能尊賢取友以成其德者)'에 대해, 호씨(胡氏)가 말하였다. "공자가 세상을 떠날 때 자천(子賤)은 겨우 20여 세이었으니, 생각건대 그가 공자에게 나아가 스승으로 섬기고 물러나서는 여러 공자 제자들을 따르면서 그 덕을 이루었을 것이다."

33) 노(魯)나라에 군자가 없었다면 이 사람이 어디에서 취하여 이러한 덕을 이루었겠는가 : 『주자어류(朱子語類)』 권28, 「논어10(論語十)」, 6조목에는 "어떤 사람이 '노(魯)나라에 군자가 없었다면 이 사람이 어디에서 취하여 이러한 덕을 이루었겠는가?'에 대해 묻자, 주희가 말하였다. '비록 성인이 있더라도 또한 반드시 사람들에게서 널리 취해야만 성숙한 덕일 수 있는 것이다.'(或問 '魯無君子, 斯焉取斯.' 曰: '便雖有聖人在, 也須博取於人, 方能成德.)" 7조목에는 "섭하손이 '노(魯)나라에 군자가 없었다면 이 사람이 어디에서 취하여 이러한 덕을 이루었겠는가?'에 대해 묻자, 주희가 말하였다. '향리에 머물면서 현자가 많다면, 그 늙은이는 내가 마땅히 스승을 섬기듯이 존경하면서 그 보탬이 되는 것을 찾아야 한다. 그 연배가 나와 비슷한 사람들과 교제하면서 벗으로 삼고 몸소 가르침을 받으면 점진적으로 연마하면서 덕성을 함양하고 기질을 훈도해야 한다.'(問: '魯無君子, 斯焉取斯.' 曰: '居鄕而多賢, 其老者, 吾當尊敬師事, 以求其益; 其行輩與吾相若者, 則納交取友, 親炙漸磨, 以涵養德性, 薰陶氣質.')"라고 하였다.

34) 退從諸弟子 : 『사서혹문(四書或問)』 권6 주석에 의하면 이 구절 뒤에 '游而切磋(어울리면서 절차탁마하여)'라는 말이 더 있다.

35) 『사서혹문(四書或問)』 권6 주석에서 호씨(胡氏)의 말로 실려 있다.

○ 先論子賤之本領.

'자천개능존현취우이성기덕자(子賤蓋能尊賢取友以成其德者)'라고 한 것은 먼저 자천의 뛰어난 재능을 논하였다.

○ '君子哉若人!'

'고부자기탄기현(故夫子旣歎其賢)'은 경문에서 '군자재약인!(君子哉若人! : 이 사람은 군자답다!)'이라고 한 것을 가리킨다.

○ '魯無君子'以下是歎魯之多賢, 故著'又'字.

'이우언약노무군자(而又言'若魯無君子')'에서 '노무군자(魯無君子)'라는 말 아래는 노나라에 현명한 사람이 많음을 찬탄한 것이기 때문에 '우(又)'자를 붙였다.

○ 以'則'易'者'.

'즉차인하소취이성차덕호(則此人何所取以成此德乎)'에서 '즉(則)'자는 경문 '노무군자자(魯無君子者)'에서 '자(者)'자를 바꾼 것이다.

○ 釋畢.

'즉차인하소취이성차덕호(則此人何所取以成此德乎)'에서 경문의 풀이가 끝났다.

○ 此下又申明'魯無君子, 斯焉取斯'二句, 歸重之意.

이 아래는 또 '노(魯)나라에 군자가 없었다면 이 사람이 어디에서 이러한 덕(德)을 취했겠는가'라는 두 구절을 거듭 드러내어 밝혀서 중점을 귀결시키는 뜻을 나타내었다.

○ 音現.

'인이현노지다현야(因以見魯之多賢也)'에서 '현(見)'자는 음이 현(現)이다.

○ 此句與上'旣歎其賢'四字相照應.

'인이현노지다현야(因以見魯之多賢也)'라는 구절은 앞의 '기탄기현(旣歎其賢)'이라는 네 글자와 서로 비추어 대응한다.

朱註

○ 蘇氏曰 : "稱人之善, 必本其父兄師友, 厚之至也."

소씨(蘇氏 : 蘇軾)가 말하였다. "남의 선함을 칭찬할 때 반드시 그 부형과 사우(師友)를 근본으로 미루어 가는 것은 후덕함이 지극해서이다."

詳說

○ 雙峯饒氏曰 : “已厚.”[36]

‘칭인지선(稱人之善)’에 대해, 쌍봉 요씨(雙峰饒氏 : 饒魯)가 말하였다. “이는 이미 후덕하다.”

○ 推本.

‘필본기부형사우(必本其父兄師友)’에서 ‘본(本)’자는 근본으로 미루어 가는 것이다.

○ ‘父兄’二字帶過說.

‘필본기부형사우(必本其父兄師友)’에서 ‘부형(父兄)’이라는 두 글자는 붙여 넘어가는 말이다.

36) 호광 편(胡廣 編), 『논어집주대전(論語集註大全)』 권4에 요로(饒魯)의 말로, “稱人善, 已可言厚, 又推本其父兄師友, 乃厚之至也.(남의 선함을 칭찬하는 것은 이미 후덕하다고 말할 수 있고, 게다가 또 그 부형과 사우(師友)를 근본으로 미루어 가는 것은 곧 후덕함이 지극해서이다.)”라고 실려 있다.

[5-3-1]

子貢問曰 : "賜也何如?" 子曰 : "女器也." 曰 : "何器也?" 曰 : "瑚璉也."
자공(子貢)이 물었다. "저[賜]는 어떻습니까?" 공자가 대답하였다. "너는 그릇이다." 자공이 다시 물었다. "어떤 그릇입니까?" 공자가 대답하였다. "호련(瑚璉)이다."

朱註

○ 女, 音汝. 瑚, 音胡. 璉, 力展反. 器者, 有用之成材. 夏曰瑚, 商曰璉, 周曰簠簋, 皆宗廟盛黍稷之器而飾以玉, 器之貴重而華美者也.

'여기야(女器也)'에서 '여(女)'자는 음이 여(汝)이다. '호련야(瑚璉也)'에서 '호(瑚)'자는 음이 호(胡)이고 '련(璉)'은 '력(力)'과 '전(展)'의 반절(反切)이다. 기(器)는 쓸모 있는 재질을 이룬 것이다. 하(夏)나라에서는 호(瑚)라 하였고, 상(商)나라에서는 연(璉)이라 하였으며, 주(周)나라에서는 보궤(簠簋)라고 하였으니, 모두 종묘에서 서직(黍稷)을 담는 그릇인데, 옥(玉)으로 장식하였으니, 그릇 가운데 귀중하고 화려한 것이다.

詳說

○ 視諸'不器'註'各適其用, 不能相通'之語, 稍若爲優, 然終未離乎'用'一字.

'기자, 유용지성재(器者, 有用之成材)'라고 한 것은 '불기(不器)'에 대한 주석에서 '각각 그 용도에만 적합하지 서로 통용될 수 없는 것이다.'라고 한 말[37]과 견주어 보면 조금은 나은 것 같지만, 끝내 '용(用 : 용도)'이라는 말을 떨치지는 못하였다.

○ 新安倪氏曰 : "按「明堂位」曰'夏之璉, 般之瑚.' 此因舊註, 想因瑚在上, 璉在下而誤耳."[38]

---

37) '불기(不器)'에 대한 주석에서 '각각 그 용도에만 적합하지 서로 통용될 수 없는 것이다.'라고 한 말 : 『논어(論語)』「위정(爲政)」 제12장 "공자가 말하였다. '군자는 그릇처럼 국한되지 않는다.'(子曰 : '君子不器.')"의 주석에서 '각각 그 용도에만 적합하지 서로 통용될 수 없는 것이다.(各適其用而不能相通)'라고 하였다.

38) 호광 편(胡廣 編), 『논어집주대전(論語集註大全)』 권5에 예사의(倪士毅)의 말로서 "按「明堂位」曰'夏后氏之四璉, 般之六瑚, 周之八簋', 是商曰瑚, 夏曰璉也. 此因舊註, 想因瑚在上, 璉在下而誤耳. 外方內圓曰簠, 外圓內方曰簋.(내가 생각하건대, 『예기』「명당위(明堂位)」에서 '하후씨(夏后氏)의 사련(四璉)과 은(般)의 육호(六瑚)와 주(周)의 팔궤(八簋)이다.'라고 하여 상(商)나라에서

‘하왈호, 상왈련(夏曰瑚, 商曰璉)’에 대해, 신안 예씨(新安倪氏 : 倪士毅)가 말하였다. “내가 생각하건대, 『예기』「명당위(明堂位)」에서 ‘하(夏)나라의 련(璉)과 은(殷)나라의 호(瑚)’라고 말했는데, 이는 옛 주석을 따른 것으로, 생각하건대 ‘호(瑚)’자가 앞에 있고 ‘련(璉)’자가 뒤에 있기 때문에 잘못했을 뿐이다.”

○ 音甫軌.

‘주왈보궤(周曰簠簋)’에서 ‘보궤(簠簋)’는 음이 보궤(甫軌)이다.

○ 因訓‘瑚璉’而幷及之.

‘주왈보궤(周曰簠簋)’라고 한 것은 ‘호련(瑚璉)’을 훈고하는 것에 따라서 아울러 언급한 것이다.

○ 音成.

‘개종묘성서직지기이식이옥(皆宗廟盛黍稷之器而飾以玉)’에서 ‘성(盛)’자는 음이 성(成)이다.

○ 雙峰饒氏曰 : “用之宗廟, 故曰貴; 盛黍稷, 故曰重; 飾以玉, 故曰華美.”[39]

‘기지귀중이화미자야(器之貴重而華美者也)’에 대해, 쌍봉 요씨(雙峰饒氏 : 饒魯)가 말하였다. “종묘에서 사용하는 것이기 때문에 귀하고, 서직(黍稷)을 담는 것이기 때문에 중요하며, 옥으로 장식한 것이기 때문에 화려하다.”

○ 訓畢.

훈고가 끝났다.

朱註

子貢見孔子以君子許子賤, 故以己爲問, 而孔子告之以此.

자공(子貢)은 공자가 자천(子賤)을 군자라고 인정하는 것을 보았기 때문에 자기는 어떤지를 물었는데, 공자는 이렇게 알려주었다.

詳說

○ 承上章.

는 호(瑚)라 하였고 하(夏)나라에서는 련(璉)이라 하였다. 이는 옛 주석을 따른 것으로, 생각하건대 ‘호(瑚)’자가 앞에 있고 ‘련(璉)’자가 뒤에 있기 때문에 잘못했을 뿐이다. 바깥이 네모이고 안이 둥근 것을 보(簠)라 하고 바깥이 둥글고 안이 네모난 것을 궤(簋)라고 한다.)”라고 되어 있다.

39) 호병문, 『사서통』「논어통」 권3.

‘자공견공자이군자허자천(子貢見孔子以君子許子賤)’은 위 장(章)을 이어받은 것이다.

○ 以‘賜也何如’四字想之, 宛是見許子賤而問者也. 二章雖係一時事, 此有‘問’字, 故別爲一章云.

‘자공견공자이군자허자천(子貢見孔子以君子許子賤)’에 대해, 경문의 ‘사야하여(賜也何如)’라는 네 글자로 생각해 보면 완연히 자천(子賤)을 군자라고 인정하는 것을 보고 물었다. 이 두 개의 장(章)은 비록 같은 시기의 일이지만 여기에 ‘자공문왈(子貢問曰)’이라 하여 ‘문(問)’자가 있기 때문에 별도로 하나의 장(章)으로 하였다.

○ 訓中註之, 故只以一‘此’字釋之.

‘고이기위문, 이공자고지이차(故以己爲問, 而孔子告之以此)’라고 한 것은 훈고하는 가운데 주석을 붙였기 때문에 다만 ‘차(此)’자라는 한 글자로써 그것을 풀이하였다.

○ 釋畢.

경문의 풀이가 끝났다.

○ 此下又申論.

이 아래는 또 거듭 밝혀서 논의한다.

朱註

然則子貢雖未至於不器, 其亦器之貴者歟!

그렇다면 자공(子貢)은 비록 불기(不器 : 그릇처럼 국한되지 않음) 정도에는 이르지 못했지만, 또한 그릇 가운데 귀한 것이라 할 수 있겠다!

詳說

○ 二字見「爲政」.

‘불기(不器)’라는 두 글자는 「위정(爲政)」에 보인다.[40]

○ 雲峰胡氏曰 : “子賤亦未便是不器之君子, 特能有所取以成德, 可充之以至於不器.”[41]

40) ‘불기(不器)’라는 두 글자는 「위정(爲政)」에 보인다 : 『논어(論語)』「위정(爲政)」 제12장에서 “공자가 말하였다. ‘군자는 그릇처럼 국한되지 않는다.’(子曰 : ‘君子不器.’)”라고 하였다.

41) 호병문, 『사서통』「논어통」 권3에는 “十年一進, 聖人之心聖人自知之. 故即其近似, 以語學者, 欲學者皆心夫聖人之心也. 忘者不用其心, 如何到聖處; 助者亟用其心, 亦如何便到聖處?(10년에 한 번 향상한 것은 성인의 마음을 성인이 스스로 안 것이다. 그러므로 10년에 한 번이라는 것과 근사한 것으로 배우는 사람들에게 일러주어 배우는 사람들이 모두 저 성인의 마음을 마음먹기

운봉 호씨(雲峯胡氏 : 胡炳文)가 말하였다. “자천(子賤)도 또한 곧 바로 불기(不器 : 그릇처럼 국한되지 않음)의 군자는 아니지만, 다만 취하여 덕을 이룬 것이 있어서 그것을 확충하여 불기(不器)에 이를 수 있었다.”

○ 南塘曰 : “二子成德未必在一時. 子賤成德時, 子貢未至於不器, 若在性與天道得聞之後, 則夫子之言恐不如是.”

남당(南塘 : 韓元震)이 말하였다. “두 사람이 덕을 이룬 것은 꼭 같은 때가 아니었을 것이다. 자천(子賤)이 덕을 이루었을 때 자공(子貢)은 아직 불기(不器)에 이르지 못했지만, 만약 그가 성(性)과 천도(天道)에 대해 듣고 난 뒤였더라면 공자의 말은 아마 이와 같지는 않았을 것이다.”

○ 蓋子賤夙就, 子貢晩成, 故明道先生謂子貢爲鈍.

대개 자천(子賤)은 일찍 성취하였고 자공(子貢)은 늦게 이루었기 때문에 명도(明道 : 程顥) 선생은 자공이 우둔하다고 말하였다.[42]

○ 朱子曰 : “此子貢之偏處.”[43]

주자(朱子 : 朱熹)가 말하였다. “이것이 자공이 치우친 점이다.”[44]

를 바란 것이다. 그런데 그것을 잊은 사람은 그 마음을 쓰지 않으니 어떻게 성인의 경지에 이를 수 있겠으며, 조장하는 사람은 조급하게 그 마음을 쓰니 또한 어떻게 곧바로 성인의 경지에 이를 수 있겠는가?)”라고 되어 있다.

42) 명도(明道 : 程顥) 선생은 자공이 우둔하다고 말했다 : 정호 · 정이(程顥 · 程頤), 『하남정씨유서(河南程氏遺書)』 권12에서 “자공의 자질로 공자를 이와 같이 오랫동안 좇고 나서 비로소 성(性)과 천도(天道)에 대해 들을 수 있었으니, 또한 우둔하다고 말할 수 있겠다.(以子貢之才, 從夫子如此之久, 方歎不可得而聞, 亦可謂之鈍矣.)”라고 하였다.

43) 『주자어류(朱子語類)』 권24, 「논어6(論語六)」, 54조목에는 “問 : ‘子貢, ‘女器也’, 喚做不是君子, 得否?’ 曰 : ‘子貢也是箇偏底, 可貴而不可賤, 宜於宗廟朝廷而不可退處. 此子貢之偏處.’(물었다. ‘자공에게 ‘너는 그릇이다’라고 한 것은 바꿔 말하면 군자가 아니라고 한 것이라 할 수 있습니까?’ 주자(朱子 : 朱熹)가 대답하였다. ‘자공 또한 치우친 사람이어서 귀하게 할 수는 있어도 비천하게 할 수는 없으니, 종묘와 조정에 적합하고 물러나게 해서는 안 된다. 이것이 자공이 치우친 점이다.’)”라고 되어 있다.

44) 자공이 치우친 점이다 : 『주자어류(朱子語類)』 권28, 「논어10(論語十)」, 11조목에는 자공의 자질에 치우침이 있음을 다음과 같이 설명하였다. “서우가 물었다. ‘자공이 그릇 가운데 귀한 그릇이라는 것은 성인께서도 허여하셨습니다. 그러나 그릇에서 벗어나지도 못했고, 그릇이 아닌 경지에도 이르지 못했습니다. 모르겠습니다만 자공은 원래 규모가 없었던 것입니까? 아니면 나중에야 공부에 흠이 있었던 것입니까?’ 주희가 말하였다. ‘또한 공부에 흠이 있었고, 또한 원래부터 자질에 치우침이 있었다. 보통 사람의 타고난 자질이 툭 트이고 밝게 통하며, 평소에 하는 공부는 모두 그의 이러한 툭 트인 뜻을 따라 간다. 보통 사람이 이와 같이 선한 것에 길들여지

○ **雙峰饒氏曰 : "子貢才可爲卿大夫, 是貴重; 又有言語文章, 是華美."**[45]

쌍봉 요씨(雙峰饒氏 : 饒魯)가 말하였다. "자공(子貢)의 재주는 경대부(卿大夫)가 될 수 있으니 귀중한 것이며, 또 언어와 문장(文章)에 뛰어나니 화려한 것이다."

게 되면 저절로 이 선한 것에 길들여진 대로 따라 간다. 마치 사람이 약을 먹는 것과 비슷해서 다섯 장기가 건강한 사람은 이 약을 먹으면 저절로 사지와 여덟 맥으로 흘러 들어간다. 만일 다섯 장기 가운데 한 곳이 매우 병들었다면 이 약을 먹으면 모두 그 한 쪽에 작용하고, 이 한 쪽은 그 자체로 건강해서 효과를 보기 힘들다. 배우는 이들이 공부를 하는 것도 바로 오직 치우친 곳에서 이해해야 하는 것이다.'(問: '子貢得爲器之貴者, 聖人許之. 然未離乎器, 而未至於不器處, 不知子貢是合下無規模, 抑是後來欠工夫?' 曰: '也是欠工夫, 也是合下稟得偏了. 一般人資稟疏通明達, 平日所做底工夫, 都隨他這疏通底意思去. 一般人稟得恁地馴善, 自是隨這馴善去. 恰似人喫藥, 五臟和平底人, 喫這藥自流注四肢八脈去. 若是五臟中一處受病受得深, 喫這藥都做那一邊去, 這一邊自勝了, 難得效. 學者做工夫, 正要得專去偏處理會.')"

45) 호병문, 『사서통』「논어통」 권3에 요로(饒魯)의 말로, "子貢之才, 可使從政爲卿大夫, 是貴重也; 而又有言語文章之可觀, 是華美也.(자공(子貢)의 재주는 정치를 하게 하여 경대부(卿大夫)가 될 수 있으니 귀중한 것이며, 또 훌륭한 언어와 문장(文章)을 가지고 있으니 화려한 것이다.)"라고 실려 있다.

[5-4-1]

或曰："雍也仁而不佞."
어떤 사람이 말하였다. "옹(雍)은 인(仁)하지만 말재주가 없습니다."

朱註

雍, 孔子弟子, 姓冉, 字仲弓. 佞, 口才也.
옹(雍)은 공자의 제자로, 성(姓)은 염(冉)이고 자(字)는 중궁(仲弓)이다. 녕(佞)은 말재주이다.

詳說

○ 鄭氏玄曰："魯人."[46)]

'옹, 공자제자, 성염, 자중궁(雍, 孔子弟子, 姓冉, 字仲弓)'에 대해, 정현(鄭玄)이 말하였다. "노(魯)나라 사람이다."

○『史記索隱』曰："少孔子二十九歲."

'옹, 공자제자, 성염, 자중궁(雍, 孔子弟子, 姓冉, 字仲弓)'에 대해, 『사기색은(史記索隱)』에서 말하였다. "공자보다 29세 적다."

○ 朱子曰："無實之辯."[47)]

'녕, 구재야(佞, 口才也)'에 대해, 주자(朱子 : 朱熹)가 말하였다. "실질됨이 없는 논변이다."

○ 訓畢.

훈고가 끝났다.

朱註

仲弓爲人重厚簡默, 而時人以佞爲賢, 故美其優於德, 而病其短於才也.
중궁(仲弓)의 사람됨이 중후하고 과묵했는데, 당시 사람들은 말 잘하는 것을 현명하다고 여겼기 때문에, 그가 덕에 뛰어난 것을 찬미하면서도 그가 말재주에는 부족한 것을 병통으로 여겼다.

---

46) 하안(何晏) 집해, 육덕명(陸德明) 음의, 형병(邢昺) 소, 『논어주소(論語注疏)』 권5에 정현의 말로 실려 있다.

47) 『주자어류(朱子語類)』 권28, 「논어10(論語十)」, 14조목.

詳說

○ 四字襯仁.

'중궁위인중후간묵(仲弓爲人重厚簡默)'에서 '중후간묵(重厚簡默)'이라는 네 글자는 인(仁)과 결부된다.

○ 非但或人.

'이시인이녕위현(而時人以佞爲賢)'에서 '시인(時人)'이라 한 것은 다만 어떤 사람만이 아니라는 뜻이다.

○ 先論文上意.

'이시인이녕위현(而時人以佞爲賢)'은 먼저 본문의 뜻을 논한 것이다.

○ 仁.

'고미기우어덕(故美其優於德)'에서 '덕(德)'자는 인(仁)자를 가리킨다.

○ 不佞.

'이병기단어재야(而病其短於才也)'는 말 잘하는 것을 못하는 것으로 가리킨다.

○ 釋畢.

경문의 풀이가 끝났다.

[5-4-2]

子曰 : "焉用佞? 禦人以口給, 屢憎於人. 不知其仁, 焉用佞?"
공자가 말하였다. "말재주를 어디에다 쓰겠는가? 민첩한 말재주로 남의 말을 막아서 자주 남에게 미움만 받을 뿐이다. 그가 인(仁)한지는 모르겠지만 말재주를 어디에다 쓰겠는가?"

朱註

○ '焉', 於虔反. 禦, 當也, 猶應答也. 給, 辨也. 憎, 惡也.

'언(焉)'은 '어(於)'와 '건(虔)'의 반절(反切)이다. 어(禦)는 당(當 : 막는 것)이니, 남의 말에 응답함과 같다. 급(給)은 말을 잘하는 것이다. 증(憎)은 미워함이다.

詳說

○ 此本訓.

'어, 당야(禦, 當也)'라고 한 것은 본래의 훈고이다.

○ 襯此文而重訓之.

'유응답야(猶應答也)'라고 한 것은 '어(禦)'와 결부하여 거듭 훈고한 것이다.

○ 去聲, 下同.

'증, 오야(憎, 惡也)'에서 '오(惡)'자는 거성(去聲)이고 아래도 마찬가지이다.

○ 訓畢.

훈고가 끝났다.

朱註

言'何用佞乎', 佞人所以應答人者, 但以口取辦而無情實, 徒多爲人所憎惡爾.

'말재주를 어디에다 쓰겠는가'라고 한 것은 말재주가 있는 사람이 다른 사람에게 대답하는 것은 단지 입으로 말 잘하기를 취할 뿐, 실정(實情)이 없어서 한갓 다른 사람들에게 미움을 받는 일이 많을 뿐이라는 말이다.

詳說

○ 添二字以補本文之蒙上者.

'녕인소이응답인자(佞人所以應答人者)'라고 한 것은, 본문에 '녕인(佞人)'이라는 두 글자를 보태어서 본문이 위로 이어지는 것을 보충하였다.

○ 三字有力.

'단이구취판이무정실(但以口取辦而無情實)'에서 '무정실(無情實)'이라는 세 글자는 힘이 있다.

○ '屢'.

'도다위인소증오이(徒多爲人所憎惡爾)'에서 '다(多)'자는 '누(屢 : 자주 일어난다)'라는 뜻이다.

○ 慶源輔氏曰 : "心口旣不相副, 自然招尤."[48]

---

48) 호광 편(胡廣 編), 『논어집주대전(論語集註大全)』 권5에 보광(輔廣)의 말로, "在我無得罪之道, 而不幸有罪自外至, 何足以爲辱? 在我有得罪之道, 雖或幸免其罪於外, 何足以爲榮?(나에게는 죄

경원 보씨(慶源輔氏 : 輔廣)가 말하였다. "마음과 입이 이미 부합하지 않으니, 저절로 그러하게 허물을 초래한다.

朱註

我雖未知仲弓之仁, 然其不佞, 乃所以爲賢, 不足以爲病也.

나는 비록 중궁(仲弓)이 인(仁)한지는 알지 못하겠지만, 그가 말재주 없음은 곧 그 때문에 현명함이 되는 것이지, 병통으로 여기에는 충분하지 않다고 생각한다.49)

詳說

○ 添'雖'字.

'아수미지중궁지인(我雖未知仲弓之仁)'은 경문 '부지기인(不知其仁)'에 '수(雖)'자를 보탠 것이다.

○ 或之所揚者抑之.

'아수미지중궁지인(我雖未知仲弓之仁)'은 위 경문에서 어떤 사람이 '옹야인이불녕(雍也仁而不佞 : 옹(雍)은 인(仁)하지만 말재주가 없습니다)'이라 하여 찬양한 것을 억누른 것이다.

를 짓는 도리가 없는데 불행히 죄가 밖으로부터 이른다면 어찌 모욕으로 여기기에 충분하겠는가? 나에게는 죄를 짓는 도리가 있으면 비록 다행히 밖으로 그 죄를 모면하더라도 어찌 영예로 여기기에 충분하겠는가?)"라고 실려 있다.

49) 『주자어류(朱子語類)』 권28, 「논어10(論語十)」, 15조목에는 중궁의 사람됨에 대해 다음과 같이 평가한다. "임일지(林一之:임이간)가 '공자께서 중궁을 두고서는 '인한지는 알지 못하겠다'고 하신 것은 어째서입니까?' 묻자, 주희가 말하였다. '공자께서 이미 그를 두둔하지 않으셨으니 반드시 또한 병폐가 있었을 것이다. 그러나 이 장은 '말재주가 없는 것'이 중요하다. 말재주는 아첨하는 말재주가 아니라, 말이 빠른 사람이다. 어떤 일에 대해 옳은지 그렇지 않은 지를 묻지 않고 한 때의 말로 응수하는 것이다. 자로가 자고를 비읍(費邑)의 읍재(邑宰)로 삼으려 하자 공자께서 '남의 아들을 해치는구나'라고 하였다. 자로가 '하필 글을 읽은 뒤에야 학문을 한다 하겠습니까?'라고 하자 공자께서는 '이런 까닭에 말재주 있는 이를 미워하는 것이다'고 하셨으니, 자로는 옳은지 그렇지 않은 지를 묻지 않고, 임시방편으로 간추린 말이 또한 좋았으니, 말재주가 있음을 알 수 있다.'(林一之問: '孔子於仲弓'不知其仁', 如何?' 曰: '孔子旣不保他, 必是也有病痛. 然這一章是不佞要緊. 佞, 不是諂佞, 是箇口快底人. 事未問是不是, 一時言語便抵當得去. '子路使子羔爲費宰, 子曰: '賊夫人之子!' 子路曰: '何必讀書, 然後爲學?' 子曰: '是故惡夫佞者!'' 子路未問是與不是, 臨時撰得話來也好, 可見是佞.')"

○ 添'然'字.

'연기불녕(然其不佞)'은 위 경문 '옹야인이불녕(雍也仁而不佞)'에서 '불녕(不佞)'에 '연(然)'자를 보탠 것이다.

○ 反上註'賢'字.

'내소이위현(乃所以爲賢)'이라 한 것은 위 구절에 대한 주석, 즉 '이시인이녕위현(而時人以佞爲賢)'에서 '현(賢)'자를 뒤집은 것이다.

○ 夫子旣以不佞爲賢, 而後世自謙稱不佞, 是猶用或人之意耳. 習俗之難變, 名言之易差有如是矣.

'연기불녕, 내소이위현(然其不佞, 乃所以爲賢)'에 대해, 공자는 이미 말재주 없는 것을 현명하다고 여겼는데 후세에 스스로 말재주가 없다고 겸손하게 일컫는 것은 오히려 위의 어떤 사람의 뜻을 사용하는 것일 뿐이다. 습속이 변하기 어렵고 훌륭한 말이 잘못 쓰이기 쉬움이 이와 같다.

○ 反上註'病'字.

'부족이위병야(不足以爲病也)'라고 한 것은 위 구절에 대한 주석, 즉 '이병기단어재야(而病其短於才也)'에서 '병(病)'자를 뒤집은 것이다.

○ 或之所抑者揚之.

'부족이위병야(不足以爲病也)'는 어떤 사람이 억누르는 일을 찬양한 것이다.

○ '然'字以下是釋'焉用佞'三字之意.

'연기불녕(然其不佞)'에서 '연(然)'자 아래는 경문 '언용녕(焉用佞)'이라는 세 글자의 뜻을 풀이한 것이다.

○ 釋畢.

경문의 풀이가 끝났다.

○ 此下又申論.

이 아래는 또 거듭 밝혀 논한다.

朱註

再言'焉用佞', 所以深曉之.

'말재주를 어디에다 쓰겠는가?'라고 다시 말한 것은 깊이 깨우치려고 한 것이다.

詳說

○ 上汎言, 下就仲弓身上言.

위에서 '언용녕(焉用佞)'이라 한 것은 보편적으로 말하였고, 여기에서 '언용녕(焉用佞)'이라 한 것은 중궁(仲弓)의 입장에서 말하였다.

朱註

或疑仲弓之賢而夫子不許其仁, 何也? 曰:"仁道至大, 非全體而不息者, 不足以當之. 如顔子亞聖, 猶不能無違於三月之後, 況仲弓雖賢, 未及顔子, 聖人固不得而輕許之也."

어떤 사람이 중궁(仲弓)의 현명함에도 공자가 인(仁)을 인정하지 않은 것은 무엇 때문인지를 의아해 하였다. 대답한다. "인의 도(道)는 지극히 크니, 인을 온전히 몸으로 삼아 그침이 없는 사람이 아니면 인을 감당하기에 충분하지 않다. 예컨대 안자(顔子 : 顔回)와 같은 아성(亞聖)으로도 오히려 3개월이 지난 뒤에는 인을 어김이 없을 수 없었는데, 하물며 중궁은 비록 현명해도 안자에 미치지 못하니, 성인은 마땅히 가볍게 인정할 수 없었던 것이다."

詳說

○ 雙峰饒氏曰:"'體'卽'君子體仁'之體."[50]

'비전체이불식자(非全體而不息者)'에 대해, 쌍봉 요씨(雙峰饒氏 : 饒魯)가 말하였다. "여기에서 '체(體)'자는 곧 '군자가 인(仁)을 몸으로 삼는다'[51]라고 할 때의 '체(體 : 몸으로 삼다)'이다."

○ 雲峰胡氏曰:"仁者於此心本體無一毫之虧欠, 又無一息之間斷."[52]

'비전체이불식자(非全體而不息者)'에 대해, 운봉 호씨(雲峯胡氏 : 胡炳文)가 말하였

50) 호병문, 『사서통』「논어통」 권3.

51) 군자가 인(仁)을 몸으로 삼다 : 『주역(周易)』「건괘(乾卦) · 문언전(文言傳)」에서 "군자는 인(仁)을 몸[體]으로 삼는 것이 사람들의 우두머리가 되기에 충분하고, 모임을 아름답게 하는 것이 예(禮)에 합치하기에 충분하며, 만물을 이롭게 하는 것이 의(義)에 화합하기에 충분하고, 바름을 굳게 지키는 것이 일에 근간이 되기에 충분하다.(君子體仁足以長人, 嘉會足以合禮, 利物足以和義, 貞固足以幹事.)"라고 하였다.

52) 호병문, 『사서통』「논어통」 권3.

다. “인(仁)한 사람은 이 마음의 본체에 조금도 결함이 없고 또 한순간도 중단됨이 없다.”

○ 本唐玄宗語.

‘여안자아성(如顔子亞聖)’에서 ‘안자아성(顔子亞聖)’이라는 말은 본래 당(唐) 현종(玄宗)의 말이다.

○ 見「雍也」.

‘유불능무위어삼월지후(猶不能無違於三月之後)’라는 말은 「옹야(雍也)」에 보인다.[53]

○ 猶‘宜’也.

‘성인고부득이경허지야(聖人固不得而輕許之也)’에서 ‘고(固)’자는 ‘마땅히’라고 말하는 것과 같다.

---

53) ‘유불능무위어삼월지후(猶不能無違於三月之後)’라는 말은 「옹야(雍也)」에 보인다 : 『논어(論語)』 「옹야(雍也)」 제5장에서 “공자가 말하였다. ‘안회(顔回)는 그 마음이 3개월 동안 인(仁)을 떠나지 않았고, 그 나머지 사람들은 하루나 한 달에 한 번 인에 이를 뿐이다.’(子曰 : ‘回也, 其心三月不違仁, 其餘則日月至焉而已矣.’)”라고 하였다.

[5-5-1]

子使漆雕開仕, 對曰 : "吾斯之未能信." 子說.
공자가 칠조개(漆雕開)에게 벼슬을 하도록 권하니, 그가 대답하였다. "저는 벼슬하는 것에 대해 아직 자신할 수 없습니다." 공자가 기뻐하였다.

朱註

○ '說', 音悅. 漆雕開, 孔子弟子, 字子若.
'자열(子說)'에서 '열(說)'자는 음이 열(悅)이다. 칠조개(漆雕開)는 공자의 제자(弟子)이니, 자(字)는 자약(子若)이다.

詳說

○ 『家語』曰 : "蔡人."[54]
『공자가어(孔子家語)』에서 말하였다. "채(蔡)나라 사람이다."

○ 鄭氏玄曰 : "魯人."[55]
정현(鄭玄)이 말하였다. "노(魯)나라 사람이다."

○ 『史記正義』曰 : "少孔子十一歲."
『사기정의(史記正義)』[56]에서 말하였다. "공자보다 11세 적다."

朱註

'斯', 指此理而言; '信'謂眞知其如此, 而無毫髮之疑也.
'오사지미능신(吾斯之未能信)'에서 '사(斯)'자는 이 이치를 가리켜 말한 것이고, '신(信)'자는 그것이 이와 같음을 참으로 알아서 털끝만한 의심도 없다는 것을

---

54) 『공자가어(孔子家語)』 권9, 「칠십이제자해(七十二弟子解)」 제38에서 "漆雕開, 蔡人, 字子若, 少孔子十一歲. 習『尙書』, 不樂仕.(칠조개는 채(蔡)나라 사람으로 자는 자약(子若)이고 공자보다 11세 적다. 『상서(尙書)』를 익혔고, 벼슬하기를 즐거워하지 않았다.)"라고 하였다.

55) 하안(何晏) 집해, 육덕명(陸德明) 음의, 형병(邢昺) 소, 『논어주소(論語注疏)』 권5에 정현의 말로 실려 있다.

56) 『사기정의(史記正義)』 : 당(唐)나라 장수절(張守節)이 지은 책으로, 총 30권이었다. 『사기(史記)』의 매 조목마다 주석을 붙이는 형식으로 풀이를 했는데, 송(宋)나라 때 이후 상당 부분이 산실되고 『사기(史記)』 본문 아래에 첨부되어 전해지고 있다.

말한다.

詳說

○ 程子曰 : "已學."57)

'사, 지차리이언(斯, 指此理而言)'에 대해, 정자(程子 : 程頤)가 말하였다. "이미 배운 것이다."

○ 朱子曰 : "見於日用之間, 君臣 · 父子 · 仁義 · 忠孝之理."58)

'사, 지차리이언(斯, 指此理而言)'에 대해, 주자(朱子 : 朱熹)가 말하였다. "일상생활에서 드러나는 것으로, 군신 관계와 부자 관계 및 인의(仁義)와 충효(忠孝)의 이치이다."

○ 又曰 : "吾心之理, 出仕之理, 都是這箇理, 不可分別."59)

'사, 지차리이언(斯, 指此理而言)'에 대해, 주자(朱子 : 朱熹)가 또 말하였다. "내 마음의 이치와 벼슬에 나가는 이치는 모두 이 이치이니, 나눠서는 안 된다."

○ 此如此, 蒙上'理'字而言.

'신위진지기여차(信謂眞知其如此)'에서 '여차(如此)'는 앞의 리(理)자를 이어받아 말한 것이다.

○ 朱子曰 : "脫然如大寐之醒, 方是信處."60)

---

57) 『이정전서(二程全書)』 권51 「이천선생경설(伊川先生經說)」 제6 「논어설(論語說)」에는 "對以已學且未能信.(이미 배운 것에 대해서 또한 아직 자신할 수 없는 것이다.)"라고 되어 있다.

58) 『주자어류(朱子語類)』 권28, 「논어10(論語十)」, 32조목에는 "斯, 只是這許多道理見於日用之間, 君臣父子仁義忠孝之理.(이 이치라는 것은 다만 수많은 도리가 일상생활에서 드러나는 것일 뿐이니, 군신 관계와 부자 관계 및 인의(仁義)와 충효(忠孝)의 이치이다.)"라고 되어 있다.

59) 『주자어류(朱子語類)』 권28, 「논어10(論語十)」, 30조목에는 "問 : '『注』謂'信是眞知其如此, 而無毫髮之疑」, 是如何?' 曰 : '便是「朝聞道」意思. 須是自見得這道理分明, 方得.' 問 : '是見得吾心之理, 或是出仕之理?' 曰 : '都是這箇理, 不可分別. 漆雕開卻知得, 但知未深耳, 所以未敢自信.' (물었다. '『논어집주(論語集註)』의 주석에서 「신(信)자는 그것이 이와 같음을 참으로 알아서 털끝만 한 의심도 없다는 것이다」라고 했는데, 이는 무엇 때문입니까?' 주자(朱子 : 朱熹)가 대답하였다. '바로 「아침에 도를 들으면」이라는 뜻이다. 모름지기 스스로 도리를 분명하게 알아야, 비로소 그렇게 될 수 있다.' 물었다. '이는 내 마음의 이치를 안다는 것입니까? 아니면 벼슬에 나가는 이치를 안다는 것입니까?' 주자(朱子 : 朱熹)가 대답하였다. '모두 이 이치이니, 나눠서는 안 된다. 칠조개는 또한 이를 알았지만 다만 앎이 깊지 못했을 뿐이었고, 이 때문에 감히 자신하지 못하였다.')"라고 되어 있다.

60) 『주자어류(朱子語類)』 권28, 「논어10(論語十)」, 25조목에는 "寓曰 : '開之未信, 若一理見未透,

'이무호발지의야(而無毫髮之疑也)'와 관련하여 주자(朱子 : 朱熹)가 말하였다. "무거운 짐을 벗듯이 깊은 잠에서 깨어나는 것처럼 해야 비로소 자신할 수 있는 것이다."

○ 又曰 : "雖已見得如此, 却自恐做不盡, 不免或有過差."[61)]

'이무호발지의야(而無毫髮之疑也)'에 대해, 주자(朱子 : 朱熹)가 또 말하였다. "비록 이미 이와 같은 것을 알았지만 오히려 스스로 극진하게 할 수 없다고 걱정하고, 혹 잘못이 있을 수 있다는 것을 모면하지 못한 것이다."

○ 訓畢.

훈고가 끝났다.

朱註

> 開自言未能如此, 未可以治人, 故夫子說其篤志.
>
> 칠조개(漆雕開)가 스스로 아직 이와 같이 할 수 없어서 사람을 다스릴 수 없다고 말했기 때문에, 공자는 그의 뜻이 돈독함을 기뻐하였다.

卽是未信.' 曰 : '也不止說一理. 要知信不過, 不眞知決是如此. '行一不義, 殺一不辜, 得天下不爲'. 須是眞見得有不義不辜處, 便不可以得天下. 若說略行不義, 略殺不辜, 做到九分也未甚害, 也不妨, 這便是未信處. 這裏更須玩味省察, 體認存養, 亦會見得決定恁地, 而不可不恁地. 所謂脫然如大寐之得醒, 方始是信處耳.'(서우(徐寓 : 주자 문인)가 말하였다. '칠조개가 자신하지 못한 것은 마치 하나의 이치라도 투철하지 못하게 안 것과 같으니, 이것이 바로 자신하지 못한 것입니다.' 주자(朱子 : 朱熹)가 대답하였다. '또한 하나의 이치를 말하는 데만 그치지 않는다. 자신하는 것이 지나치지 않음을 알아야 하니, 참되게 알지 못하면 반드시 이와 같은 것이다. '하나의 의롭지 못한 일을 행하고, 한 사람의 죄 없는 사람을 죽여서 천하를 얻게 되더라도 하지 않겠다.'라고 하였으니, 모름지기 의롭지 못하고 잘못이 없는 것이 있음을 참으로 알았다면 곧 천하를 얻어서는 안 된다. 만약 대충 의롭지 못한 일을 행하고, 대충 죄 없는 사람을 죽여서, 10분의 9에 이르더라도 또한 별로 해로움이 없고 또한 방해가 없다고 한다면, 이는 바로 아직 자신하지 못하는 것이다. 여기에서 더욱 완미하여 성찰하고 체인하여 존양해야만, 또한 반드시 그러한 것을 알 수 있고 그렇게 하지 않을 수 없는 것이다. 이른바 무거운 짐을 벗듯이 깊은 잠에서 깨어나는 것처럼 해야 비로소 자신할 수 있는 것이다.')"라고 되어 있다.

61) 『주자어류(朱子語類)』 권28, 「논어10(論語十)」, 32조목에는 "信, 是雖已見得如此, 卻自斷當恐做不盡, 不免或有過差, 尙自保不過. 雖是知其已然, 未能決其將然, 故曰'吾斯之未能信'.(자신한다는 것은 비록 이미 이와 같은 것을 알았지만 오히려 스스로 극진하게 할 수 없다고 단정하고, 간혹 잘못이 있을 수 있다는 것을 모면하지 못하여 여전히 스스로 보존하는 것을 지나치지 않는다. 비록 그것이 이미 그러한 것을 알았지만 앞으로도 그러할 것이라 결단할 수 없기 때문에 '저는 아직 벼슬하는 것에 대해 자신할 수 없습니다.'라고 한 것이다.)"라고 되어 있다.

詳說

○ 此如此, 蒙上'眞知'以下十一字而省釋之.

'개자언미능여차(開自言未能如此)'에서 '여차(如此)'는 위 주석 '진지(眞知)' 이하의 열한 글자, 즉 '진지기여차, 이무호발지의야(眞知其如此, 而無毫髮之疑也)'를 이어받아서 풀이를 생략한 것이다.

○ 二字有力.

'고부자열기독지(故夫子說其篤志)'에서 '독지(篤志)'라는 두 글자가 힘이 있다.

○ 此四字本伊川語.

'고부자열기독지(故夫子說其篤志)'에서 '열기독지(說其篤志)'라는 네 글자는 본래 이천(伊川 : 程頤)의 말이다.[62]

○ 釋畢.

경문의 풀이가 끝났다.

朱註

○ 程子曰 : "漆雕開已見大意, 故夫子說之."

정자(程子 : 程顥)가 말하였다. "칠조개(漆雕開)가 이미 큰 뜻을 보았기 때문에 공자는 그것을 기뻐하였다."

詳說

○ 伯子.

'정자왈(程子曰)'에서 '정자(程子)'는 형 정호(程顥)이다.

○ 雙峯饒氏曰 : "曾點事在後, 不欲學者躐之, 故『集註』去'曾點'二字."[63]

쌍봉 요씨(雙峰饒氏 : 饒魯)가 말하였다. "증점(曾點)의 일은 뒤에 있어서 배우는

62) '열기독지(說其篤志)'라는 네 글자는 본래 이천(伊川 : 程頤)의 말이다 : 『이정전서(二程全書)』 권51 「이천선생경설(伊川先生經說)」 제6 「논어설(論語說)」에 있다.

63) 호광 편(胡廣 編), 『논어집주대전(論語集註大全)』 권4에 요로(饒魯)의 말로, "按 : 『程氏遺書』 曰, '曾點 · 漆雕開已見大意', 『集註』采之. 以曾點事在後, 不欲學者躐之, 故去上二字.(내가 생각하건대, 『하남정씨유서(河南程氏遺書)』에는 '증점과 칠조개가 이미 큰 뜻을 보았다'라고 했는데 『논어집주(論語集註)』에서는 그것을 채용하였다. 그런데 증점의 일은 뒤에 있어서 배우는 사람들이 뛰어넘는 것을 원하지 않았기 때문에 『논어집주(論語集註)』에서는 앞의 두 글자 즉 '증점(曾點)'이라는 두 글자를 제거하였다.)"라고 실려 있다.

사람들이 뛰어넘는 것을 원하지 않았기 때문에 『논어집주(論語集註)』에서는 '증점(曾點)'이라는 두 글자를 제거하였다.[64)]"

○ 浴沂章幷擧漆雕開者, 以其事在上也.

욕기장(浴沂章)에서 칠조개를 함께 열거한 것[65)]은 그 일이 앞서 있기 때문이다.

○ 如字.

'칠조개이견대의(漆雕開已見大意)'에서 '견(見)'은 본래의 음으로 읽는다.

○ 朱子曰 : "不伏如此小用, 又欲求進."[66)]

주자(朱子 : 朱熹)가 말하였다. "이와 같이 작은 쓰임에 승복하지 않고 또 향상하기를 구하려고 하였다."

---

64) 증점(曾點)의 일은 뒤에 있어서 …… 『논어집주(論語集註)』에서는 '증점(曾點)'이라는 두 글자를 제거했다 : 『하남정씨유서(河南程氏遺書)』 권6에는 "曾點·漆雕已見大意, 故聖人與之.(증점과 칠조개가 이미 큰 뜻을 보았기 때문에 성인은 그들을 인정하였다.)"라고 되어 있다. 주자 주석의 '고부자열지(故夫子說之)'와 정호의 '고성인여지(故聖人與之)'는 엄격히 보면 의미가 다르므로 요로(饒魯)의 말은 견강부회가 있는 것 같다.

65) 욕기장(浴沂章)에서 칠조개를 함께 열거한 것 : 『논어(論語)』「선진(先進)」 제25장에서 "공자가 말하였다. '점(點)아! 너는 어떻게 하겠느냐?' 그는 비파를 타기를 드문드문 하더니, 땅하고 비파를 놓으며 일어나 대답하였다. '세 사람이 갖춘 것과는 다릅니다.' 공자가 말하였다. '무엇이 문제가 되겠는가? 또한 각기 자기의 뜻을 말하는 것이다.' 증점이 말하였다. '늦봄에 봄옷이 이미 이루어지면 관(冠)을 쓴 어른 5~6명과 동자(童子) 6~7명과 함께 기수(沂水)에서 목욕하고 무우(舞雩)에서 바람 쐬고 노래하면서 돌아오겠습니다.' 공자가 감탄하면서 말하였다. '나는 점(點)을 인정한다.'('點! 爾何如?' 鼓瑟希, 鏗爾舍瑟而作, 對曰 : '異乎三子者之撰.' 子曰 : '何傷乎? 亦各言其志也.' 曰 : '莫春者, 春服旣成, 冠者五六人, 童子六七人, 浴乎沂, 風乎舞雩, 詠而歸.' 夫子喟然嘆曰 : '吾與點也')"라고 하였다. 주자는 이 장(章)의 주석 뒷부분에서 "정호(程顥)가 또 말하였다. '증점과 칠조개는 이미 큰 뜻을 보았다.'(又曰 : '曾點·漆雕開, 已見大意.')"라고 하였다.

66) 『주자어류(朱子語類)』 권28, 「논어10(論語十)」, 21조목에는 "又問 : '謝氏謂'其器不安於小成', 何也?' 曰 : '據他之才, 已自可仕. 只是他不伏如此, 又欲求進. 譬如一株樹, 用爲椽桁, 已自可矣. 他不伏做椽桁, 又要做柱, 便是不安於小成也.'(또 물었다. '사씨(謝氏 : 사량좌)가 '그의 그릇이 작은 성취에 편안해 하지 않았다'라고 말했는데, 무엇 때문입니까?' 주자(朱子 : 朱熹)가 대답하였다. '그의 자질에 의거하면 이미 본래 벼슬을 할 만 하였다. 다만 그는 이와 같은 것에 승복하지 않고 또 향상하기를 구하려고 하였다. 비유컨대 한 그루의 나무를 서까래나 도리로 쓰기에는 이미 충분하지만, 그는 서까래나 도리에 승복하지 않고 또 기둥을 만들려고 하는 것이니, 이것이 바로 작은 성취에 편안해 하지 않은 것이다.')"라고 되어 있다.

朱註

又曰 : "古人見道分明, 故其言如此."

정자(程子 : 程顥)가 또 말하였다. "옛사람은 도(道)를 분명하게 보았기 때문에 그 말이 이와 같다."

詳說

○ 伯子.

'정자왈(程子曰)'에서 '정자(程子)'는 형 정호(程顥)이다.

○ 朱子曰 : "卒然之間, 一言之對, 若目有所見, 而手有所指者. 且其驗之於身, 如此其切而不容自欺."[67]

주자(朱子 : 朱熹)가 말하였다. "순간적으로 한마디로 대답한 것이 마치 눈으로 보는 듯하고 손으로 가리키는 것 같다. 또한 그것을 몸으로 증험한 것이 이와 같이 절실하고 자신을 속이는 것을 용납하지 않았다."

朱註

謝氏曰 : "開之學無可考. 然聖人使之仕, 必其材可以仕矣. 至於心術之微, 則一毫不自得, 不害其爲未信. 此聖人所不能知, 而開自知之. 其材可以仕, 而其器不安於小成. 他日所就, 其可量乎? 夫子所以說之也."

사씨(謝氏 : 謝良佐)가 말하였다. "칠조개(漆雕開)의 학문은 상고할 것이 없다. 그러나 성인이 그에게 벼슬을 하도록 했으니, 반드시 그의 자질이 벼슬할 만했을 것이다. 마음의 은미함에 이르러서는 털끝만큼이라도 스스로 터득하지 못함이 있으면 자신이 없다고 말하는 데 방해가 되지 않는다. 이는 성인도 알 수 없는 것인데, 칠조개가 스스로 안 것이다. 그 자질이 벼슬할 만한데도 그 그릇이 작은 성취에 안주해 하지 않았으니, 뒷날 성취할 것을 어찌 헤아릴 수 있겠는가? 공자는 이 때문에 기뻐하였다."

詳說

○ 雖一毫之不自得者.

'즉일호부자득(則一毫不自得)'은 비록 털끝만큼이라도 스스로 터득하지 못하는 것

67) 『사서혹문(四書或問)』 권10.

이 있음을 말한다.

○ '害'字不必深究.

'불해기위미신(不害其爲未信)'에서 '해(害)'자는 깊이 추구할 필요가 없다.

○ 慶源輔氏曰 : "器言其志量."[68]

'이기기불안어소성(而其器不安於小成)'에 대해, 경원 보씨(慶源輔氏 : 輔廣)가 말하였다. "그릇은 그 뜻의 국량을 말한다."

○ 此二句申收上所言.

'기재가이사, 이기기불안어소성(其材可以仕, 而其器不安於小成)'이라 한 두 구절은 위에서 말한 것을 거듭 밝혀서 수습한 것이다.

○ '信'字, 此章之綱領.

'신(信 : 믿음)'자가 이 장(章)의 강령이다.

---

68) 호광 편(胡廣 編), 『논어집주대전(論語集註大全)』 권5에 보광(輔廣)의 말로 실려 있다.

[5-6-1]

子曰："道不行, 乘桴浮于海. 從我者其由與?" 子路聞之喜. 子曰："由也好勇過我, 無所取材."

공자가 말하였다. "도(道)가 실행되지 않으니, 뗏목을 타고 바다를 항해해야겠다. 이때 나를 따라올 사람은 아마 유(由 : 子路)일 것이다." 자로(子路)가 이 말을 듣고 기뻐하였다. 공자가 말하였다. "유(由)는 용맹을 좋아함이 나보다 낫지만, 사리를 헤아려 맞게 하는 것이 없다."

朱註

○ '桴', 音孚. '從'·'好', 幷去聲. '與', 平聲. '材'與'裁'同, 古字借用.

'승부부우해(乘桴浮于海)'에서 '부(桴)'자는 음이 부(孚)이다. '종아자기유여(從我者其由與)'에서 '종(從)'자와 '유야호용과아(由也好勇過我)'에서 '호(好)'자는 거성(去聲)이고, 종아자기유여(從我者其由與)'에서 '여(與)'자는 평성(平聲)이다. '무소취재(無所取材)'에서 '재(材)'자는 '재(裁)'자와 뜻이 같으니, 옛 글자를 빌려 썼다.

詳說

○ '材'或有讀如字者, 故特著之. 如末章'焉'字之類, 皆放此.

'무소취재(無所取材)'에서 '재(材)'자에 대해 간혹 글자의 음 그대로 읽는 사람이 있기 때문에 특별히 드러내었다. 예컨대 끝 장(章) 본문 '필유충신여구자언(必有忠信如丘者焉)'에서 '언(焉)'자와 같은 따위는 모두 이를 따른다.[69]

朱註

桴, 筏也.

부(桴)는 뗏목이다.

詳說

○ 音伐.

---

69) '필유충신여구자언(必有忠信如丘者焉)'에서 '언(焉)'자와 같은 따위는 모두 이를 따른다 : 이 '언(焉)'자에 대해 주자는 주석에서 "언, 여자속상구(焉, 如字屬上句 : 언(焉)자는 본래의 음대로 읽어서, 위 구절을 잇는다.)"라고 하였다.

'부, 벌야(桴, 筏也)'에서 '벌(筏)'자는 음이 벌(伐)이다.

○ 訓.

훈고이다.

朱註

程子曰 : "浮海之歎, 傷天下之無賢君也. 子路勇於義, 故謂其能從己, 皆假設之言耳.

정자(程子 : 程頤)가 말하였다. "바다를 항해하겠다는 탄식은 천하에 현명한 군주가 없음을 안타까워한 것이다. 자로(子路)는 의로움에 용감했기 때문에 그가 자신을 따라올 것이라 말했으니, 모두 가정해서 한 말일 뿐이다.

詳說

○ 叔子.

'정자왈(程子曰)'에서 '정자(程子)'는 동생 정이(程頤)이다.

○ 無賢君, 故道不行.

'상천하지무현군야(傷天下之無賢君也)'에서 '현명한 군주가 없다'라고 한 것은 이 때문에 도(道)가 시행되지 않는다는 뜻이다.

○ 胡氏曰 : "不以流離困苦而二其心."[70]

'자로용어의(子路勇於義)'에 대해, 호씨(胡氏)가 말하였다. "여기저기 떠돌면서 고통스러워도 그 마음을 달리하지 않는 것이다."

○ 通指'浮海'與'從我'.'

'개가설지언이(皆假設之言耳)'라고 한 것은 '바다를 항해하겠다'라는 말과 '나를 따를 것이다'라는 말을 총괄해서 가리킨다.

○ 『大全』曰 : "與'欲居九夷'同意."[71]

'개가설지언이(皆假設之言耳)'에 대해, 『논어집주대전』에서 말하였다. "이 말은 '구이(九夷 : 동쪽의 오랑캐나라)에 살려고 한다'[72]라는 말과 같은 뜻이다."

---

70) 조순손(趙順孫), 『사서찬소』「논어찬소(論語纂疏)」 권3에 호씨(胡氏)의 말로 실려 있다.

71) 호광 편(胡廣 編), 『논어집주대전(論語集註大全)』 권5.

72) 구이(九夷 : 동쪽의 오랑캐나라)에 살려고 한다 : 『논어(論語)』「자한(子罕)」 제13장에서 "공자가 구이(九夷 : 동쪽의 오랑캐나라)에 살려고 하니, 어떤 사람이 말하였다. '누추할 텐데 어떻게 하

朱註

子路以爲實然, 而喜夫子之與己. 故夫子美其勇, 而譏其不能裁度事理, 以適於義也."

자로(子路)는 이를 실제라고 생각하여, 공자가 자기를 인정해 주는 것을 기뻐하였다. 그러므로 공자는 그의 용감함을 찬미했지만, 그 사리를 헤아려 의로움에 적합하게 하지 못하는 것을 나무랐다."

詳說

○ 喜也, 正其勇於義處.

'이희부자지여기(而喜夫子之與己)'에서 희(喜)자는 바로 의로움에 용감한 것이다.

○ '好勇過我.'

'고부자미기용(故夫子美其勇)'은 경문 '호용과아(好勇過我 : 용맹을 좋아함이 나보다 낫다)'라는 것이다.

○ 入聲.

'이기기불능재탁사리(而譏其不能裁度事理)'에서 '탁(度)'자는 입성(入聲)이다.

○ 汪氏炎昶曰 : "'能'·'不能'字是揚而抑處."[73]

'이기기불능재탁사리(而譏其不能裁度事理)'에 대해, 왕염창(汪炎昶)[74]이 말하였다. "'고위기능종기(故謂其能從己)'에서 '능(能)'이라는 글자와 '이기기불능재탁사리(而譏其不能裁度事理)'에서 '불능(不能)'이라는 글자는 찬양하고 억누른 것이다."

○ '無所取材.'

'이적어의야(以適於義也)'라고 한 것은 본문의 '무소취재(無所取材 : 사리를 헤아려 맞게 하는 것이 없다)'를 가리킨다.

시렵니까?' 공자가 대답하였다. '군자가 거주하는데 무슨 누추함이 있겠는가?'(子欲居九夷, 或曰 : '陋, 如之何?' 子曰 : '君子居之, 何陋之有?')"라고 하였다.

73) 호광 편(胡廣 編), 『논어집주대전(論語集註大全)』 권5.

74) 왕염창(汪炎昶, 1261~1338) : 자는 무원(懋遠)이고 자호를 고일민(古逸民)이라 하여, 당시에 고일선생(古逸先生)이라 불렸다. 원나라 때 무원(婺源) 사람이다. 어려서부터 시문(詩文)에 뛰어났고 허월경(許月卿)에게서 수학하였으며, 은거하여 강론할 때는 일상생활이 송(宋)나라 사람의 예의법도를 그대로 지켰다. 저서에 주자학을 계승하여 사서(四書)에 소(疏)를 붙인 『사서집소(四書集疏)』와 『고일민선생집(古逸民先生集)』 등이 있다.

○ 此句『諺』釋欠明.

경문의 '무소취재(無所取材)'에 대한 『언해』의 풀이는 분명함이 결핍되었다.[75]

○ 程子說至此.

정자(程子 : 程頤)의 말은 여기까지이다.

○ 釋畢.

경문의 풀이가 끝났다.

75) '무소취재(無所取材)'에 대한 언해의 풀이는 분명함이 결핍되었다 : '무소취재(無所取材)'에 대해, 교정청 『언해』본에서는 "취(取)ᄒᆞ야 재(材)홀 빼 업도다."라고 하였고, 율곡 『언해』본에는 "취(取)ᄒᆞ야 재(材)혼 배 업도다."라고 하였다.

[5-7-1]

孟武伯問：“子路仁乎?” 子曰：“不知也.”
맹무백(孟武伯)이 물었다. “자로(子路)는 인(仁)합니까?” 공자가 대답하였다. “알지 못하겠다.”

詳說

○ 與上章或一時事歟.
이 장(章)의 일은 위 장(章)과 같은 때의 일인 것 같다.

朱註

子路之於仁, 蓋日月至焉者. 或在或亡, 不能必其有無, 故以不知告之.
자로(子路)는 인(仁)에 대해 하루나 한 달에 한 번 이르는 사람이다. 때로는 있기도 하고 때로는 없기도 하여 그 있고 없음을 기필할 수 없기 때문에, 알지 못하겠다 말하였다.

詳說

○ 見「雍也」.
‘개일월지언자(蓋日月至焉者)’라고 한 것은 「옹야(雍也)」에 보인다.[76)]

○ 指仁.
‘불능필기유무(不能必其有無)’에서 ‘기(其)’자는 인(仁)을 가리킨다.

○ 以論釋之. 無訓.
경문의 의미 설명으로 풀이하였다. 훈고는 없다.

---

76) ‘개일월지언자(蓋日月至焉者)’라고 한 것은 「옹야(雍也)」에 보인다 : 『논어(論語)』「옹야(雍也)」 제5장에서 “공자가 말하였다. ‘안회(顔回)는 그 마음이 3개월 동안 인(仁)을 떠나지 않았고, 그 나머지 사람들은 하루나 한 달에 한 번 인에 이를 뿐이다.’(子曰：‘回也, 其心三月不違仁, 其餘則日月至焉而已矣.’)”라고 하였다.

[5-7-2]

又問. 子曰:"由也, 千乘之國, 可使治其賦也, 不知其仁也."
맹무백(孟武伯)이 또 물었다. 공자가 대답하였다. "유(由:子路)는 천승(千乘)의 나라에 그 군정(軍政)을 다스리도록 할 수 있지만, 그가 인(仁)한지는 알지 못하겠다."

朱註

○ 乘, 去聲.
'천승지국(千乘之國)'에서 '승(乘)'자는 거성(去聲)이다.

詳說

○ 又問子路仁乎.
또 자로가 인(仁)한지를 물었다.

○ 去聲, 下恐脫'下同'二字.
'승, 거성(乘, 去聲)'에서 거성(去聲)이라는 말 뒤에 아마 '하동(下同:아래도 마찬가지이다)'이라는 두 글자가 빠진 것 같다.

朱註

賦, 兵也. 古者以田賦出兵, 故謂兵爲賦. 『春秋傳』所謂'悉索敝賦'是也.
부(賦)는 병(兵:軍政)이다. 옛날에는 토지의 세금을 따져 군사를 내었기 때문에 군(軍)을 부(賦)라고 말하였다. 『춘추좌전(春秋左傳)』에 이른바 '우리나라 군대를 모두 모았다'라고 한 말이 이것이다.

詳說

○ 計田賦而出一兵.
'고자이전부출병(古者以田賦出兵)'은 토지의 세금을 따져서 군사를 낸다는 것이다.

○『左』襄八年及三十一年.
'『춘추전』소위실색폐부시야(『春秋傳』所謂'悉索敝賦'是也)'에서 '『춘추전(春秋傳)』'은 『춘추좌전(春秋左傳)』 양공(襄公) 8년과 31년의 기사이다.

○ '山''客'反.

'『춘추전』소위실색폐부시야(『春秋傳』所謂'悉索敝賦'是也)'에서 '색(索)'은 '산(山)'과 '객(客)'의 반절(反切)이다.

○ 自謙之辭.

'『춘추전』소위실색폐부시야(『春秋傳』所謂'悉索敝賦'是也)'에서 '폐(敝)'자는 스스로 겸양하는 말이다.

○ 訓畢.

훈고가 끝났다.

朱註

言子路之才, 可見者如此, 仁則不能知也.

자로(子路)의 재주는 볼 수 있는 것이 이와 같으니, 인(仁)한지는 알지 못하겠다고 말한 것이다.

詳說

○ 指'千乘·治賦'.

'가견자여차(可見者如此)'에서 '여차(如此)'는 '천승(千乘)의 나라에 그 군정(軍政)을 다스리도록 할 수 있다'라는 것을 가리킨다.

○ '能'字不必深究.

'인즉불능지야(仁則不能知也)'에서 '능(能)'자는 굳이 깊이 탐구할 필요가 없다.

○ 朱子曰: "治賦, 才也. 不知仁, 以學言."[77]

주자(朱子: 朱熹)가 말하였다. "군정(軍政)을 다스리는 것은 재주이다. 인(仁)한지 알지 못하겠다는 것은 배움으로 말한 것이다."

○ 下二節亦當以此推之.

'인즉불능지야(仁則不能知也)'에서 볼 때, 아래 두 개의 절(節)도 또한 마땅히 이것으로 미루어가야 한다.

77) 『주자어류(朱子語類)』 권28, 「논어10(論語十)」, 49조목에는 "仲由可使治賦, 才也. '不知其仁', 以學言也.(중유는 군정(軍政)을 다스리도록 할 만하다고 한 것은 재주로 말한 것이다. '그가 인(仁)한지는 알지 못하겠다'라고 한 것은 배움으로 말한 것이다.)"라고 되어 있다.

○ 釋畢.

경문의 풀이가 끝났다.

[5-7-3]

"求也何如?" 子曰 : "求也, 千室之邑, 百乘之家, 可使爲之宰也, 不知其仁也."

"구(求 : 冉有)는 어떻습니까?"라고 물었다. 공자가 대답하였다. "구는 천실(千室 : 千戶)의 큰 읍(邑)과 백승(百乘 : 卿大夫)의 집안에 재(宰 : 家臣)가 되도록 할 수는 있지만, 그가 인(仁)한지는 알지 못하겠다."

詳說

○ '何如', 卽'仁乎'之意, 下節同.

'구야하여(求也何如)'에서 '하여(何如)'는 곧 '인(仁)합니까'라는 뜻이고 아래 절(節)도 마찬가지이다.

○ '爲之'之'之', 讀如'其'字義, 後凡如此文勢處同.

'가사위지재야(可使爲之宰也)'에서 '위지(爲之)'라고 할 때는 '지(之)'자는 '기(其)'자와 같은 의미로 읽으니, 뒤에 모든 이러한 문장의 기세가 있는 곳은 마찬가지이다.

朱註

千室, 大邑; 百乘, 卿大夫之家. 宰, 邑長·家臣之通號.

천실(千室)은 큰 읍(邑)이고, 백승(百乘)은 경대부(卿大夫)의 집안이다. 재(宰)는 읍장(邑長)과 가신(家臣)의 통칭이다.

詳說

○ 上聲.

'읍장·가신지통호(邑長·家臣之通號)'에서 '장(長)'자는 상성(上聲)이다.

○ 有訓無釋. 釋見上節註, 下節同.

훈고는 있으나 경문의 풀이는 없다. 경문의 풀이는 위 구절의 주석에 보이니, 아래 구절도 마찬가지이다.

[5-7-4]

"赤也何如?" 子曰 : "赤也, 束帶立於朝, 可使與賓客言也, 不知其仁也."

"적(赤)은 어떻습니까?"라고 물었다. 공자가 대답하였다. "적(赤 : 公西赤)은 예복(禮服)을 입고 띠를 두르고 조정에 서서 빈객(賓客)을 맞아 대화를 나누도록 할 수는 있지만, 그가 인(仁)한지는 알지 못하겠다."

朱註

'朝', 音潮. 赤, 孔子弟子, 姓公西, 字子華.

'속대립어조(束帶立於朝)'에서 '조(朝)'자는 음이 조(潮)이다. 적(赤)은 공자의 제자로, 성(姓)은 공서(公西)이고, 자(字)는 자화(子華)이다.

詳說

○ 『家語』曰 : "魯人."[78)]

『공자가어(孔子家語)』에서 말하였다. "노나라 사람이다."

○ 『史記』「仲尼弟子傳」曰 : "少孔子四十二歲."[79)]

『사기(史記)』「중니제자열전(仲尼弟子列傳)」에서 말하였다. "공자보다 42세 적다."

○ 有訓無釋.

훈고는 있으나 경문의 풀이는 없다.

○ 勿軒熊氏曰 : "此與後篇小相章互見. 三子皆聖門有用之學, 然治事之才易見, 本心之德難全, 故不許其仁."[80)]

---

78) 『공자가어(孔子家語)』 권9, 「칠십이제자해(七十二弟子解)」 제38에서 "公西赤, 魯人, 字子華, 少孔子四十二歲.(공서적은 노(魯)나라 사람이고 자는 자화(子華)이며, 공자보다 42세 적다.)"라고 하였다.

79) 사마천, 『사기(史記)』 권67, 「중니제자열전(仲尼弟子列傳)」 제7.

80) 호병문, 『사서통』「논어통」 권3.

물헌 웅씨(勿軒熊氏 : 熊禾)가 말하였다. "이는 뒤 편(篇) 소상장(小相章)과 서로 비추어 보아야 한다.[81] 세 사람은 모두 성인 문하에서 유용한 학문을 하였지만, 일을 처리하는 재주는 드러내기 쉽고 본심의 덕은 온전히 하기가 어렵기 때문에 그들이 인(仁)한지는 알지 못한다는 것이다."[82]

---

81) 이는 뒤 편(篇) 소상장(小相章)과 서로 비추어 보아야 한다 : 『논어(論語)』「선진(先進)」 제25장에서 "공자가 물었다. '적(赤)아! 너는 어떻게 하겠느냐?' 공서적이 대답하였다. '제가 잘한다는 말이 아니라, 이를 배우기를 원합니다. 종묘(宗廟)의 일과 제후들이 회동(會同)할 때에 현단복(玄端服)을 입고 장보관(章甫冠)을 쓰고 작은 집례자(執禮者)가 되기를 원합니다.'('赤! 爾何如?' 對曰 : '非曰能之, 願學焉. 宗廟之事, 如會同, 端章甫, 願爲小相焉.')"라고 하였다.

82) 세 사람은 모두 성인 문하에서 유용한 학문을 하였지만, …… 인(仁)한지는 알지 못한다는 것이다 : 『주자어류(朱子語類)』 권28, 「논어10(論語十)」, 49조목에는 "맹무백이 세 사람이 어진가를 물었는데, 공자께서는 다만 세 사람의 재주에 각기 장점이 있다고만 하셨으니, 인과 같은 것은 쉬운 일이 아닌 것이다. 공자께서 비록 세 사람이 '어질지 않다'고는 하지 않으시고, 다만 '그 어진 줄은 모르겠다'고 하셨으니 그 가운데 있는 것은 아니다. 인은 전체가 그침이 없기 때문이다. '전체'란 애초부터 완전히 이 마음에 갖추어져 어떠한 것도 뒤섞이지 않은 것이다. '그침이 없다'는 말은 휴식을 취하는 것도, 쓸모없이 버려진 적도 없다는 뜻이다. 전체는 하나의 탁자에 네 다리와 비슷하니, 다리가 셋이라면 바로 완전하지 못한 것이다. '그침이 없다'는 것은 언제나 작용한다는 것이다. 간혹 치우친 곳에 버려두고, 또 다른 사람에 의해 없어지게 된다면 이는 바로 그치는 것이다. 이 마음은 완전한 도리를 갖추고 있는 곳이니, 만일 90%만을 보았다면 또한 완전치 못한 것이다. 그치는 이유는 사욕이 끼어들기 때문이다. 한 줌의 사욕도 없어야 그침이 없으니, 이것은 바로 '석 달 동안 인에서 떠나지 않았다'는 경지이다. 만일 떠나는 때가 있다면 바로 그친 것이다. 선하지 못한 마음은 본시 사사로우니, 만일 한 등급의 한가한 생각도 얻을 수 없더라도 반드시 이 마음이 언제나 있는 곳을 살펴보아야 한다.'(孟武伯問三子仁乎, 夫子但言三子才各有所長, 若仁則不是易事. 夫子雖不說三子無仁, 但言'不知其仁', 則無在其中矣. 仁是全體不息. 所謂全體者, 合下全具此心, 更無一物之雜. 不息, 則未嘗休息, 置之無用處. 全體似箇桌子四脚, 若三脚便是不全. 不息, 是常用也. 或置之僻處, 又被別人將去, 便是息. 此心具十分道理在, 若只見得九分, 亦不是全了. 所以息者, 是私欲間之. 無一毫私欲, 方是不息, 乃三月不違以上地位. 若違時, 便是息. 不善底心固是私, 若一等閑思慮亦不得, 須要照管得此心常在.')"

[5-8-1]

子謂子貢曰："女與回也孰愈?"
공자가 자공(子貢)에게 말하였다. "너와 안회(顏回)는 누가 나으냐?"

朱註

'女', 音汝, 下同. 愈, 勝也.
'여여회야숙유(女與回也孰愈)'에서 '여(女)'는 음이 여(汝)이고, 아래도 마찬가지이다. 유(愈)는 낫다는 뜻이다.

詳說

○ 有訓無釋.
훈고는 있으나 경문의 풀이는 없다.[83]

---

83) 『주자어류(朱子語類)』 권28, 「논어10(論語十)」, 56조목에는 이 단락에 대해 다음과 같이 설명하고 있다. "심한이 물었다. ''안회[回]와 자로[賜] 중 누가 나으냐?'라는 한 문단은 크게 인물을 비교하고 있지만, 또한 반드시 기량의 높낮이를 헤아리고 있습니다. 예를 들어 자공은 공자의 제자들 가운데 그 덕과 행실이 염유 민자건의 아래입니다. 그런데도 성인께서는 오히려 안자와 비교를 했으니, 어찌 식견이 깨닫는데 민첩하고, 비록 행하는 것은 미치지 못하지만 견해는 또한 거의 미쳤기 때문이 아니겠습니까?' 주희: '그렇다. 성인의 도는 대부분 재빨리 깨닫는 것을 쓴다. 깨달았을 때에야 그것을 담당하는 것이다. 예를 들어 자공은 행하는 것이 충실하지는 못했지만 가르침을 대부분 재빨리 깨달았다. 깨달았을 때도 대부분 그는 굉장히 잘 깨달았고, 이 때문에 공자는 즐겨 그와 함께 얘기했던 것이다. 그가 깨달았기 때문에 도를 담당할 수도 있는 것이다. 비록 행하는 것이 충실치 못한 점이 있었지만 그가 알았던 것에서 다시 한 번 더 자라게 한다면 그의 행하는 것도 저절로 또 한 걸음 더 나아갈 것이다. 성인의 문하에서는 증자 안자 이하는 반드시 자공이었다. 염유 민자건 등은 덕과 행실이 없지 않았으나 결국 깨달음이 깊지 못했고, 성인의 도를 담당하지도 못하였다. 이 때문에 공자는 즐겨 자공을 불러 함께 얘기를 했으니, 그 뜻은 이와 같았다.'(問: ''回賜孰愈'一段, 大率比較人物, 亦必稱量其斤兩之相上下者. 如子貢之在孔門, 其德行蓋在冉閔之下. 然聖人卻以之比較顏子, 豈以其見識敏悟, 雖所行不逮, 而所見亦可幾及與?' 曰: '然. 聖人之道, 大段用敏悟. 曉得時, 方擔荷得去. 如子貢雖所行未實, 然他卻極是曉得, 所以孔子愛與他說話. 緣他曉得, 故可以擔荷得去. 雖所行有未實, 使其見處更長一格, 則所行自然又進一步. 聖門自曾顏而下, 便須遜子貢. 如冉·閔非無德行, 然終是曉不甚得, 擔荷聖人之道不去. 所以孔子愛呼子貢而與之語, 意蓋如此.')"

[5-8-2]

對曰："賜也, 何敢望回? 回也, 聞一以知十; 賜也, 聞一以知二."
자공이 대답하였다. "제가 어떻게 감히 안회(顔回)를 바라보겠습니까? 안회는 하나를 들으면 열을 알고, 저는 하나를 들으면 둘을 압니다."

朱註

一, 數之始; 十, 數之終; 二者, 一之對也.

일(一)은 수(數)의 시작이고, 십(十)은 수(數)의 끝이며, 이(二)는 일(一)의 상대이다.

詳說

○ 訓畢.

훈고가 끝났다.

朱註

顔子明睿所照, 卽始而見終; 子貢推測而知, 因此而識彼.

안자(顔子 : 顔回)는 밝은 지혜가 비추는 것으로 시작을 가지고 끝을 알았으며,[84] 자공(子貢)은 추측하여 알아서 이것으로 인하여 저것을 알았다.

---

84) 시작을 가지고 끝을 알았으며 : 『주자어류(朱子語類)』 권28, 「논어10(論語十)」, 57조목에는 안홍에 대해 다음과 같이 평가한다. "거보(居父)가 물었다. '안회[回]는 '하나를 들으면 열을 알고', '처음 시작할 때 끝날 것을 안다'고 하니 무슨 말입니까?' 주희가 말하였다. '열을 안다는 것도 하나를 들으면 정해진 열 가지만 안다는 것이 아니다. 다만 많이 알고 널리 안다고 말하는 것일 뿐이다.' 거보가 물었다. '성인은 나면서부터 아신 분인데, 안자와 다른 점은 어떤 것입니까?' 주희가 말하였다. '성인인 본디 나면서부터 아시는 분이니 따로 이해하려고 노력하지 않아도 이루지 못하는 것이 없다. 다만 성인은 안자와 비교해서 또 많이 아실뿐이다. 이제 성인을 말해야 하지 않는다면, 또한 다만 자기의 경지에서 보아야 할 뿐이다. 지금 다만 이 한 가지 일에 대해 듣고서도 가장 적당한 것을 이해할 수 없는데, 하물며 다른 것이랴!'(居父問: '回也'聞一知十', '卽始見終', 是如何?' 曰: '知十, 亦不是聞一件定知得十件, 但言知得多, 知得周遍.' 又問: '聖人生知, 其與顔子不同處, 是何如?' 曰: '聖人固生知, 終不成更不用理會. 但聖人較之顔子又知得多. 今且未要說聖人, 且只就自家地位看. 今只就這一件事聞得, 且未能理會得恰好處, 況於其他!')"

詳說

○ 余例反.

'안자명예소조(顔子明睿所照)'에서 '예(睿)'는 '여(余)'와 '례(例)'의 반절(反切)이다.

○ 朱子曰 : "如明鏡在此, 物來畢照."85)

'안자명예소조(顔子明睿所照)'에 대해, 주자(朱子 : 朱熹)가 말하였다. "마치 밝은 거울이 여기에 있어서 사물이 다가오면 남김없이 비추는 것과 같다."

○ 聞一.

'즉시이견종(卽始而見終)'에서 '즉시(卽是)'는 하나를 듣는 것이다.

○ 以'而'易'以', 下同.

'즉시이견종(卽始而見終)'에서 '이(而)'자는 경문 '문일이지십(聞一以知十)'에서 '이(以)'자를 바꾼 것이고 아래도 마찬가지이다.

○ 知十.

'즉시이견종(卽始而見終)'에서 '견종(見終)'은 열을 아는 것이다.

○ 朱子曰 : "如將些子火逐些子照去."86)

'자공추측이지(子貢推測而知)'에 대해, 주자(朱子 : 朱熹)가 말하였다. "마치 약간의 불빛으로 몇 개의 사물을 비추어 가는 것과 같다."

○ 聞一.

'인차이식피(因此而識彼)'에서 '인차(因此)'는 하나를 듣는 것이다.

○ 知二.

'인차이식피(因此而識彼)'에서 '식피(識彼)'는 둘을 아는 것이다.

○ 釋畢.

경문의 풀이가 끝났다.

○ 此下又申證之.

이 아래는 또 거듭 밝혀서 증명한다.

---

85) 『주자어류(朱子語類)』 권28, 「논어10(論語十)」, 62조목에는 "'明睿所照', 如箇明鏡在此, 物來畢照. '推測而知', 如將些子火光逐些子照去推尋.('밝은 지혜가 비추는 것'이라는 말은 마치 밝은 거울이 여기에 있어서 사물이 다가오면 남김없이 비추는 것과 같다. '추측하여 안다'라는 말은 마치 약간의 불빛으로 몇 개의 사물을 비추어 가며 추측하는 것과 같다.)"라고 되어 있다.

86) 『주자어류(朱子語類)』 권28, 「논어10(論語十)」, 62조목.

朱註

'無所不說', '告往知來', 是其驗矣.

'내 말을 기뻐하지 않는 것이 없다'라고 한 것과 '지나간 것을 알려주면 앞으로 올 것을 안다'라고 한 것이 그 증거이다.

詳說

○ '悅'同.

'무소불열(無所不說)'에서 '열(說)'자는 '열(悅)'과 같다.

○ 見「先進」.

'무소불열(無所不說)'이라 한 것은 『논어(論語)』「선진(先進)」에 보인다.87)

○ 見「學而」.

'고왕지래(告往知來)'라고 한 것은 『논어(論語)』「학이(學而)」에 보인다.88)

○ 指'知十'·'知二'.

'시기험의(是其驗矣)'에서 '기(其)'자는 '열을 아는 것'과 '둘을 아는 것'을 가리킨다.

○ 胡氏曰 : "顔子之無所不說, 可爲知十之驗; 子貢之告往知來, 可爲知二之驗."89)

호씨(胡氏)가 말하였다. "안자(顔子 : 顔回)가 기뻐하지 않음이 없는 것은 열을 아는 증거가 될 수 있고, 자공이 지나간 것을 알려주면 앞으로 올 것을 아는 것은 둘을 아는 증거가 될 수 있다."

---

87) '무소불열(無所不說)'이라 한 것은 『논어(論語)』「선진(先進)」에 보인다 : 『논어(論語)』「선진(先進)」 제3장에서 "공자가 말하였다. '안회(顔回)는 나를 돕는 자가 아니다. 나의 말에 대해 기뻐하지 않는 바가 없다.'(子曰 : '回也, 非助我者也. 於吾言, 無所不說.')"라고 하였다.

88) '고왕지래(告往知來)'라고 한 것은 『논어(論語)』「학이(學而)」에 보인다 : 『논어(論語)』「학이(學而)」 제15장에서 "공자가 말하였다. '사(賜 : 子貢)는 비로소 더불어 시(詩)를 말할 만하구나! 지나간 것을 말해주면 올 것을 아는구나.'(子曰 : '賜也, 始可與言詩已矣! 告諸往而知來者.')"라고 하였다.

89) 호광 편(胡廣 編), 『논어집주대전(論語集註大全)』 권5에 호씨(胡氏)의 말로, "顔子之於吾言無所不說, 可謂知十之驗; 子貢之告諸往而知來者, 可爲知二之驗.(안자(顔子 : 顔回)가 나의 말에 기뻐하지 않는 것이 없다는 것은 열을 아는 증거라고 말할 수 있고, 자공은 그에게 지나간 것을 알려주면 앞으로 올 것을 안다는 것은 둘을 아는 증거라고 할 수 있다.)"라고 실려 있다.

[5-8-3]

子曰 : "弗如也! 吾與女弗如也."
공자가 말하였다. "네가 그[顔回]만 못하다. 나는 네가 그만 못함을 인정한다."

朱註

與, 許也.
여(與)는 인정한다는 뜻이다.

詳說

○ '與'字訓'及', 讀亦通, 故『精義』取之. 然『語』中二'吾與', 不容異同, 故於此訓爲'許'.
'오여여불여야(吾與女弗如也)'에서 '여(與)'자는 '급(及 : 및)'자로 훈고하여 읽어도 또한 통하기 때문에 『논어정의(論語正義)』에서는 그것을 취하였다. 그러나 『논어(論語)』 가운데 '오여(吾與)'라고 한 것이 두 곳인데 차이를 용납하지 않기 때문에[90] 여기에서 '허(許 : 인정하다)'라고 훈고하였다.

○ 有訓無釋.
훈고는 있으나 경문의 풀이는 없다.

朱註

○ 胡氏曰 : "子貢方人, 夫子旣語以不暇, 又問'其與回孰愈', 以觀其自知之如何.
호씨(胡氏 : 胡寅)가 말하였다. "자공(子貢)이 사람들을 비교하니, 공자는 이미 나는 그럴 겨를이 없다고 말했고, 또 '너는 안회(顔回)와 누가 낫느냐'라고 물어서, 그가 자신을 아는 것이 어떠한지를 살펴보았다.

---

90) 『논어(論語)』 가운데 '오여(吾與)'라고 한 것이 두 곳인데 차이를 용납하지 않기 때문에 : 『논어(論語)』「선진(先進)」 제25장에서 "공자가 말하였다. '점(點)아! 너는 어떻게 하겠느냐?' 그는 비파를 타기를 드문드문 하더니, 땅하고 비파를 놓으며 일어나 대답하였다. '세 사람이 갖춘 것과는 다릅니다.' 공자가 말하였다. '무엇이 문제가 되겠는가? 또한 각기 자기의 뜻을 말하는 것이다.' 증점이 말하였다. '늦봄에 봄옷이 이미 이루어지면 관(冠)을 쓴 어른 5~6명과 동자(童子) 6~7명과 함께 기수(沂水)에서 목욕하고 무우(舞雩)에서 바람 쐬고 노래하면서 돌아오겠습니다.' 공자가 감탄하면서 말하였다. '나는 점(點)을 인정한다.'('點! 爾何如?' 鼓瑟希, 鏗爾舍瑟而作, 對曰 : '異乎三子者之撰.' 子曰 : '何傷乎? 亦各言其志也.' 曰 : '莫春者, 春服旣成, 冠者五六人, 童子六七人, 浴乎沂, 風乎舞雩, 詠而歸.' 夫子喟然嘆曰 : '吾與點也.')"라고 하였다.

詳說

○ 比也.

'자공방인(子貢方人)'에서 '방(方)'자는 비(比 : 비교하다)의 의미이다.

○ 去聲.

'부자기어이불가(夫子旣語以不暇)'에서 '어(語)'자는 거성(去聲)이다.

○ 見「憲問」.

'부자기어이불가(夫子旣語以不暇)'라는 말은 『논어(論語)』「헌문(憲問)」에 보인다.[91]

○ 以人方人, 不切於身.

'자공방인, 부자기어이불가(子貢方人, 夫子旣語以不暇)'라고 한 것에 관해, 남을 또 다른 남과 비교하는 것은 자신에게 절실하지 않다.

○ 一彼以起之.

'자공방인, 부자기어이불가(子貢方人, 夫子旣語以不暇)'는 하나의 저것으로 말을 일으킨 것이다.

○ 以己方人, 切於身.

'우문기여회숙유, 이관기자지지여하(又問其與回孰愈, 以觀其自知之如何)'라고 한 구절에서 볼 때, 자신을 남과 비교하는 것은 자신에게 절실하다.

○ 一此以入本文.

'우문기여회숙유, 이관기자지지여하(又問其與回孰愈, 以觀其自知之如何)'라고 한 구절은 하나의 이것으로 경문의 내용에 들어간 것이다.

朱註

聞一知十, 上知之資, 生知之亞也; 聞一知二, 中人以上之資, 學而知之之才也.

하나를 들으면 열을 아는 것은[92] 뛰어난 지혜를 가진 사람의 자질로서 태어나면서부터 아는 사람의 다음이고, 하나를 들으면 둘을 아는 것은 보통 사람 이상

91) '부자기어이불가(夫子旣語以不暇)'라는 말은 『논어(論語)』「헌문(憲問)」에 보인다 : 『논어(論語)』「헌문(憲問)」 제31장에서 "자공(子貢)이 사람들을 비교하니, 공자가 말하였다. '사(賜 : 子貢)는 현명한가 보다! 나는 그럴 겨를이 없다.'(子貢方人, 子曰 : '賜也, 賢乎哉! 夫我則不暇.')"라고 하였다.

92) 하나를 들으면 열을 아는 것은 : 『주자어류(朱子語類)』 권28, 「논어10(論語十)」, 57조목.

의 자질로서 배워서 아는 사람의 재주이다.

詳說

○ 去聲.

'상지지자(上知之資)'에서 '지(知)'자는 거성(去聲)이다.

○ 二字見「陽貨」.

'상지지자(上知之資)'에서 '상지(上知)'라는 두 글자는 『논어(論語)』「양화(陽貨)」에 보인다.[93]

○ 四字見「雍也」.

'중인이상지자(中人以上之資)'에서 '중인이상(中人以上)'이라는 네 글자는 『논어(論語)』「옹야(雍也)」에 보인다.[94]

○ '生知'·'學知', 見『中庸』.

'생지지아야(生知之亞也)'에서 '생지(生知)'와 '학이지지지재야(學而知之之才也)'에서 '학지(學知)'라는 말은 『중용(中庸)』에 보인다.[95]

朱註

子貢平日以己方回, 見其不可企及, 故喩之如此.

자공(子貢)이 평소에 자신을 안회(顔回)에 견주어 따라갈 수 없음을 알았기 때문에 이와 같이 깨우쳐 준 것이다.

---

93) '상지(上知)'라는 두 글자는 『논어(論語)』「양화(陽貨)」에 보인다 : 『논어(論語)』「양화(陽貨)」 제3장에서 "공자가 말하였다. '오직 뛰어난 지혜를 가진 사람과 매우 어리석은 사람은 변화시킬 수 없다.'(子曰 : '唯上知與下愚, 不移.')"라고 하였다.

94) '중인이상(中人以上)'이라는 네 글자는 『논어(論語)』「옹야(雍也)」에 보인다 : 『논어(論語)』「옹야(雍也)」 제19장에서 "공자가 말하였다. '보통 사람 이상은 높은 것을 말해 줄 수 있으나, 보통 사람 이하는 높은 것을 말해 줄 수 없다.'(子曰 : '中人以上, 可以語上也; 中人以下, 不可以語上也.')"라고 하였다.

95) '생지지아야(生知之亞也)'에서 '생지(生知)'와 …… '학지(學知)'라는 말은 『중용(中庸)』에 보인다 : 『중용장구(中庸章句)』 제20장에서 "어떤 사람은 태어나면서 그것을 알고, 어떤 사람은 배워서 그것을 알며, 어떤 사람은 애를 써서 그것을 아는데, 그것을 아는 데 이르러서는 똑같다. 어떤 사람은 편안히 그것을 실행하고, 어떤 사람은 이롭게 여겨 그것을 실행하며, 어떤 사람은 억지로 힘써 그것을 실행하는데, 그 공로를 이루는 데 이르러서는 똑같다.(或生而知之, 或學而知之, 或困而知之, 及其知之, 一也. 或安而行之, 或利而行之, 或勉强而行之, 及其成功, 一也.)"라고 하였다.

詳說

○ 丘氏 · 去智二反.

'견기불가기급(見其不可企及)'에서 '기(企)'는 '구(丘)'와 '씨(氏)'의 반절 및 '거(去)'와 '지(智)'의 반절(反切)이다.

○ 二字解'望'字.

'견기불가기급(見其不可企及)'에서 '기급(企及)'이라는 두 글자는 본문 '하감망회(何敢望回)'에서 '망(望)'자를 풀이한 것이다.

○ 指'知十' · '知二'.

'고유지여차(故喩之如此)'에서 '여차(如此)'는 '열을 아는 것'과 '둘을 아는 것'을 가리킨다.

朱註

夫子以其自知之明, 而又不難於自屈, 故旣然之, 又重許之.

공자는 자공(子貢)이 자신을 아는 것이 분명하고 또 자기를 굽히기를 어렵게 여기지 않았기 때문에 이미 그 말을 옳게 여기고 또 거듭 인정한 것이다.

詳說

○ 慶源輔氏曰 : "自屈生於自知."[96)]

경원 보씨(慶源輔氏 : 輔廣)가 말하였다. "자기를 굽히는 것은 자신을 아는 데서 생겨난다."

○ '弗如'也.

'고기연지(故旣然之)'에서 '연지(然之)'는 '그(顔回)만 못하다'라는 뜻이다.

○ 去聲.

'우중허지(又重許之)'에서 '중(重)'자는 거성(去聲)이다.

○ '吾與女不如也.'

'우중허지(又重許之)'라고 한 것은 '나는 네가 그만 못함을 인정한다'라는 뜻이다.

○ 本文論畢.

경문에 대한 의미 풀이가 끝났다.

---

96) 호광 편(胡廣 編), 『논어집주대전(論語集註大全)』 권5.

○ 此下又轉一層說.

이 아래는 또 한 단계 돌려서 설명한다.

朱註

此其所以終聞性與天道, 不特聞一知二而已也."

자공(子貢)은 이 때문에 끝내 성(性)과 천도(天道)에 대해 듣게 되었으니, 단지 하나를 들으면 둘을 알 뿐만이 아니었다."

詳說

○ 指子貢.

'차기소이종문성여천도(此其所以終聞性與天道)'에서 '기(其)'자는 자공(子貢)을 가리킨다.

○ 見後章.

'차기소이종문성여천도(此其所以終聞性與天道)'의 내용은 뒤 장(章)에 보인다.[97)]

○ 新安陳氏曰: "孔門穎悟莫如顔子, 子貢亞之, 豈局於知二哉?"[98)]

신안 진씨(新安陳氏: 陳櫟)가 말하였다. "공자 문하에서 총명한 사람은 안자(顔子: 안회)만한 사람이 없었고 자공(子貢)이 그 다음인데, 어찌 둘을 아는 데 국한되겠는가?"

97) '차기소이종문성여천도(此其所以終聞性與天道)'의 내용은 뒤 장(章)에 보인다: 『논어(論語)』「공야장(公冶長)」 제12장에서 "자공(子貢)이 말하였다. '공자의 문장(文章)은 들을 수 있었지만, 공자가 성(性)과 천도(天道)를 말하는 것은 들을 수 없었다.'(子貢曰: '夫子之文章, 可得而聞也; 夫子之言性與天道, 不可得而聞也.')"라고 하였다.

98) 호광 편(胡廣 編), 『논어집주대전(論語集註大全)』 권5에 진력(陳櫟)의 말로, "孔門穎悟, 莫如顔子, 子貢可以亞之, 所以終得聞性與天道與一以貫之, 豈局於聞一知二者哉?(공자 문하에서 총명한 사람은 안자(顔子: 안회)만 한 사람이 없었고, 자공(子貢)이 그다음이라 할 수 있어서 끝내 성(性)과 천도(天道) 및 '하나로 꿰뚫었다'라는 말을 듣게 되었으니, 어찌 하나를 듣고 둘을 아는 데 국한되겠는가?)"라고 실려 있다.

[5-9-1]

宰予晝寢. 子曰："朽木不可雕也, 糞土之牆不可杇也, 於予與何誅?"
재여(宰予)가 낮에 잠을 잤다. 공자가 말하였다. "썩은 나무는 조각을 할 수 없고, 거름흙으로 쌓은 담장은 흙손질을 할 수가 없으니, 재여(宰予)에게 무엇을 꾸짖겠는가?"

朱註

○ '杇', 許久反. '杇'音汙. 與, 平聲, 下同. 晝寢, 謂當晝而寐. 朽, 腐也. 雕, 刻畫也. 杇, 鏝也.
'후목불가조야(朽木不可雕也)'에서 '후(朽)'는 '허(許)'와 '구(久)'의 반절(反切)이다. '분토지장불가오야(糞土之牆不可杇也)'에서 '오(杇)'자는 음이 오(汙)이다. '어여여하주(於予與何誅)'에서 '여(與)'자는 평성(平聲)이고 아래도 마찬가지이다. '주침(晝寢)'은 낮에 잠자는 것을 말한다. 후(朽)는 썩는다는 말이다. 조(雕)는 조각이다. 오(杇)는 흙손질이다.

詳說

○ 糞土之牆, 以朽土築爲牆.
거름흙으로 쌓은 담장은 썩은 흙으로 쌓아서 담장을 만든 것이다.

○ 莫官反.
'오, 만야(杇, 鏝也)'에서 '만(鏝)'은 '막(莫)'과 '관(官)'의 반절(反切)이다.

○ 木曰'杇', 鐵曰'鏝'.
나무로 흙손질을 하는 것은 '오(杇)'이고, 쇠로 흙손질을 하는 것은 '만(鏝)'이다.

○ 訓.
훈고이다.

朱註

言其志氣昏惰, 教無所施也.
그 뜻과 기운이 혼미하고 게을러 가르침을 베풀 곳이 없음을 말하였다.

詳說

○ 指予.

'언기지기혼타(言其志氣昏惰)'에서 '기(其)'자는 재여(宰予)를 가리킨다.

○ 新安陳氏曰: "心志先惰, 血氣隨昏, 如朽木糞牆, 雕杇之工無施力處."[99]

신안 진씨(新安陳氏: 陳櫟)가 말하였다. "의지가 먼저 나태하여 혈기가 따라서 혼미하면, 마치 썩은 나무와 거름흙으로 된 담장에 조각과 흙손질하는 일을 할 데가 없는 것과 같다."

○ 釋.

경문의 풀이다.

朱註

'與', 語辭; '誅', 責也. 言不足責, 乃所以深責之.

'어여여하주(於予與何誅)'에서 '여(與)'자는 어조사이고, '주(誅)'자는 질책함이다. 질책하기에 충분하지 않다는 것은 곧 그를 깊이 질책한 것임을 말한다.

詳說

○ 訓.

'주, 책야(誅, 責也)'까지는 훈고이다.

○ 反辭之責, 其責也深.

'언부족책, 내소이심책지(言不足責, 乃所以深責之)'에 대해, 반어법으로 말한 질책은 그 질책이 심한 것이다.

○ 釋.

'언부족책, 내소이심책지(言不足責, 乃所以深責之)'라고 한 것은 경문의 풀이다.

99) 호광 편(胡廣 編), 『논어집주대전(論語集註大全)』 권5.

[5-9-2]

子曰："始吾於人也，聽其言而信其行；今吾於人也，聽其言而觀其行. 於予與改是."

공자가 말하였다. "내가 처음에는 남에 대하여 그의 말을 듣고 그의 행동을 믿었지만, 이제 나는 남에 대하여 그의 말을 듣고 그의 행동을 살핀다. 나는 재여(宰予) 때문에 이런 실수를 고치게 되었다."

朱註

○ 行，去聲.

'행(行)'자는 거성(去聲)이다.

詳說

○ '始'，猶'昔'也.

'시오어인야(始吾於人也)'에서 '시(始)'자는 마치 '예전에'라고 말하는 것과 같다.

朱註

宰予能言而行不逮. 故孔子自言於予之事而改此失，亦以重警之也.

재여(宰予)는 말은 잘했지만 행동이 말에 미치지 못하였다. 그러므로 공자가 스스로 재여의 일 때문에 이런 실수를 고쳤다고 말했으니, 또한 거듭 경계한 것이다.

詳說

○ 慶源輔氏曰："予以言語稱，然論喪則欲其短，論仁則病其愚，對社則失其義，至此晝寢."[100]

'재여능언이행불체(宰予能言而行不逮)'에 대해, 경원 보씨(慶源輔氏：輔廣)가 말하였다. "재여(宰予)는 말을 잘하는 것으로 일컬어졌지만,[101] 상례를 논할 때는 그

---

100) 호광 편(胡廣 編), 『논어집주대전(論語集註大全)』 권5.

101) 재여(宰予)는 말을 잘하는 것으로 일컬어졌지만：『논어(論語)』「선진(先進)」 제2장에서 "덕행에는 안연(顏淵)·민자건(閔子騫)·염백우(冉伯牛)·중궁(仲弓)이었고, 언어(言語)에는 재아(宰我)·자공(子貢)이었고, 정사(政事)에는 염유(冉有)·계로(季路)였고, 문학(文學)에는 자유

기간을 짧게 하려고 했고,[102] 인(仁)을 논할 때는 그 어리석음이 병통이 되었으며,[103] 사직에 대해서는 그 의미를 잃었고,[104] 여기에 이르러는 낮에 잠을 잤다."

○ 先以宰予本領·病處冠之.

'재여능언이행불체(宰予能言而行不逮)'라고 한 것은 먼저 재여(宰予)의 뛰어난 재능과 문제점을 첫머리에 둔 것이다.

(子游)·자하(子夏)였다.(德行, 顔淵·閔子騫·冉伯牛·仲弓; 言語, 宰我·子貢; 政事, 冉有·季路; 文學, 子游·子夏.)"라고 하였다.

102) 상례를 논할 때는 그 기간을 짧게 하려고 했고:『논어(論語)』「양화(陽貨)」 제21장에서 "재아(宰我)가 말하였다. '삼년상(三年喪)은 기년(期年)만 해도 오래일 것입니다. 군자가 3년 동안 예(禮)를 행하지 않으면 예(禮)가 반드시 무너지고, 3년 동안 음악을 익히지 않으면 음악이 반드시 무너질 것입니다. 묵은 곡식이 다 없어지고 새 곡식이 이미 나오며, 불씨 만드는 나무도 바꾸니, 1년이면 그칠 만한 것입니다.' 공자가 말하였다. '쌀밥을 먹고 비단옷을 입는 것이 너에게는 편안하냐?' 재아가 대답하였다. '편안합니다.' 공자가 말하였다. '네가 편안하면 그렇게 해라. 군자가 상(喪)을 치를 때는 맛있는 것을 먹어도 달지 않고 음악을 들어도 즐겁지 않으며, 거처함에 편안하지 않기 때문에 그렇게 하지 않는 것인데, 네가 편안하면 그렇게 해라.' 재아가 밖으로 나가자, 공자가 말하였다. '재아는 인(仁)하지 않다! 자식이 태어나서 3년이 지난 뒤에야 부모의 품을 벗어나게 된다. 무릇 삼년상(三年喪)은 천하의 공통된 상(喪)이니, 재여는 그 부모에게 3년 동안 사랑을 받음이 있었는가?'(宰我問:'三年之喪, 期已久矣. 君子三年不爲禮, 禮必壞; 三年不爲樂, 樂必崩. 舊穀旣沒, 新穀旣升, 鑽燧改火, 期可已矣.' 子曰:'食夫稻, 衣夫錦, 於女安乎?' 曰:'安.' '女安則爲之. 夫君子之居喪, 食旨不甘, 聞樂不樂, 居處不安, 故不爲也, 今女安則爲之.' 宰我出, 子曰:'予之不仁也! 子生三年然後, 免於父母之懷. 夫三年之喪, 天下之通喪也, 予也有三年之愛於其父母乎?')"라고 하였다.

103) 인(仁)을 논할 때는 그 어리석음이 병통이 되었으며:『논어(論語)』「옹야(雍也)」 제24장에서 "재아(宰我)가 물었다. '인(仁)한 사람은 비록 우물에 사람이 빠졌다고 말해 주더라도 우물에 빠진 사람을 구제하려고 따라 우물에 들어갈 것입니다.' 공자가 말하였다. '어찌 그렇게 하겠는가? 군자는 우물에까지 가게 할 수는 있지만 빠지게 할 수는 없고, 이치에 있는 말로 속일 수는 있지만 터무니없는 말로 속일 수는 없다.'(宰我問曰:'仁者, 雖告之曰, 井有仁焉, 其從之也.' 子曰:'何爲其然也? 君子可逝也, 不可陷也; 可欺也, 不可罔也.')"라고 하였다.

104) 사직에 대해서는 그 의미를 잃었고:『논어(論語)』「팔일(八佾)」 제21장에서 "애공(哀公)이 재아(宰我)에게 사(社)에 대하여 물었다. 재아가 대답하였다. '하후씨(夏后氏)는 사주(社主)로 소나무를 사용했고, 은(殷)나라 사람들은 잣나무를 사용했으며, 주(周)나라 사람들은 밤나무를 사용했는데, 주나라에서 밤나무를 사용한 것은 백성들에게 전율(戰栗)을 느끼도록 한 것입니다.' 공자가 이를 듣고 말하였다. '이미 이루어진 일은 말하지 않고, 다 된 일은 간(諫)하지 않으며, 이미 지나간 일은 탓하지 않는다.'(哀公問社於宰我. 宰我對曰:'夏后氏以松, 殷人以柏, 周人以栗, 曰使民戰栗.' 子聞之曰:'成事不說, 遂事不諫, 旣往不咎.')"라고 하였다.

○ 非必指晝寢.

'고공자자언어여지사이개차실(故孔子自言於予之事而改此失)'에서 '여지사(予之事)'라고 한 표현은 꼭 낮에 잠잔 것만을 가리키는 것이 아니다.

○ 是字指聽言 · 信行之失.

'고공자자언어여지사이개차실(故孔子自言於予之事而改此失)'에서 '차실(此失)'이라는 글자는 말을 듣고 행동을 믿는 실수를 가리킨다.

○ 去聲.

'역이중경지야(亦以重警之也)'에서 '중(重)'자는 거성(去聲)이다.

○ 旣警其晝寢, 因又警其徒言.

'역이중경지야(亦以重警之也)'라고 한 것은 이미 낮에 잠자는 것을 경계하고 따라서 또 한갓 말만 잘하는 점을 경계한 것이다.

○ 自訟之警, 其警也嚴.

'고공자자언어여지사이개차실, 역이중경지야(故孔子自言於予之事而改此失, 亦以重警之也)'라고 한 것은 공자가 자책하는 경계이니, 그 경계가 엄중하다.

○ 有釋無訓.

경문의 풀이는 있으나 훈고는 없다.

朱註

胡氏曰 : "'子曰'疑衍文. 不然, 則非一日之言也."

호씨(胡氏 : 胡寅)가 말하였다. "'자왈(子曰)'은 연문(衍文)인 것 같다. 그렇지 않다면 같은 날의 말이 아닐 것이다."

詳說

○ 二字.

'자왈의연문(子曰疑衍文)'은 '자왈(子曰)'이라는 두 글자가 연문(衍文)인 것 같다는 뜻이다.

○ 如此則當別爲一章.

'자왈의연문(子曰疑衍文)'의 경우, 이와 같다면 마땅히 별도로 하나의 장(章)이 되어야 할 것이다.

朱註

范氏曰："君子之於學，惟日孜孜，斃而後已，惟恐其不及也. 宰予晝寢，自棄孰甚焉，故夫子責之."

범씨(范氏 : 范祖禹)가 말하였다. "군자는 학문에 대해 나날이 부지런히 힘써 죽은 뒤에야 그만두니, 오직 그러면서도 이르지 못할지를 염려한다. 재여(宰予)가 낮잠을 잔 것은 스스로 포기함이 그것보다 심한 것이 없기 때문에, 공자가 그를 질책하였다."

詳說

○ 毗祭反.

'폐이후이(斃而後已)'에서 '폐(斃)'는 '비(毗)'와 '제(祭)'의 반절(反切)이다.

○ 按：范氏先言君子.

내가 생각하건대 범씨(范氏 : 范祖禹)는 먼저 군자를 말한 것 같다.

○ 此一句極重說.

'자기숙심언(自棄孰甚焉)'라고 한 구절은 지극히 중요한 말이다.

朱註

胡氏曰："宰予不能以志帥氣，居然而倦. 是宴安之氣勝，儆戒之志惰也. 古之聖賢未嘗不以懈惰荒寧爲懼，勸勵不息自彊，此孔子所以深責宰予也.

호씨(胡氏 : 胡寅)가 말하였다. "재여(宰予)가 의지[志]로 기(氣)를 통솔하지 못하고, 편안하게 거처하며 게을렀다. 이는 안일하려고 하는 기운이 우세하고, 경계하는 의지가 태만해진 것이다. 옛 성현은 일찍이 나태함과 안일을 추구하는 것을 두렵게 여기고, 부지런히 힘쓰며 쉬지 않는 것으로 스스로 힘쓰지 않은 적이 없었으니, 이것이 바로 공자가 재여를 깊이 질책한 까닭이다.

詳說

○ 入聲.

'재여불능이지수기(宰予不能以志帥氣)'에서 '수(帥)'자는 입성(入聲)이다.

○『孟子』「公孫丑」曰："志，氣之帥."

'재여불능이지수기(宰予不能以志帥氣)'에서 '이지수기(以志帥氣)'에 대해, 『맹자

(孟子)』「공손추상(公孫丑上)」에서 말하였다. "의지는 기(氣)의 장수이다."[105)]

○ 此二句稍輕說.

'시연안지기승, 경계지지타야(是宴安之氣勝, 儆戒之志惰也)'라고 한 두 구절은 조금 가볍게 말한 것이다.

○ 此句亦蒙上'以'字.

'권려불식자강(勸勵不息自彊)'이라는 구절도 또한 앞 구절인 '고지성현미상불이해타황녕위구(古之聖賢未嘗不以懈惰荒寧爲懼)'에서 '이(以)'자로 이어진다.

○ 上聲.

'권려불식자강(勸勵不息自彊)'에서 '강(彊)'자는 상성(上聲)이다.

○ 按 : 胡氏後言聖賢.

내가 생각하건대 호씨(胡氏 : 胡寅)는 뒤에 성현을 말한 것 같다.

○ 此以上論上節, 此下發明下節言外之意.

이 위로 경문 위 절(節)을 논했고, 이 아래는 아래 절(節)의 말 밖의 뜻을 드러내 밝힌다.

朱註

聽言觀行, 聖人不待是而後能, 亦非緣此而盡疑學者. 特因此立敎, 以警羣弟子, 使謹於言而敏於行耳."

말을 듣고 행동을 살핀다는 것은, 성인이 이 일을 기다린 뒤에 그렇게 할 수 있었던 것이 아니고, 또한 이 때문에 배우는 사람들을 모두 의심한 것도 아니다. 다만 이로 인하여 교훈을 세워 여러 제자들을 경계하여 말을 삼가고 행동을 민첩하게 하도록 한 것일 뿐이다."

詳說

○ 指聽觀.

'성인부대시이후능(聖人不待是而後能)'에서 '시(是)'자는 말을 듣고 행동을 살핀다

105) 의지는 기(氣)의 장수이다 : 『맹자(孟子)』「공손추상(公孫丑上)」에는 "의지[志]는 기(氣)의 장수(將帥)이고, 기(氣)는 몸에 꽉 차 있는 것이다. 의지는 지극하고 기(氣)가 그 다음이다. 그러므로 '그 의지를 잘 잡되 그 기(氣)를 난폭하게 하지 말라'라고 하였다.(夫志, 氣之帥也; 氣, 體之充也. 夫志至焉, 氣次焉. 故曰, '持其志, 無暴其氣.')"라고 되어 있다.

는 것을 가리킨다.

○ ‘能’知人.

‘성인부대시이후능(聖人不待是而後能)’에서 ‘능(能)’자는 사람을 알 수 있다는 것이다.

○ 指予之事, 下同.

‘역비연차이진의학자(亦非緣此而盡疑學者)’에서 ‘차(此)’자는 재여의 일을 가리키고, 아래도 마찬가지이다.

○ 二語見首篇及上篇.

‘사근어언이민어행이(使謹於言而敏於行耳)’에서 ‘근어언(謹於言)’이라는 말은 『논어(論語)』 첫 편에 보이고,[106] ‘민어행(敏於行)’이라는 말은 바로 앞 편에 보인다.[107]

○ 圈上‘警’字警予也, 正意也; 此云‘警群弟子’, 餘意也.

‘○(圈 : 范氏曰 앞의 ○)’ 위의 ‘경(警)’자, 즉 ‘역이중경지야(亦以重警之也)’에서 ‘경(警)’자는 재여를 경계하는 것으로 진정한 뜻이고, 여기에서 ‘여러 제자들을 경계한 것이다’라고 한 말은 나머지 뜻이다.

---

106) ‘근어언(謹於言)’이라는 말은 『논어(論語)』 첫 편에 보이고 : 『논어(論語)』「학이(學而)」 제14장에서 “공자가 말하였다. ‘군자는 먹을 때 배부르기를 추구하지 않고, 거처할 때 편안하기를 추구하지 않으며, 일에는 민첩하고 말은 삼가며, 도(道)를 갖춘 사람에게 찾아가서 질정(質正)한다면 배우기를 좋아한다고 말할 만하다.’(子曰 : ‘君子食無求飽, 居無求安, 敏於事而愼於言, 就有道而正焉, 可謂好學也已.’)”라고 한 것에서 ‘신어언(愼於言)’을 가리킨다.

107) ‘민어행(敏於行)’이라는 말은 바로 앞 편에 보인다 : 『논어(論語)』「이인(里仁)」 제24장에서 “공자가 말하였다. ‘군자는 말은 어눌하게 하고, 실행은 민첩하게 하려고 한다.’(子曰 : ‘君子欲訥於言而敏於行.’)”라고 한 것을 가리킨다.

[5-10-1]

子曰 : "吾未見剛者." 或對曰 : "申棖." 子曰 : "棖也慾, 焉得剛?"
공자가 말하였다. "나는 아직 강(剛)한 사람을 보지 못하였다." 어떤 사람이 대답하였다. "신정(申棖)이라는 사람이 있습니다." 공자가 말하였다. "신정은 욕망이 많은 것이니, 어찌 강한 사람이 될 수 있겠는가?"

朱註

○ 焉, 於'虔'反.[108] 剛, 堅彊不屈之意. 最人所難能者, 故夫子歎其未見.
'언득강(焉得剛)'에서 '언(焉)'은 '어(於)'와 '건(虔)'의 반절(反切)이다. 강(剛)은 굳세고 강하여 굽히지 않는다는 뜻이다. 사람으로 가장 하기 어려운 것이기 때문에 공자가 아직 보지 못했다고 탄식한 것이다.

詳說

○ 訓.
'강, 견강불굴지의(剛, 堅彊不屈之意)'라고 한 것은 훈고이다,

○ 釋.
'최인소난능자, 고부자탄기미견(最人所難能者, 故夫子歎其未見)'이라 한 것은 경문의 풀이이다.

朱註

申棖, 弟子姓名. 慾, 多嗜慾也. 多嗜慾, 則不得爲剛矣.
신정(申棖)은 제자의 성명이다. 욕(慾)은 욕망이 많은 것이다. 욕망이 많으면 강(剛)함이 될 수 없다.

詳說

○ 除庚反.
'신정(申棖)'에서 '정(棖)'은 '제(除)'와 '경(庚)'의 반절(反切)이다.

---

108) 焉, 於虔反 : 박문호(朴文鎬), 『논어집주상설(論語集註詳說)』 권5에는 '於, 焉虔反'이라 되어 있는데, 착오가 있는 것 같다.

○ 『史記』「仲尼弟子傳」曰 : "申黨, 魯人."[109]

'신정, 제자성명(申棖, 弟子姓名)'에 대해, 『사기(史記)』「중니제자열전(仲尼弟子列傳)」에서 말하였다. "신당(申黨)은 노(魯)나라 사람이다."

○ 『索隱』曰 : "「文翁圖」有申棖."[110]

'신정, 제자성명(申棖, 弟子姓名)'에 대해, 『사기색은(史記索隱)』에서 말하였다. "「문옹도(文翁圖)」에 신정(申棖)이 있다."

○ 時利反.

'다기욕야(多嗜慾也)'에서 '기(嗜)'는 '시(時)'와 '리(利)'의 반절(反切)이다.

○ 朱子曰 : "無心'欲'字虛, 有心'慾'字實."[111]

'다기욕야(多嗜慾也)'에서 '욕(慾)'자에 대해, 주자(朱子 : 朱熹)가 말하였다. "심(心)이 없는 '욕(欲)'자는 공허하고, 심(心)이 있는 '욕(慾)'자는 실질적이다."

○ 訓.

'다기욕야(多嗜慾也)'까지는 훈고이다.

○ 釋.

'다기욕, 칙부득위강의(多嗜慾, 則不得爲剛矣)'라고 한 것은 경문의 풀이이다.

朱註

○ 程子曰 : "人有慾則無剛, 剛則不屈於慾."

정자(程子 : 程頤)가 말하였다. "사람이 욕망이 있으면 강(剛)할 수 없고, 강(剛)하면 욕망에 굽히지 않는다."

---

109) 사마천, 『사기(史記)』 권67, 「중니제자열전(仲尼弟子列傳)」 제7, 정현 주(注).

110) 주이존(朱彝尊), 『경의고(經義考)』 권281에 『사기색은(史記索隱)』의 글로 실려 있다.

111) 『주자어류(朱子語類)』 권87, 90조목에서 "問 : ''欲'與'慾'字有何分別?' 曰 : '無心'欲'字虛, 有心'慾'字實. 有心'慾'字是無心'欲'字之母. 此兩字亦通用. 今人言滅天理而窮人慾, 亦使此「慾」字.'(물었다. ''욕(欲)'자와 '욕(慾)'자는 어떤 구별이 있습니까?' 주자(朱子 : 朱熹)가 대답하였다. '심(心)이 없는 '욕(欲)'자는 공허하고, 심(心)이 있는 '욕(慾)'자는 실질적이다. 심이 있는 '욕(慾)'자는 심이 없는 '욕(欲)'자의 어머니이다. 이 두 글자는 또한 통용된다. 지금 사람들이 천리(天理)가 없어지고 인욕(人慾)을 궁구한다고 말하는 것은 또한 이 '욕(慾)'자를 사용한 것이다.')"라고 되어 있다.

詳說

○ 叔子.

'정자왈(程子曰)'에서 '정자(程子)'는 동생 정이(程頤)이다.

○ 本文.

'인유욕즉무강(人有慾則無剛)'이라 한 것은 경문의 내용이다.

○ 言外.

'강즉불굴어욕(剛則不屈於慾)'이라 한 것은 경문 말 밖의 뜻이다.

朱註

謝氏曰:"剛與慾正相反. 能勝物之謂剛, 故常伸於萬物之上; 爲物揜之謂慾, 故常屈於萬物之下.

사씨(謝氏 : 謝良佐)가 말하였다. "강(剛)과 욕(慾)은 서로 정반대이다.112) 사물을 이길 수 있는 것을 강(剛)이라 말하기 때문에 항상 만물의 위에 펼치고, 사물에 가려지는 것을 욕(慾)이라 말하기 때문에 항상 만물의 아래에 굽힌다.

詳說

○ 亦程子之意.

'강여욕정상반(剛與慾正相反)'이라 한 것은 또한 위의 정자(程子 : 程頤)의 뜻이다.

○ 爲物所遮揜.

'위물엄지위욕(爲物揜之謂慾)'에서 '위물엄(爲物揜)'은 사물에 가려지고 막히는 것이다.

112) 강(剛)과 욕(慾)은 서로 정반대이다 : 『주자어류(朱子語類)』 권28, 「논어10(論語十)」, 67조목에는 "'나는 아직 강(剛)한 사람을 보지 못하였다.'는 말에서 욕심은 강함과 정면으로 배치된다. 귀가 소리를 욕심내고, 눈이 색을 욕심내는 것들은 모두 욕심이다. 이것은 조금만 있어도 그것에 끌려 다니고, 이 가운데 주재하는 것이라곤 없으니, 어떻게 강할 수 있겠는가! 어떤 이는 신장을 강한 사람이라고 하는 데, 이는 반드시 겉으로 굳세고 거만한 것이다. 성인께서 사람을 살피면 곧장 그 내면을 따라 살펴 나온다. 그의 내면에 주재하는 것이 없음을 알게 되면 이는 단지 낯빛을 꾸미는 것일 뿐이고, 사람들에게 좋게 보이려는 것이니, 바로 욕심일 뿐 어떻게 강하다고 하겠는가!'('吾未見剛者.' 慾與剛正相反, 若耳之欲聲, 目之欲色之類, 皆是慾. 才有些被它牽引去, 此中便無所主, 焉得剛! 或者以申棖爲剛, 必是外面悻悻自好. 聖人觀人, 直從裏面看出. 見得它中無所主, 只是色莊, 要人道好, 便是慾了, 安得爲剛!')"

○ 申說相反之意.

위 구절은 서로 반대되는 뜻을 거듭 밝혀서 말한 것이다.

朱註

自古有志者少, 無志者多, 宜夫子之未見也. 棖之慾不可知, 其爲人得非悻悻自好者乎!

예로부터 의지가 있는 자가 적고, 의지가 없는 자가 많으니, 공자가 강(剛)한 사람을 만나보지 못한 것이 당연하다. 신정(申棖)의 욕망에 대해서는 알 수 없지만, 그 사람됨이 아마 분노하면서 자신을 아끼는 사람이었을 것이다!

詳說

○ 剛者.

'자고유지자소(自古有志者少)'에서 '유지자소(有志者少)'는 강(剛)한 사람을 가리킨다.

○ 不剛者.

'무지자다(無志者多)'라고 한 것은 강(剛)하지 못한 사람을 가리킨다.

○ 句.

'정지욕불가지(棖之慾不可知)'에서 구절이 끊어진다.

○ 下頂反.

'기위인득비행행자호자호(其爲人得非悻悻自好者乎)'에서 '행(悻)'은 '하(下)'와 '정(頂)'의 반절(反切)이다.

○ 去聲.

'기위인득비행행자호자호(其爲人得非悻悻自好者乎)'에서 '호(好)'자는 거성(去聲)이다.

○ 『孟子集註』曰: "'悻悻', 怒意;113) '自好', 自愛其身也.114)"

'행행자호(悻悻自好)'에 대해, 『맹자집주(孟子集註)』에서 말하였다. "'행행(悻悻)'은 분노하는 뜻이고, '자호(自好)'는 자신을 아끼는 것이다."

113) '悻悻', 怒意: 『맹자집주(孟子集註)』「공손추하(公孫丑下)」.

114) '自好', 自愛其身也: 『맹자집주(孟子集註)』「만장상(萬章上)」.

朱註

故或者疑以爲剛, 然不知此其所以爲慾爾."
이 때문에 어떤 사람이 신정(申棖)을 강(剛)하다고 여겼지만, 이것이 바로 욕망이 되는 것임을 알지 못하였다."

詳說

○ 悻悻似剛.
'고혹자의이위강(故或者疑以爲剛)'이라 한 구절은 분노하는 것이 강(剛)한 것과 비슷하기 때문이다.

○ 一作'耳'.
'연부지차기소이위욕이(然不知此其所以爲慾爾)'에서 '이(爾)'자는 어떤 판본에는 '이(耳)'자로 되어 있다.

○ 自好是慾.
'연부지차기소이위욕이(然不知此其所以爲慾爾)'에 대해, 자신을 아끼는 것은 욕망이다.

○ 厚齋馮氏曰: "棖乃血氣之剛, 夫子所言乃義理之剛."115)
후재 풍씨(厚齋馮氏: 馮椅)가 말하였다. "신정(申棖)의 강함은 혈기의 강함이고, 공자가 말한 강함은 곧 의리의 강함이다."

○ 雲峰胡氏曰: "或人於棖惑其剛之似, 而夫子識其不剛之眞."116)
운봉 호씨(雲峯胡氏: 胡炳文)가 말하였다. "어떤 사람은 신정에 대해 그 강함이 유사한 것 같다고 의혹했지만, 공자는 그가 강하지 않은 진실을 알고 있었다."

115) 호병문, 『사서통』「논어통」 권3.
116) 호병문, 『사서통』「논어통」 권3.

[5-11-1]

子貢曰："我不欲人之加諸我也，吾亦欲無加諸人." 子曰："賜也! 非爾所及也."

자공(子貢)이 말하였다. "저는 남이 나에게 침범하는 것을 원하지 않고, 저도 남에게 침범하지 않으려고 합니다." 공자가 말하였다. "사(賜 : 子貢)야! 이는 네가 미칠 수 있는 것이 아니다."

朱註

子貢言'我所不欲人加於我之事，我亦不欲以此加之於人.' 此仁者之事，不待勉强，故夫子以爲非子貢所及.

자공(子貢)은 '남이 나에게 침범하기를 원하지 않는 일을 나 또한 이를 남에게 침범하지 않으려고 한다.'라고 말한 것이다. 이는 인(仁)한 사람의 일로서 억지로 힘쓸 필요가 없는 것이기 때문에 공자는 자공이 미칠 수 있는 것이 아니라고 여긴 것이다.

詳說

○ 添二字.

'아소불욕인가어아지사(我所不欲人加於我之事)'라고 하여 경문 '아불욕인지가제아야(我不欲人之加諸我也)'에 '지사(之事)'라는 두 글자를 첨가하였다.

○ 本文二'我'字有汎指之意，一'吾'字有自擔之意，然可以通用，故『集註』皆作'我'字.

'아소불욕인가어아지사, 아역불욕이차가지어인(我所不欲人加於我之事，我亦不欲以此加之於人)'에 대해, 본문 '아불욕인지가제아야(我不欲人之加諸我也)'에서 두 개의 '아(我)'자는 일반적으로 가리키는 뜻이 있고, '오역욕무가제인(吾亦欲無加諸人)'에서 '오(吾)'자는 스스로 감당하는 뜻이 있지만, 통용할 수 있기 때문에 『논어집주(論語集註)』에서는 모두 '아(我)'자로 썼다.

○ 添二字，卽'之事'.

'아역불욕이차가지어인(我亦不欲以此加之於人)'에서 '차(此)'자는 앞에서 두 글자를 첨가한 것, 즉 '지사(之事)'이다.

○ 上之'事'止指上句，此之'事'幷指下句.

'아소불욕인가어아지사(我所不欲人加於我之事)'에서 '사(事)'자는 다만 앞 구절만을 가리키고, ‘차인자지사(此仁者之事)’에서 ‘사(事)’자는 뒤 구절을 아울러 가리킨다.

○ 上聲.

‘불대면강(不待勉强)’에서 ‘강(强)’자는 상성(上聲)이다.

○ ‘無’字有此意.

경문 ‘오역욕무가제인(吾亦欲無加諸人)’에서 ‘무(無)’자에는 ‘불대면강(不待勉强)’이라는 뜻이 있다.

○ 朱子曰 : “言不可躐等.”117)

‘고부자이위비자공소급(故夫子以爲非子貢所及)’에 대해, 주자(朱子 : 朱熹)가 말하였다. “이는 단계를 뛰어넘어서는 안 된다는 것을 말한다.”

○ 有釋無訓.

경문의 풀이는 있으나 훈고는 없다.

朱註

程子曰 : “我不欲人之加諸我, 吾亦欲無加諸人, 仁也; 施諸己而不願, 亦勿施於人, 恕也. 恕則子貢或能勉之, 仁則非所及矣.”

정자(程子 :程頤)가 말하였다. “나는 남이 나에게 침범하는 것을 원하지 않고 나도 남에게 침범하지 않으려고 한다는 것은 인(仁)이며, 자신에게 베풀어 보아 원하지 않는 것을 또한 남에게 베풀지 말라는 것은 서(恕)이다. 서(恕)는 자공(子貢)이 간혹 힘쓸 수 있지만, 인은 미칠 수 있는 것이 아니다.”

---

117) 『주자어류(朱子語類)』 권28, 「논어10(論語十)」, 72조목에서 “子貢謂‘此等不善底事, 我欲無以加於人’, 此意可謂廣大. 然夫子謂‘非爾所及’, 蓋是子貢功夫未到此田地. 學者只有箇‘恕’字, 要充擴此心, 漸漸勉力做向前去. 如今便說‘欲無加諸人’, 無者, 自然而然. 此等地位, 是本體明淨, 發處盡是不忍之心, 不待勉强, 乃仁者之事. 子貢遽作此言, 故夫子謂‘非爾所及’, 言不可以躐等. (자공은 ‘이러한 선하지 않은 일을 나는 남에게 침범하지 않으려고 한다.’라고 했으니, 이 뜻은 넓고 크다고 할 수 있다. 그러나 공자가 ‘네가 미칠 수 있는 것이 아니다.’라고 하였으니, 자공의 공부가 아직 이러한 경지에 이르지 못했기 때문이다. 배우는 사람들은 다만 하나의 ‘서(恕)’자를 가지고 이 마음을 확충해야 하니, 점차적으로 힘을 쓰면서 앞을 향해 나가야 한다. 예컨대 지금 곧바로 ‘남에게 침범하지 않으려고 한다’라고 한다면, 여기에서 ‘않으려고 한다’라는 것은 저절로 그러하고 그러하다는 것이다. 이러한 경지는 본체가 맑고 깨끗하며, 발현하는 곳도 모두 차마 하지 못하는 마음이어서 억지로 힘쓸 필요가 없는 것이니, 바로 인(仁)한 사람의 일이다. 자공이 대번에 이런 말을 했기 때문에 공자는 ‘네가 미칠 수 있는 것이 아니다’라고 한 것이니 단계를 뛰어넘어서는 안 된다는 것을 말한다.)”라고 되어 있다.

詳說

○ 叔子.

'정자왈(程子曰)'에서 '정자(程子)'는 동생 정이(程頤)이다.

○ 二句見「衛靈公」及『中庸』.

'시저기이불원, 역물시어인, 서야(施諸己而不願, 亦勿施於人, 恕也)'라는 두 구절은 『논어(論語)』「위령공(衛靈公)」과 『중용(中庸)』에 보인다.118)

○ 此四字有恕亦不輕許之意.

'서즉자공혹능면지(恕則子貢或能勉之)'에서 '혹능면지(或能勉之)'라는 네 글자에는 서(恕) 또한 가볍게 인정하지 않는다는 뜻이 있다.

○ 雲峰胡氏曰:"借夫子說恕之事, 以見子貢所言是仁之事."119)

'서즉자공혹능면지, 인즉비소급의(恕則子貢或能勉之, 仁則非所及矣)'에 대해, 운봉호씨(雲峯胡氏:胡炳文)가 말하였다. "공자가 서(恕)에 대해 말한 일을 빌려서 자공이 말한 것이 인(仁)의 일이라는 것을 보였다."

朱註

愚謂:'無'者, 自然而然; 勿者, 禁止之謂. 此所以爲仁·恕之別.

내가 생각하건대, '무가저인(無加諸人)'에서 '무(無)'자는 저절로 그러하고 그러한 것이며, '물시어인(勿施於人)'에서 '물(勿)'자는 금지하는 말이다. 이것이 인(仁)과 서(恕)의 구별이 되는 근거이다.

詳說

○ 彼列反.

'차소이위인·서지별(此所以爲仁·恕之別)'에서 '별(別)'은 '피(彼)'와 '렬(列)'의 반

118) '시저기이불원, 역물시어인, 서야 …… 『논어(論語)』「위령공(衛靈公)」과 『중용(中庸)』에 보인다: 『논어(論語)』「위령공(衛靈公)」 제23장에서 "자공(子貢)이 물었다. '한 마디 말로써 평생토록 실행할 만한 것이 있습니까?' 공자가 대답하였다. '아마 서(恕)일 것이다! 자기가 하려고 하지 않는 것을 남에게 베풀지 말라.'(子貢問曰:'有一言而可以終身行之者乎?' 子曰:'其恕乎! 己所不欲, 勿施於人.')"라고 하였다. 『중용장구(中庸章句)』 제13장에서 "충서(忠恕)는 도(道)와 거리가 멀지 않으니, 자기 몸에 베풀어 보아 원하지 않는 것을 또한 남에게 베풀지 말라는 것이다.(忠恕違道不遠, 施諸己而不願, 亦勿施於人.)"라고 하였다.

119) 호병문, 『사서통』「논어통」 권3.

절(反切)이다.

○ 朱子曰 : "程子晩年仁熟, 方看得如此分曉. 所以分仁恕者, 只是生熟."[120]

주자(朱子 : 朱熹)가 말하였다. "정자(程子 :程頤)가 만년에 인(仁)함이 성숙해져 비로소 이와 같이 분명하게 볼 수 있었다.[121] 인(仁)과 서(恕)로 나뉘는 까닭은 다만 생소함과 익숙함일 뿐이다."

---

120) 『주자어류(朱子語類)』 권28, 「논어10(論語十)」, 74조목에서 "問 : '此如何非子貢所能及?' 曰 : '程先生『語錄』中解此數段, 終是未剖判. 唯「伊川經解」之言, 是晩年仁熟, 方看得如此分曉, 說出得如此分明. 兩句所以分仁 · 恕, 只是生熟 · 難易之間.'(물었다. '이는 무엇 때문에 자공이 미칠 수 있는 것이 아닙니까?' 주자(朱子 : 朱熹)가 대답하였다. '정 선생(程先生 : 程頤)의 『어록』에 이를 여러 단락에 걸쳐 풀이했지만 끝내 분별해서 판단하지 못하였다. 오직 「이천경해(伊川經解)」의 말은 그가 만년에 인(仁)함이 성숙해져 비로소 이와 같이 분명하게 볼 수 있었고, 이와 같이 분명하게 말할 수 있었다. 두 구절이 인(仁)과 서(恕)로 나뉘는 까닭은 다만 생소함과 익숙함, 어렵게 여김과 쉽게 여김의 차이일 뿐이다.')"라고 되어 있다.

121) 정자(程子 :程頤)가 만년에 인(仁)함이 성숙해져 비로소 이와 같이 분명하게 볼 수 있었다 : 이 말은 정이(程頤)의 만년 저술인 『이천선생경설(伊川先生經說)』 제6 「논어설(論語說)」에 보인다.

[5-12-1]

子貢曰："夫子之文章, 可得而聞也; 夫子之言性與天道, 不可得而聞也."
자공(子貢)이 말하였다. "공자의 문장(文章)은 들을 수 있었지만, 공자가 성(性)과 천도(天道)를 말하는 것은 들을 수 없었다."

朱註

文章, 德之見乎外者, 威儀·文辭皆是也. 性者, 人所受之天理; 天道者, 天理自然之本體, 其實一理也.

문장(文章)은 덕(德)이 밖으로 나타나는 것이니, 위의(威儀)와 문사(文辭)가 모두 이것이다. 성(性)은 사람이 부여받은 천리(天理)이고, 천도(天道)는 천리(天理)가 저절로 그러한 본체이니, 그 실제는 하나의 이치이다.

詳說

○ 音現, 下同.

'덕지현호외자(德之見乎外者)'에서 '현(見)'자는 음이 현(現)이고 아래도 마찬가지이다.

○ 慶源輔氏曰："威儀, 見乎容貌; 文辭, 見乎言語."122)

'위의·문사개시야(威儀·文辭皆是也)'에 대해, 경원 보씨(慶源輔氏 : 輔廣)가 말하였다. "위의(威儀)는 용모에 나타난 것이고, 문사(文辭)는 언어에 나타난 것이다."

○ 新安陳氏曰："堯之文章, 見於治天下, 故朱子釋以禮樂法度."123)

'위의·문사개시야(威儀·文辭皆是也)'에 대해, 신안 진씨(新安陳氏 : 陳櫟)가 말하

---

122) 호광 편(胡廣 編), 『논어집주대전(論語集註大全)』 권5에 보광(輔廣)의 말로서 "威儀, 德之見乎容貌者; 文辭, 德之見乎言語者.(위의(威儀)는 덕이 용모에 나타난 것이고, 문사(文辭)는 덕이 언어에 나타난 것이다.)"라고 실려 있다.

123) 호광 편(胡廣 編), 『논어집주대전(論語集註大全)』 권5에 진력(陳櫟)의 말로, "堯之文章, 朱子釋以禮樂法度, 與此不同者. 堯達而在上, 其文章見於治天下; 夫子窮而在下, 其文章惟見於吾身. 在天下, 故以禮樂法度言; 在吾身, 故以威儀文辭言也.(요(堯)임금의 문장에 대해 주자는 그것을 예악과 법도로써 풀이하여 여기와는 같지 않다. 요임금은 현달(顯達)하여 높은 지위에 있어서 그 문장이 천하를 다스리는 데 나타났고, 공자는 곤궁하여 낮은 지위에 있어서 그 문장이 오직 자신의 몸에 나타났다. 천하에 있었기 때문에 예악과 법도로써 말했고, 자신의 몸에 있었기 때문에 위의(威儀)와 문사(文辭)로써 말하였다.)"라고 실려 있다.

였다. "요(堯)임금의 문장은 천하를 다스리는 데서 나타나기 때문에 주자는 그것을 예악과 법도로써 풀이하였다."

○ 朱子曰 : "仁義禮智."124)

'인소수지천리(人所受之天理)'에 대해, 주자(朱子 : 朱熹)가 말하였다. "이는 인의예지이다."

○ 朱子曰 : "元亨利貞."125)

'천리자연지본체(天理自然之本體)'에 대해, 주자(朱子 : 朱熹)가 말하였다. "이는 원형이정이다."

○ 人所受之天理, 是異體之性也; 天理自然之本體, 是一原之理也.

'천리자연지본체(天理自然之本體)'에 대해, 사람이 천리(天理)를 받은 것은 몸을 달리하는 성(性)이고, 천리가 저절로 그러한 본체는 하나의 근원으로의 이치이다.

○ 天理至善, 而人性亦善, 故云'一理'.

'기실일리야(其實一理也)'라고 한 것에 대해, 천리는 지극히 선(善)하고 사람의 성(性)도 또한 선하기 때문에 '하나의 이치'라고 말하였다.

○ 訓畢.

훈고가 끝났다.

朱註

言夫子之文章, 日見乎外, 固學者所共聞; 至於性與天道, 則夫子罕言之, 而學者有不得聞者.

공자의 문장(文章)은 날마다 밖으로 드러나니 본디 배우는 사람들이 다 같이 들을 수 있는 것이지만, 성(性)과 천도(天道)의 경우는 공자가 드물게 말했기 때문에 배우는 사람들이 들을 수 없었다는 것을 말한다.

---

124) 『주자어류(朱子語類)』 권28, 「논어10(論語十)」, 79조목에서 "吉甫問性與天道. 曰 : '譬如一條長連底物事, 其流行者是天道, 人得之者爲性. 乾之元亨利貞, 天道也, 人得之, 則爲仁義禮智之性.'(길보(吉甫 : 주자 문인)가 성(性)과 천도(天道)에 대해 물었다. 주자(朱子 : 朱熹)가 대답하였다. '비유컨대 한 줄기로 길게 이어진 것과 같으니, 그것이 유행한 것은 천도이고 사람이 그것을 얻은 것이 성(性)이다. 건(乾)의 원형이정이 천도이고 사람이 그것을 얻으면 인의예지의 성이 된다.')"라고 되어 있다.

125) 『주자어류(朱子語類)』 권28, 「논어10(論語十)」, 79조목.

詳說

○ 西山眞氏曰 : "所謂'吾無隱乎爾'."126)

'언부자지문장, 일현호외, 고학자소공문(言夫子之文章, 日見乎外, 固學者所共聞)'에 대해, 서산 진씨(西山眞氏 : 眞德秀)가 말하였다. "이는 이른바 '나는 그대들에게 숨기는 것이 없다'127)라고 한 것이다."

○ 此'聞'字常兼'見'字意看.

'고학자소공문(固學者所共聞)'에서 '문(聞)'자는 항상 '견(見)'자의 뜻과 함께 보아야 한다.

○ 罕言處見「子罕」.

'즉부자한언지(則夫子罕言之)'에서 드물게 말한 것들은 『논어(論語)』「자한(子罕)」에 보인다.128)

○ 釋畢.

경문의 풀이가 끝났다.

○ 此下又申論之.

이 아래는 또 그것을 거듭 밝혀서 논한다.

---

126) 진덕수(陳德秀), 『서산문집(西山文集)』 권31 「문답(問答)」에서 "夫子平時以身教人, 凡形於威儀容止語黙動静, 自然成文自然有章者, 皆所以教學者. 所謂'吾無行而不與二三子, 吾無隱乎爾'者是也.(공자는 평상시 몸소 사람들을 가르쳐서, 무릇 위의(威儀)·행동거지·말함과 침묵·움직임과 고요함에서 나타나는 것이 저절로 그러하게 문채를 이루고 저절로 그러하게 빛남이 있으니, 그 모든 것이 배우는 사람들에게 가르치는 것이었다. 이른바 '나는 행동하고서 그대들에게 보여주지 않은 것이 없는 사람이니, 나는 그대들에게 숨기는 것이 없다'라고 한 것이 이것이다.)"라고 되어 있다.

127) 나는 그대들에게 숨기는 것이 없다 : 『논어(論語)』「술이(述而)」 제23장에서 "공자가 말하였다. '그대들은 내가 무엇을 숨긴다고 여기는가? 나는 그대들에게 숨기는 것이 없다. 행동하고서 그대들에게 보여주지 않은 것이 없는 사람이 바로 나(孔丘)이다.'(子曰 : '二三子以我爲隱乎? 吾無隱乎爾. 吾無行而不與二三子者是丘也.')"라고 하였다.

128) 드물게 말한 것들은 『논어(論語)』「자한(子罕)」에 보인다 : 『논어(論語)』「자한(子罕)」 제1장에서 "공자는 이(利)와 명(命)과 인(仁)을 드물게 말하였다.(子罕言利與命與仁.)"라고 하였다.

朱註

蓋聖門教不躐等, 子貢至是始得聞之, 而歎其美也.

대개 성인의 문하에서는 가르침이 등급을 뛰어넘지 않으므로, 자공(子貢)은 이때에 이르러서야 비로소 얻어 듣고는 그 훌륭함을 감탄한 것이다.

詳說

○ 此時.

'자공지시시득문지(子貢至是始得聞之)'에서 '시(是)'자는 '이때'를 가리킨다.

○ 指'性與天道'之說.

'이탄기미야(而歎其美也)'에서 '기(其)'자는 '성(性)과 천도(天道)'에 대한 말을 가리킨다.

朱註

○ 程子曰 : "此子貢聞夫子之至論, 而歎美之言也."

정자(程子 : 程頤)가 말하였다. "이는 자공(子貢)이 공자의 지극한 논의를 듣고 그 훌륭함을 감탄한 말이다."

詳說

○ 叔子.

'정자왈(程子曰)'에서 '정자(程子)'는 동생 정이(程頤)이다.

○ '性與天道'之論.

'차자공문부자지지론(此子貢聞夫子之至論)'에서 '지론(至論)'은 '성(性)과 천도(天道)'에 대한 논의이다.

○ 性 · 天道, 此章之題目.

'성(性)과 천도(天道)'가 이 장(章)의 제목이다.

[5-13-1]

子路有聞, 未之能行, 唯恐有聞.

자로(子路)는 선(善)한 것에 대해 듣고 아직 미처 실행하지 못했으면, 오직 다시 듣는 것이 있을까 두려워하였다.

詳說

○ 承上章'聞'字而類記之.

이 말은 위 장(章)의 '문(聞)'자를 이어서 같은 부류를 기록한 것이다.

朱註

前所聞者旣未及行, 故恐復有所聞, 而行之不給也.

전에 들은 것을 이미 미처 실행하지 못했기 때문에, 다시 듣는 것이 있어서 그것을 충분히 실행하지 못할까 두려워한 것이다.

詳說

○ 去聲.

'고공부유소문(故恐復有所聞)'에서 '부(復)'자는 거성(去聲)이다.

○ 添'復'字.

'고공부유소문(故恐復有所聞)'이라 한 것은 경문의 '유공유문(唯恐有聞)'에 '부(復)' 자를 첨가한 것이다.

○ 添此句.

'이행지불급야(而行之不給也)'라는 구절을 경문의 내용에 첨가하였다.

○ '給', 猶'優'也.

'이행지불급야(而行之不給也)'에서 '급(給)'자는 '충분히'라는 말과 같다.

○ 有釋無訓.

경문의 풀이는 있으나 훈고는 없다.

朱註

范氏曰 : "子路聞善, 勇於必行, 門人自以爲弗及也, 故著之. 若子路, 可謂能用其勇矣."

범씨(范氏 : 范祖禹)가 말하였다. "자로(子路)는 선(善)한 것에 대해 들으면 반드시 실행하는 데 용감하니,[129] 문인(門人)들이 본래 미치지 못한다고 여겼기 때문에 이를 기록하였다. 자로와 같다면 그 용감함을 잘 썼다고 말할 만하다."

詳說

◯ 孔子門人.

'문인자이위불급야(門人自以爲弗及也)'에서 '문인(門人)'은 공자의 문인이다.

◯ 南軒張氏曰 : "門人記此, 可謂善觀子路矣."[130]

남헌 장씨(南軒張氏 : 張栻)가 말하였다. "문인들이 이를 기록한 것은 자로를 잘 살펴보았다고 말할 수 있다."

◯ 慶源輔氏曰 : "用以力行."[131]

'약자로, 가위능용기용의(若子路, 可謂能用其勇矣)'에 대해, 경원 보씨(慶源輔氏 :

---

129) 자로(子路)는 선(善)한 것에 대해 들으면 반드시 실행하는 데 용감하니 : 『주자어류(朱子語類)』 권29, 「논어11(論語十一)」, 1조목에는 "자로가 '아직 미처 실행하지 못했으면, 오직 다시 듣는 것이 있을까 두려워하였다.'를 배우려고 하면서도, 다시 자로의 옳지 않은 곳을 구하려고만 한다. 이와 같이 이해한다면 본래의 뜻을 잃을 것이다. 이곳에서 보건대, 자로가 선을 실천하는 데 용감했음을 알 수 있다. …… 옛사람이 자기를 위하는 실제의 곳을 알 수 있다. 자로는 선을 실천하는 데 급했으므로 철저하게 실천하지 못할까 걱정하였다. 비유컨대 음식이 값진 것들로 두루 차려져 있어도 반드시 맛을 보아야 좋다. 만약 투철하게 맛보지 않으면 역시 헛될 뿐이다. 자로는 듣는 것에 급하지 않고 실천하는 데 급하였다. 요즘 사람들은 오직 듣지 못할까 걱정하다가, 듣게 되면 책 위에 적어놓고는 실천하는 곳에 나아가서 공부하지 않는다.'(子路'未之能行, 惟恐有聞', 還只要求子路不是處. 如此看, 恐將本意失了. 就此言之, 見得子路勇於爲善處. …… 可見古人爲己之實處. 子路急於爲善, 唯恐行之不徹. 譬如人之飮食, 有珍羞異饌, 須是喫得盡方好. 若喫不透, 亦徒然. 子路不急於聞, 而急於行. 今人惟恐不聞, 旣聞得了, 寫在冊子上便了, 不去行處著工夫.')"라고 하였다.

130) 장식(張栻), 『계사논어해(癸巳論語解)』 권3에는 "有所聞而實未副, 勇者之所恥也. 惟恐有聞, 則其篤於躬行可知. 門人記此, 亦可謂善觀季路矣.(들은 것이 있는데 실행이 아직 따르지 않는 것은 용감한 사람이 수치로 여기는 것이다. 오직 다시 듣는 것이 있을까 두려워한다면 그가 몸소 실행하는 데 독실함을 알 수 있다. 문인들이 이를 기록한 것도 또한 계로(季路 : 子路)를 잘 살펴보았다고 말할 수 있다.)"라고 실려 있다.

131) 호광 편(胡廣 編), 『논어집주대전(論語集註大全)』 권5.

輔廣)가 말하였다. “이는 힘써 실행하는 방법을 사용했다는 것이다.”

○ ‘行’字, 此章之題目.

‘행(行 : 실행하다)’자가 이 장(章)의 제목이다.

[5-14-1]

子貢問曰："孔文子何以謂之文也?" 子曰："敏而好學, 不恥下問, 是以謂之文也."

자공(子貢)이 물었다. "공문자(孔文子)는 무엇 때문에 시호를 문(文)이라 하였습니까?" 공자가 대답하였다. "총명하면서도 배우기를 좋아했고, 아랫사람에게 묻는 것을 부끄러워하지 않았으니, 이 때문에 시호를 문(文)이라 하였다."

朱註

○ '好'去聲. 孔文子, 衛大夫, 名圉. 凡人性敏者多不好學, 位高者多恥下問.

'민이호학(敏而好學)'에서 '호(好)'자는 거성(去聲)이다. 공문자(孔文子)는 위(衛)나라 대부로서 이름은 어(圉)이다. 무릇 사람들 중에 성품이 총명한 사람은 배우기를 좋아하지 않는 경우가 많고, 지위가 높은 사람은 아랫사람에게 묻는 것을 부끄러워하는 경우가 많다.

詳說

○ 音語.

'명어(名圉)'에서 '어(圉)'자는 음이 어(語)이다.

○ 訓.

'공문자, 위대부, 명어(孔文子, 衛大夫, 名圉)'라고 한 것은 훈고이다.

○ 非指年高者也. 雖然, 問與師事又有間矣.

'위고자다치하문(位高者多恥下問)'에서 '위고자(位高者)'는 나이가 많은 사람을 가리키는 것이 아니다. 비록 그러하지만 스승에게 질문하는 일과는 또 차이가 있다.

○ 先反說.

'범인성민자다불호학, 위고자다치하문(凡人性敏者多不好學, 位高者多恥下問)'이라 한 것은 먼저 반대로 말한 것이다.

朱註

故謚法有以勤學好問爲文者, 蓋亦人所難也.

그러므로 시호를 내리는 법에, 배우기를 부지런히 하고 묻기를 좋아하는 것을 문(文)이라 하는 것이 있으니,[132] 이 또한 사람이 하기 어려운 것이기 때문이다.

詳說

◯ 周謚法. 見『史記正義』.

'고시법유이근학호문위문자(故謚法有以勤學好問爲文者)'에서 '시법(謚法)'은 주(周)나라의 시호 내리는 법도이니, 『사기정의(史記正義)』에 보인다.

◯ 次說謚法.

'고시법유이근학호문위문자(故謚法有以勤學好問爲文者)'라고 한 것은 다음으로 시호 내리는 법도를 말한 것이다.

◯ 照上'人'字.

'개역인소난야(蓋亦人所難也)'에서 '인(人)'자는 앞의 '범인성민자다불호학(凡人性敏者多不好學)'에서 '인(人)'자에 비추어 보아야 한다.

◯ 此論斷也.

이는 경문의 의미 설명으로 단정한 것이다.

◯ 此下乃入本文.

이 아래는 곧 경문의 내용으로 들어간 것이다.

朱註

> 孔圉得謚爲文, 以此而已.
>
> 공어(孔圉)가 문(文)이라는 시호를 얻은 것은 이 때문일 뿐이다.

詳說

◯ 指敏學 · 下問.

'이차이이(以此而已)'에서 '차(此)'자는 총명하면서도 배우기를 좋아했고, 아랫사

132) 배우기를 부지런히 하고 묻기를 좋아하는 것을 문(文)이라 하는 것이 있으니 : 『주자어류(朱子語類)』 권29, 「논어11(論語十一)」, 4조목에는 "황의강이 물었다. '배우기를 부지런히 하고 묻기를 좋아하는 것을 문(文)이라 한다.'고 했는데, 문(文)으로 시호를 짓는 것은 실제로 몸소 실천하는 것이 충분하지 못한 것이 아닙니까?' 주희가 말하였다. '이와 같이 말해서는 안 된다. 문왕(文王)이 '무(武)'를 이룰 수 없고 무왕(武王)이 '문(文)'을 이룰 수 없다고 말해서는 안 된다. '높은 이름으로써 시호를 짓고, 하나의 은혜로써 구별한다는 것'은 예컨대 열 가지 일이 모두 선하지 않으면 등등의 말은 진순이 기록한 것과 같다.'(問: ''勤學好問爲文.' 謚之以'文', 莫是見其躬行之實不足否?' 曰: '不要恁地說. 不成文王便是不能武, 武王便是不能文! '謚以尊名, 節以一惠', 如有十事不善, 云云, 同淳錄.')"

람에게 묻는 것을 부끄러워하지 않았다는 것을 가리킨다.

○ 圉是凡人中有一善者.

'이차이이(以此而已)'라고 한 것은 공어(孔圉)가 보통 사람들 가운데 하나의 선함을 가지고 있다는 뜻이다.

○ 釋畢.

경문의 풀이가 끝났다.

朱註

蘇氏曰: "孔文子使太叔疾出其妻而妻之.

소씨(蘇氏: 蘇軾)가 말하였다. "공문자(孔文子)는 태숙질(太叔疾)에게 본부인을 쫓아내도록 하고 자기의 딸인 공길(孔姞)을 그에게 시집보냈다.

詳說

○ 衛大夫.

'태숙질(太叔疾)'은 위(衛)나라 대부이다.

○ 宋朝之女.

'기처(其妻)'는 송조(宋朝)의 딸이다.

○ 去聲.

'처지(妻之)'에서 '처(妻)'자는 거성(去聲)이다.

○ 妻以文子之女孔姞.

'처지(妻之)'는 공문자(孔文子)의 딸인 공길(孔姞)을 그에게 시집보냈다는 것이다.

朱註

疾通於初妻之娣, 文子怒, 將攻之. 訪於仲尼, 仲尼不對, 命駕而行.

그 뒤 태숙질(太叔疾)은 본부인의 여동생과 정을 통했고, 이에 공문자(孔文子)는 노(怒)하여 태숙질을 치려고 하였다. 중니(仲尼: 孔子)에게 방도를 물었는데, 중니는 대답하지 않고 수레를 재촉하여 떠나갔다.

詳說

○ 大計反. 女弟也.

'질통어초처지제(疾通於初妻之娣)'에서 '제(娣)'는 '대(大)'와 '계(計)'의 반절(反切)

이다. 여동생이다.

○ 問也.

'방어중니(訪於仲尼)'에서 '방(訪)'자는 질문한다는 뜻이다.

○ 文子遂奪其女.

'방어중니, 중니불대, 명가이행(訪於仲尼, 仲尼不對, 命駕而行)'한 다음에 공문자(孔文子)는 마침내 그 딸을 빼앗아 왔다.

朱註

疾奔宋, 文子使疾弟遺室孔姞.

태숙질(太叔疾)이 쫓겨서 송(宋)나라로 달아나니, 공문자(孔文子)는 태숙질의 아우인 유(遺)에게 공길(孔姞)을 아내로 맞이하도록 하였다.

詳說

○ 猶娶也

'실(室)'자는 아내로 맞이했다는 것과 같다.

○ 其一反.

'길(姞)'은 '기(其)'와 '일(一)'의 반절(反切)이다.

○ 遺以嫂爲妻.

'문자사질제유실공길(文子使疾弟遺室孔姞)'라고 한 것은 유(遺)가 형수를 아내로 삼았다는 뜻이다.

○ 事見『左』哀十一年.

이 일은 『춘추좌전(春秋左傳)』 애공(哀公) 11년 조목에 보인다.

朱註

其爲人如此而謚曰文, 此子貢之所以疑而問也. 孔子不沒其善, 言'能如此, 亦足以爲文矣', 非經天緯地之文也.

공문자(孔文子)는 사람됨이 이와 같았는데도 시호를 문(文)이라 하였으니, 이것이 자공(子貢)이 의심하여 물은 까닭이다. 공자는 그의 선(善)한 점을 없애지 않고, '이와 같더라도 또한 시호를 문(文)이라 하기에 충분하다'라고 말했으니, 온 천하를 잘 계획하여 다스린다고 할 때의 문(文)이 아니다.

詳說

○ 此所謂'惡而知其美'.

'공자불몰기선(孔子不沒其善)'이라 한 것은 이른바 '미워하면서도 그의 아름다움을 안다'133)라는 말이다.

○ 指敏學·下問.

'언능여차(言能如此)'에서 '차(此)'자는 총명하면서도 배우기를 좋아했고, 아랫사람에게 묻는 것을 부끄러워하지 않았음을 가리킨다.

○ 朱子曰: "取敏學·下問一善爲諡而隱其惡. 無一善, 純於惡, 然後名曰'幽'·'厲'."134)

'역족이위문의(亦足以爲文矣)'에 대해, 주자(朱子: 朱熹)가 말하였다. "총명하면서도 배우기를 좋아했고, 아랫사람에게 묻는 것을 부끄러워하지 않았다는 하나의 선함을 취하여 시호로 삼고 그의 악함은 숨겼다. 하나라도 선한 것이 없고 전부 악한 뒤에라야 '유(幽)'자나 '려(厲)'자로 시호를 지었다."

○ 朱子曰: "如織布, 經是直, 緯是橫. '裁成天地之道, 輔相天地之宜', 便是經緯天地之文."135)

---

133) 미워하면서도 그의 아름다움을 안다: 『대학장구(大學章句)』 전(傳) 제8장에서 "이른바 그 집안을 가지런히 함이 몸을 닦음에 있다는 것은 사람들이 친애하는 것에 편벽되고, 비천하게 여기고 미워하는 것에 편벽되며, 두려워하고 존경하는 것에 편벽되고, 가엽게 여기고 불쌍히 여기는 것에 편벽되며, 거만하고 태만히 하는 것에 편벽된다. 그러므로 좋아하면서도 그의 나쁨을 알고, 미워하면서도 그의 아름다움을 아는 사람이 세상에 적다.(所謂齊其家, 在修其身者, 人之其所親愛而辟焉, 之其所賤惡而辟焉, 之其所畏敬而辟焉, 之其所哀矜而辟焉, 之其所敖惰而辟焉. 故好而知其惡, 惡而知其美者, 天下鮮矣.)"라고 하였다.

134) 『주자어류(朱子語類)』 권29, 「논어11(論語十一)」, 3조목에는 "問孔文子之諡. 曰: '古人有善雖多, 而擧一以爲諡. 如有十事皆善, 只擧一善可以包之. 如九事不善, 只有一善, 則亦可以一善爲諡. 皆無一善, 而後名之曰'幽'·'厲'. 凡二字諡, 非禮也. 如'貞惠文子', '睿聖武公', 皆是饒兩字了. 周末王亦有二字諡.'(공문자(孔文子)의 시호에 대해 물었다. 주자(朱子: 朱熹)가 대답하였다. '옛사람은 선함이 비록 많더라도 하나를 들어서 시호로 삼았다. 만약 열 가지의 일이 모두 선하더라도 다만 하나의 선함을 들어서 다 포괄할 수 있었다. 만약 아홉 가지 일이 선하지 않고 다만 하나의 선함이 있다면 또한 그 하나의 선함으로 시호를 삼을 수 있었다. 모든 것이 하나도 선하지 않은 뒤에서야 '유(幽)'자나 '려(厲)'자로 시호를 지었다. 무릇 두 글자로 시호를 짓는 것은 예법이 아니다. 예컨대 '정혜문자(貞惠文子)'나 '예성무공(睿聖武公)'의 경우는 모두 두 글자를 더한 것이다. 주(周)나라 말기의 왕들에게도 두 글자의 시호가 있었다.')"라고 되어 있다.

135) 『주자어류(朱子語類)』 권29, 「논어11(論語十一)」, 8조목에는 "問: ''文'如何經天緯地?' 曰: '如織布絹, 經是直底, 緯是橫底.' 或問: ''文'之大者, 莫是唐虞·成周之'文'?' 曰: ''裁成天地之

주자(朱子 : 朱熹)가 말하였다. "예컨대 베를 짤 때 경(經)은 세로이고 위(緯)는 가로이다. '천지의 도를 마름질하여 이루고, 천지의 마땅함을 돕는다'[136]라고 했으니, 이것이 곧 온 천하를 잘 계획하여 다스리는 '문(文)'이다."

○ 胡氏曰 : "齊七政, 經天之'文'; 封山濬川, 緯地之'文'."[137]

호씨(胡氏)가 말하였다. "칠정(七政)을 고르게 하는 것[138]은 천도(天道)를 잘 헤아리는 '문(文)'이며, 산(山)을 봉표(封表)하고 내를 깊이 파는 것[139]은 지도(地道)를 잘 헤아리는 '문(文)'이다."

○ 按, 謚法 : 經緯天地曰文, 道德博聞曰文, 勤學好問曰文, 慈惠愛民曰文, 愍民惠禮曰文, 賜民爵位曰文.

내가 생각하건대 시호를 '문(文)'으로 짓는 법도는 다음의 경우이다. 온 천하를 잘 계획하여 다스리는 것을 문(文)이라 하고, 도덕이 있고 견문이 넓은 것을 문(文)이라 하고, 부지런히 배우고 묻기를 좋아하는 것을 문(文)이라 하고, 자애로움과 은혜로 백성들을 사랑하는 것을 문(文)이라 하고, 백성들을 불쌍히 여기고 은혜를 베풀며 예법이 있는 것을 문(文)이라 하고, 백성들에게 작위를 내리는 것을 문(文)이라 한다.

○ '文'字, 此章之題目.

'문(文)'자가 이 장(章)의 제목이다.

道, 輔相天地之宜', 此便是經天緯地之'文'.'(물었다. ''문(文)'이 어떻게 온 천하를 잘 계획하여 다스릴 수 있습니까?' 주자(朱子 : 朱熹)가 대답하였다. '예컨대 베를 짤 때 경(經)은 세로이고 위(緯)는 가로이다.' 어떤 사람이 물었다. ''문(文)' 가운데 큰 것은 당우(唐虞 : 堯 · 舜)와 성주(成周 : 周公과 成王)의 '문'입니까?' 주자(朱子 : 朱熹)가 대답하였다. ''천지의 도를 마름질하여 이루고, 천지의 마땅함을 돕는다.'라고 했으니, 이것이 곧 온 천하를 잘 계획하여 다스리는 '문'이다.')"라고 되어 있다.

136) 천지의 도를 마름질하여 이루고, 천지의 마땅함을 돕는다 : 『주역(周易)』「태괘(泰卦)」 괘사(卦辭)에서 "하늘과 땅이 교류하는 것이 태괘의 모습이니, 군주는 이를 본받아 천지의 도(道)를 마름질하여 이루고 천지의 마땅함을 도와서 백성들의 생활을 돕는다.(天地交, 泰, 后以裁成天地之道, 輔相天地之宜, 以左右民.)"라고 하였다.

137) 호광 편(胡廣 編), 『논어집주대전(論語集註大全)』 권5에 호씨(胡氏)의 말로 실려 있다.

138) 칠정(七政)을 고르게 하는 것 : 『서경(書經)』「우서(虞書) · 순전(舜傳)」에서 "선기(璿璣)와 옥형(玉衡)으로 살펴 칠정(七政)을 고르게 하였다.(在璿璣玉衡, 以齊七政.)"라고 하였다.

139) 산(山)을 봉표(封表)하고 내를 깊이 파는 것 : 『서경(書經)』「우서(虞書) · 순전(舜傳)」에서 "12주(州)를 처음으로 만들고, 12주(州)의 산(山)을 봉표(封表)하고, 내를 깊이 팠다.(肇十有二州, 封十有二山, 濬川.)"라고 하였다.

[5-15-1]

子謂子産, "有君子之道四焉 : 其行己也恭, 其事上也敬, 其養民也惠, 其使民也義."
공자가 자산(子産)을 다음과 같이 논하였다. "그에게는 군자의 도(道)가 네 가지 있었으니, 몸가짐이 공손하며, 윗사람을 섬김이 공경스러우며, 백성을 봉양함이 은혜로우며, 백성을 부림에 의로웠다."

詳說

○ '謂', 猶論也.
'자위자산(子謂子産)'에서 '위(謂)'자는 마치 '논한다'라고 하는 것과 같다.

朱註

子産, 鄭大夫公孫僑. 恭, 謙遜也. 敬, 謹恪也. 惠, 愛利也.
자산(子産)은 정(鄭)나라 대부 공손교(公孫僑)이다. 공(恭)은 겸손함이다. 경(敬)은 삼감이다. 혜(惠)는 사랑하고 이롭게 하는 것이다.

詳說

○ 音喬.
'정대부공손교(鄭大夫公孫僑)'에서 '교(僑)'자는 음이 교(喬)이다.

○ 克各反.
'근각야(謹恪也)'에서 '각(恪)'은 '극(克)'과 '각(各)'의 반절(反切)이다.

○ 謙遜·謹恪, 是恭敬之一事, 非其全體也.
겸손함과 삼감은 공경함의 한 가지 일이니, 그 전체가 아니다.

朱註

使民義, 如都鄙有章·上下有服·田有封洫·廬井有伍之類.
백성을 부림에 의롭다는 것은 예컨대 도성과 시골에 법도의 차이가 있고, 등급의 상하(上下)에 복장이 다르며, 밭에는 두둑과 도랑을 두고, 주택에는 다섯 가구씩 서로 조(組)가 되게 한 것과 같은 것이다.

詳說

◯ 朱子曰 : "有程章條法."140)

'여도비유장(如都鄙有章)'에 대해, 주자(朱子 : 朱熹)가 말하였다. "이는 제도에 과정과 조리가 있는 것이다."

◯ 朱子曰 : "衣服有等級."141)

'상하유복(上下有服)'에 대해, 주자(朱子 : 朱熹)가 말하였다. "이는 의복에 등급이 있는 것이다."

◯ '呼''域'反.

'전유봉혁(田有封洫)'에서 '혁(洫)'은 '호(呼)'와 '역(域)'의 반절(反切)이다.

◯ 見『左』襄三十年.

'여정유오지류(廬井有伍之類)'라고 한 것은 『춘추좌전(春秋左傳)』 양공(襄公) 30년 조목에 보인다.

◯ 『左傳』注曰 : "九夫爲井."142)

'여정유오지류(廬井有伍之類)'라고 한 것에 대해 『춘추좌전(春秋左傳)』 양공(襄公) 30년 조목의 두예(杜預) 주석에서 말하였다. "아홉 농부가 하나의 정(井)이다."

◯ 朱子曰 : "'惠'與'義'相反. '義'有剛斷之意."143)

---

140) 『주자어류(朱子語類)』 권29, 「논어11(論語十一)」, 14조목에는 "吉甫問'都鄙有章, 上下有服.' 曰 : '有章, 是有章程條法; 有服, 是貴賤衣冠各有制度. 鄭國人謂'取我田疇而伍之, 取我衣冠而褚之', 是子產爲國時, 衣服有定制, 不敢著底, 皆收之囊中, 故曰'取而褚之'. 蓋卿錄云 : '有章, 是都鄙各有規矩; 有服, 是衣冠服用皆有等級高卑.'(길보(吉甫 : 주자 문인)가 '도성과 시골에 제도의 차이를 두고, 계급의 상하(上下)에 복장을 달리하는 것'에 대해 물었다. 주자(朱子 : 朱熹)가 대답하였다. '제도의 차이를 둔다는 것은 제도에 과정과 조리가 있는 것이고, 복장을 달리한다는 것은 귀한 사람과 비천한 사람의 의관에 각각 제도가 있는 것이다. 정(鄭)나라 사람들이 '나의 밭두둑을 몰수하여 다섯 가구씩 묶어 한 조(組)로 하고, 나의 의관을 몰수하여 간직한다.'라고 말했으니, 이는 정자산이 나라를 다스릴 때 의복에 제도를 규정하여 감히 입지 못하고 모두 자루 속에 넣어 두었기 때문에, '몰수하여 간직한다.'라고 말하였다.' 습개경(襲蓋卿)은 다음과 같이 기록하였다. '제도에 차이를 둔다는 것은 하나의 도성과 시골에 각각 일정한 표준이 있다는 것이고, 복장을 달리한다는 것은 의관을 착용함에 모두 높고 낮음의 등급이 있는 것이다.')"라고 되어 있다.

141) 『주자어류(朱子語類)』 권29, 「논어11(論語十一)」, 14조목.

142) 두예(杜預), 『춘추좌전주소(春秋左傳註疏)』 권36.

143) 『주자어류(朱子語類)』 권29, 「논어11(論語十一)」, 13조목에는 "問 : ''其使民也義', 如'都鄙有

‘여정유오지류(廬井有伍之類)’에 대해, 주자(朱子 : 朱熹)가 말하였다. “‘은혜’와 ‘의(義)’자는 서로 반대된다. ‘의’자에는 강하게 결단한다는 뜻이 있다.”

○ 有訓無釋.

훈고는 있으나 경문의 풀이는 없다.

朱註

吳氏曰 : “數其事而責之者, 其所善者多也, 臧文仲不仁者三, 不知者三是也.

오씨(吳氏 : 吳棫)가 말하였다. “그 일을 하나하나 들어서 책망하는 일은 그의 선(善)한 점이 많은 것이니, 장문중(臧文仲)은 인(仁)하지 못한 것이 세 가지이고 지혜롭지 못한 것이 세 가지라고 한 말[144]이 이것이다.

詳說

○ 上聲, 下同.

‘수기사이책지자(數其事而責之者)’에서 ‘수(數)’자는 상성(上聲)이고 아래도 마찬가지이다.

○ 下展禽, 廢六關, 妾織蒲.

‘장문중불인자삼(臧文仲不仁者三)’에서 ‘불인자삼(不仁者三)’은 하전금(下展禽 : 柳

章, 上下有服, 田有溝洫, 廬井有伍」之類. 謂爲之裁處得是當, 使之得其定分也.’ 曰 : ‘‘義’字說得未是. ‘義’字有剛斷之意. 其養民則惠, 使民則義. ‘惠’字與‘義’字相反, 便見得子産之政不專在於寬. 就‘都鄙有章’處, 看得見‘義’字在子産上, 不在民上.’(물었다. ‘‘백성을 부림이 의롭다’라는 것은 ‘예컨대 도성과 시골에 제도의 차이를 두고, 계급의 상하(上下)에 복장을 달리하고, 밭에 두둑과 도랑을 두고, 주택에 다섯 가구씩 서로 조(組)가 되게 한다.’라는 것과 같습니다. 재량하는 것이 합당하여 백성들에게 정해진 분수를 얻도록 했다는 것을 말합니다.’ 주자(朱子 : 朱熹)가 말하였다. ‘‘의(義)’자에 대한 설명이 옳지 않다. ‘의’자에는 강하게 결단한다는 뜻이 있다. 백성을 양육함에 은혜롭고, 백성을 부림에 의롭다. ‘은혜’와 ‘의(義)’자는 서로 반대되니 정자산의 정치가 오로지 너그러움에만 있지 않다는 것을 알 수 있다. ‘도성과 시골에 제도의 차이를 둔다.’라는 것에서 ‘의(義)’자의 뜻이 자산에게 있고 백성에게 있지 않다는 것을 알 수 있다.’)”라고 되어 있다.

144) 인(仁)하지 못한 것이 세 가지이고 지혜롭지 못한 것이 세 가지라고 한 말 : 『춘추좌전』, 「문공 2년」에 “장문중은 어질지 못한 것이 세 가지이고, 지혜롭지 못한 것이 세 가지다. 유하혜의 지위를 떨어뜨리고, 육관(六關)을 폐하고, 첩이 자리를 짜는 것이 세 가지 어질지 못한 일이다. 헛된 물건을 만들고, 순서를 어겨 제사지내고, 바다의 새에게 제사지낸 것이 세 가지 지혜롭지 못한 것이다.”라고 하였다.

下惠를 낮은 지위에 있도록 한 일)과 폐육궐(廢六關 : 여섯 개의 관문을 설치한 일)과 첩직포(妾織蒲 : 아내에게 부들자리를 짜게 한 일)의 세 가지이다.

○ 去聲.

'부지자삼시야(不知者三是也)'에서 '지(知)'자는 거성(去聲)이다.

○ 作虛器, 縱逆祀, 祀爰居.

'부지자삼시야(不知者三是也)'에서 '부지자삼(不知者三)'은 작허기(作虛器 : 쓸데없는 기물을 만든 일)와 종역사(縱逆祀 : 잘못된 제사를 방임한 일)와 사원거(祀爰居 : 海鳥에게 제사 지내게 한 일)의 세 가지이다.

○ 見『左』文二年及『國語』.

'장문중불인자삼, 부지자삼시야(臧文仲不仁者三, 不知者三是也)'라는 말은 『춘추좌전(春秋左傳)』 문공(文公) 2년 조목과 『국어(國語)』에 보인다.

○ 客.

'장문중불인자삼, 부지자삼시야(臧文仲不仁者三, 不知者三是也)'에서 '시야(是也)'라는 것은 객(客 : 객체)이다.

○ 就抑而揚.

이는 억누르는 데 나아가 펼쳐 올린 것이다.

朱註

數其事而稱之者, 猶有所未至也, 子産有君子之道四焉是也.

그 일을 하나하나 들어서 칭찬하는 것은 오히려 미진한 점이 있는 것이니, 자산(子産)이 군자의 도(道)가 네 가지 있다는 말이 이것이다.

詳說

○ 稱美.

'수기사이칭지자(數其事而稱之者)'에서 '칭(稱)'자는 찬미한다는 것이다.

○ 主.

'자산유군자지도사언시야(子産有君子之道四焉是也)'에서 '시야(是也)'라는 것은 주(主 : 주체)이다.

○ 就揚而抑.

이는 펼쳐 올리는 데 나아가 억누른 것이다.

朱註

今或以一言蓋一人, 一事蓋一時, 皆非也."

오늘날 간혹 한마디 말로써 한 사람을 개괄하거나, 하나의 일을 가지고 하나의 시기를 개괄하는 것이 있는데, 이는 모두 잘못이다."

詳說

○ 蓋, 蔽也.

'금혹이일언개일인, 일사개일시(今或以一言蓋一人, 一事蓋一時)'에서 '개(蓋)'자는 개괄한다는 뜻이다.

○ 此二字亦蒙上'以'字.

'일사개일시(一事蓋一時)'에서 '일사(一事)'라는 두 글자도 또한 위의 '금혹이일언개일인(今或以一言蓋一人)'에서 '이(以)'자에 이어진다.

○ 二句只是一意.

'금혹이일언개일인, 일사개일시(今或以一言蓋一人, 一事蓋一時)'라는 두 구절은 다만 하나의 뜻일 뿐이다.

○ 反說以總結二事.

'개비야(皆非也)'는 반대로 말해서 앞의 두 가지 일을 총결한 것이다.

○ '君子之道', 此章之題目.

'군자의 도(道)'가 이 장(章)의 제목이다.

[5-16-1]

子曰 : "晏平仲善與人交, 久而敬之."
공자가 말하였다. "안평중(晏平仲 : 晏嬰)은 남과 사귀기를 잘하니, 오래되어도 공경한다."

朱註

晏平仲, 齊大夫, 名嬰.
안평중(晏平仲)은 제(齊)나라의 대부로 이름은 영(嬰)이다.

詳說

○ 『史記索隱』曰 : "'平'謚, '仲'字."
'안평중(晏平仲)'에 대해, 『사기색은(史記索隱)』에서 말하였다. "'평(平)'은 시호이고, '중(仲)'은 자이다."

○ 訓畢.
훈고가 끝났다.

朱註

程子曰 : "人交久則敬衰, 久而能敬, 所以爲善."
정자(程子 : 程頤)가 말하였다. "사람은 사귀는 것이 오래되면 공경함이 쇠퇴하는데, 오래되어도 공경하는 것은 사귀기를 잘하는 것이다."

詳說

○ 叔子.
'정자왈(程子曰)'에서 '정자(程子)'는 동생 정이(程頤)이다.

○ 新安陳氏曰 : "常人之交, 初則敬, 久則玩."145)

145) 호광 편(胡廣 編), 『논어집주대전(論語集註大全)』 권5에 진력(陳櫟)의 말로, "堯之文章, 朱子釋以禮樂法度, 與此不同者. 堯達而在上, 其文章見於治天下; 夫子窮而在下, 其文章惟見於吾身. 在天下, 故以禮樂法度言; 在吾身, 故以威儀文辭言也.(요(堯)임금의 문장에 대해 주자는 그것을 예악과 법도로써 풀이하여 여기와는 같지 않다. 요임금은 현달(顯達)하여 높은 지위에 있어서 그 문장이 천하를 다스리는 데 나타났고, 공자는 곤궁하여 낮은 지위에 있어서 그 문장이 오직 자신의 몸에 나타났다. 천하에 있었기 때문에 예악과 법도로써 말했고, 자신의 몸에

'인교구칙경쇠(人交久則敬衰)'에 대해, 신안 진씨(新安陳氏 : 陳櫟)가 말하였다. "보통 사람들의 사귐은 처음에는 공경하지만 오래되면 소홀해진다."

○ 先反說.

'인교구칙경쇠(人交久則敬衰)'는 먼저 반대로 말한 것이다.

○ 釋畢.

경문의 풀이가 끝났다.

○ 葉氏少蘊曰 : "夫子居齊, 與平仲處者八年, 故知其如此."[146]

섭소온(葉少蘊 : 葉夢得)[147]이 말하였다. "공자가 제(齊)나라에 있었을 때 안평중(晏平仲 : 晏嬰)과 함께 거처한 것이 8년이기 때문에 이와 같이 잘 안 것이다."

○ '敬'字, 此章之綱領.

'경(敬 : 공경함)'자가 이 장(章)의 강령이다.

있었기 때문에 위의(威儀)와 문사(文辭)로써 말하였다.)"라고 실려 있다.

146) 호병문, 『사서통(四書通)』「논어통(論語通)」 권3.

147) 섭몽득(葉夢得, 1077~1148) : 자는 소온(少蘊)이고, 호는 석림거사(石林居士)이다. 송(宋)나라 때 소주 오현(蘇州吳縣 : 현 강소성 소주시) 사람이다. 철종(哲宗) 소성(紹聖) 4년(1097) 진사에 급제하여 중서사인(中書舍人), 한림학사(翰林學士), 용도각직학사(龍圖閣直學士), 호부상서(戶部尙書), 상서좌승(尙書左丞) 등을 역임하였다. 『춘추(春秋)』에 정통하여 『춘추전(春秋傳)』과 『춘추고(春秋考)』, 『춘추얼(春秋讞)』, 『춘추지요총례(春秋指要總例)』, 『석림춘추(石林春秋)』 등을 저술했고, 그 외에 『건강집(建康集)』, 『석림사(石林詞)』, 『석림시화(石林詩話)』, 『석림연어(石林燕語)』, 『암하방언(巖下放言)』, 『석림주의(石林奏議)』 등 30여 종이 있다.

[5-17-1]

子曰 : "臧文仲居蔡, 山節藻梲, 何如其知也?"
공자가 말하였다. "장문중(臧文仲)이 큰 거북을 보관하면서 기둥머리 두공(斗拱)에는 산(山) 모양을 조각하고 들보 위 동자기둥에는 수초(水草)를 그렸으니, 어찌 그를 지혜롭다고 하겠는가?"

朱註

◯ '梲', 章悅反. '知', 去聲. 臧文仲, 魯大夫, 臧孫氏, 名辰.

'산절조절(山節藻梲)'에서 '절(梲)'은 '장(章)'과 '열(悅)'의 반절(反切)이다. '하여기지야(何如其知也)'에서 '지(知)'자는 거성(去聲)이다. 장문중(臧文仲 : 臧孫辰)은 노(魯)나라 대부로 장손씨(臧孫氏)이고 이름은 진(辰)이다.

詳說

◯ 句.

'노대부(魯大夫)'에서 구절이 끊어진다.

◯ 『大全』曰 : "魯孝公生子臧辰, 其曾孫謚文."[148]

'장문중, 노대부, 장손씨, 명진(臧文仲, 魯大夫, 臧孫氏, 名辰)'에 대해, 『논어집주대전』에서 말하였다. "노(魯)나라 효공(孝公)이 아들 장진(臧辰)을 낳았고, 그의 증손자의 시호가 문(文)이다."

朱註

居, 猶藏也. 蔡, 大龜也. 節, 柱頭斗栱也. 藻, 水草名. 梲, 梁上短柱也. 蓋爲藏龜之室, 而刻山於節, 畫藻於梲也.

거(居)는 장(藏 : 보관함)의 뜻과 같다. 채(蔡)는 큰 거북이다. 절(節)은 기둥머리의 두공(斗栱)이다. 조(藻)는 수초(水草)의 이름이다. 절(梲)은 들보 위 동자기둥이다. 이는 점을 칠 때 사용하는 거북껍질을 보관해 두는 방을 만들면서, 기둥머리 두공에는 산 모양을 조각하고 들보 위 동자기둥에는 수초를 그려 놓은 것이다.

---

148) 호광 편(胡廣 編), 『논어집주대전(論語集註大全)』 권5.

○ 何氏曰 : "國君之守龜出蔡地, 因以爲名, 長尺二寸."149)

'채, 대구야(蔡, 大龜也)'에 대해, 하씨(何氏 : 何晏)가 말하였다. "나라의 군주가 점치는 용도로 사용하는 거북은 채(蔡)나라 땅에서 나기 때문에 큰 거북을 채(蔡)라고 부르고, 길이가 2촌이다."

○ 音拱.

'주두두공야(柱頭斗栱也)'에서 '공(栱)'자는 음이 공(拱)이다.

○ 以方木作斗狀.

'주두두공야(柱頭斗栱也)'라고 한 것은 사각 나무로 네모꼴로 짠 것이다.

○ 音話.

'화조어탈야(畫藻於梲也)'에서 '화(畫)'자는 음이 화(話)이다.

○ 訓畢.

훈고가 끝났다.

朱註

當時以文仲爲知, 孔子言其不務民義, 而諂瀆鬼神如此, 安得爲知?

당시 사람들은 장문중(臧文仲)을 지혜롭다고 여겼지만, 공자는 '그가 사람이 지켜야 할 도리에 힘쓰지 않고 귀신에게 아첨하고 친압함이 이와 같았으니, 어찌 지혜롭다고 하겠는가?'라고 말하였다.

詳說

○ 南軒張氏曰 : "以小慧爲知."150)

'당시이문중위지(當時以文仲爲知)'에 대해, 남헌 장씨(南軒張氏 : 張栻)가 말하였다. "이는 조금 총명한 것을 지혜로 여긴 것이다."

○ 先反說.

'당시이문중위지(當時以文仲爲知)'는 먼저 반대로 말한 것이다.

○ 指文仲.

'공자언기불무민의(孔子言其不務民義)'에서 '기(其)'자는 장문중을 가리킨다.

149) 하안(何晏), 『논어집해(論語集解)』 권3.

150) 장식(張栻), 『계사논어해(癸巳論語解)』 권3.

○ '務民之義, 敬鬼神而遠之, 可謂知矣.' 見「雍也」.

'공자언기불무민의, 이첨독귀신여차(孔子言其不務民義, 而諂瀆鬼神如此)'라고 한 것은 '사람이 지켜야 할 도리를 힘쓰고 귀신을 공경하되 멀리한다면 지혜롭다고 말할 수 있을 것이다.'라는 뜻이니, 「옹야(雍也)」에 보인다.[151)]

○ 新安陳氏曰 : "'不務民義', 本文無此意. 然諂瀆鬼神者, 必不務民義."[152)]

'공자언기불무민의, 이첨독귀신여차(孔子言其不務民義, 而諂瀆鬼神如此)'에 대해, 신안 진씨(新安陳氏 : 陳櫟)가 말하였다. "'사람이 지켜야 할 도리에 힘쓰지 않았다.'라는 말은 본문에 이러한 뜻이 없다. 그렇지만 귀신에게 아첨하고 친압하는 사람은 반드시 사람이 지켜야 할 도리에 힘쓰지 않을 것이다."

○ 蒙訓而省之.

'공자언기불무민의, 이첨독귀신여차(孔子言其不務民義, 而諂瀆鬼神如此)'에서 '여차(如此)'라는 말은 훈고에 힘입어 생략한 것이다.

○ 朱子曰 : "是聖人'微顯闡幽'處."[153)]

'안득위지(安得爲知)'에 대해, 주자(朱子 : 朱熹)가 말하였다. "이는 성인이 '나타난 것을 은미하게 하고 그윽한 것을 밝힌'[154)] 것을 알 수 있다."

○ 此四字視本文語尤嚴截.

'안득위지(安得爲知)'라고 한 네 글자는 경문의 말 즉 '하여기지야(何如其知也)'와 견주어 보면 더욱 엄밀하고 정제되어 있다.

---

151) '사람이 지켜야 할 도리를 힘쓰고 귀신을 공경하되 멀리한다면 …… 「옹야(雍也)」에 보인다 : 『논어(論語)』「옹야(雍也)」 제20장에서 "번지(樊遲)가 지혜로움에 대해 물었다. 공자가 대답하였다. '사람이 지켜야 할 도리를 힘쓰고 귀신을 공경하되 멀리한다면 지혜롭다고 말할 수 있을 것이다.'(樊遲問知. 子曰 : '務民之義, 敬鬼神而遠之, 可謂知矣.)"라고 하였다.

152) 호광 편(胡廣 編), 『논어집주대전(論語集註大全)』 권5.

153) 『주자어류(朱子語類)』 권29, 「논어11(論語十一)」, 15조목에는 "臧文仲在當時旣沒, 其言立, 人皆說是非常底人, 孔子直是見他不是處. 此篇最好看, 便見得聖人微顯闡幽處.(장문중(臧文仲)은 당시에 이미 죽었는데 그의 말이 세상에 전해지니 사람들이 모두 대단한 사람이라 말하였다. 공자는 다만 그의 옳지 않은 점을 보았을 뿐이다. 이 편(篇)은 성인을 살펴보기에 가장 좋으니, 곧 성인이 '나타난 것을 은미하게 하고 그윽한 것을 밝힌' 것을 알 수 있다.)"라고 되어 있다.

154) 나타난 것을 은미하게 하고 그윽한 것을 밝힌 : 『주역(周易)』「계사전하(繫辭傳下)」에서 "『역(易)』은 지나간 것을 드러내고 앞으로 올 것을 살피며, 나타난 것을 은미하게 하고 그윽한 것을 밝혔다. 열어서 명칭에 마땅하게 하고 사물을 분별하며, 말을 바르게 하고 설명[辭]을 결단하니, 갖추어졌다.(夫『易』, 彰往而察來, 而微顯闡幽. 開而當名辨物, 正言斷辭, 則備矣.)"라고 하였다.

○ 釋畢.

경문의 풀이가 끝났다.

○ 此下又證其事.

이 아래는 또 그 일을 증명한다.

朱註

『春秋傳』所謂'作虛器', 卽此事也.

『춘추전(春秋傳)』에서 이른바 '쓸데없는 기물을 만들었다'라고 한 말은 곧 이 일을 가리킨 것이다.

詳說

○ 『左』文二年.

'『춘추전』소위작허기(『春秋傳』所謂'作虛器')'라고 한 것은 『춘추좌전(春秋左傳)』 문공(文公) 2년 조목이다.

○ 『左傳』注曰 : "無其位而虛有其器."

'『춘추전』소위작허기(『春秋傳』所謂'作虛器')'에 대해, 『춘추좌전(春秋左傳)』 주석에서 말하였다. "그 지위가 없는데 쓸데없이 그 기물을 둔 것이다."

○ 朱子曰 : "大夫不藏龜."155)

'『춘추전』소위작허기(『春秋傳』所謂作虛器)'에 대해, 주자(朱子 : 朱熹)가 말하였다. "대부(大夫)는 거북을 보관하지 않는다."

○ 朱子曰 : "他心惑於鬼神, 一向倒在卜筮上."156)

---

155) 『주자어류(朱子語類)』 권29, 「논어11(論語十一)」, 17조목에는 "大夫不藏龜, 禮家乃因此立說. (대부(大夫)는 거북을 보관하지 않으니, 예(禮) 전문가들은 이로 인해서 학설을 세웠다.)"라고 되어 있다.

156) 『주자어류(朱子語類)』 권29, 「논어11(論語十一)」, 16조목에는 "文振問臧文仲 · 季文子 · 令尹子文 · 陳文子數段. 曰 : "此數段是聖人'微顯闡幽'處. 惟其似是而非, 故聖人便分明說出來, 要人理會得. 如臧文仲, 人皆以爲知, 聖人便說道它旣惑於鬼神, 安得爲知. 蓋卜筮之事, 聖人固欲使民信之. 然藏蓍龜之地, 須自有箇合當底去處. 今文仲乃爲山節藻梲以藏之, 須是它心一向倒在卜筮上了, 如何得爲知?"(정문진(鄭文振 : 주자 문인)이 장문중과 계문자(季文子)와 영윤자문(令尹子文)과 진문자(陳文子)에 관한 여러 단락에 대해 물었다. 주자(朱子 : 朱熹)가 대답하였다. '이 여러 단락은 성인이 나타난 것을 은미하게 하고 그윽한 것을 밝힌 것이다. 오직 그 옳은 것 같으면서도 그르기 때문에 성인이 곧 분명하게 말하여 사람들이 이해하도록 하였다. 예컨

주자(朱子 : 朱熹)가 말하였다. "그것은 그가 마음속으로 귀신에게 미혹되어 줄곧 점치는 일에만 매달렸기 때문이다."

○ 山節藻梲, 又見『禮記』「禮器」, 是管仲居室之僭制. 又見「明堂位」, 是天子之廟制.

'즉차사야(卽此事也)'에 대해, 기둥머리 두공(斗拱)에는 산 모양을 조각하고 들보 위 동자기둥에는 수초(水草)를 그려 놓는다고 하는 말은 또 『예기』「예기(禮器)」편에 보이니, 이는 관중(管仲)이 거처하는 집을 참람하게 지은 것을 가리킨다. 또 「명당위(明堂位)」에 보이니, 이는 천자가 종묘를 짓는 것을 가리킨다.

朱註

張子曰 : "山節藻梲爲藏龜之室, 祀爰居之義, 同歸於不知, 宜矣."

장자(張子 : 張載)가 말하였다. "기둥머리 두공(斗拱)에는 산 모양을 조각하고 들보 위 동자기둥에는 수초(水草)를 그려서 거북껍질을 보관하는 방을 만든 것과 바다새에게 제사지낸 일은 모두 지혜롭지 못한 것에 귀결됨이 당연하다."

詳說

○ 『大全』曰 : "名載, 字子厚, 號橫渠先生. 長安人."[157]

'장자(張子)'에 대해, 『논어집주대전』에서 말하였다. "이름은 재(載)이고 자는 자후(子厚)이며 횡거선생(橫渠先生)으로 불렸다. 장안(長安) 사람이다."

○ 主.

'산절조절위장구지실(山節藻梲爲藏龜之室)'이라 한 것은 주(主 : 주체)이다.

○ 猶'事'也.

'사원거지의(祀爰居之義)'에서 '의(義)'자는 '사(事 : 일)'와 같다.

○ 客.

'사원거지의(祀爰居之義)'라고 한 것은 객(客 : 객체)이다.

대 장문중에 대해 사람들이 모두 지혜롭다고 여겼지만, 성인은 곧 그가 이미 귀신에게 미혹되었으니 어찌 지혜롭다고 하겠는가라고 말하였다. 대개 점치는 일은 성인이 본디 백성들이 그것을 믿도록 하려고 하였다. 그러나 점치는 거북을 보관하는 곳이라면 모름지기 본래 합당한 곳이 있게 마련이다. 이제 장문중이 기둥머리 두공에는 산 모양을 조각하고 들보 위 동자기둥에는 수초를 그려서 보관했다면 반드시 그의 마음이 줄곧 점치는 일에만 매달렸으니 어떻게 지혜롭다고 하겠는가?)"라고 되어 있다.

157) 호광 편(胡廣 編), 『논어집주대전(論語集註大全)』 권5.

○ 『國語』曰 : "海鳥曰爰居, 止於魯東門外, 文仲使國人祭之."158)

'사원거지의(祀爰居之義)'에 대해, 『국어』에서 말하였다. "바다새를 원거(爰居)라고 하는데, 노(魯)나라 동문(東門) 밖에 와서 앉으니 장문중은 국민들이 그 새에게 제사 지내도록 하였다."

○ 句.

'동귀어부지(同歸於不知)'에서 구절이 끊어진다.

○ 朱子曰 : "三不知皆諂瀆鬼神之事."159)

'동귀어부지, 의의(同歸於不知, 宜矣)'라고 한 것에 대해, 주자(朱子 : 朱熹)가 말하였다. "세 가지 지혜롭지 못한 일은 모두 귀신에게 아첨한 일이다."

○ '知'字, 此章之題目.

'지(知 : 지혜)'자가 이 장(章)의 제목이다.

---

158) 『국어(國語)』 권4, 「노어(魯語)」 상.

159) 『주자어류(朱子語類)』 권29, 「논어11(論語十一)」, 15조목에는 "山節藻梲, 爲藏龜之室, 以瀆鬼神, 便是不知. 古人卜筮之事固有之, 但一向靠那上去, 便是無意智了. 如祀爰居, 是見一鳥飛來, 便去祀他, 豈是有意智? 看他三不知, 皆是瀆鬼神之事.(기둥머리 두공(斗栱)에 산 모양을 조각하고 들보 위 동자기둥에 수초(水草)를 그려서 거북을 보관하는 방을 만들어 귀신에게 아첨한 것은 곧 지혜롭지 못한 것이다. 옛사람이 점치는 일이 본디 있지만, 단지 줄곧 거기에 의지하는 것은 곧 지혜가 없는 것이다. 바다 새에게 제사를 지낸 경우는 한 마리의 새가 날아오는 것을 보고는 곧 그것에게 제사를 지낸 것이니, 어찌 지혜가 있는 것이겠는가? 그의 세 가지 지혜롭지 못한 일을 보면 모두 귀신에게 아첨한 일이다.)"라고 되어 있다.

[5-18-1]

子張問曰："令尹子文三仕爲令尹，無喜色；三已之，無慍色. 舊令尹之政，必以告新令尹，何如?" 子曰："忠矣." 曰："仁矣乎?" 曰："未知，焉得仁?"
자장(子張)이 물었다. "영윤(令尹)인 자문(子文)이 세 번 영윤이 되었지만 기뻐하는 기색이 없었고, 세 번 면직되었는데도 원망하는 기색이 없었습니다. 옛날 자신이 맡아보던 영윤의 정사(政事)를 반드시 새 영윤에게 알려주었으니, 어떻습니까?" 공자가 대답하였다. "충성스럽다." 자장이 물었다. "인(仁)이라 할 만합니까?" 공자가 대답하였다. "알지 못하겠지만 어찌 인이 될 수 있겠는가?"

朱註

○ '知', 如字. '焉', 於虔反.
'미지, 언득인(未知, 焉得仁)'에서 '지(知)'는 본래의 음으로 읽는다. '언(焉)'은 '어(於)'와 '건(虔)'의 반절(反切)이다.

詳說

○ '三', 去聲.
'영윤자문삼사위영윤, 무희색; 삼이지(令尹子文三仕爲令尹, 無喜色; 三已之)'에서 '삼(三)'자는 거성(去聲)이다.

○『孟子集註』曰："'已', 罷去也."
'삼이지(三已之)'에서 '이(已)'자에 대해 『맹자집주(孟子集註)』에서 말하였다. "'이(已)'자는 면직되는 것이다."160)

○ '舊令尹', 卽己也. '未知', 疑辭. '焉得', 決辭.
'구영윤지정(舊令尹之政)'에서 '구영윤(舊令尹)'은 곧 자문(子文) 자신이다. '미지(未知)'라고 한 것은 의심하는 말이다. '언득인(焉得仁)'에서 '언득(焉得)'은 결단하는 말이다.

---

160) '이(已)'자는 면직되는 것이다 : 『맹자(孟子)』「양혜왕하(梁惠王下)」에서 "맹자가 물었다. '사사(士師)가 사(士)를 다스리지 못하면 어떻게 하겠습니까?' 제선왕(齊宣王)이 대답하였다. '면직시킬 것입니다.'(曰：'士師不能治士，則如之何>' 王曰：'已之.')"라고 한 말에 대한 주자의 주석이다.

朱註

令尹, 官名, 楚上卿, 執政者也. 子文姓鬬, 名穀於菟.

영윤(令尹)은 관직 이름이니, 초(楚)나라의 상경(上卿)으로 정사(政事)를 관장하는 사람이다. 자문(子文)의 성은 투(鬬)이고, 이름은 누오도(穀於菟)이다.

詳說

○ 相也.

'집정자야(執政者也)'는 재상을 가리킨다.

○ 奴口反. 卽'五穀'之'穀'字, 而音異, 又與'穀'同.

'명누오도(名穀於菟)'에서 '누(穀)'는 '노(奴)'와 '구(口)'의 반절(反切)이다. 곧 '오곡(五穀)'의 '곡(穀)'자이지만 음이 다르고 또 '구(穀)'자와 같다.

○ 音烏.

'명누오도(名穀於菟)'에서 '오(於)'자는 음이 오(烏)이다.

○ 音徒.

'명누오도(名穀於菟)'에서 '도(菟)'자는 음이 도(徒)이다.

○『左』宣四年曰 : "初, 子文生棄夢中, 虎乳之. 楚人謂乳'穀', 謂虎'於菟', 故命之."161)

'명누오도(名穀於菟)'에 관해『춘추좌전(春秋左傳)』선공(宣公) 4년 기사에서 말하였다. "애초에 자문(子文)은 태어나서 운몽(雲夢)의 늪 가운데 버려졌는데, 호랑이가 젖을 먹였다. 초(楚)나라 사람들은 젖을 '누(穀)'라 하고, 호랑이를 '오도(於菟)'라고 하기 때문에 그렇게 불렀다."

○ 訓畢.

훈고가 끝났다.

---

161)『춘추좌전(春秋左傳)』선공(宣公) 4년 기사에는 "初, 若敖娶於䢵, 生鬬伯比, 若敖卒, 從其母, 畜於䢵. 淫於䢵子之女, 生子文焉. 䢵夫人使棄諸夢中. 虎乳之. 䢵子田, 見之, 懼而歸. 夫人以告. 遂使收之. 楚人謂乳'穀', 謂虎'於菟'. 故命之曰'鬬穀於菟'.(당초에 약오(若敖)가 운국(䢵國)의 여인을 아내로 맞아 투백비(鬬伯比)를 낳았다. 약오가 죽은 뒤에 투백비는 어머니를 따라가 운국에서 자랐는데, 운자(䢵子)의 딸과 사통하여 자문(子文)을 낳았다. 운부인(䢵夫人)이 사람을 시켜 자문(子文)을 운몽(雲夢)의 늪 가운데 버리게 하였는데, 호랑이가 이 아이에게 젖을 먹였다. 운자(䢵子)가 사냥을 나갔다가 이 광경을 보고는 겁을 먹고 돌아와서 부인에게 이야기하니, 부인이 사실대로 고하였다. 그러자 운자는 드디어 사람을 보내 그 아이를 거두어다가 길렀다. 초(楚)나라 사람들은 젖을 '누(穀)'라 하고, 호랑이를 '오도(於菟)'라고 하기 때문에 운자는 그 아이의 이름을 '투누오도(鬬穀於菟)'라고 하였다.)"라고 되어 있다.

朱註

其爲人也，喜怒不形，物我無間，知有其國而不知有其身，其忠盛矣．故子張疑其仁．
그의 사람됨이 기뻐함과 성냄을 나타내지 않고 남과 자기 사이에 간격이 없어, 국가가 있음만을 알고 자신이 있음을 알지 못했으니, 그의 충성이 융성하다. 그러므로 자장(子張)이 그가 인(仁)한지를 의심하였다.

詳說

○ 勉齋黃氏曰："釋三仕·三已."[162]

'희노불형(喜怒不形)'에 대해, 면재 황씨(勉齋黃氏 : 黃榦)가 말하였다. "이는 세 번 영윤(令尹)이 되었지만 기뻐하는 기색이 없었고, 세 번 면직되었는데도 원망하는 기색이 없었음을 풀이한 것이다."

○ 人與己.

'물아무간(物我無間)'에서 '물아(物我)'는 남과 자기를 말한다.

○ 去聲.

'물아무간(物我無間)'에서 '간(間)'자는 거성(去聲)이다.

○ 勉齋黃氏曰："釋舊政告新."[163]

'물아무간(物我無間)'에 대해, 면재 황씨(勉齋黃氏 : 黃榦)가 말하였다. "이는 옛날 자신이 맡아보던 영윤의 정사(政事)를 반드시 새 영윤에게 알려주었다는 사실을 풀이한 것이다."

○ 勉齋黃氏曰："通釋上兩節."[164]

'지유기국이부지유기신(知有其國而不知有其身)'에 대해, 면재 황씨(勉齋黃氏 : 黃榦)가 말하였다. "이는 앞의 두 구절을 총괄해서 풀이한 것이다."

朱註

然其所以三仕三已而告新令尹者，未知其皆出於天理而無人欲之私也．是以夫子但許其忠，而未許其仁也．

---

162) 조순손(趙順孫), 『논어찬소(論語纂疏)』 권3.

163) 조순손(趙順孫), 『논어찬소(論語纂疏)』 권3.

164) 조순손(趙順孫), 『논어찬소(論語纂疏)』 권3.

그러나 그가 세 번 영윤이 되었다가 세 번 면직당하고서 새 영윤에게 옛 정사(政事)를 알려준 것이 모두 천리(天理)에서 나와 인욕(人欲)의 사사로움이 없었는지는 알 수 없다. 이 때문에 공자는 단지 그의 충성만을 인정하고 그의 인(仁)함은 인정하지 않았다.

詳說

○ '所以'二字, 推原其心而言. 至下註直言'心'字.

'연기소이삼사삼이이고신영윤자(然其所以三仕三已而告新令尹者)'에서 '소이(所以)'라는 두 글자는 그의 마음을 근원으로 미루어가서 말한 것이다. 아래의 주석, 즉 '연미지기심과견의리지당연(然未知其心果見義理之當然)'의 경우는 곧바로 '심(心)'자를 말하였다.

○ 釋'仁'字.

'미지기개출어천리이무인욕지사야(未知其皆出於天理而無人欲之私也)'라고 한 것은 '인(仁)'자를 풀이한 것이다.

○ 釋畢.

경문의 풀이가 끝났다.

○ 朱子曰: "管仲, 聖人却與其仁者, 以其立義正也. 管仲天下之大義. 子文一人之私行."[165]

주자(朱子 : 朱熹)가 말하였다. "관중(管仲)에 대해 성인이 도리어 그에게 인(仁)을 인정한 것[166]은 그가 도의를 세운 것이 올바르기 때문이다. 관중이 한 것은 세상

---

165) 『주자어류(朱子語類)』 권29, 「논어11(論語十一)」, 19조목에는 "或問 : '令尹子文之忠, 若其果無私意, 出於至誠惻怛, 便可謂之仁否?' 曰 : '固是. 然不消泥他事上說, 須看他三仕三已, 還是當否. 以舊政告新令尹, 又須看他告得是否. 只緣他大體旣不是了, 故其小節有不足取. 如管仲之三歸·反坫, 聖人卻與其仁之功者, 以其立義正也. 故管仲是天下之大義, 子文是一人之私行耳.'(어떤 사람이 물었다. '영윤 자문의 충성이 만약 과연 사사로운 뜻이 없이 지극히 성실하고 간절한 마음에서 나왔다면 인(仁)이라 말할 만합니까?' 주자(朱子 : 朱熹)가 대답하였다. '참으로 그렇다. 그러나 다른 일을 섞어서 말해서는 안 되고, 모름지기 그가 세 번 영윤이 되었다가 세 번 면직당한 것이 또한 합당한지의 여부를 보아야 한다. 옛 정사(政事)를 새 영윤에게 알려준 것에 대해서도 또한 그가 알려준 것이 옳은지의 여부를 보아야 한다. 다만 그가 대체적으로 이미 옳지 않았기 때문에 그 작은 절목은 취하기에 충분하지 못한 점이 있다. 예컨대 관중(管仲)의 삼귀(三歸)와 반점(反坫)에 대해 성인이 도리어 그에게 인의 공로를 인정한 것은 그가 도의를 세운 것이 올바르기 때문이다. 그러므로 관중의 경우는 세상의 큰 도리이고 자문의 경우는 한 사람의 사사로운 행위일 뿐이다.)"라고 되어 있다.

166) 관중(管仲)에 대해 성인이 도리어 그에게 인(仁)을 인정한 것 : 『논어(論語)』「헌문(憲問)」 제

의 큰 도리이고, 자문이 한 것은 한 사람의 사사로운 행위이다."

[5-18-2]

"崔子弑齊君, 陳文子有馬十乘, 棄而違之. 至於他邦, 則曰 : '猶吾大夫崔子也.' 違之. 之一邦, 則又曰 : '猶吾大夫崔子也.' 違之. 何如?" 子曰 : "淸矣." 曰 : "仁矣乎?" 曰 : "未知, 焉得仁?"

자장이 또 물었다. "최자(崔子 : 崔杼)가 제(齊)나라 군주를 시해하니, 진문자(陳文子)는 말 10승(乘)을 가지고 있었는데, 버리고 그 곳을 떠났습니다. 다른 나라에 이르러 '이곳의 대부도 우리나라 대부 최자와 같다.'라고 말하고 그곳을 떠났습니다. 또 어떤 나라에 이르러서 '이곳의 대부도 우리나라 대부 최자와 같다.'라고 말하고 떠났습니다. 어떻습니까?" 공자가 대답하였다. "깨끗하다." 자장이 물었다. "인(仁)이라 할 만합니까?" 공자가 대답하였다. "알지 못하겠지만 어찌 인이 될 수 있겠는가?"

朱註

○ '乘', 去聲.

'진문자유마십승(陳文子有馬十乘)'에서 '승(乘)'자는 거성(去聲)이다.

詳說

○ '何如'以上, 亦子張問也. 吾大夫, 吾國之大夫也. 蓋所至列國之臣多亂賊, 故云'猶吾崔子也.' '之一'之'之', 往也.

'하여(何如)'라는 말까지는 또한 자장이 질문한 내용이다. '유오대부최자야(猶吾大夫崔子也)'에서 '오대부(吾大夫)'는 우리나라의 대부이다. 대개 진문자(陳文子)가 도달한 여러 나라들의 신하들이 대부분 난신적자(亂臣賊子)였기 때문에 '우리나라의 최자와 같다'라고 말하였다. '지일방(之一邦)'에서 '지(之)'자는 왕(往 : 간다)라

17장에서 "공자가 말하였다. '환공(桓公)이 제후들을 규합하면서 무력을 쓰지 않은 것은 관중(管仲)의 힘이었으니, 누가 그의 인(仁)만 하겠는가, 누가 그의 인만 하겠는가!'(子曰 : '桓公九合諸侯, 不以兵車, 管仲之力也, 如其仁, 如其仁!')"라고 하였다.

는 뜻이다.

朱註

崔子, 齊大夫, 名杼. 齊君, 莊公, 名光. 陳文子亦齊大夫, 名須無. 十乘, 四十匹也. 違, 去也.

최자(崔子)는 제(齊)나라 대부로서, 이름은 저(杼)이다. 제나라 군주는 장공(莊公)이니, 이름은 광(光)이다. 진문자(陳文子)도 또한 제나라 대부로서, 이름은 수무(須無)이다. 10승(乘)은 40필이다. 위(違)는 떠난다는 것이다.

詳說

○ 直呂反.

'명저(名杼)'에서 '저(杼)'는 '직(直)'과 '려(呂)'의 반절(反切)이다.

○ 弑事見『左』襄二十五年.

'제군, 장공, 명광(齊君, 莊公, 名光)'에 대해, 제(齊)나라 군주가 시해당한 일은 『춘추좌전(春秋左傳)』 양공(襄公) 25년 조목에 보인다.

○ 又姓田氏.

'진문자역제대부, 명수무(陳文子亦齊大夫, 名須無)'에 대해, 또 성(姓)은 전(田)씨이다.

○ 言其富也.

'십승, 사십필야(十乘, 四十匹也)'라고 한 것은 그가 부유함을 말한다.

○ 訓畢.

훈고가 끝났다.

朱註

文子潔身去亂, 可謂清矣. 然未知其心果見義理之當然, 而能脫然無所累乎, 抑不得已於利害之私, 而猶未免於怨悔也.

문자(文子)가 자기 몸을 깨끗이 하고 혼란한 나라를 떠났으니, 깨끗하다고 말할 만하다. 그러나 그의 마음이 과연 의리(義理)의 당연함을 보고 짐을 벗어던지듯이 매이는 것이 없을 수 있었는지, 그렇지 않으면 이해(利害)의 사사로움에 어쩔 수 없어서 여전히 원망과 후회를 벗어나지 못했는지 알 수 없다.

詳說

○ **朱子曰 : "棄十乘如敝屣."**[167)]

'문자결신거난(文子潔身去亂)'라고 한 것에 대해, 주자(朱子 : 朱熹)가 말하였다. "말 10승을 헌신짝처럼 버렸다."

○ **『集註』云'其忠盛矣', 此云'可謂清矣.' 蓋本文於二子不分優劣, 而『集註』常微寓抑揚之意, 以文子之清有遜於子文之忠也.**

'가위청의(可謂清矣)'과 관련하여, 『논어집주(論語集註)』에서 자문(子文)에 대해서는 '기충성의(其忠盛矣 : 그 충성이 융성하다)'라고 하였는데, 여기에서는 '가위청의(可謂清矣 : 청결하다고 말할 만하다)'라고 하였다. 대개 경문에서는 자문(子文)과 문자(文子) 두 사람에 대해 우열을 나누지 않았는데, 『논어집주(論語集註)』에서는 항상 억누르거나 펼쳐 올리는 뜻을 조금 붙이니, 그것은 문자의 깨끗함이 자문의 충성스러움보다 못한 점이 있기 때문이다.

○ **上註著'皆'字, 此著'果'字, 亦微寓抑揚.**

위 자문(子文)에 대한 주석에서는 '미지기개출어천리이무인욕지사야(未知其皆出於天理而無人欲之私也)'라고 하여 '개(皆 : 모두)'자를 붙였는데, 여기에서는 '연미지기심과견의리지당연(然未知其心果見義理之當然)'라고 하여 '과(果)'자를 붙였으니, 이 또한 억누르거나 펼쳐 올리는 뜻을 조금 붙인 것이다.

○ **二句釋'仁'字. 上下註各依其人其事而釋之, 故微不同.**

'연미지기심과견의리지당연, 이능탈연무소루호(然未知其心果見義理之當然, 而能脫然無所累乎)'라고 한 두 구절은 '인(仁)'자를 풀이한 것이다. 위아래의 주석 즉 '미지기개출어천리이무인욕지사야(未知其皆出於天理而無人欲之私也)'라고 한 것과 '연미지기심과견의리지당연, 이능탈연무소루호(然未知其心果見義理之當然, 而能脫然無所累乎)'라고 한 것은 각각 그 사람과 그 일에 의거하여 인(仁)을 풀이한 것이기 때문에 조금 다르다.

○ **此又甲說一過, 而斥其不仁, 上註之所無也. 二子之優劣分矣.**

'억부득이어이해지사, 이유미면어원회야(抑不得已於利害之私, 而猶未免於怨悔也)'

---

167) 『주자어류(朱子語類)』 권29, 「논어11(論語十一)」, 21조목에는 "今人有一毫係累, 便脫洒不得, 而文子有馬十乘, 乃棄之如敝屣然. 此亦豈是易事? 常人豈能做得?(요즘 사람들은 조금이라도 얽어 매이는 것이 있으면 깨끗하게 벗어나지 못하는데, 문자(文子)는 가지고 있던 말 10승을 헌신짝처럼 버렸다. 이것이 또한 어찌 쉬운 일이겠는가? 보통사람들이 어찌 할 수 있겠는가?)"라고 되어 있다.

라고 한 것은 또 한 번 거듭 밝혀 말해서 그가 인(仁)하지 못함을 배척한 것이니, 위의 주석에서는 없었던 것이다. 두 사람의 우열이 나누어진다.

朱註

故夫子特許其清, 而不許其仁.

그러므로 공자는 다만 그의 청결함만을 인정했지 그의 인(仁)함은 인정하지 않았다.

詳說

○ '特'字視'但'字, 亦有煞費力底意.

'고부자특허기청(故夫子特許其清)'에서 '특(特)'자는 위 주석 '시이부자단허기충(是以夫子但許其忠)'에서 '단(但)'자에 견주어보면 또한 매우 힘을 쏟는다는 뜻이 있다.

○ 上下節'焉得仁'與上篇'焉得知'同, 謂不得爲仁也.

본 장(章) 앞뒤 구절에서 '언득인(焉得仁)'이라 한 것은 위 편, 즉「이인(里仁)」제1장의 '언득지(焉得知)'와 같으니, 인(仁)이 될 수 없다는 것을 말한다.

○ 釋畢.

경문의 풀이가 끝났다.

○ 此下又統論之.

이 아래는 또 총괄해서 논한다.

朱註

愚聞之師曰 : "當理而無私心, 則仁矣."

나는 스승(李侗)이 다음과 같이 말하는 것을 들었다. "이치에 합당하고 사사로운 마음이 없으면 인(仁)이다."

詳說

○ 一無圈.

'우문지사왈(愚聞之師曰)'앞에 '○(圈)'가 있는데, 어떤 판본에는 '○(圈)'가 없다.

○ 去聲, 下同.

'당리이무사심(當理而無私心)'에서 '당(當)'자는 거성(去聲)이고 아래도 마찬가지이다.

○ 朱子曰："內無私心，而外之處事，又當於理."[168]

주자(朱子 : 朱熹)가 말하였다. "안으로 사사로운 마음이 없으면 밖으로 일을 처리하는 것도 또한 이치에 합당하다."

○ 雙峰饒氏曰："『論語』言仁，有以德言者，有以事言者. 當理而無私心，以事言也."[169]

쌍봉 요씨(雙峰饒氏 : 饒魯)가 말하였다. "『논어(論語)』에서 인(仁)을 말한 것에는 덕으로 말한 것이 있고, 일로 말한 것이 있다. 이치에 합당하여 사사로운 마음이 없는 것은 일로 말한 것이다."

○ 師說止此.

주자의 스승이 말한 것은 여기에서 그친다.

朱註

今以是而觀二子之事，雖其制行之高若不可及，然皆未有以見其必當於理，而眞無私心也.

이제 이 말씀을 가지고 두 사람의 일을 살펴보면, 비록 그 덕행의 높음은 미칠 수 없을 것 같지만 모두 그것이 꼭 이치에 합당하고 참으로 사사로운 마음이 없었는지는 알 수 없다.

詳說

○ 指師說.

'금이시이관이자지사(今以是而觀二子之事)'에서 '시(是)'자는 주자 스승의 말이다.

---

168) 『주자어류(朱子語類)』 권26, 「논어8(論語八)」, 18조목에는 "先生曰：'程子只著箇'公正'二字解，某恐人不理會得，故以'無私心'解'公'字，'好惡當於理'解'正'字. 有人好惡當於理，而未必無私心；有人無私心，而好惡又未必皆當於理. 惟仁者旣無私心，而好惡又皆當於理也.'(주자(朱子 : 朱熹)가 말하였다. '정자(程子)는 다만 '공정(公正)'이라는 두 글자로 '유인자, 능호인, 능오인(惟仁者，能好人，能惡人)'이라는 구절을 풀이하는데, 나는 사람들이 이해하지 못할까 걱정했기 때문에 '사사로운 마음이 없다'라는 것으로 '공(公)'자를 풀이하고, '좋아함과 미워함이 이치에 마땅하다'라는 것으로 '정(正)'자를 풀이하였다. 어떤 사람은 좋아함과 미워함이 이치에 합당해도 꼭 사사로운 마음이 없는 것은 아니며, 어떤 사람은 사사로운 마음이 없어도 좋아함과 미워함이 또 꼭 모두 이치에 합당한 것은 아니다. 오직 인(仁)한 사람만이 이미 사사로운 마음이 없어서 좋아함과 미워함도 또한 모두 이치에 합당하다.')"라고 되어 있다.

169) 호병문, 『사서통』「논어통」 권3.

○ 造也.

'수기제행지고약불가급(雖其制行之高若不可及)'에서 '제(制)'자는 '조(造 : 수양하다)'자의 뜻이다.

○ 去聲.

'수기제행지고약불가급(雖其制行之高若不可及)'에서 '행(行)'자는 거성(去聲)이다.

○ 又添'必'·'眞'二字, 以難其事.

'연개미유이견기필당어리, 이진무사심야(然皆未有以見其必當於理, 而眞無私心也)'라고 한 구절은, 경문 '당리이무사심(當理而無私心)'에 '필(必)'자와 '진(眞)'자 두 글자를 첨부하여 그 일을 어렵게 여긴 것이다.

朱註

子張未識仁體, 而悅於苟難, 遂以小者信其大者, 夫子之不許也, 宜哉!

자장(子張)이 인(仁)의 본체를 알지 못하고 어려운 일을 구차하게 해내는 것만을 좋아하여 마침내 작은 것을 큰 것으로 믿었으니, 공자가 인정하지 않은 것이 마땅하다!

詳說

○ 『荀子』「不苟」篇曰 : "君子行不貴苟難, 唯其當之爲貴." 註 : "'當'謂合禮義."

'이열어구난(而悅於苟難)'에 대해, 『순자』「불구(不苟)」편에서 말하였다. "군자의 행동은 어려운 일을 구차하게 해내는 것을 귀하게 여기지 않으니, 오직 그 예의에 합당한 것을 귀하게 여긴다." 주석에서 말하였다. "여기에서 '당(當)'자는 예의에 합당함을 말한다."

○ 尤菴曰 : "'苟難'是苟爲難能之事, 而非自然之意也."170)

'이열어구난(而悅於苟難)'에 대해, 우암(尤菴 : 宋時烈)이 말하였다. "'구난(苟難)'이라는 것은 하기 어려운 일을 구차하게 하는 것이니 저절로 그러하다는 뜻이 아니다."

○ 忠·淸.

---

170) 송시열(宋時烈), 『송자대전(宋子大全)』 권133, 「잡저(雜著) · 퇴계사서질의의의(退溪四書質疑疑義) 1」에는 "苟難, 恐是苟爲難能之事, 而非自然之意也.('구난(苟難)'이라는 것은 아마 하기 어려운 일을 구차하게 하는 것이니 저절로 그러하다는 뜻이 아니다.)"라고 되어 있다.

‘수이소자신기대자(遂以小者信其大者)’에서 ‘소자(小者)’는 충성과 깨끗함을 가리킨다.

○ 『大全』曰 : “仁.”[171]

‘수이소자신기대자(遂以小者信其大者)’에서 ‘대자(大者)’에 대해, 『논어집주대전』에서 말하였다. “‘대자(大者)’는 인(仁)이다.”

○ 『孟子』「盡心」曰 : “以其小者, 信其大者, 奚可哉?”[172]

‘수이소자신기대자(遂以小者信其大者)’와 관련하여 『맹자(孟子)』「진심상(盡心上)」에서 말하였다. “그 작은 것을 가지고 그 큰 것을 믿는 것이 어찌 옳겠는가?”

○ 以上依本文統論上下節.

위에서는 경문에 의거하여 앞뒤 구절을 총괄해서 논하였다.

朱註

讀者於此, 更以上章‘不知其仁’, 後篇‘仁則吾不知’之語, 幷與三仁·夷·齊之事觀之, 則彼此交盡, 而仁之爲義可識矣.

독자들은 여기에서 다시 위 장(章)의 ‘그가 인(仁)한지는 알지 못하겠다’라고 한 말과 뒤 편(篇), 즉 「헌문(憲問)」의 ‘그가 인한지는 내가 알지 못하겠다’라고 한 말 및 아울러 「미자(微子)」의 삼인(三仁)과 백이(伯夷)·숙제(叔齊)의 일을 가지고 살펴보면, 이것과 저것이 서로 다 발휘하여 인의 의의를 알 수 있을 것이다.

詳說

○ 指此章.

‘독자어차(讀者於此)’에서 ‘차(此)’자는 이 장(章)을 가리킨다.

○ ‘仁而不佞’·‘子路仁乎’二事.

‘갱이상장부지기인(更以上章不知其仁)’에서 ‘상장부지기인(上章不知其仁)’은 ‘인(仁)

171) 호광 편(胡廣 編), 『논어집주대전(論語集註大全)』 권5.

172) 『맹자(孟子)』「진심상(盡心上)」에서 “孟子曰 : ‘仲子, 不義與之齊國而弗受, 人皆信之, 是舍簞食豆羹之義也. 人莫大焉, 亡親戚君臣上下, 以其小者, 信其大者, 奚可哉?’(맹자가 말하였다. ‘진중자(陳仲子)는 불의(不義)로 제(齊)나라를 그에게 주더라도 받지 않는다는 것을 사람들이 모두 믿고 있는데, 이는 한 그릇의 밥과 한 그릇의 국을 버리는 의(義)이다. 사람에게는 인륜(人倫)보다 더 큰 것이 없는데, 진중자는 친척과 군신과 상하(上下)가 없으니, 그 작은 것을 가지고 그 큰 것을 믿는 것이 어찌 옳겠는가?’)”라고 하였다.

하지만 말재주가 없다'[173]라고 한 것과 '자로(子路)는 인합니까'[174]라고 한 것 두 가지의 일을 가리킨다.

○ 「憲問」

'후편인즉오부지지어(後篇仁則吾不知之語)'라는 말은 『논어(論語)』「헌문(憲問)」을 가리킨다.[175]

○ 三語皆不許仁.

세 가지 말, 즉 이 장(章)의 말과 위 장(章)의 '그가 인(仁)한지는 알지 못하겠다'라고 한 말 및 뒤 편(篇), 즉 「헌문(憲問)」의 '그가 인한지는 내가 알지 못하겠다'라고 한 말들은 모두 인함을 인정하지 않은 것이다.

○ 去聲.

'병여삼인·이·제지사관지(幷與三仁·夷·齊之事觀之)'에서 '병(幷)'자는 거성(去聲)이다.

○ 「微子」.

'병여삼인·이·제지사관지(幷與三仁·夷·齊之事觀之)'에서 '삼인(三仁)'은 「미자(微子)」에 있다.[176]

○ 「述而」.

'병여삼인·이·제지사관지(幷與三仁·夷·齊之事觀之)'에서 '이·제지사(夷·齊之事)'는 『논어(論語)』「술이(述而)」에 있다.[177]

---

173) 인(仁)하지만 말재주가 없다 : 본편 제4장에서 "어떤 사람이 말하였다. '옹(雍)은 인(仁)하지만 말재주가 없습니다.'(或曰 : '雍也仁而不佞.')"라고 한 구절을 가리킨다.

174) 자로(子路)는 인합니까 : 본편 제7장에서 "맹무백(孟武伯)이 물었다. '자로(子路)는 인(仁)합니까?' 공자가 대답하였다. '알지 못하겠다.'(孟武伯問 : '子路仁乎?' 子曰 : '不知也.')"라고 한 구절을 가리킨다.

175) '후편인즉오부지지어(後篇仁則吾不知之語)'라는 말은 「헌문(憲問)」을 가리킨다 : 『논어(論語)』「헌문(憲問)」 제2장에서 "원헌(原憲)이 물었다. '이기려 하고, 자랑하고, 원망하고, 욕심내는 일을 행하지 않으면 인(仁)이라 할 수 있습니까?' 공자가 말하였다. '어렵다고 할 수는 있으나, 인인지는 내가 알지 못하겠다.'('克伐怨欲, 不行焉, 可以爲仁矣?' 子曰 : '可以爲難矣, 仁則吾不知也.')"라고 하였다.

176) '삼인(三仁)'은 「미자(微子)」에 있다 : 『논어(論語)』「미자(微子)」 제1장에서 "미자(微子)는 떠나가고 기자(箕子)는 종이 되고 비간(比干)은 간(諫)하다가 죽었다. 공자가 말하였다. '은(殷)나라에 세 인자(仁者)가 있었다.'(微子去之, 箕子爲之奴, 比干諫而死. 孔子曰 : '殷有三仁焉.')"라고 하였다.

177) '이·제지사(夷·齊之事)'는 『논어(論語)』「술이(述而)」에 있다 : 『논어(論語)』「술이(述而)」 제

○ 二事皆許以仁.

'병여삼인 · 이 · 제지사관지(幷與三仁 · 夷 · 齊之事觀之)'에서, '삼인(三仁)'의 일과 '이 · 제지사(夷 · 齊之事)' 두 가지 일에 대해서는 모두 인(仁)으로 인정하였다.

○ 所引諸章.

'즉피차교진(則彼此交盡)'에서 '피(彼)'자는 인용한 여러 장(章)을 가리킨다.

○ 此章.

'즉피차교진(則彼此交盡)'에서 '차(此)'자는 이 장(章)을 가리킨다.

○ 此以上參以他章論仁而識其名義.

여기까지는 다른 장(章)에서 인(仁)을 논한 것을 참고하여 그 명칭과 의의를 알아보았다.

○ 朱子曰 : "比干 · 夷 · 齊, 忠淸裏有仁."[178]

주자(朱子 : 朱熹)가 말하였다. "비간과 백이와 숙제는 충성과 깨끗함 속에 인(仁)이 있다."

朱註

今以他書考之, 子文之相楚, 所謀者無非僭王猾夏之事.

지금 다른 책을 가지고 고찰하면, 자문(子文)이 초(楚)나라를 도울 때 도모한 것은 그 어떤 것도 왕(王)을 참칭하고 중국을 어지럽히는 일 아님이 없었다.

詳說

○ 如『左傳』·『史記』等.

'금이타서고지(今以他書考之)'에서 '타서(他書)'는 예컨대 『춘추좌전(春秋左傳)』과

14장에서 "염유(冉有)가 말하였다. '공자는 위(衛)나라 군주를 도와줄 것인가?'자공(子貢)이 말하였다. '알았다. 내가 물어볼 것이다.' 공자의 거처에 들어가서 물었다. '백이(伯夷)와 숙제(叔齊)는 어떠한 사람입니까?' 공자가 대답하였다. '옛날의 현명한 사람이다.'자공이 물었다. '후회했겠습니까?' 공자가 대답하였다. '인(仁)을 구하여 인을 얻었으니, 또 무엇을 후회했겠는가?'자공이 나와서 말하였다. '공자는 그를 돕지 않을 것이다.'(冉有曰 : '夫子爲衛君乎?' 子貢曰 : '諾. 吾將問之.' 入曰 : '伯夷叔齊, 何人也?' 曰 : '古之賢人也.' 曰 : '怨乎?' 曰 : '求仁而得仁, 又何怨?' 出曰 : '夫子不爲也.')"라고 하였다.

178) 호광 편(胡廣 編), 『논어집주대전(論語集註大全)』 권5에 주자의 말로서 "比干 · 夷 · 齊, 是有本底忠淸, 忠淸裏有仁.(비간과 백이와 숙제는 근본이 있는 충성과 깨끗함이니, 충성과 깨끗함 속에 인(仁)이 있다.)"라고 실려 있다.

『사기(史記)』 등이다.

○ 去聲.

'자문지상초(子文之相楚)'에서 '상(相)'자는 거성(去聲)이다.

○ 相成王.

'자문지상초(子文之相楚)'에서 '상초(相楚)'는 성왕(成王)을 도운 것이다.

○ 朱子曰 : "不能革其僭王之號."179)

'무비참왕(無非僭王)'에 대해, 주자(朱子 : 朱熹)가 말하였다. "그가 왕(王)을 참칭했다고 부르는 것은 바뀔 수 없다."

○ 戶八反.

'소모자무비참왕활하지사(所謀者無非僭王猾夏之事)'에서 '활(猾)'은 '호(戶)'와 '팔(八)'의 반절(反切)이다.

○ 『書』「舜傳」曰 : "蠻夷猾夏." 註 : "'猾', 亂也."

'소모자무비참왕활하지사(所謀者無非僭王猾夏之事)'에서 '활하(猾夏)'와 관련해서 『서경(書經)』「순전(舜傳)」에서 말하였다. "오랑캐가 중국을 어지럽혔다." 주석에서 "'활(猾)'자는 어지럽힌다는 뜻이다."라고 하였다.

○ 『左傳』曰 : 莊三十年爲令尹, 僖元年伐鄭, 五年滅弦, 六年圍許, 十二年滅黃, 二十年伐隨, 二十一年執宋公于盂, 二十二年敗宋于泓, 二十三年伐陳, 以成得臣使爲令尹.

'소모자무비참왕활하지사(所謀者無非僭王猾夏之事)'와 관련하여, 『춘추좌전(春秋左傳)』에는 다음과 같은 말들이 있다. 자문(子文)은 장공(莊公) 30년에 영윤(令尹)이 되었고, 희공(僖公) 원년에 정(鄭)나라를 쳤고, 5년에 현(弦)나라를 멸망시키고, 6년에 허(許)나라를 포위하고, 12년에 황(黃)나라를 멸망시키고, 20년에 수(隨)나라를 쳤고, 21년에 우(盂) 땅에서 송공(宋公)을 잡았고, 22년에 송(宋)나라 군대를 홍(泓) 땅에서 패배시켰고, 23년에 진(陳)나라를 쳤으며, 성득신(成得臣)180)을 시켜 영윤으로 삼았다.

---

179) 『사서혹문(四書或問)』 권10.

180) 성득신(成得臣, ?~B.C632) : 자는 자옥(子玉)이고, 초(楚)나라의 현명한 신하인 투구오도(鬪穀於菟)의 종제(從弟)로서 초나라의 3대 유력 가문인 성씨(成氏) 집안의 개조(開祖)이다. 투구오도가 영윤(令尹) 직을 은퇴한 뒤인 B.C.637~B.C.632년에 영윤을 역임하면서 초나라의 군사 대권까지 장악하였다. 용맹과 지략을 겸비해 유명한 홍양(泓陽)의 전투에서 송나라를 격파하는 큰 공을 세웠으나, 조급한 성미로 인해 진(晉)·제(齊)·진(秦) 등의 외교전에 말려 성복(城濮)의 전투에서 대패하고 초나라 군사의 대부분을 잃은 뒤 자살하였다.

○ 三仕三已, 當在此二十八年之中.

'소모자무비참왕활하지사(所謀者無非僭王猾夏之事)'와 관련해서, 세 번 영윤이 되었다가 세 번 면직당한 것이 마땅히 이 28년 가운데 있었을 것이다.

朱註

文子之仕齊, 旣失正君討賊之義, 又不數歲而復反於齊焉, 則其不仁亦可見矣.

문자(文子)는 제(齊)나라에 벼슬할 때 이미 군주를 올바르게 인도하고 역적을 토벌하는 의리를 잃었고, 또 몇 년이 못 되어 다시 제나라로 돌아갔으니, 그 인(仁)하지 못함을 또한 알 수 있다.

詳說

○ 朱子曰: "旣不能正君禦亂, 又不能先事潔身, 又不能上告天子, 下請方伯, 以討簒弑之賊."[181]

'문자지사제, 기실정군토적지의(文子之仕齊, 旣失正君討賊之義)'라고 한 것에 대해, 주자(朱子: 朱熹)가 말하였다. "이미 군주를 올바르게 인도해서 혼란을 막을 수 없었고 또 사전에 자신을 깨끗하게 할 수 없었으며, 또 위로 천자에게 고하고 아래로 방백(方伯)에게 요청해서 왕위를 찬탈하고 시해한 역적을 토벌할 수 없었다."

○ 去聲.

'우불수세이부반어제언(又不數歲而復反於齊焉)'에서 '부(復)'자는 거성(去聲)이다.

○ 見『左』襄二十七年注.

'우불수세이부반어제언(又不數歲而復反於齊焉)'이라 한 내용은 『춘추좌전(春秋左傳)』 양공(襄公) 27년 기사 주석에 보인다.

○ 朱子曰: "去國三年, 又無故而自還, 復與亂臣共事."[182]

'우불수세이부반어제언(又不數歲而復反於齊焉)'에 대해, 주자(朱子: 朱熹)가 말하였다. "나라를 떠난 지 3년 만에 또 까닭 없이 자진해서 돌아와 다시 난신적자

181) 『사서혹문(四書或問)』 권10에는 "文子立於淫亂之朝, 旣不能正君以禦亂, 又不能先事而潔身. 至於簒弑之禍已作, 又不能上告天子, 下請方伯, 以討其賊.(문자(文子)는 음란한 조정에 입조하여 이미 군주를 올바르게 인도해서 혼란을 막을 수 없었고 또 사전에 자신을 청결하게 할 수 없었다. 왕위를 찬탈하고 시해하는 일이 이미 일어났는데 또 위로 천자에게 고하고 아래로 방백(方伯)에게 요청해서 그 역적을 토벌할 수 없었다.)"라고 되어 있다.

182) 『사서혹문(四書或問)』 권10.

와 일을 함께하였다."

○ 幷指二子.

'즉기불인역가견의(則其不仁亦可見矣)'에서 '기(其)'자는 영윤 자문과 진문자 두 사람을 아울러 가리킨다.

○ 新安陳氏曰: "夫子只言'未知, 焉得仁', 而朱子直斷爲'不仁', 蓋本文外究竟之斷案也."183)

'즉기불인역가견의(則其不仁亦可見矣)'과 관련해서, 신안 진씨(新安陳氏: 陳櫟)가 말하였다. "공자는 다만 '알지 못하겠지만 어찌 인(仁)이 될 수 있겠는가?'라고 말했을 뿐인데, 주자는 곧바로 잘라서 '인하지 못하다'라고 하였으니, 이는 대개 본문의 내용 밖의 궁극적인 단안(斷案)이다."

○ 此以上又參以他書二子之事而硬做'不仁'. 至此而二子更無優劣矣.

여기까지는 또 다른 책에서 두 사람의 일에 대해 말한 것을 참고하여 강경하게 '인(仁)하지 못하다'라고 한 것이다. 여기에 이르러 두 사람은 다시는 우열이 없게 되었다.

○ '仁'字, 此章之題目.

'인(仁: 어짊)'자가 이 장(章)의 제목이다.

---

183) 호광 편(胡廣 編), 『논어집주대전(論語集註大全)』 권5.

[5-19-1]

季文子三思而後行. 子聞之, 曰: "再, 斯可矣."
계문자(季文子)는 세 번 생각한 뒤에 실행하였다. 공자가 이 말을 듣고 말하였다. "두 번이면 괜찮다."

朱註

○ '三', 去聲. 季文子, 魯大夫, 名行父.
'계문자삼사이후행(季文子三思而後行)'에서 '삼(三)'자는 거성(去聲)이다. 계문자(季文子)는 노(魯)나라 대부로, 이름은 행보(行父)이다.

詳說

○ 音甫.
'명행보(名行父)'에서 '보(父)'자는 음이 보(甫)이다.

○ 與孔子不同時.
계문자(季文子)는 공자와 시대가 같지 않다.

○ 訓.
훈고이다.

朱註

每事必三思而後行, 若使晉而求遭喪之禮以行, 亦其一事也. 斯, 語辭.
매사에 반드시 세 번 생각한 뒤에 실행하였다. 예컨대 진(晉)나라에 사신(使臣)으로 가면서, 진나라 군주가 병을 앓는다는 말을 듣고 상(喪)을 당할 경우 사신으로 행동해야 할 예(禮)를 미리 찾아보고 간 것과 같은 것이, 또한 그 한 가지 일이다. '사가의(斯可矣)'에서 '사(斯)'자는 어조사이다.

詳說

○ 行事.
'매사필삼사이후행(每事必三思而後行)'에서 '행(行)'자는 일을 실행한다는 뜻이다.

○ 釋.
'매사필삼사이후행(每事必三思而後行)'은 경문을 풀이하였다.

○ 去聲, 下同.

'약사진이구조상지례이행(若使晉而求遭喪之禮以行)'에서 '사(使)'자는 거성(去聲)이고, 아래도 마찬가지이다.

○ 行路.

'약사진이구조상지례이행(若使晉而求遭喪之禮以行)'에서 '행(行)'자는 길을 떠난다는 뜻이다.

○ 見『左』襄六年. 聞晉襄公病故也, 旣而襄公果卒.

'약사진이구조상지례이행(若使晉而求遭喪之禮以行)'이라는 말은 『춘추좌전(春秋左傳)』 양공(襄公) 6년 기사에 보인다. 진(晉)나라 양공이 병이 들었다는 소식을 들었기 때문인데, 얼마 안 있어 양공이 과연 죽었다.

○ 取其事證之.

'역기일사야(亦其一事也)'라고 한 것은 그 일을 취하여 증거로 삼았다는 말이다.

○ 訓.

'사, 어사(斯, 語辭)'라고 한 것은 훈고이다.

朱註

程子曰 : "爲惡之人, 未嘗知有思. 有思則爲善矣.

정자(程子)가 말하였다. "악(惡)을 저지르는 사람은 일찍이 생각함이 있어야 한다는 것을 알지 못한다. 생각함이 있으면 선(善)을 할 것이다.

詳說

○ 當考.

'정자왈(程子曰)'에서 '정자(程子)'는 동생 정이인지 형 정호인지 마땅히 살펴보아야 할 것이다.

○ 先反說.

'위악지인, 미상지유사(爲惡之人, 未嘗知有思)'는 먼저 반대로 말한 것이다.

○ 揚.

'유사즉위선의(有思則爲善矣)'는 펼쳐서 올린 것이다.

朱註

然至於再則已審, 三則私意起而反惑矣. 故夫子譏之."
그러나 두 번 생각함에 이르면 이미 자세히 살핀 것이고, 세 번 생각하게 되면 사사로운 뜻이 일어나 도리어 현혹된다. 그러므로 공자가 그것을 비판한 것이다."

詳說

○ 正意.
'연지어재즉이심(然至於再則已審)'이라 한 것은 진정한 뜻이다.

○ 亦蒙上'至於'二字.
'삼즉사의기이반혹의(三則私意起而反惑矣)'에서 '삼(三)'은 또한 앞의 '연지어재즉이심(然至於再則已審)'에서 '지어(至於)'라는 두 글자에 이어진다.

○ 抑.
'삼즉사의기이반혹의(三則私意起而反惑矣)'는 억누른 것이다.

○ 言外未足之意.
'고부자기지(故夫子譏之)'는 말 밖의 충분하지 못한 뜻을 말한 것이다.

○ 以論釋之.
경문의 의미 설명으로 풀이하였다.

○ 朱子曰 : "再思衆人之通法."[184)]
주자(朱子 : 朱熹)가 말하였다. "두 번 생각하는 것은 일반 사람들의 공통된 법도이다."

○ 潛室陳氏曰 : "此只爲應事言之耳. 若爲學之道, 則不厭思."[185)]
잠실 진씨(潛室陳氏 : 陳埴)가 말하였다. "이는 다만 일에 대응하는 것으로 말했을 뿐이다. 만약 배움의 도리라면 생각하기를 싫어하지 않는다."

朱註

○ 愚按 : 季文子慮事如此, 可謂詳審, 而宜無過擧矣.
내가 살펴보건대, 계문자(季文子)가 일을 생각함이 이와 같았으니, 자세히 살폈다고 말할 만하며, 마땅히 잘못된 행위가 없어야 할 것이다.

184) 주희, 『주문공문집(朱文公文集)』 권57, 「답진안경(答陳安卿)」.
185) 진식(陳埴), 『목종집(木鐘集)』 권1.

詳說

○ 三思.

'계문자려사여차(季文子慮事如此)'에서 '여차(如此)'는 세 번 생각하는 것이다.

○ 似揚而實抑.

'가위상심, 이의무과거의(可謂詳審, 而宜無過擧矣)'는 펼쳐서 높이는 것 같지만 실제로는 억누르는 것이다.

朱註

而宣公簒立, 文子乃不能討, 反爲之使齊而納賂焉, 豈非程子所謂'私意起而反惑'之驗與?

그런데 선공(宣公)이 찬탈하여 즉위했으며, 계문자(季文子)는 이에 토벌하지 못하고 도리어 선공을 위해 제(齊)나라에 사신으로 가서 뇌물을 바쳤으니, 정자(程子)의 이른바 '사사로운 뜻이 일어나 도리어 현혹된다'라는 증험이 아니겠는가?

詳說

○ 初患反.

'이선공찬립(而宣公簒立)'에서 '찬(簒)'은 '초(初)'와 '환(患)'의 반절(反切)이다.

○ 見『左』文十八年.

'이선공찬립(而宣公簒立)'이라는 말은 『춘추좌전(春秋左傳)』 문공(文公) 18년 기사에 보인다.

○ 去聲.

'반위지사제이납뢰언(反爲之使齊而納賂焉)'에서 '위(爲)'자는 거성(去聲)이다

○ 『左』宣元年曰: "納賂以請會于平州以定公位."

'반위지사제이납뢰언(反爲之使齊而納賂焉)'에 대해, 『춘추좌전(春秋左傳)』 선공(宣公) 원년 기사에서 말하였다. "뇌물을 바쳐 평주(平州)에서 회맹하여 선공(宣公)의 군주 지위를 안정시켰다."

○ 平聲. 一作'歟'.

'기비정자소위사의기이반혹지험여(豈非程子所謂私意起而反惑之驗與)'에서 '여(與)'자는 평성(平聲)이다. 어떤 판본에는 '여(歟)'자로 되어 있다.

○ 又取其一事以證程子說.

이는 또 하나의 일을 취하여 정자(程子)의 말로 증거를 삼았다.

朱註

是以君子務窮理而貴果斷, 不徒多思之爲尙.

이 때문에 군자는 궁리(窮理)를 힘쓰면서도 과단(果斷)함을 귀하게 여기고, 한갓 많이 생각하는 것에 힘을 쏟지 않는다.

詳說

○ 都玩反.

'시이군자무궁리이귀과단(是以君子務窮理而貴果斷)'에서 '단(斷)'은 '도(都)'와 '완(玩)'의 반절(反切)이다.

○ 雙峰饒氏曰: "窮理是思以前事, 果斷是思以後事."186)

'시이군자무궁리이귀과단(是以君子務窮理而貴果斷)'에 대해, 쌍봉 요씨(雙峰饒氏 : 饒魯)가 말하였다. "궁리는 생각하는 것 이전의 일이고, 과단은 생각하는 것 이후의 일이다."

○ 言能思而止於再.

'시이군자무궁리이귀과단(是以君子務窮理而貴果斷)'은 생각을 잘 해도 두 번에 그친다는 것을 말한다.

○ '徒'字讀屬'多'字.

'부도다사지위상(不徒多思之爲尙)'에서 '도(徒)'자는 '다(多)'자에 붙여서 읽는다.

○ '多', 過再以上也.

'부도다사지위상(不徒多思之爲尙)'에서 '다(多)'자는 두 번 생각하는 것 이상을 넘어서는 것이다.

○ '尙', 猶務也, 費也.

'부도다사지위상(不徒多思之爲尙)'에서 '상(尙)'자는 힘을 쏟는다는 것이니, 낭비한다는 뜻이다.

○ '思'字, 此章之題目.

'사(思 : 생각하다)'자가 이 장(章)의 제목이다.

---

186) 호광 편(胡廣 編), 『논어집주대전(論語集註大全)』 권5.

[5-20-1]

子曰："甯武子邦有道則知, 邦無道則愚. 其知可及也, 其愚不可及也."
공자가 말하였다. "영무자(甯武子)는 나라에 도(道)가 있으면 지혜롭고, 나라에 도가 없으면 어리석은 것 같았다. 그 지혜로움은 미칠 수 있지만 그 어리석음은 미칠 수 없다."

朱註

○ '知', 去聲. 甯武子, 衛大夫, 名兪. 按『春秋傳』, 武子仕衛, 當文公 · 成公之時.
'지(知)'자는 거성(去聲)이다. 영무자(甯武子)는 위(衛)나라 대부로, 이름은 유(兪)이다. 『춘추전(春秋傳)』에 의거하면 영무자(甯武子)가 위(衛)나라에서 벼슬한 시기는 문공(文公)과 성공(成公) 때에 해당된다.

詳說

○ 訓.
'영무자, 위대부, 명유(甯武子, 衛大夫, 名兪)'라고 한 것은 훈고이다.

○ 先以其仕時冠之.
'안『춘추전』, 무자사위, 당문공 · 성공지시(按『春秋傳』, 武子仕衛, 當文公 · 成公之時)'라고 하여, 먼저 그가 벼슬한 시기를 첫머리에 두었다.

朱註

文公有道, 而武子無事可見, 此其知之可及也.
문공(文公)은 도(道)가 있었고 영무자(甯武子)는 볼만한 일이 없었으니, 이것이 그의 지혜로움은 미칠 수 있다는 뜻이다.

詳說

○ 其事傳無所見.
'이무자무사가견(而武子無事可見)'이라 한 것은 그의 일이 전해짐을 볼 수 있는 것이 없다는 말이다.

○ 新安陳氏曰："知者行所無事."[187]
'이무자무사가견(而武子無事可見)'에 대해, 신안 진씨(新安陳氏 : 陳櫟)가 말하였다.

"지혜로운 사람은 일이 없는 것을 행한다."

○ 此四字寫'知'字意.

'이무자무사가견(而武子無事可見)'에서 '무사가견(無事可見)'이라는 네 글자는 경문의 '지(知)'자의 뜻을 묘사한다.

○ 新安陳氏曰: "處常易."188)

'차기지지가급야(此其知之可及也)'에 대해, 신안 진씨(新安陳氏: 陳櫟)가 말하였다. "이는 정상적인 때에 처하기가 쉽다는 것이다."

朱註

成公無道, 至於失國, 而武子周旋其間, 盡心竭力, 不避艱險.

성공(成公)은 도(道)가 없어서 나라를 잃는 지경에 이르렀는데, 영무자(甯武子)는 그 사이에서 주선하여 몸과 마음을 다 바쳐서 어렵고 험함을 피하지 않았다.

詳說

○ 按: 『左』僖二十八年, 衛侯出奔楚, 甯武子從. 與晉人盟于宛濮, 衛侯入. 冬會于溫, 晉執衛侯歸于京師, 置深室, 甯子職納橐饘. 僖三十年晉使醫酖衛侯, 甯兪貨醫, 使薄其酖. 魯僖公爲之請於王, 乃釋衛侯.

내가 생각하건대 『춘추좌전(春秋左傳)』 희공(僖公) 28년 조목에서 위후(衛侯)가 초(楚)나라로 도망가니 영무자(甯武子)가 따라갔다. 그는 진(晉)나라 사람과 완복(宛濮)에서 회맹하여 위후가 들어왔다. 겨울에 온(溫)에서 회합하여 진(晉)나라가 위후를 잡아서 경사(京師)로 돌려보내 감옥에 가두었는데, 영무자는 따라가서 위후에게 의복과 음식을 바치는 일을 직무로 삼았다. 희공(僖公) 30년 조목에 진(晉) 문공(文公)이 의사를 시켜 위후에게 짐독을 먹이도록 했는데 영유(甯兪: 甯武子)가 의사에게 뇌물을 주고 짐독을 묽게 타도록 하였다. 노(魯)나라 희공은 그를 위해 왕에게 요청하여 이에 위후를 풀어주었다.

○ 朱子曰: "武子九世公族, 與國同休戚. 他人不必然, 又看事如何. 若羇旅之臣, 見幾先去則可. 若事已爾, 又豈可去?"189)

---

187) 호광 편(胡廣 編), 『논어집주대전(論語集註大全)』 권5.

188) 호광 편(胡廣 編), 『논어집주대전(論語集註大全)』 권5에 진력(陳櫟)의 말로, "蓋處有道而安常者易(도(道)가 있는 것에 처해서 정상적인 것에 편안하기는 쉽다.)"라고 실려 있다.

189) 『주자어류(朱子語類)』 권29, 「논어11(論語十一)」, 49조목에는 "器之問: '當衛之無道, 武子卻

주자(朱子 : 朱熹)가 말하였다. "영무자는 아홉 세대를 이어져오는 공족(公族)이어서 나라와 함께 좋은 일과 나쁜 일을 같이 하였다. 다른 사람은 굳이 그렇게 할 필요가 없으니, 또한 그 일이 어떠한지를 보아야 한다. 만약 나그네로 다른 나라에 붙어사는 신하라면 기미를 보고 먼저 떠나가면 된다. 만약 일이 이미 그렇게 되었으면 또 어찌 떠나갈 수 있겠는가?"

朱註

凡其所處, 皆智巧之士所深避而不肯爲者, 而能卒保其身以濟其君, 此其愚之不可及也.

무릇 그가 처세한 것은 모두 지혜롭고 기민한 선비들이 심하게 피하여 기꺼이 하려고 하지 않는 것이었는데, 영무자는 끝내 자기 몸을 보전하고 그 임금을 구제하였으니, 이것이 그의 어리석음은 미칠 수 없다는 뜻이다.

詳說

○ 上聲.

'범기소처(凡其所處)'에서 '처(處)'자는 상성(上聲)이다.

○ 朱子曰 : "他人要正救者不免禍患, 要避患者又却偸安."190)

不明進退之義, 而乃周旋其間, 不避艱險, 是如何?' 曰 : '武子九世公族, 與國同休戚, 要與尋常無干涉人不同. 若無干涉人, 要去也得, 住也得. 若要去時, 須早去始得. 到那艱險時節卻要去, 是甚道理?'(기지(器之 : 陳埴)가 물었다. '위(衛)나라에 도가 없을 때 영무자(甯武子)는 도리어 나아가고 물러나는 도의에 밝지 못하여 그 사이를 맴돌면서 험난함을 피하지 못했는데, 이는 무엇 때문입니까?' 주자(朱子 : 朱熹)가 대답하였다. '영무자는 아홉 세대를 이어져오는 공족(公族)이어서 나라와 함께 좋은 일과 나쁜 일을 같이 했으니, 평범하여 아무런 관련이 없는 사람과는 같지 않다. 만약 관련이 없는 사람이라면 물러나도 좋고 머물러도 좋을 것이다. 만약 물러나려고 할 때는 모름지기 일찍 물러나야 한다. 그 어려운 시절에 이르러서 또한 물러나려고 했으니 이는 무슨 도리이겠는가?')"라고 되어 있다. 또 50조목에는 "問 : '甯武子世臣, 他人不必如此.' 曰 : '然. 又看事如何. 若羈旅之臣, 見幾先去則可. 若事已爾, 又豈可去! 此事最難, 當權其輕重.'(물었다. '영무자는 세신(世臣)이니 다른 사람들이 이와 같을 필요는 없습니다.' 주자(朱子 : 朱熹)가 대답하였다. '그렇다. 일이 어떠한지를 보아야 한다. 만약 나그네로 다른 나라에 붙어사는 신하라면 기미를 보고 먼저 떠나면 된다. 만약 일이 이미 그렇게 되었으면 또 어찌 떠나갈 수 있겠는가? 이러한 일이 가장 어려우므로 그 경중을 따져보아야 한다.')"라고 되어 있다.

190) 『주자어류(朱子語類)』 권29, 「논어11(論語十一)」, 47조목에는 "問'甯武子其愚不可及.' 曰 : '他

'이능졸보기신이제기군(而能卒保其身以濟其君)'에 대해, 주자(朱子 : 朱熹)가 말하였다. "다른 사람의 경우 올바르게 구제하려는 사람은 재앙을 모면할 수 없고, 그 재앙을 피하려고 하는 사람은 또한 도리어 구차하게 편안하려고 한다."

○ '周旋'以下皆所以寫出一'愚'字.

'이무자주선기간(而武子周旋其間)'에서 '주선(周旋)'이라는 말 아래는 모두 '우(愚)'자를 묘사한 것이다.

○ 武子之濟君, 與狄仁傑之扶唐, 其事略相似.

'이능졸보기신이제기군(而能卒保其身以濟其君)'에 대해, 영무자가 군주를 구제한 것은 적인걸(狄仁傑)191)이 당(唐)나라를 떠받친 것과 그 일이 대략 서로 비슷하다.

○ 新安陳氏曰 : "處變難."192)

'차기우지불가급야(此其愚之不可及也)'에 대해, 신안 진씨(新安陳氏 : 陳櫟)가 말하였다. "이는 이변(異變)에 처하기는 어렵다는 것이다."

○ 錯釋畢.

섞어서 경문을 풀이한 것이 끝났다.

朱註

○ 程子曰 : "邦無道能沈晦以免患, 故曰不可及也. 亦有不當愚者, 比干是也."

정자(程子)가 말하였다. "나라에 도(道)가 없을 때 자신을 드러내지 않아 우환을

人於邦無道之時, 要正救者不能免患, 要避患者又卻偸安. 若甯武子之愚, 旣能韜晦以免患, 又自處不失其正, 此所以爲不可及.'('영무자의 어리석음은 미칠 수 없다'라는 것에 대해 물었다. 주자(朱子 : 朱熹)가 대답하였다. '다른 사람의 경우 나라에 도가 없을 때 올바르게 구제하려는 사람은 우환을 모면할 수 없고, 우환을 피하려고 하는 사람은 또한 도리어 구차하게 편안하려고 한다. 만약 영무자의 어리석음이라면 이미 그윽하게 감추고서 우환을 모면할 수 있었고, 또한 자처하여 그 올바름을 잃지 않았으니, 이것이 미칠 수 없는 까닭이다.')"라고 되어 있다.

191) 적인걸(狄仁傑, 630~700) : 자는 회영(懷英)이고, 시호는 문혜(文惠)이며, 양국공(梁國公)에 추봉되었다. 당(唐)나라 병주 태원(並州太原 : 현 산서성 태원) 사람이다. 명경과(明經科)를 거쳐 등용되어 병주도독부법조(幷州都督府法曹)가 되었고, 대리승(大理丞)으로 옮겨 당시 옥사에 연루되어 있던 1만 7천 명을 처리하여 평서(平恕)하다는 칭송을 들었다. 시어사(侍御史), 서주자사(溆州刺史) 등을 역임하였다. 측천무후(測天武后) 때 더욱 신임을 받아 명재상으로 당나라 부흥에 힘을 쏟았다.

192) 호광 편(胡廣 編), 『논어집주대전(論語集註大全)』 권5에 진력(陳櫟)의 말로, "處無道而濟變者難(도(道)가 없는 것에 처하여 이변(異變)을 구제하기는 어렵다는 것이다.)"라고 실려 있다.

모면할 수 있기 때문에 미칠 수 없다고 말한 것이다. 또한 어리석어서는 안 될 경우가 있으니, 비간(比干)이 이러한 경우이다."

詳說

○ 當考.

'정자왈(程子曰)'에서 '정자(程子)'는 동생 정이인지 형 정호인지 마땅히 살펴봐야 할 것이다.

○ 新安陳氏曰 : "於艱險中能沈晦, 非避事也."[193]

'방무도능침회이면환(邦無道能沈晦以免患)'에 대해, 신안 진씨(新安陳氏 : 陳櫟)가 말하였다. "험난한 가운데서 자신을 드러내지 않을 수 있는 것은 일을 피하는 것이 아니다."

○ 只論其愚, 只論其保身.

'방무도능침회이면환, 고왈불가급야(邦無道能沈晦以免患, 故曰不可及也)'라고 한 것은 다만 그 어리석음을 논한 것이고, 다만 그가 자신을 보존한 것을 논한 것이다.

○ 柳氏宗元曰 : "武子, 知而爲愚者也."[194]

'역유부당우자, 비간시야(亦有不當愚者, 比干是也)'에 대해, 유종원(柳宗元)[195]이 말하였다. "영무자는 알면서도 어리석은 체한 사람이다."

○ 雲峯胡氏曰 : "武子, 衛公族; 比干, 紂父族, 皆與國存亡者也. 特衛之患在外, 紂之惡在己. 程子最見時中之義."[196]

---

193) 호광 편(胡廣 編), 『논어집주대전(論語集註大全)』 권5.

194) 유종원(柳宗元), 『유하동집(柳河東集)』 권24에는 "甯武子, 邦無道則愚, 智而爲愚者也.(영무자가 나라에 도가 없으면 어리석은 체하는 것은, 알면서도 어리석은 체한 것이다.)"라고 되어 있다.

195) 유종원(柳宗元, 773~819) : 자는 자후(子厚)이고, 세칭 유하동(柳河東) · 유유주(柳柳州)라 한다. 당나라 때 하동(河東 : 현 산서성 운성(運城)) 사람으로 793년에 진사에 급제하여 교서랑(校書郎), 감찰어사(監察御史), 유주자사(柳州刺史) 등을 역임하였다. 문장은 한유(韓愈)와 짝을 이루고 당송팔대가의 한사람으로 당대 고문운동의 대표자 가운데 한 사람이다. 저서는 『하동선생문집(河東先生文集)』, 『용성록(龍城錄)』 등이 있다.

196) 호병문, 『사서통』「논어통」 권3에는 "武子於衛爲公族, 比干於紂爲父族, 皆與國存亡者也. 特衛成公之患在外, 欲免之, 非沈晦不可; 紂之惡在己, 不諫之, 而諉於沈晦, 亦不可. 程子'亦有不當愚'五字, 最見時中之義.(영무자는 위(衛)나라에서 제후의 일족이고, 비간은 주(紂)왕에 대해서 아버지의 친족이니 모두 국가와 함께 생존하고 사망하는 사람들이다. 다만 위나라 성공(成公)의 환난은 밖에 있었으니 그것을 모면하려면 자신을 드러내지 않는 것이 아니고는 안 되었으

'운봉 호씨(雲峯胡氏 : 胡炳文)가 말하였다. "영무자는 위(衛)나라 제후의 일족이고, 비간은 주(紂)왕 아버지의 친족이니 모두 국가와 함께 생존하고 사망하는 사람들이다. 다만 위나라의 환난은 밖에 있었고, 주왕의 악행은 자신에게 있었을 뿐이다. 정자(程子)는 시중(時中 : 때의 적절함)의 의미를 가장 잘 알았다."

○ **'愚'字, 此章之題目.**

'우(愚 : 어리석음)'자가 이 장(章)의 제목이다.

며, 주왕의 악행은 그 자신에게 있었으니 간(諫)하지 않고 자기를 드러내지 않는 것에 맡겨도 안 되었을 뿐이다. 정자(程子)의 '또한 어리석어서는 안 될 경우가 있다'라고 한 말은 시중(時中 : 때의 적절함)의 의미를 가장 잘 안 것이다.)"라고 되어 있다.

[5-21-1]

子在陳曰："歸與! 歸與! 吾黨之小子狂簡, 斐然成章, 不知所以裁之."
공자가 진(陳)나라에 있을 때 말하였다. "돌아가자! 돌아가자! 우리 마을의 내 제자들이 뜻은 크지만 일에는 소략하여 빛나게 문채를 이룬 것은 볼만하지만, 그것을 마름질할 줄 모른다."

朱註

○ '與', 平聲. '斐', 音匪. 此孔子周流四方, 道不行而思歸之歎也.

'귀여(歸與)'에서 '여(與)'자는 평성(平聲)이다. '비연성장(斐然成章)'에서 '비(斐)'자는 음이 비(匪)이다. 이는 공자가 사방(四方)을 두루 돌아다닐 때, 도(道)가 시행되지 않아서 고국으로 돌아갈 것을 생각한 탄식이다.

詳說

○ 先總提大意.

이 구절은 먼저 큰 뜻을 총괄해서 제시한 것이다.

朱註

'吾黨小子', 指門人之在魯者. '狂簡', 志大而略於事也. '斐', 文貌. '成章', 言其文理成就, 有可觀者. '裁', 割正也.

'오당(吾黨)의 소자(小子)'는 노(魯)나라에 있는 문인(門人)들을 가리킨 것이다. '광간(狂簡)'은 뜻은 크지만 일에 소략한 것이다. '비(斐)'자는 문채 나는 모양이다. '성장(成章)'은 그 문채가 성취되어 볼 만한 것이 있음을 말한다. '재(裁)'자는 베어서 바르게 하는 것이다.

詳說

○ 猶言'吾鄕'.

'오당소자(吾黨小子)'에서 '오당(吾黨)'은 '우리 마을'이라 말하는 것과 같다.

○ '狂'.

'지대이약어사야(志大而略於事也)'에서 '지대(志大)'는 '광간(狂簡)'에서 '광(狂)'을 가리킨다.

○ '簡'.

'지대이약어사야(志大而略於事也)'에서 '약어사(略於事)'는 '광간(狂簡)'에서 '간(簡)'을 가리킨다.

○ '文理'二字釋'章'字, 非謂文之理, 亦非謂文與理. '理'本玉文之名.

'언기문리성취(言其文理成就)'에서 '문리(文理)'라는 두 글자는 본문 '비연성장(斐然成章)'에서 '장(章)'자를 풀이한 것이지 문장의 이치를 말하는 것이 아니고, 또한 문장과 이치를 말하는 것도 아니다. '리(理)'자는 본래 옥(玉)의 결을 일컫는다.

○ 朱子曰 : "如子路之勇, 冉求之藝, 一箇道理. 做得成片段, 有文理."197)

'언기문리성취, 유가관자(言其文理成就, 有可觀者)'에 대해, 주자(朱子 : 朱熹)가 말하였다. "예컨대 자로(子路)의 용감함과 염구(冉求)의 재능이 하나의 도리인 것과 같다. 한 부분을 이루어 문채가 있는 것이다."

○ 訓畢.

훈고가 끝났다.

朱註

夫子初心, 欲行其道於天下, 至是而知其終不用也. 於是始欲成就後學, 以傳道於來世.

공자의 애초 마음은 그 도(道)를 천하에 시행하려고 했지만, 이때에 이르러 끝내 쓰이지 못한다는 것을 알았다. 이에 비로소 후학을 성취시켜 후세에 도(道)를 전하려고 하였다.

---

197) 『주자어류(朱子語類)』 권29, 「논어11(論語十一)」, 56조목에는 "'成章', 是做得成片段, 有文理可觀. 蓋他狂也是做得箇狂底人成, 不是做得一上, 又放掉了. 狷也是他做得狷底成, 不是今日狷, 明日又不狷也. 如孝眞箇是做得孝成, 忠眞箇是做得忠成. 子貢之辯, 子路之勇, 都是眞箇做得成了. 不是半上落下, 今日做得, 明日又休也.('문채를 이룬다'는 것은 한 부분을 이루어서 문리(文理)가 볼만한 것이다. 대개 그 뜻이 큰 것은 하나의 뜻이 큰 사람이 되는 것이지, 한 번 되고 나서 또 놓아버리는 것은 아니다. 일에 소략한 것은 일에 소략한 사람이 되는 것이지, 오늘은 일에 소략하고 내일은 또 일에 소략하지 않은 것이 아니다. 예컨대 효(孝)의 경우 참으로 효자가 되는 것이고, 충(忠)의 경우 참으로 충성스런 사람이 되는 것이다. 자공(子貢)의 능변과 자로(子路)의 용감함은 모두 참으로 그렇게 된 것이다. 도중에 놓아버려서 오늘 그렇게 하고 내일은 또 그만두는 것이 아니다.)"라고 되어 있다.

詳說

○ 行於天下有限.

'욕행기도어천하(欲行其道於天下)'라고 한 것은 천하에 시행하는 것이 한계가 있음을 가리킨다.

○ 與上'成就'微不同.

'어시시욕성취후학(於是始欲成就後學)'에서 '성취(成就)'는 위 '언기문리성취(言其文理成就)'에서 '성취(成就)'와 조금 다르다.

○ 傳於來世無窮.

'이전도어내세(以傳道於來世)'라고 한 것은 후세에 끝없이 전한다는 말이다.

○ 以上論文外意, 與上總大意者同. 朱子於此, 蓋亦致反覆嗟歎之意云.

여기까지는 경문 밖의 뜻을 논의했지만 위의 큰 뜻을 총괄한 것과 같다. 주자는 여기에서 또한 반복해서 탄식하는 뜻을 다 표현했다고 한다.

朱註

又不得中行之士而思其次, 以爲狂士志意高遠, 猶或可與進於道也.

또 중행(中行 : 中道)의 선비를 얻지 못하여 그 다음 사람을 생각하였으니, 광사(狂士)는 뜻이 고원하여 또한 그와 더불어 도(道)에 나아갈 수 있다고 여겼다.

詳說

○ 道也.

'우부득중행지사이사기차(又不得中行之士而思其次)'에서 '행(行)'자는 도(道)이다.

○ 狂簡.

'우부득중행지사이사기차(又不得中行之士而思其次)'에서 '차(次)'자는 광간(狂簡)을 가리킨다.

○ 見「子路」及『孟子』「盡心」.

'우부득중행지사이사기차(又不得中行之士而思其次)'라고 한 것은 『논어(論語)』「자로(子路)」와 『맹자(孟子)』「진심하(盡心下)」에 보인다.[198]

---

198) '우부득중행지사이사기차(又不得中行之士而思其次)' …… 『논어(論語)』「자로(子路)」와 『맹자(孟子)』「진심하(盡心下)」에 보인다 : 『논어(論語)』「자로(子路)」 제21장에서 "공자가 말하였다. '중행(中行 : 中道)의 사람을 얻어 함께할 수 없다면 반드시 광자(狂者)나 견자(狷者)와 함께할

○ 慶源輔氏曰 : "所謂志大."199)

'이위광사지의고원(以爲狂士志意高遠)'에 대해, 경원 보씨(慶源輔氏 : 輔廣)가 말하였다. "이는 이른바 지향하는 것이 크다는 뜻이다."

朱註

但恐其過中失正, 而或陷於異端耳, 故欲歸而裁之也.

그러나 광사(狂士)들은 중도(中道)를 벗어나고 정도(正道)를 잃어 간혹 이단(異端)에 빠질까 염려하였다. 그러므로 돌아가 바로잡으려고 하신 것이다.

詳說

○ 成章. 諺讀恐失此'但'字義.

'단공기과중실정(但恐其過中失正)'에서 '단(但)'자는 위 구절에 붙여서 장(章)을 이룬다. 『언해』본의 독법은 아마 이 '단(但)'자의 의미를 놓친 것 같다.200)

○ 慶源輔氏曰 : "卽略於事."201)

'단공기과중실정(但恐其過中失正)'에 대해, 경원 보씨(慶源輔氏 : 輔廣)가 말하였다. "이는 곧 일에 소략한 것이다."

○ 二'或'字抑揚得中.

'유혹가여진어도야(猶或可與進於道也)'에서 '혹(或)'자와 '이혹함어이단이(而或陷於異端耳)'에서 '혹(或)'자는 억누르고 펼쳐 올리는 것이 모두 적절함을 얻었다.

것이다! 광자(狂者)는 진취적이고 견자(狷者)는 하지 않는 것이 있다.'(子曰 : '不得中行而與之, 必也狂狷乎! 狂者進取, 狷者有所不爲也.')"라고 하였다. 『맹자(孟子)』「진심 하(盡心下)」에서 "맹자가 말하였다. '공자는 '중도(中道)의 사람을 얻어 함께할 수 없다면 반드시 광자나 견자와 함께할 것이다! 광자는 진취적이고 견자는 하지 않는 것이 있다'라고 하였다. 공자가 어찌 중도의 사람을 얻기를 원하지 않았겠는가마는 꼭 얻을 수는 없기 때문에 그 다음의 사람을 생각한 것이다.'(孟子曰 : '孔子'不得中道而與之, 必也狂獧乎! 狂者進取, 獧者有所不爲也.' 孔子豈不欲中道哉, 不可必得, 故思其次也.')"라고 하였다.

199) 호광 편(胡廣 編), 『논어집주대전(論語集註大全)』 권5.

200) '단공기과중실정(但恐其過中失正)'에서 '단(但)'자는 …… 의미를 놓친 것 같다 : 박문호(朴文鎬)는 '단(但)'자를 위 구절 끝에 붙여 문장이 끝난다고 말하는데, '단(但)'자에 이러한 어조사의 용법이 있는지 알 수 없다. 또 그 의미가 무엇인지 밝히지 않아서 그것 또한 알 수 없다.

201) 호광 편(胡廣 編), 『논어집주대전(論語集註大全)』 권5.

○ 『大全』曰 : "如曾點之狂, 易流於老莊."202)

'이혹함어이단이(而或陷於異端耳)'에 대해, 『논어집주대전』에서 말하였다. "예컨대 증점(曾點)의 뜻이 큰 것은 노장(老莊)학에 흘러가기 쉽다는 것과 같다."

○ 再言'歸歟!', 致其反覆嗟歎之意.

'고욕귀이재지야(故欲歸而裁之也)'라고 한 것에 대해, 본문에서 두 번 '돌아가자!'라고 말한 것은 그 반복해서 탄식하는 뜻을 다 표현한 것이다.

○ 新安陳氏曰 : "裁之則得中正."203)

'고욕귀이재지야(故欲歸而裁之也)'에 대해, 신안 진씨(新安陳氏 : 陳櫟)가 말하였다. "그들을 마름질해 주면 중정(中正)을 얻을 것이다."

○ 以論釋畢.

경문의 의미 설명으로 풀이를 끝냈다.

○ '裁'字, 此章之綱領.

'재(裁 : 마름질하다)'자가 이 장(章)의 강령이다.

202) 호광 편(胡廣 編), 『논어집주대전(論語集註大全)』 권5.

203) 호광 편(胡廣 編), 『논어집주대전(論語集註大全)』 권5.

[5-22-1]

子曰："伯夷·叔齊不念舊惡. 怨是用希."

공자가 말하였다. "백이(伯夷)와 숙제(叔齊)는 남이 옛날에 저지른 악행을 생각하지 않았다. 이 때문에 원망하는 사람이 드물었다."

朱註

伯夷·叔齊, 孤竹君之二子.

백이(伯夷)와 숙제(叔齊)는 고죽국(孤竹國) 군주의 두 아들이다.

詳說

○『史記索隱』曰："姓墨胎氏. 伯夷, 名允, 字公信. 叔齊, 名智, 字公達. '夷'·'齊', 謚也. 孤竹是殷湯所封, 在遼西·令支縣."

『사기색은(史記索隱)』에서 말하였다. "성은 묵태(墨胎)씨이다. 백이는 이름이 윤(允)이고 자는 공신(公信)이다. 숙제는 이름이 지(智)이고 자는 공달(公達)이다. '이(夷)'와 '제(齊)'는 시호이다. 고죽(孤竹)은 은(殷)나라 탕(湯)임금이 봉(封)한 곳이고, 요서(遼西) 영지현(令支縣)에 있다."

○ 訓畢.

훈고가 끝났다.

朱註

『孟子』稱其'不立於惡人之朝, 不與惡人言, 與鄕人立, 其冠不正, 望望然去之, 若將浼焉.'

『맹자(孟子)』에서 그들을 일컬어 '악한 사람의 조정에서 벼슬하지 않았고, 악한 사람과는 함께 말하지 않았으며, 무례한 시골사람과 서 있을 때 그의 관(冠)이 바르지 않으면 뒤도 돌아보지 않고 떠나버려, 마치 자기가 오염될 것처럼 여겼다.'라고 하였다.

詳說

○「公孫丑」.

'『맹자』칭기불립어악인지조(『孟子』稱其不立於惡人之朝)'에서 '『맹자(孟子)』'는「공손추상(公孫丑上)」이다.

○ 指二子.

‘『맹자』칭기불립어악인지조(『孟子』稱其不立於惡人之朝)’에서 ‘기(其)’자는 백이와 숙제 두 사람을 가리킨다.

○ 音潮.

‘『맹자』칭기불립어악인지조(『孟子』稱其不立於惡人之朝)’에서 ‘조(朝)’자는 음이 조(潮)이다.

○ 指鄕人.

‘기관부정(其冠不正)’에서 ‘기(其)’자는 무례한 시골사람을 가리킨다.

朱註

其介如此, 宜若無所容矣, 然其所惡之人, 能改卽止, 故人亦不甚怨之也.

그의 꼿꼿한 지조(志操)가 이와 같았으니 마땅히 포용하는 것이 없을 것 같지만, 그 미워한 사람이 잘못을 고치면 즉시 미워하기를 그만두었기 때문에 사람들이 또한 그를 별로 원망하지 않았다.

詳說

○ 『大全』曰 : “孤特而有分辨之意.”204)

‘기개여차(其介如此)’에서 ‘개(介)’자에 대해, 『논어집주대전』에서 말하였다. “특출하여 변별이 있다는 뜻이다.”

○ 指『孟子』所言.

‘기개여차(其介如此)’에서 ‘차(此)’자는 『맹자(孟子)』에서 말한 것을 가리킨다.

○ 先反說.

‘의약무소용의(宜若無所容矣)’는 먼저 반대로 말한 것이다.

○ 去聲.

‘연기소오지인(然其所惡之人)’에서 ‘오(惡)’자는 거성(去聲)이다.

○ 二字釋‘不念’.

‘능개즉지(能改卽止)’에서 ‘즉지(卽止)’라는 두 글자는 본문 ‘백이·숙제불념구악(伯夷·叔齊不念舊惡)’에서 ‘불념(不念)’을 풀이한 것이다.

204) 호광 편(胡廣 編), 『논어집주대전(論語集註大全)』 권5.

○ '不甚'二字釋'希'字.

'고인역불심원지야(故人亦不甚怨之也)'에서 '불심(不甚)'이라는 두 글자는 본문 '원시용희(怨是用希)'에서 '희(希)'자를 풀이한 것이다.

○ 釋畢.

경문의 풀이가 끝났다.

朱註

程子曰 : "不念舊惡, 此淸者之量."

정자(程子 : 程頤)가 말하였다. "남이 옛날에 저지른 잘못을 생각하지 않는 것은 깨끗한 사람의 도량이다."

詳說

○ 叔子.

'정자왈(程子曰)'에서 '정자(程子)'는 동생 정이(程頤)이다.

○ 朱子曰 : "與'不遷怒'一般. 今人見人有惡, 旣改, 又追之."[205]

'불념구악(不念舊惡)'에 대해, 주자(朱子 : 朱熹)가 말하였다. "이는 '노여움을 남에게 옮기지 않았다'[206]라고 한 말과 의미가 서로 비슷하다. 요즘 사람들이 남에게

---

205) 『주자어류(朱子語類)』 권29, 「논어11(論語十一)」, 69조목에는 "文振問'不念舊惡. 怨是用希.' 曰 : '此與顔子'不遷怒'意思相似. 蓋人之有惡, 我不是惡其人, 但是惡其惡耳. 到他旣改其惡, 便自無可惡者. 今人見人有惡便惡之, 固是. 然那人旣改其惡, 又從而追惡之, 此便是因人一事之惡而遂惡其人, 卻不是惡其惡也.'(정문진(鄭文振 : 주자 문인)이 '남이 옛날에 저지른 악행을 생각하지 않았다. 이 때문에 원망하는 사람이 드물었다.'라고 한 것에 대해 물었다. 주자(朱子 : 朱熹)가 대답하였다. '이는 안자(顔子 : 顔回)가 '노여움을 남에게 옮기지 않았다'라고 한 말과 의미가 서로 비슷하다. 대개 남에게 악함이 있으면 내가 그 사람을 미워하지는 않고 단지 그의 악함을 미워했을 뿐이기 때문이다. 남이 이미 자신의 악함을 고치면 저절로 미워할 만한 것이 없어진다. 요즘 사람들이 남에게 악이 있다는 것을 알면 그것을 미워하는 것은 참으로 옳다. 그러나 그 사람이 이미 자기의 악을 고쳤어도 또 그것을 좇아서 추궁하여 미워하면, 이것이 곧 어떤 사람의 한 가지 악함 때문에 마침내 그 사람을 미워한 것이니, 또한 그 악함을 미워한 것이 아니다.')"라고 되어 있다.

206) 노여움을 남에게 옮기지 않았다 : 『논어(論語)』「옹야(雍也)」 제2장에서 "애공(哀公)이 물었다. '제자들 가운데 누가 배우기를 좋아합니까?' 공자가 대답하였다. '안회(顔回)라는 자가 있어 배우기를 좋아하여 노여움을 남에게 옮기지 않으며 잘못을 두 번 다시 저지르지 않았는데, 불행히도 명(命)이 짧아 죽었습니다. 그리하여 지금은 없으니, 아직 배우기를 좋아한다는 자를

악함이 있다는 것을 알면 그가 이미 그 악함을 고쳤어도 또 그것을 추궁한다."

○ 去聲.

'차청자지량(此清者之量)'에서 '량(量)'자는 거성(去聲)이다.

○ '清', 介中有包容之量.

'차청자지량(此清者之量)'에서 '청(清 : 깨끗함)'은 '기개여차(其介如此)'에서 '개(介)' 가운데 그것을 포용하는 도량이 있다.

朱註

又曰 : "二子之心, 非夫子孰能知之?"

또 말하였다. "백이와 숙제 두 사람의 마음을 공자가 아니면 누가 알았겠는가?"

詳說

○ 當考.

'우왈(又曰)'의 주체는 동생 정이인지 형 정호인지 마땅히 살펴봐야 할 것이다.

○ 朱子曰 : "伯夷以隘聞, 故特明之."[207]

주자(朱子 : 朱熹)가 말하였다. "백이는 좁게 들었기 때문에[208] 특별히 그것을 밝혔다."

○ 夷·齊之量, 如惠之介, 非孔·孟孰能知之?

백이·숙제의 도량은 유하혜(柳下惠)의 지조와 같으니, 공자와 맹자가 아니면 누가 그것을 알 수 있겠는가?

듣지 못했습니다.'(哀公問 : '弟子孰爲好學?' 孔子對曰 : '有顔回者好學, 不遷怒, 不貳過, 不幸短命死矣. 今也則亡, 未聞好學者也.')"라고 하였다.

207) 『주자어류(朱子語類)』 권29, 「논어11(論語十一)」, 70조목에는 "'不念舊惡', 非惡其人也, 惡其人之無狀處. 昨日爲善, 今日爲惡, 則惡之而不好矣; 昨日爲惡, 今日爲善, 則好之而不惡矣, 皆非爲其人也. 聖人大率如此, 但伯夷平日以隘聞, 故特明之.('남이 옛날에 저지른 잘못을 생각하지 않는다.'라고 한 것은 그 사람을 미워한 것이 아니고 그 사람의 좋지 않은 곳을 미워한 것이다. 어제 선한 일을 했는데 오늘 악한 일을 하면 그것을 미워하면서 좋아하지 않고, 어제 악한 일을 했는데 오늘 선한 일을 하면 그것을 좋아하면서 미워하지 않는다. 이는 모두 그 사람을 기준으로 한 것이 아니다. 성인은 대체로 이와 같지만 백이는 평소에 견문을 좁혔기 때문에 특별히 그것을 밝혔다.)"라고 되어 있다.

208) 백이는 좁게 들었기 때문에 : 『맹자(孟子)』「공손추 상(公孫丑上)」에서 "맹자가 말하였다. '백이(伯夷)는 좁고 유하혜(柳下惠)는 공손하지 않으니, 좁음과 공손하지 않음은 군자가 따르지 않는다.'(孟子曰 : '伯夷隘, 柳下惠不恭, 隘與不恭, 君子不由也.')"라고 하였다.

[5-23-1]

子曰:“孰謂微生高直? 或乞醯焉, 乞諸其隣而與之.”
공자가 말하였다. “누가 미생고(微生高)를 정직하다 하는가? 어떤 사람이 그에게 식초를 빌리려 했을 때 그의 이웃집에서 빌려다가 주었다.”

朱註

○ 醯, 呼西反. 微生姓, 高名, 魯人, 素有直名者. 醯, 醋也. 人來乞時, 其家無有, 故乞諸鄰家以與之.
‘혹걸혜언(或乞醯焉)’에서 ‘혜(醯)’는 ‘호(呼)’와 ‘서(西)’의 반절(反切)이다. 미생(微生)은 성(姓)이고, 고(高)는 이름이며, 노(魯)나라 사람으로 평소 정직하기로 유명한 사람이었다. 혜(醯)는 식초이다. 어떤 사람이 빌리려 왔을 때 자기 집에 식초가 없었기 때문에 이웃집에서 빌어다 준 것이다.

詳說

○ 音措.
‘혜, 초야(醯, 醋也)’에서 ‘초(醋)’자는 음이 조(措)이다.

○ 訓畢.
훈고가 끝났다.

朱註

夫子言此譏其曲意徇物, 掠美市恩, 不得爲直也.
공자가 이 일을 말한 것은 뜻을 굽혀 남의 비위를 맞추고 아름다움을 빼앗아 생색을 냈으니, 정직함이 될 수 없다고 비난한 것이다.

詳說

○ 蒙訓而省之.
훈고에 힘입어 생략한 것이다.

○ 指高.
‘부자언차기기곡의순물(夫子言此譏其曲意徇物)’에서 ‘기(其)’자는 미생고를 가리킨다.

○ 乞與之事.

'부자언차기기곡의순물(夫子言此譏其曲意徇物)'에서 '곡의순물(曲意徇物)'이라 한 것은 식초를 빌어서 준 일을 가리킨다.

○ 力灼反.

'략미시은(掠美市恩)'에서 '략(掠)'은 '력(力)'과 '작(灼)'의 반절(反切)이다.

○ 乞與之心.

'략미시은(掠美市恩)'이라 한 것은 식초를 빌어서 준 마음을 가리킨다.

○ 朱子曰 : "鄕原."[209]

'부득위직야(不得爲直也)'에 대해, 주자(朱子 : 朱熹)가 말하였다. "이는 향원(鄕原)[210]이다."

○ 乃釋'孰謂直'三字而釋畢.

'부득위직야(不得爲直也)'라고 한 것은 곧 경문 '숙위미생고직(孰謂微生高直)'에서 '숙위직(孰謂直)'이라는 세 글자를 풀이한 것인데, 경문의 풀이가 끝났다.

朱註

程子曰 : "微生高所枉雖小, 害直爲大."

정자(程子 : 程頤)가 말하였다. "미생고(微生高)의 왜곡됨이 비록 작지만 정직함을 해치는 것은 크다."

詳說

○ 叔子.

'정자왈(程子曰)'에서 '정자(程子)'는 동생 정이(程頤)이다.

---

209) 『주자어류(朱子語類)』 권29, 「논어11(論語十一)」, 79조목에는 "問 : '張子韶有一片論乞醯不是不直. 上蔡之說亦然.' 曰 : '此無他, 此乃要使人回互委曲以爲直爾. 噫! 此鄕原之漸, 不可不謹. 推此以往, 而不爲枉尺直尋者幾希!'(물었다. '장자소(張子韶 : 張九成)가 한마디로 논하여 식초를 빌리는 것은 옳지 않고 정직하지 않다고 하였습니다. 상채(上蔡 : 謝良佐)의 말도 또한 그러합니다.' 주자(朱子 : 朱熹)가 대답하였다. '이는 다른 것이 아니라, 이는 곧 사람들에게 서로 뒤바꾸고 슬쩍 돌리는 것으로 정직함으로 여기도록 하려는 것일 따름이다. 아! 이는 향원(鄕原)이 점점 번지는 것이니 조심하지 않을 수 없다. 이를 미루어 나아가다보면, 한 자를 굽혀서 여덟 자를 펴지 않은 자가 거의 드물 것이다!')"라고 되어 있다.

210) 향원(鄕原) : 『논어(論語)』 「양화(陽貨)」 제13장에서 "공자가 말하였다. '향원(鄕原)은 덕의 적(賊)이다.'(子曰 : '鄕原, 德之賊也.')"라고 하였다.

○ 『大全』曰 : "事有小大, 理無小大."[211]
『논어집주대전』에서 말하였다. "일에는 크고 작음이 있지만, 이치에는 크고 작음이 없다."

朱註

范氏曰 : "是曰是, 非曰非, 有謂有, 無謂無, 曰直.
범씨(范氏 : 范祖禹)가 말하였다. "옳은 것은 옳다고 하고, 그른 것은 그르다 하며, 있으면 있다고 하고, 없으면 없다고 하는 것이 정직함이다.

詳說

○ 汎言.
'시왈시, 비왈비(是曰是, 非曰非)'는 보편적으로 말한 것이다.

○ 本文意.
'유위유, 무위무(有謂有, 無謂無)'라고 한 것은 경문의 뜻이다.

朱註

聖人觀人, 於其一介之取予, 而千駟萬鍾從可知焉. 故以微事斷之, 所以教人不可不謹也."
성인이 사람을 살펴보는 일은 작은 것을 주고받는 것에서 천승(千乘)의 병거(兵車)와 많은 봉록을 따라서 알 수 있는 것이다. 그러므로 작은 일을 가지고 단정한 것이니, 그것으로 사람들에게 작은 것이라 하여 삼가지 않을 수 없음을 가르친 것이다."

詳說

○ 芥同.
'어기일개지취여(於其一介之取予)'에서 '개(介)'자는 '개(芥 : 작다)'자의 뜻과 같다.

○ 音與.
'어기일개지취여(於其一介之取予)'에서 '여(予)'자는 음이 여(與)이다.

211) 호광 편(胡廣 編), 『논어집주대전(論語集註大全)』 권5.

○ 都玩反.

'고이미사단지(故以微事斷之)'에서 '단(斷)'은 '도(都)'와 '완(玩)'의 반절(反切)이다.

○ 本文意.

'고이미사단지(故以微事斷之)'라고 한 것은 경문의 뜻이다.

○ 謹於微事.

'소이교인불가불근야(所以敎人不可不謹也)'라고 한 것은 작은 일에 삼가라는 말이다.

○ 言外意.

'소이교인불가불근야(所以敎人不可不謹也)'라고 한 것은 경문 말 밖의 뜻이다.

○ 朱子曰 : "孔子說微生事, 可見王霸心術之異處."[212]

주자(朱子 : 朱熹)가 말하였다. "공자가 미생고에 대해 말한 것은 그것을 통해 왕도(王道)와 패도(霸道)의 마음 쓰는 차이를 알 수 있다."

○ 厚齋馮氏曰 : "棖之非剛, 文仲之不知, 微生之非直, 夫子知人之道, 於衆好而必察."[213]

후재 풍씨(厚齋馮氏 : 馮椅)가 말하였다. "신정(申棖)이 강(剛)하지 않음과 문중(文仲)이 지혜롭지 않음과 미생고(微生高)가 정직하지 않음에서, 공자가 사람을 아는 방법은 사람들이 좋아하는 것에 대해 반드시 자세히 살펴본 것이다."

○ '直'字, 此章之題目.

'직(直 : 정직함)'자가 이 장(章)의 제목이다.

---

212) 『주자어류(朱子語類)』 권29, 「논어11(論語十一)」, 76조목에는 "問 : '看孔子說微生高一章, 雖一事之微, 亦可見王霸心術之異處. 一便見得皞皞氣象, 一便見得驩虞氣象.' 曰 : '然. 伊川解「顯比」一段, 說最詳.'(물었다. '공자가 미생고에 대해 말한 장(章)을 보면 비록 작은 하나의 일이지만, 또한 왕도(王道)와 패도(霸道)의 마음 쓰는 차이를 알 수 있습니다. 한편으로는 너그러운 기상을 볼 수 있고, 다른 편으로는 기뻐하는 기상을 볼 수 있습니다.' 주자(朱子 : 朱熹)가 대답하였다. '그렇다. 이천(伊川 : 程頤)이 『주역(周易)』「비괘(比卦) 구오(九五)」에서 '현비(顯比 : 친하게 함을 드러내는 것)'에 대해 풀이한 단락이 가장 상세하게 말한 것이다.')"라고 되어 있다.

213) 호광 편(胡廣 編), 『논어집주대전(論語集註大全)』 권5에 풍의(馮椅)의 말로, "人謂申棖剛, 夫子以慾知其非剛; 人謂文仲知, 夫子以居蔡知其不知; 人謂微生高直, 夫子以乞醯知其非直. 夫子知人之道, 於衆好之而必察蓋如此.(사람들은 신정(申棖)이 강(剛)하다고 말하는데 공자는 그의 욕망으로 그가 강하지 않은 것을 알았고, 사람들은 문중(文仲)이 지혜롭다고 말하는데 공자는 그의 큰 거북을 보관함을 가지고 그가 지혜롭지 않다는 것을 알았으며, 사람들은 미생고(微生高)가 정직하다고 말하는데 공자는 식초를 빌리는 것을 가지고 그가 정직하지 않다는 것을 알았다. 공자가 사람을 아는 방법은 사람들이 좋아하는 것에 대해 반드시 자세히 살펴보는 것이 이와 같았다.)"라고 실려 있다.

[5-24-1]

子曰：“巧言·令色·足恭，左丘明恥之，丘亦恥之．匿怨而友其人，左丘明恥之，丘亦恥之.”
공자가 말하였다. “말을 듣기 좋게 하고 얼굴빛을 잘 꾸미며 지나치게 공손한 것을 좌구명(左丘明)이 수치스러워 했는데, 나 또한 이를 수치스러워한다. 원망을 감추고 그 사람과 사귀는 것을 좌구명이 수치스러워 했는데, 나 또한 이를 수치스러워한다.”

朱註

○ 足，將樹反.
‘주공(足恭)’에서 ‘주(足)’는 ‘장(將)’과 ‘수(樹)’의 반절(反切)이다.

詳說

○ 巧令見「學而」.
‘교언·영색(巧言·令色)’은 『논어(論語)』「학이(學而)」에 보인다.214)

○ 按：唐本頭註‘丘亦’之‘丘’讀作‘某’，後幷放此云.
‘구역치지(丘亦恥之)’에 대해, 내가 생각건대 『논어(論語)』 당(唐)나라 판본의 두주(頭註：본문 윗부분의 작은 주석)에서 ‘구역(丘亦)’의 ‘구(丘)’자를 ‘모(某：나)’자로 읽었고, 뒤도 모두 이와 같다고 하였다.

朱註

足，過也.
주(足)는 지나침이다.

詳說

○ 朱子曰：“本當如此，却以爲未足而添足之.”215)

---

214) ‘교언·영색(巧言·令色)’은 『논어(論語)』「학이(學而)」에 보인다：『논어(論語)』「학이(學而)」 제3장에서 “공자가 말하였다. ‘말을 듣기 좋게 하고 얼굴빛을 잘 꾸미는 사람이 인(仁)한 경우는 드물다.’(子曰：‘巧言令色，鮮矣仁.’)”라고 하였다.

215) 『주자어류(朱子語類)』 권29, 「논어11(論語十一)」, 81조목에는 “義剛說‘足恭’，云：‘只是過於

주자(朱子 : 朱熹)가 말하였다. "본래 이와 같아야 하는데, 도리어 충분치 못하다고 여겨서 그것이 충분하도록 보태는 것이다."

○ 沙溪曰 : "足, 『諺解』作入聲, 非也."

사계(沙溪 : 金長生)가 말하였다. "주(足)자에 대해 『언해』에서 입성(入聲)이라 했는데, 잘못이다."

朱註

程子曰 : "左丘明, 古之聞人也."

정자(程子 : 程頤)가 말하였다. "좌구명(左丘明)은 옛날에 유명했던 사람이다."

詳說

○ 叔子.

'정자왈(程子曰)'에서 '정자(程子)'는 동생 정이(程頤)이다.

○ 猶名也.

'고지문인야(古之聞人也)'에서 '문(聞)'자는 마치 '명(名 : 유명함)'이라 하는 것과 같다.

○ 朱子曰 : "此人左丘姓而明名. 傳『春秋』者, 乃左氏耳."216)

주자(朱子 : 朱熹)가 말하였다. "이 사람은 좌구(左丘)가 성이고 명(明)이 이름이다. 『춘추(春秋)』에 전(傳)을 붙인 사람은 좌씨(左氏)이다."

恭.' 曰 : '所謂足者, 謂本當只如此, 我卻以爲未足, 而添足之, 故謂之足. 若本當如此, 而但如此, 則自是足了, 乃不是足. 凡制字如此類者, 皆有兩義.'(황의강(黃義剛 : 주자 문인)이 '지나치게 공손함'에 대해 설명하면서 '이는 다만 공손함에 지나친 것입니다.'라고 하였다. 주자(朱子 : 朱熹)가 말하였다. '이른바 '주(足)'라는 것은 본래 다만 이와 같아야 하는 것을 말하는데, 내가 도리어 충분치 못하다고 여겨서 그것이 충분하도록 보태기 때문에 '주(足)'라고 말한다. 만약 본래 이와 같아야 하는데 단지 이와 같을 뿐이라면 본래 충분한 것이니 이에 '주(足)'가 아니다. 무릇 글자를 만들 때 이와 같이 것들은 모두 두 가지 뜻을 가지고 있다.')"라고 되어 있다.

216) 『주자어류(朱子語類)』 권29, 「논어11(論語十一)」, 86조목에는 "問 : '左丘明, 謝氏以爲'古之聞人', 則『左傳』非丘明所作.' 曰 : '左丘是古有此姓, 名明, 自是一人. 作傳者乃左氏, 別自是一人.'(물었다. '좌구명(左丘明)에 대해 사씨(謝氏 : 謝良佐)는 '옛날에 유명했던 사람이다'라고 여겼으니, 『춘추좌전(春秋左傳)』은 좌구명이 지은 것이 아닙니다.' 주자(朱子 : 朱熹)가 대답하였다. '좌구(左丘)는 옛날에 이러한 성(姓)이 있었고, 이름은 명(明)이니, 그 자체로 한 사람이다. 『춘추좌전(春秋左傳)』을 지은 사람은 좌씨(左氏)로 별도의 한 사람이다.')"라고 되어 있다.

◯ 又曰 : "左丘明恥巧言, 『左傳』必非其所作."[217)]

주자(朱子 : 朱熹)가 또 말하였다. "좌구명은 말을 듣기 좋게 하는 것을 수치스러워 했으니, 『춘추좌전(春秋左傳)』은 그가 지은 것이 아님이 틀림없다."

◯ 按 : 『左傳』多巧言, 故朱子云然.

내가 생각하건대 『춘추좌전(春秋左傳)』은 말을 듣기 좋게 하는 것이 많기 때문에 주자(朱子 : 朱熹)가 그렇게 말한 것 같다.

◯ 此人蓋孔子以前人, 左氏則孔子以後人.

이 사람은 공자 이전의 사람이고, 좌씨는 공자 이후의 사람이다.

◯ 訓畢.

훈고가 끝났다.

朱註

謝氏曰 : "二者之可恥, 有甚於穿窬也. 左丘明恥之, 其所養可知矣.

사씨(謝氏 : 謝良佐)가 말하였다. "두 가지가 수치스러워할 만하다는 것은 담을 뚫고 뛰어넘는 도둑질보다 심함이 있다. 좌구명은 이를 수치스러워 했으니, 그가 수양한 것을 알 만하다.

詳說

◯ '巧言 · 令色 · 足恭'及'匿怨而友其人'.

'이자지가치(二者之可恥)'에서 '이자(二者)'는 '말을 듣기 좋게 하고 얼굴빛을 잘 꾸미며 지나치게 공손한 것'과 '원망을 감추고 그 사람과 사귀는 것'을 가리킨다.

◯ 朱子曰 : "皆不誠實."[218)]

'이자지가치(二者之可恥)'에 대해, 주자(朱子 : 朱熹)가 말하였다. "이것들은 모두 성실하지 않은 것이다."

---

217) 『주자어류(朱子語類)』 권29, 「논어11(論語十一)」, 87조목에는 "丘明所恥如此, 『左傳』必非其所作.(좌구명이 수치스러워한 것이 이와 같았으니, 『춘추좌전(春秋左傳)』은 그가 지은 것이 아님이 틀림없다.)"라고 되어 있다.

218) 『주자어류(朱子語類)』 권29, 「논어11(論語十一)」, 84조목에는 "巧言 · 令色 · 足恭, 與匿怨, 皆不誠實者也.(말을 듣기 좋게 하고 얼굴빛을 잘 꾸미며 지나치게 공손한 것과 원망을 감추고 그 사람과 사귀는 것은 모두 성실하지 않은 것이다.)"라고 되어 있다.

○ 踰通.

'유심어천유야(有甚於穿窬也)'에서 '유(窬)'자는 유(踰)자와 뜻이 서로 통한다.

○ 盜也.

'유심어천유야(有甚於穿窬也)'에서 '천유(穿窬)'는 도둑질이다.

○ 慶源輔氏曰 : "其心陰巧譎詐以取悅媚, 謀傾諂."219)

'이자지가치, 유심어천유야(二者之可恥, 有甚於穿窬也)'에 대해, 경원 보씨(慶源輔氏 : 輔廣)가 말하였다. "그 마음이 음험하고 교활하여 아첨하기를 기뻐하고 아부를 도모한다."

○ 以直養.

'기소양가지의(其所養可知矣)'라고 한 것은 정직함으로 수양했다는 뜻이다.

朱註

夫子自言'丘亦恥之', 蓋竊比老彭之意.

공자가 스스로 '나 또한 이를 수치스러워한다.'라고 말했으니, 이는 가만히 노팽(老彭)에게 견주어본다는 뜻이다.

詳說

○ 此及後篇禱久章註以夫子自言及'曰'字冠之, 故其下不諱聖名, 直書本文而無嫌. 下十室註, 則係朱子自爲說, 故以'聖人'二字代本文一字.

'부자자언구역치지(夫子自言丘亦恥之)'에 대해, 이 말과 뒤 편, 즉 「술이(述而)」 도구장(禱久章)의 주석220)은 공자가 스스로 언급한 것을 '왈(曰)'자로 첫머리에 두

219) 호광 편(胡廣 編), 『논어집주대전(論語集註大全)』 권5.

220) 「술이(述而)」 도구장(禱久章)의 주석 : 『논어(論語)』「술이(述而)」 제34장에서 "공자가 병이 위중해지니 자로(子路)가 신(神)에게 기도할 것을 청하였다. 공자가 말하였다. '이런 이치가 있는가?'자로가 대답하였다. '있습니다. 뇌문(誄文 : 祭文)에 '너를 상하(上下)의 신명(神明)에게 기도하였다.'라는 말이 있습니다.' 공자가 말하였다. '나는 기도한 지가 오래되었다.'(子疾病, 子路請禱. 子曰 : '有諸?' 子路對曰 : '有之. 誄曰, '禱爾于上下神祇.'' 子曰 : '丘之禱久矣.')"라고 하였다. 이 구절에 대해 주자는 "기도는 잘못을 뉘우치고 선(善)에 옮겨가 신(神)의 도움을 비는 것이다. 그런 이치가 없다면 빌 필요가 없고, 이미 그런 이치가 있다고 하더라도 성인은 일찍이 잘못이 없어 옮겨갈 만한 선(善)이 없고 평소의 행동이 본디 이미 신명(神明)에 합치하였다. 그러므로 '나는 기도한 지가 오래되었다.'라고 말한 것이다.(禱者, 悔過遷善, 以祈神之佑也. 無其理, 則不必禱; 旣曰有之, 則聖人未嘗有過, 無善可遷, 其素行, 固已合於神明. 故曰'丘

었기 때문에 그 아래에 성인의 이름을 휘(諱)하지 않고 곧바로 경문을 기록하고도 무방하였다. 아래 '십실(十室)'의 주석 경우는 주자(朱子 : 朱熹)가 스스로 말을 한 것이기 때문에 '성인(聖人)'이라는 두 글자로서 경문의 하나의 글자, 즉 '구(丘)'자를 대신하였다.[221]

○ 見「述而」.

'개절비노팽지의(蓋竊比老彭之意)'라고 한 것은 『논어(論語)』「술이(述而)」에 보인다.[222]

○ 自謙之辭.

'개절비노팽지의(蓋竊比老彭之意)'라고 한 것은 스스로 겸양하는 말이다.

○ 以論錯釋畢. 此下又申言外正意.

논의로써 섞어서 풀이한 것이 끝났다. 이 아래는 또 말 밖의 진정한 뜻을 거듭 밝힌다.

朱註

又以深戒學者, 使察乎此而立心以直也."

또 배우는 사람들을 깊이 경계하여 이 점을 살펴 정직함으로 뜻을 세우게 한 것이다."

詳說

○ 此章.

'사찰호차이입심이직야(使察乎此而立心以直也)'에서 '차(此)'자는 이 장(章)을 가리킨다.

之禱久矣.')"라고 주석한 것을 가리킨다.

221) 아래 '십실(十室)'의 주석 경우는 …… 본문의 하나의 글자 즉 '구(丘)'자를 대신했다 : 『논어(論語)』「공야장(公冶長)」 제27장에서 "공자가 말하였다. '10호(戶)쯤 되는 조그만 읍(邑)에도 반드시 나처럼 충신(忠信)한 사람은 있지만, 나처럼 배우기를 좋아하는 사람은 없을 것이다.'(子曰 : '十室之邑, 必有忠信如丘者焉, 不如丘之好學也.')"라고 하였다. 이 구절에 대해 주자는 "충신(忠信)이 성인과 같다면 타고난 자질이 아름다운 사람이다.(忠信如聖人, 生質之美者也)"라고 주석한 것을 가리킨다.

222) '개절비노팽지의(蓋竊比老彭之意)'라고 한 것은 『논어(論語)』「술이(述而)」에 보인다 : 『논어(論語)』「술이(述而)」 제1장에서 "공자가 말하였다. '전술(傳述)하고 창작(創作)하지 않으며, 옛것을 믿고 좋아하는 것을 가만히 노팽(老彭)에게 견주어본다.'(子曰 : '述而不作, 信而好古, 竊比於我老彭.')"라고 하였다.

○ 朱子曰："微生高之心久而滋長，便做得這般可恥事出來．巧·令·足與匿怨·可恥與乞醯之義相似，此二事從其類編排."223)

주자(朱子：朱熹)가 말하였다. "미생고의 마음이 오래되어 발전된다면 이렇게 수치스러워할 만한 일을 하게 될 것이다. '말을 듣기 좋게 하고 얼굴빛을 잘 꾸미며 지나치게 공손한 것'과 '원망을 감추고 그 사람과 사귀는 것'이 수치스러워할 만하다는 것은 식초를 빌리는 의미와 서로 비슷하니, 이 두 가지 일을 그 부류에 따라서 편집하였다."

○ 二事非止自謙與譏人而已，所以上註曰'敎人不可不謹'，此曰'深戒學者立心以直'．此'直'字，卽上章之'直'字．

이 두 가지 일은 다만 스스로 겸양하는 것과 남을 비판하는 것에 그칠 뿐이 아니기 때문에, 위 장(章)의 주석에서는 '사람들에게 작은 것이라 하여 삼가지 않을 수 없다는 것을 가르쳤다'라고 말했으며, 이 장(章)의 주석에서는 '배우는 사람들을 깊이 경계하여 정직함으로 뜻을 세우게 한 것이다'라고 말하였다. 여기에서 '직(直)'자는 곧 위 장(章)의 '직(直)'자이다.

○ '恥'字，此章之題目．

'치(恥：수치스러워 하다)'자가 이 장(章)의 제목이다.

---

223) 『주자어류(朱子語類)』 권29, 「논어11(論語十一)」, 85조목에는 "問：''巧言·令色·足恭'，是旣失本心，而外爲諂媚底人．'匿怨而友其人'，是內懷險詖，而外與人相善底人.' 曰：'門人記此二事相連．若是微生高之心，弄來弄去，便做得這般可恥事出來.'(물었다. ''말을 듣기 좋게 하고 얼굴빛을 잘 꾸미며 지나치게 공손한 것'은 이미 본심을 잃고 밖으로 아첨하는 사람입니다. '원망을 감추고 그 사람과 사귀는 것'은 안으로는 음험한 생각을 품으면서도 밖으로는 남들과 잘 지내는 사람입니다.' 주자(朱子：朱熹)가 대답하였다. '문인들이 이 두 가지 일을 서로 연결시켜서 기록하였다. 만약 미생고의 마음을 진행시킨다면 이렇게 수치스러워할 만한 일을 하게 될 것이다.')"라고 되어 있고, 또 같은 책 권29, 80조목에는 "這一段下連'巧言·令色·足恭'，都是一意．當初孔門編排此書，已從其類.(이 단락 아래에 이어서 '말을 듣기 좋게 하고 얼굴빛을 잘 꾸미며 지나치게 공손한 것'라고 한 것은 모두 하나의 뜻이다. 당초에 공자의 문하에서 이 책을 편집할 때 이미 그 부류에 따랐다.)"라고 되어 있다.

[5-25-1]

顔淵 · 季路侍. 子曰 : "盍各言爾志?"
안연(顔淵)과 계로(季路)가 공자를 모시고 있었다. 공자가 말하였다. "어찌 각자 너희들의 뜻을 말하지 않는가?"

詳說

○ '盍', 音合. 下節先路後淵者, 在師前序齒之常例也. 章首先淵後路者, 後來記書者之意, 蓋以道學高下爲序. 如文廟耳.

'합(盍)'자는 음이 합(合)이다. 아래 구절에서 자로의 말을 앞세우고 안연의 말을 뒤에 둔 것은 스승 앞에서는 나이로 순서를 두는 것이 일반적인 사례이기 때문이다. 이 장(章)의 첫머리에서 안연을 앞세우고 자로를 뒤에 둔 것은 나중에 글을 기록한 사람의 뜻일 것이니, 대개 도학(道學)의 높낮이로 순서를 매겼기 때문이다. 이는 문묘(文廟)의 배열순서와 같다.

朱註

盍, '何不'也.
합(盍)은 '어찌 ~하지 않는가'의 뜻이다.

詳說

○ 有訓無釋.

훈고는 있으나 경문의 풀이는 없다.

[5-25-2]

子路曰 : "願車馬 · 衣輕裘, 與朋友共, 敝之而無憾."
자로(子路)가 말하였다. "거마(車馬)와 가벼운 갖옷을 친구와 함께 쓰다가 그것을 망가뜨려도 유감이 없기를 원합니다."

朱註

◯ '衣', 去聲. 衣, 服之也. 裘, 皮服. 敝, 壞也. 憾, 恨也

'의경구(衣輕裘)'에서 '의(衣)'자는 거성(去聲)이다. 의(衣)는 입는 것이다. 구(裘)는 갖옷이다. 폐(敝)는 망가뜨림이다. 감(憾)은 유감으로 여기는 것이다.

詳說

◯ 與上'服'字義異.

'구, 피복(裘, 皮服)'에서 '복(服)'자는 위 '의, 복지야(衣, 服之也)'에서 '복(服)'자와 의미가 다르다.

◯ 諺音誤.

'감, 한야(憾, 恨也)'에서 '감(憾)'자에 대한 『언해』본의 음은 그르다.[224]

◯ 有訓無釋.

훈고는 있으나 경문의 풀이가 없다.

◯ 子路言志, 又見「先進」. 而其言不同者, 此則汎問, 「先進」則以用爲問故也.

자로가 뜻을 말한 것은 또 『논어(論語)』「선진(先進)」에 보인다.[225] 그런데 그 말들이 서로 같지 않으니, 이 장(章)에서는 보편적으로 물은 것이고, 「선진(先進)」에서는 용도를 가지고 물었기 때문이다.

---

224) '감(憾)'자에 대한 『언해』본의 음은 그르다 : 교정청 『언해』본과 율곡 『언해』본에 모두 '憾(감)'으로 되어 있다.

225) 자로가 뜻을 말한 것은 또 『논어(論語)』「선진(先進)」에 보인다 : 『논어(論語)』「선진(先進)」 제25장에서 "자로(子路)가 경솔히 대답하였다. '천승(千乘)의 제후국이 대국(大國)의 사이에서 속박을 받아 침략을 당하게 되고 따라서 기근(饑饉)이 들어도, 제가 그 나라를 다스리면 3년 만에 백성들을 용맹하게 할 수 있고 또 의리를 지향할 줄을 알도록 할 것입니다.' 공자가 미소 지었다.(子路率爾而對曰 : '千乘之國, 攝乎大國之間, 加之以師旅, 因之以饑饉, 由也爲之, 比及三年, 可使有勇, 且知方也.' 夫子哂之.)"라고 하였다.

[5-25-3]

顔淵曰 : "願無伐善, 無施勞."
안연(顔淵)이 말하였다. "자신의 잘하는 것을 자랑함이 없고, 공로를 과시함이 없기를 원합니다."

詳說

○ 二子之事, 皆其所已能而曰'願'者, 承言志之命而對故也.
자로와 안연 두 사람의 일은 모두 그들이 이미 잘 하는 것인데 '원합니다'라고 말한 것은 공자가 뜻을 말해 보라는 명령을 받들어서 대답했기 때문이다.

朱註

伐, 誇也. 善, 謂有能. 施, 亦張大之意. 勞, 謂有功, 『易』曰 , '勞而不伐'是也.
벌(伐)은 자랑함이다. 선(善)은 잘 하는 것을 말한다. 시(施)는 또한 과시하는 뜻이다. 노(勞)는 공로가 있음을 말하니, 『역(易)』에서 '공로가 있어도 자랑하지 않는다.'라고 한 말이 이것이다.

詳說

○ 承'伐'訓而言'亦'.
'시, 역장대지의(施, 亦張大之意)'에서 '역(亦)'자에 대해, 앞의 '벌(伐)'에 대한 훈고를 이어서 '역(亦)'이라 말하였다.

○ 大設而誇之之意.
'시, 역장대지의(施, 亦張大之意)'라고 한 것은 크게 해서 과장한다는 뜻이다.

○ 「繫辭」.
'『역』왈(『易』曰)'에서 '『역(易)』'은 「계사전상(繫辭傳上)」이다.[226]

---

226) '『역(易)』왈(『易』曰)'에서 '『역(易)』'은 「계사전상(繫辭傳上)」이다 : 『주역(周易)』「계사전상(繫辭傳上)」 제8장에서 "'공로가 있으면서도 겸손하니 군자가 끝마침이 있어 길(吉)하다.' 공자는 다음과 같이 말하였다. '공로가 있어도 자랑하지 않고 공적이 있어도 덕으로 여기지 않음은 돈후함이 지극한 것이다. 이는 공적이 있으면서도 남에게 몸을 낮추는 것을 말한다. 덕은 성대함을 말하고 예(禮)는 공손함을 말한다. 겸손함은 공손함을 다하여 그 지위를 보존하는 것이다.'('勞謙, 君子有終, 吉.' 子曰 : '勞而不伐, 有功而不德, 厚之至也. 語以其功下人者也. 德

○ 證‘無施勞’.

‘『역』왈, 노이불벌시야(『易』曰, 勞而不伐是也)’라고 한 것은 본문의 ‘무시노(無施勞)’라는 말을 증거 댄 것이다.

○ 有訓無釋.

훈고는 있으나 경문의 풀이는 없다.

朱註

或曰 : “勞, 勞事也. 勞事非己所欲, 故亦不欲施之於人.” 亦通.

어떤 사람이 말하였다. “노(勞)는 수고로운 일이다. 수고로운 일은 자기가 하고 싶은 것이 아니기 때문에 또한 남에게도 베풀려고 하지 않는 것이다.” 이 또한 통한다.

詳說

○ 勞苦之事.

‘노, 노사야(勞, 勞事也)’라고 한 것은 수고롭고 힘든 일을 가리킨다.

○ 移設.

‘노사비기소욕, 고역불욕시지어인(勞事非己所欲, 故亦不欲施之於人)’이라 한 것은 옮겨서 설치한 것이다.

○ 『大全』曰 : “前說與上句, 皆謙也; 後說, 恕也.”227)

『논어집주대전』에서 말하였다. “이전의 말과 이 구절은 모두 겸손함이고 뒤의 말은 서(恕)이다.”

○ 朱子曰 : “顔子治‘矯’字, 子路治‘吝’字.”228)

주자(朱子 : 朱熹)가 말하였다. “안자(顔子)는 ‘교(矯)’자를 다스렸고, 자로는 ‘인(吝)’자를 다스렸다.”

○ 南軒張氏曰 : “學者用力子路之事, 則顔子之事可馴致矣.”229)

言盛, 禮言恭. 謙也者, 致恭以存其位者也.’)”라고 하였다.

227) 호광 편(胡廣 編), 『논어집주대전(論語集註大全)』 권5.

228) 『주자어류(朱子語類)』 권29, 「논어11(論語十一)」, 108조목에는 “古人揀己偏重處去克治. 子路是去得箇‘吝’字, 顔子是去得箇‘驕’字.(옛사람들은 자기의 편중된 곳을 골라서 극복해 냈다. 자로는 ‘인(吝)’자를 제거한 것이고, 안자는 ‘교(驕)’자를 제거한 것이다.)”라고 되어 있다.

229) 장식(張栻), 『계사논어해(癸巳論語解)』 권3에는 “學者有志於求仁, 則季路之事亦未宜忽也. 要

남헌 장씨(南軒張氏 : 張栻)가 말하였다. “배우는 사람이 자로(子路)의 일을 노력하면 안자(顔子)의 일은 점차적으로 도달할 수 있을 것이다.”

[5-25-4]

子路曰 : “願聞子之志.” 子曰 : “老者安之, 朋友信之, 少者懷之.”

자로(子路)가 물었다. “선생님의 뜻을 듣기를 원합니다.” 공자가 대답하였다. “늙은이에게는 편안하게 해 주고, 친구에게는 미덥게 해 주며, 젊은이는 감싸 주려고 한다.”

詳說

○ 子之志, 非子路不能問, 此正其勇處. 是亦其志願之一也, 夫子其亦有以哂之矣.

공자의 뜻은 자로가 물을 수 있는 것이 아닌데, 이것이 바로 그의 용감한 점이다. 이 또한 그가 희망하는 것 가운데 하나이니 공자도 또한 미소 지었다.[230)]

朱註

老者養之以安, 朋友與之以信, 少者懷之以恩.

늙은이에게는 편안하게 봉양하고, 친구에게는 믿음으로 함께하며, 젊은이에게는 은혜로 감싸주는 일이다.

當如此用力, 以爲入德之途, 則夫顔子之事可以馴致.(배우는 사람이 인(仁)을 구하는 데 뜻을 둔다면 자로의 일도 또한 소홀히 여겨서는 안 된다. 마땅히 이와 같이 노력하는 것을 덕에 들어가는 길로 삼는다면 안자(顔子)의 일은 점차적으로 도달할 수 있을 것이다.)”라고 되어 있다.

230) 공자도 또한 미소 지었다 : 『논어(論語)』「선진(先進)」 제25장에서 “자로(子路)가 경솔히 대답하였다. ‘천승(千乘)의 제후국이 대국(大國)의 사이에서 속박을 받아 침략을 당하게 되고 따라서 기근(饑饉)이 들어도, 제가 그 나라를 다스리면 3년 만에 백성들을 용맹하게 할 수 있고 또 의리를 지향할 줄을 알도록 할 것입니다.’ 공자가 미소 지었다.(子路率爾而對曰 : ‘千乘之國, 攝乎大國之間, 加之以師旅, 因之以饑饉, 由也爲之, 比及三年, 可使有勇, 且知方也.’ 夫子哂之.)”라고 하였다.

詳說

○ 去聲.

'소자회지이은(少者懷之以恩)'에서 '소(少)'자는 거성(去聲)이다.

○ 有釋無訓.

경문의 풀이는 있으나 훈고는 없다.

朱註

一說:'安之', 安我也; '信之', 信我也; '懷之', 懷我也, 亦通.

일설(一說)에는 '안지(安之)'는 나를 편안하게 여기는 것이고, '신지(信之)'는 나를 믿는 것이며, '회지(懷之)'는 나를 생각하는 것이라 했는데, 또한 통한다.

詳說

○ 黃氏曰:"前說是作用, 後說是效驗. 淵·路皆就作用上說, 故前說爲勝."231)

황씨(黃氏)가 말하였다. "앞의 설명은 작용이고 뒤의 설명은 효험이다. 안연과 자로는 모두 작용의 측면에서 말했기 때문에 앞의 설명이 뛰어나다."

○『大全』曰:"合二說, 其義方備. 老者我養之以安, 而後方安於我."232)

『논어집주대전』에서 말하였다. "뒤에까지 설명을 합치면 그 의미가 비로소 갖추어진다. 늙은이에게 내가 편안하게 봉양한 뒤에 비로소 그가 나를 편안히 여길 것이다."

○ '一說', 尤見其無跡. 然應也, 非感也, 故歸之餘意云.

이 구절에 대해 '일설(一說)'은 특히 그것이 자취가 없음을 볼 수 있다. 그러나 반응한 것이지 감촉한 것이 아니기 때문에 나머지 뜻으로 귀결된다고 할 수 있겠다.

---

231) 조순손(趙順孫), 『사서찬소』「논어찬소(論語纂疏)」 권3에 황씨(黃氏)의 말로, "『集註』前說是作用, 後說是效驗. 後說與'綏斯來, 動斯和'意思相類, 自是聖人地位. 但前說却有仁心自然·物各付物之意, 有天地發生氣象. 况顔子·子路, 皆是就作用上說, 故前說爲勝.(『논어집주(論語集註)』에서 앞의 설명은 작용이고 뒤의 설명은 효험이다. 뒤의 설명은 『논어(論語)』「자장(子張)」의 '편안히 하면 이에 따라오고, 움직이면 이에 화합한다'라는 것과 의미가 서로 같으니, 본래 성인의 지위이다. 그러나 앞의 설명은 또한 인(仁)한 마음이 저절로 그러하고 사물들이 각각 그 사물 됨을 부여하는 뜻이 있으며, 천지가 발생하는 기상이 있다. 하물며 안자와 자로가 모두 작용 측면에서 말했으니, 앞의 설명이 뛰어나다.)"라고 되어 있다.

232) 호광 편(胡廣 編), 『논어집주대전(論語集註大全)』 권5.

朱註

○ **程子曰："夫子安仁, 顔淵不違仁, 子路求仁."**

정자(程子 : 程頤)가 말하였다. "공자는 인(仁)을 편안히 여겼고, 안연(顔淵)은 인을 떠나지 않았으며, 자로(子路)는 인을 구한 것이다."

詳說

○ 叔子.

'정자왈(程子曰)'에서 '정자(程子)'는 동생 정이(程頤)이다.

○ 二字見上篇.

'부자안인(夫子安仁)'에서 '안인(安仁)'이라는 두 글자는 위 편, 즉 「이인(里仁)」에 보인다.[233)]

○ 見下篇.

'안연불위인(顔淵不違仁)'이라는 말은 아래 편, 즉 「옹야(雍也)」에 보인다.[234)]

○ 二字見「述而」.

'자로구인(子路求仁)'에서 '구인(求仁)'이라는 두 글자는 「술이(述而)」에 보인다.[235)]

---

233) '안인(安仁)'이라는 두 글자는 위 편, 즉 「이인(里仁)」에 보인다 : 『논어(論語)』「이인(里仁)」 제2장에서 "공자가 말하였다. '인(仁)하지 못한 자는 오랫동안 곤궁함에 처할 수 없고, 오랫동안 즐거움에 처할 수 없다. 인한 사람은 인을 편안히 여기고, 지혜로운 사람은 인을 이롭게 여긴다.'(子曰 : '不仁者不可以久處約, 不可以長處樂. 仁者安仁, 知者利仁.')"라고 하였다.

234) '안연불위인(顔淵不違仁)'이라는 말은 아래 편, 즉 「옹야(雍也)」에 보인다 : 『논어(論語)』「옹야(雍也)」 제5장에서 "공자가 말하였다. '안회(顔回)는 그 마음이 3개월 동안 인(仁)을 떠나지 않았고, 그 나머지 사람들은 하루나 한 달에 한 번 인에 이를 뿐이다.'(子曰 : '回也, 其心三月不違仁, 其餘則日月至焉而已矣.')"라고 하였다.

235) '구인(求仁)'이라는 두 글자는 「술이(述而)」에 보인다 : 『논어(論語)』「술이(述而)」 제14장에서 "염유(冉有)가 말하였다. '선생님께서 위(衛)나라 군주를 도와주실까?'자공(子貢)이 말하였다. '알았다. 내가 그것을 물어볼 것이다.' 공자에게 가서 물었다. '백이(伯夷)와 숙제(叔齊)는 어떠한 사람입니까?' 공자가 대답하였다. '옛날의 현명한 사람이다.'자공이 물었다. '원망했습니까?' 공자가 대답하였다. '인(仁)을 구하여 인을 얻었으니, 또 무엇을 원망하겠는가?'자공이 나와서 말하였다. '선생님께서는 돕지 않을 것이다.'(冉有曰 : '夫子爲衛君乎?' 子貢曰 : '諾. 吾將問之.' 入, 曰 : '伯夷·叔齊, 何人也?' 曰 : '古之賢人也.' 曰 : '怨乎?' 曰 : '求仁而得仁, 又何怨?' 出, 曰 : '夫子不爲也.')"라고 하였다.

朱註

又曰 : "子路 · 顔淵 · 孔子之志, 皆與物共者也. 但有大小之差爾."
정자(程子)가 또 말하였다. "자로(子路) · 안연(顔淵) · 공자의 뜻은 모두 남과 함께 한 것인데, 다만 크고 작은 차이가 있을 뿐이다."

詳說

○ 當考.
'우왈(又曰)'의 주체는 동생 정이인지 형 정호인지 마땅히 살펴보아야 할 것이다.

○ 朱子曰 : "都是去箇私意."236)
주자(朱子 : 朱熹)가 말하였다. "모두 사사로운 뜻을 버린 것이다."

○ 又曰 : "子路偶然如此說, 故顔子 · 孔子各就上面說去. 子路若別說一般事, 顔子 · 孔子又就他一般事上說."237)

---

236) 『주자어류(朱子語類)』 권29, 「논어11(論語十一)」, 112조목에는 "問'夫子安仁, 顔淵不違仁, 子路求仁.' 曰 : '伊川云, '孔子二子之志, 皆與物共者也, 有淺深小大之間耳.' 子路底淺, 顔子底深; 二子底小, 聖人底大. 子路底較粗, 顔子底較細膩. 子路必待有車馬輕裘, 方與物共, 若無此物, 又作麼生? 顔子便將那好底物事與人共之, 見得那子路底又低了, 不足爲, 只就日用間無非是與人共之事. 顔子底儘細膩, 子路底只是較粗. 然都是去得箇私意了, 只是有粗細.'('공자는 인(仁)을 편안히 여겼고, 안연(顔淵)은 인을 떠나지 않았으며, 자로(子路)는 인을 구한 것이다'라는 구절에 대해 물었다. 주자(朱子 : 朱熹)가 대답하였다. '이천(伊川 : 程頤)은 '공자와 두 사람의 뜻은 모두 남과 함께하는 것이지만 깊고 얕음의 차이와 크고 작은 차이가 있을 뿐이다.'라고 말하였다. 자로의 것은 얕고 안자의 것은 깊으며, 두 사람의 것은 작고 성인의 것은 크다. 자로의 것은 비교적 거칠고 안자의 것은 비교적 세밀하다. 자로는 반드시 거마와 가벼운 갖옷이 있기를 기다린 뒤에야 남과 함께 했으니, 만약 이러한 것이 없었다면 또 어떻게 했겠는가? 안자는 곧 저렇게 좋은 것을 사람들과 함께 했으니, 자로의 것이 더 낮아서 할 만한 것이 못되고 다만 일상생활에서 남과 공유하는 일일 뿐이라는 것을 알 수 있다. 안자의 것은 매우 세밀하고 자로의 것은 다만 비교적 거칠 뿐이다. 그러나 모두 사사로운 뜻을 버렸으니 다만 거침과 세밀함의 차이가 있을 뿐이다.)"라고 되어 있다.

237) 『주자어류(朱子語類)』 권29, 「논어11(論語十一)」, 114조목에는 "問 : '孔子安仁, 固無可言. 顔子不違仁, 乃是已得之, 故不違, 便是'克己復禮'底事. 子路方有與物共之志, 故曰'求仁.'' 曰 : '然.' 又曰 : '這般事, 如今都難說. 他當時只因子路說出那一段, 故顔子就子路所說上說, 便見得顔子是箇已得底意思. 孔子又就顔子所說上說, 皆是將己與物對說. 子路便是箇舍己忘私底意思. 今若守定他這說, 曰此便是求仁, 不成子路每日都無事, 只是如此. 當時只因子路偶然如此說出, 故顔子 · 孔子各就上面說去, 其意思各自不同. 使子路若別說出一般事, 則顔子 · 孔子又自就他那一般事上說, 然意思卻只如此.'(물었다. '공자가 인을 편안히 여긴 것에 대해서는 본디 말할 만한 것이 없다. 안자가 인을 떠나지 않은 것은 곧 이미 인(仁)을 얻었기 때문에 떠나지 않은 것

주자(朱子 : 朱熹)가 또 말하였다. "자로가 우연히 이와 같이 말했기 때문에 안자와 공자가 각각 그에 나아가 말하였다. 그들의 의미가 각자 같지 않았다. 자로가 만약 다른 어떤 일을 말했다면 안자와 공자도 또한 그 어떠한 일에서 말했을 것이다."

○ 楚宜反.

'단유대소지차이(但有大小之差爾)'에서 '차(差)'는 '초(楚)'와 '의(宜)'의 반절(反切)이다.

朱註

又曰 : "子路勇於義者, 觀其志, 豈可以勢利拘之哉? 亞於浴沂者也.

정자(程子)가 또 말하였다. "자로(子路)는 의리(義理)에 용감한 사람이니, 그의 뜻을 살펴보면 어찌 세력이나 이익을 가지고 그를 구속할 수 있겠는가? '기수(沂水)에서 목욕하겠다'라고 한 증점(曾點)에 버금가는 사람이다.

詳說

○ 當考.

'우왈(又曰)'의 주체는 동생 정이인지 형 정호인지 마땅히 살펴보아야 할 것이다.

○ '先觀'以下叔子.

아래에 '선관이자지언(先觀二子之言)'에서 '선관(先觀)' 이하는 동생 정이(程頤)의 말이다.

이니, 바로 '자신의 사사로운 욕망을 이겨 예(禮)에 돌아가는' 일입니다. 자로는 이제 막 남과 함께 공유하는 뜻이 있었기 때문에 '인을 구한다.'라고 말했습니다.' 주자(朱子 : 朱熹)가 대답하였다. '그렇다.' 주자(朱子 : 朱熹)가 또 말하였다. '이러한 일은 지금 모두 말하기 어렵다. 그 당시에 다만 자로가 그렇게 말했기 때문에 안자는 자로가 말한 것에서 말했으니, 곧 안자는 이미 인(仁)을 얻은 사람이라는 의미를 알 수 있다. 공자는 또 안자가 말한 것에서 말했으니 모두 자기와 남을 상대적으로 말한 것이다. 자로의 경우는 곧 자기를 버리고 사사로움을 잊은 사람이라는 의미이다. 지금 만약 그의 이러한 말을 굳게 지키면서 이것이 곧 인을 구하는 것이라 말한다면, 자로가 날마다 전혀 하는 일이 없이 다만 이와 같이 했을 뿐이라 할 수는 없다. 당시에 다만 자로가 우연히 이와 같이 말한 것 때문에 안자와 공자가 각각 그에 나아가 말했으니, 그들의 의미가 각자 같지 않았다. 가령 자로가 만약 다른 어떤 일을 말했다면 안자와 공자도 또한 스스로 그 어떠한 일에서 말했을 것이지만, 의미는 여전히 다만 이와 같았을 것이다.')"라고 되어 있다.

○ '勢'字陪'利'字.

'기가이세리구지재(豈可以勢利拘之哉)'에서 '세(勢)'자는 '리(利)'자를 동반한다.

○ 見「先進」.

'아어욕기자야(亞於浴沂者也)'에서 '욕기(浴沂 : 沂水에서 목욕하겠다)'라는 말은 「선진(先進)」에 보인다.[238]

○ 朱子曰 : "胸次灑落."[239]

'욕기(浴沂 : 沂水에서 목욕하겠다)'라는 말과 관련하여 주자(朱子 : 朱熹)가 말하였다. "증점(曾點)은 가슴속이 시원하고 소탈하다."

朱註

顏子不自私己, 故無伐善; 知同於人, 故無施勞. 其志可謂大矣, 然未免於有意也.

안자(顏子)는 스스로 자신을 사사로이 여기지 않았기 때문에 그가 잘하는 것을 자랑함이 없었고, 자신이 남과 같음을 알았기 때문에 공로를 과시함이 없었다. 그 뜻이 크다고 할 만하지만, 의도가 있다는 것을 면하지 못하였다.

詳說

○ 朱子曰 : "不自有己善."[240]

---

238) '욕기(浴沂 : 沂水에서 목욕하겠다)'라는 말은 「선진(先進)」에 보인다 : 『논어(論語)』「선진(先進)」 제25장에서 "공자가 말하였다. '점(點)아! 너는 어떻게 하겠느냐?' 그는 비파를 타기를 드문드문 하더니, 땅하고 비파를 놓으며 일어나 대답하였다. '세 사람이 갖춘 것과는 다릅니다.' 공자가 말하였다. '무엇이 문제가 되겠는가? 또한 각기 자기의 뜻을 말하는 것이다.' 증점이 말하였다. '늦봄에 봄옷이 이미 이루어지면 관(冠)을 쓴 어른 5~6명과 동자(童子) 6~7명과 함께 기수(沂水)에서 목욕하고 무우(舞雩)에서 바람 쐬고 노래하면서 돌아오겠습니다.' 공자가 감탄하면서 말하였다. '나는 점(點)을 인정한다.'('點! 爾何如?' 鼓瑟希, 鏗爾舍瑟而作, 對曰 : '異乎三子者之撰.' 子曰 : '何傷乎? 亦各言其志也.' 曰 : '莫春者, 春服旣成, 冠者五六人, 童子六七人, 浴乎沂, 風乎舞雩, 詠而歸.' 夫子喟然嘆曰 : '吾與點也')"라고 하였다.

239) 주희, 『주문공문집(朱文公文集)』 권43, 「답진명중(答陳明仲)」에는 "증점(曾點)이 도를 깨달은 것은 의심할 것이 없으니, 마음이 일에 매이지 않고 그 가슴속이 시원하고 소탈한 것은 말로 형용할 수 있는 것이 아닙니다.(曾點見道無疑, 心不累事, 其胸次灑落, 有非言語所能形容者.)"라고 되어 있다.

240) 『주자어류(朱子語類)』 권29, 「논어11(論語十一)」, 124조목에는 "問 : '程子言, '不自私己, 故無伐善; 知同於人, 故無施勞.' 看來'不自私己'與'知同於人', 亦有些相似.' 曰 : '不要如此疑. 以善者己之所有, 不自有於己, 故無伐善; 以勞事人之所憚, 知同於人, 故無施勞.'(물었다. '정자(程

'안자불자사기(顔子不自私己)'에 대해, 주자(朱子 : 朱熹)가 말하였다. "스스로 자기가 잘하는 것으로 여기지 않았다."

◯ 知我與人同.

'지동어인(知同於人)'이라는 것은 자신이 남과 같음을 안다는 뜻이다.

◯ 『集註』後一說意.

'고무시로(故無施勞)'의 경우, 『논어집주(論語集註)』 뒤의 주장을 뜻한다.

◯ 視子路爲大.

'기지가위대의(其志可謂大矣)'라고 한 것은 자로의 뜻이 크다고 본 것이다.

◯ 二'無'字有勉意.

'연미면어유의야(然未免於有意也)'라고 한 것은 앞의 고무벌선(故無伐善)과 고무시로(故無施勞)에서 두 개의 '무(無)'자에 힘쓰는 뜻이 있다는 말이다.

◯ 視孔子爲有意.

'연미면어유의야(然未免於有意也)'는 공자가 의도가 있다고 본 것이다.

朱註

至於夫子, 則如天地之化工, 付與萬物而己不勞焉, 此聖人之所爲也.

공자의 경우는 마치 천지의 조물주가 만물에게 부여하고 자신은 수고롭지 않은 것과 같으니, 이는 성인이 하는 것이다.

詳說

◯ 黃氏曰 : "物各付物."241)

子)는 '스스로 자신을 사사로이 여기지 않았기 때문에 그가 잘하는 것을 자랑함이 없었고, 자신이 남과 같음을 알았기 때문에 공로를 과시함이 없었다.'라고 말했습니다. 제가 보건대, '스스로 자신을 사사로이 여기지 않다는 것'과 '자신이 남과 같음을 알았다는 것'은 또한 조금 비슷한 것 같습니다.' 주자(朱子 : 朱熹)가 대답하였다. '이와 같이 생각할 필요가 없다. 잘하는 것은 자기가 가고 있는 것이지만 스스로 자기에게 있는 것으로 여기지 않기 때문에 잘 하는 것을 자랑함이 없고, 수고로운 일은 사람들이 꺼려하는 것이지만 신이 남과 같음을 알았기 때문에 공로를 과시함이 없다.')"라고 되어 있다.

241) 조순손(趙順孫), 『사서찬소』「논어찬소(論語纂疏)」 권3에 황씨(黃氏)의 말로, "『集註』前說是作用, 後說是效驗. 後說與'綏斯來, 動斯和'意思相類, 自是聖人地位. 但前說却有仁心自然 · 物各付物之意, 有天地發生氣象. 况顔子 · 子路, 皆是就作用上說, 故前說爲勝.(『논어집주(論語集註)』에서 앞의 설명은 작용이고 뒤의 설명은 효험이다. 뒤의 설명은 『논어(論語)』「자장(子張)」의

'부여만물(付與萬物)'에 대해, 황씨(黃氏)가 말하였다. "사물들이 각각 그 사물 됨을 부여하는 것이다."

○ '無施勞'不足言矣.

'기불로언(己不勞焉)'의 경우, '무시로(無施勞 : 공로를 과시함이 없다)'라는 말을 할 필요가 없다.

朱註

今夫羈靮以御馬而不以制牛, 人皆知羈靮之作在乎人, 而不知羈靮之生由於馬.

지금 굴레와 고삐로 말을 다루지만 그것으로 소를 제어하지는 않는데, 사람들은 모두 굴레와 고삐를 만든 것이 사람에게 달려 있다고 알지만, 이 굴레와 고삐가 생겨난 것이 말에서 말미암은 것임을 알지 못한다.

詳說

○ 音扶.

'금부기적이어마이불이제우(今夫羈靮以御馬而不以制牛)'에서 '부(夫)'자는 음이 부(扶)이다.

○ 居宜反.

'금부기적이어마이불이제우(今夫羈靮以御馬而不以制牛)'에서 '기(羈)'는 '거(居)'와 '의(宜)'의 반절(反切)이다.

○ 音的.

'금부기적이어마이불이제우(今夫羈靮以御馬而不以制牛)'에서 '적(靮)'자는 음이 적(的)이다.

○ 猶安以養老, 而不以與友.

'금부기적이어마이불이제우(今夫羈靮以御馬而不以制牛)'라고 한 구절은 마치 편안하게 해주는 것은 그것으로 늙은이를 봉양하는 것이지 그것으로 친구를 사귀는데는 사용하지 않는 것과 같다.

'편안히 하면 이에 따라오고, 움직이면 이에 화합한다'라는 것과 의미가 서로 같으니, 본래 성인의 지위이다. 그러나 앞의 설명은 또한 인(仁)한 마음이 저절로 그러하고 사물들이 각각 그 사물 됨을 부여하는 뜻이 있으며, 천지가 발생하는 기상이 있다. 하물며 안자와 자로가 모두 작용 측면에서 말했으니, 앞의 설명이 뛰어나다.)"라고 되어 있다.

○ 造作.

'인개지기적지작재호인(人皆知羈靮之作在乎人)'에서 '작(作)'자는 제작한다는 말이다.

○ 猶安之·信之·懷之在乎我.

'인개지기적지작재호인(人皆知羈靮之作在乎人)'이라 한 구절은 마치 편안하게 해주고 미덥게 해주며 감싸 주는 것이 나에게 달려 있다고 하는 것과 같다.

○ 自生.

'이부지기적지생유어마(而不知羈靮之生由於馬)'에서 '생(生)'자는 저절로 생겨난다는 것을 말한다.

○ 朱子曰 : "穿牛絡馬, 是他生下便自帶得此理來."242)

주자(朱子 : 朱熹)가 말하였다. "소의 코를 뚫고 말의 고삐를 매는 것은 그것이 태어나면서 곧 스스로 이러한 이치를 가지는 것이다."

朱註

聖人之化, 亦猶是也. 先觀二子之言, 後觀聖人之言, 分明天地氣象.

성인의 조화(造化)도 또한 이와 같다. 먼저 안연(顔淵)과 자로(子路) 두 사람의 말을 살펴보고, 뒤에 성인의 말을 살펴보면, 분명히 천지의 기상(氣象)이다.

---

242) 『주자어류(朱子語類)』 권29, 「논어11(論語十一)」, 125조목에는 "問 : '『集注』云, '羈靮以御馬, 而不以制牛.' 這箇只是天理, 聖人順之而已.' 曰 : '這只是天理自合如此. 如'老者安之', 是他自帶得安之理來; '朋友信之', 是他自帶得信之理來; '少者懷之', 是他自帶得懷之理來. 聖人爲之, 初無形跡. 季路·顔淵便先有自身了, 方做去. 如穿牛鼻, 絡馬首, 都是天理如此, 恰似他生下便自帶得此理來.'(물었다. '『논어집주(論語集註)』에서 '굴레와 고삐로 말을 다루지만 그것으로 소를 제어하지는 않는다'라고 했습니다. 이는 다만 천리(天理)이니 성인은 그것을 따를 뿐입니다.' 주자(朱子 : 朱熹)가 대답하였다. '이는 다만 천리가 본래 이와 같을 뿐이다. 예컨대 '늙은이를 편안하게 해 준다'라는 것은 그가 스스로 편안한 이치를 가지는 것이고, '친구에게 미덥게 해 준다'라는 것은 그가 스스로 믿음의 이치는 가지는 것이며, '젊은이들을 감싸 준다'라는 것은 그가 스스로 품어주는 이치를 가지는 것과 같다. 성인은 그렇게 하지만 애초에 자취가 없었다. 자로와 안연은 곧 먼저 자기 자신이 있고 난 뒤에 비로소 그렇게 해나갔다. 예컨대 소의 코를 뚫고 말의 고삐를 매는 것은 모두 천리가 이와 같으니, 그것이 태어나면서 곧 스스로 이러한 이치를 가지는 것과 흡사하다.)"라고 되어 있다.

詳說

○ 朱子曰 : "是他自帶得安之理 · 信之理 · 懷之理來."[243]

'성인지화, 역유시야(聖人之化, 亦猶是也)'에 대해, 주자(朱子 : 朱熹)가 말하였다. "이는 그가 스스로 편안한 이치를 가지는 것이고, 믿음의 이치는 가지는 것이며, 품어주는 이치를 가지는 것이다."

○ '今夫'以下設喩以申付物之義.

앞의 주석 '금부기적이어마이불이제우(今夫羈靮以御馬而不以制牛)'에서 '금부(今夫)' 아래는 비유를 들어서 사물 됨을 부여한다는 의미를 거듭 밝혔다.

○ 亦上所云'大小之差'.

이 구절도 또한 위 주석에서 말한 '대소지차(大小之差 : 크고 작은 차이)'이다.

朱註

> 凡看『論語』, 非但欲理會文字, 須要識得聖賢氣象."
>
> 무릇 『논어(論語)』를 읽을 때는 단지 문자만 이해하려고 할 뿐 아니라, 모름지기 성현의 기상(氣象)을 알아야 한다."

詳說

○ 理會, 猶講明也.

'비단욕리회문자(非但欲理會文字)'에서 '리회(理會)'는 마치 강론해서 밝히는 것과 같다.

○ 此又汎論一部『論語』.

'수요식득성현기상(須要識得聖賢氣象)'이라 한 것은 또한 『논어(論語)』 전체를 보편적으로 논의한 것이다.

○ '願聞子之志'一句, 此章之綱領.

'원문자지지(願聞子之志 : 선생님의 뜻을 듣기를 원합니다)'라는 구절이 이 장(章)의 강령이다.

243) 『주자어류(朱子語類)』 권29, 「논어11(論語十一)」, 125조목.

[5-26-1]

子曰："已矣乎! 吾未見能見其過而內自訟者也."
공자가 말하였다. "그만두자! 나는 아직 자신의 허물을 보고서 마음속으로 자책(自責)하는 사람을 보지 못하였다."

朱註

'已矣乎'者, 恐其終不得見而歎之也. '內自訟'者, 口不言而心自咎也.
'이의호(已矣乎)'라고 한 것은 끝내 그러한 사람을 만나보지 못할까 염려하여 탄식한 것이다. '내자송(內自訟)'이라 한 것은 입으로 말하지 않고 마음속으로 자책(自責)하는 것이다.

詳說

○ 慶源輔氏曰："最改過之機."[244]
경원 보씨(慶源輔氏 : 輔廣)가 말하였다. "이는 허물을 고치기에 가장 좋은 기틀이다."

○ 訓畢.
훈고가 끝났다.

朱註

人有過而能自知者鮮矣, 知過而能內自訟者爲尤鮮.
사람이 허물이 있는데 스스로 알 수 있는 자가 드물고, 허물을 알고 마음속으로 자책하는 자는 더욱 드물다.

詳說

○ 凡人.
'인유과이능자지자선의(人有過而能自知者鮮矣)'에서 '인(人)'자는 보통사람을 가리킨다.

○ '自知'二字釋'見'字.
'인유과이능자지자선의(人有過而能自知者鮮矣)'에서 '자지(自知)'라는 두 글자는

244) 조순손(趙順孫), 『사서찬소』「논어찬소(論語纂疏)」 권3.

경문 '오미견능견기과이내자송자야(吾未見能見其過而內自訟者也)'의 '능견기과(能見其過)'에서 '견(見)'자를 풀이한 것이다.

○ 上聲, 下同.

'인유과이능자지자선의(人有過而能自知者鮮矣)'에서 '선(鮮)'자는 상성(上聲)이고 아래도 마찬가지이다.

○ 本文'能'字貫至末, 故註用二'能'字.

경문 '오미견능견기과이내자송자야(吾未見能見其過而內自訟者也)'에서 '능(能)'자는 끝까지 관통되기 때문에 주석에서는 두 개의 능(能)자를 사용하였다.

○ 二'鮮'字含未見意.

이 구절에서 두 개의 '선(鮮)'자는 만나보지 못했다는 뜻을 함유하고 있다.

朱註

能內自訟, 則其悔悟深切而能改必矣. 夫子自恐終不得見而歎之, 其警學者深矣.

마음속으로 자책할 수 있으면 그 뉘우침과 깨달음이 깊고 간절하여 틀림없이 허물을 고칠 것이다. 공자가 스스로 끝내 만나보지 못할까 염려하여 탄식했으니, 배우는 사람들을 경계함이 깊다.

詳說

○ 四字有力.

'즉기회오심절이능개필의(則其悔悟深切而能改必矣)'에서 '회오심절(悔悟深切)'이라는 네 글자가 힘이 있다.

○ 雲峰胡氏曰 : "訟者欲勝人, 內自訟則能勝己."245)

'능내자송, 즉기회오심절이능개필의(能內自訟, 則其悔悟深切而能改必矣)'에 대해, 운봉 호씨(雲峯胡氏 : 胡炳文)가 말하였다. "송사를 하는 사람은 남을 이기려고 하는 것이지만, 마음속으로 자책하면 자신을 이길 수 있다."

○ 厚齋馮氏曰 : "不曰'不見', 而曰'未見', 不敢絶天下於無人也."246)

'부자자공종불득견이탄지(夫子自恐終不得見而歎之)'에 대해, 후재 풍씨(厚齋馮氏 : 馮椅)가 말하였다. "경문의 '오미견능견기과이내자송자야(吾未見能見其過而內自訟

245) 호병문, 『사서통』「논어통」 권3.

246) 호광 편(胡廣 編), 『논어집주대전(論語集註大全)』 권5.

者也)'에서 '불견(不見)'이라 하지 않고 '미견(未見)'이라 한 것은 감히 천하에 그런 사람이 없다고 단정하지 않은 것이다."

○ 以論釋畢.

경문의 의미 설명으로 풀이가 끝났다.

○ '自訟', 此章之題目.

'자송(自訟 : 마음속으로 자책하다)'이 이 장(章)의 제목이다.

[5-27-1]

子曰："十室之邑, 必有忠信如丘者焉, 不如丘之好學也."
공자가 말하였다. 10호(戶)쯤 되는 조그만 마을에도 반드시 나처럼 충신(忠信)한 사람은 있지만, 나처럼 배우기를 좋아하는 사람은 없을 것이다."

朱註

○ '焉', 如字, 屬上句. '好', 去聲.
'필유충신여구자언(必有忠信如丘者焉)'에서 '언(焉)'은 본래의 음으로 읽고, 앞 구절의 내용을 이은 것이다. '불여구지호학야(不如丘之好學也)'에서 '호(好)'자는 거성(去聲)이다.

詳說

○ 朱子曰："『注疏』讀'焉'屬下句, 不成文理."247)
주자(朱子 : 朱熹)가 말하였다. "『논어주소(論語註疏)』에서 '필유충신여구자언(必有忠信如丘者焉)'에서 '언(焉)'자를 아래 구절에 붙여서 읽었는데,248) 문리(文理 : 문장의 맥락)상 안 된다."

朱註

'十室', 小邑也. 忠信如聖人, 生質之美者也. 夫子生知而未嘗不好學, 故言此以勉人.

---

247) 주희, 『주문공문집(朱文公文集)』 권52, 「답도창현학제생(答都昌縣學諸生)」에는 "『註疏』之讀, 恐不成文理.(『논어주소(論語注疏)』의 독법은 아마 문리(文理 : 문장의 맥락)상 안 되는 것 같다.)"라고 되어 있다.

248) 『논어주소(論語註疏)』에서 …… '언(焉)'자를 아래 구절에 붙여서 읽었는데 : 형병(邢昺), 『논어주소(論語註疏)』 권5, '고증(考證)」에서 '위관(衛瓘)은 ''언(焉)'은 '위(爲)'와 '건(虔)'의 반절로 읽는다.'라고 하면서, '언(焉)'자를 아래 구절의 첫 글자로 삼았다. 언(焉)은 안(安 : 어찌)과 같다. 이 구절은 '10호(戶)쯤 되는 조그만 마을은 비록 작지만 반드시 나처럼 충신한 사람이 있을 것인데, 어찌하여 나처럼 배우기를 좋아하지 않는가?'라는 말이다. 이 말 또한 나처럼 배우기를 좋아하지는 않는다는 말이니, 의미가 모두 통하기 때문에 함께 수록하였다.(衛瓘'讀'焉'爲虔切.' 爲下句首. '焉', 猶安也. 言'十室之邑雖小, 必有忠信如我者也, 安不如我之好學也.' 言亦不如我之好學也, 義並得通, 故具存焉.)"라고 하였다.

'십실(十室)'은 작은 고을이다. 충신(忠信)이 성인과 같으면 타고난 자질이 훌륭한 사람이다. 공자는 태어나면서부터 지혜로운 사람인데도 배우기를 좋아하지 않은 적이 없었기 때문에 이렇게 말하여 사람들을 권면하였다.

詳說

○ 以二字易本文一字.

'충신여성인(忠信如聖人)'이라 한 것은 '성인(聖人)'이라는 두 글자로써 경문의 '충신여구(忠信如丘)'에서 '구(丘)'라는 한 글자를 바꾼 것이다.

○ 勉齋黃氏曰: "自言好學, 固謙辭. 然惟生知, 所以自然好學."249)

면재 황씨(勉齋黃氏 : 黃榦)가 말하였다. "스스로 배우기를 좋아한다고 말한 것은 본디 겸양하는 말이다. 그러나 태어나면서부터 지혜롭기 때문에 저절로 그러하게 배우기를 좋아하는 것이다."

○ 訓畢.

'부자생지이미상불호학(夫子生知而未嘗不好學)'에서 훈고가 끝났다.

○ 聖人之好學.

'고언차이면인(故言此以勉人)'에서 '차(此)'자는 성인이 배우기를 좋아하는 것을 가리킨다.

朱註

言美質易得, 至道難聞, 學之至則可以爲聖人, 不學則不免爲鄕人而已. 可不勉哉?

훌륭한 자질을 얻기 쉽지만 지극한 도(道)는 듣기 어려우니, 배움을 지극히 하면 성인이 될 수 있고 배우지 않으면 속된 사람이 됨을 면하지 못한다는 것을 말하였다. 어찌 노력하지 않을 수 있겠는가?

詳說

○ 去聲.

---

249) 호광 편(胡廣 編), 『논어집주대전(論語集註大全)』 권5에 황간(黃榦)의 말로, "夫子自言好學, 固是謙辭. 然聖人惟生知, 所以自然好學.(공자가 스스로 배우기를 좋아한다고 말한 것은 본디 겸양하는 말이다. 그러나 성인만이 태어나면서부터 지혜롭기 때문에 저절로 그러하게 배우기를 좋아하는 것이다.)"라고 실려 있다.

‘언미질이득(言美質易得)’에서 ‘이(易)’자는 거성(去聲)이다.

○ 釋上句.

‘언미질이득(言美質易得)’이라 한 것은 앞 구절, 즉 ‘필유충신여구자언(必有忠信如丘者焉)’을 풀이한 것이다.

○ 學以至於道.

‘지도난문(至道難聞)’에서 ‘지도(至道)’는 배워서 도(道)에 이르는 것이다.

○ 釋下句.

‘지도난문(至道難聞)’이라 한 것은 뒤 구절, 즉 ‘불여구지호학야(不如丘之好學也)’를 풀이한 것이다.

○ 釋畢.

‘지도난문(至道難聞)’에서 경문의 풀이가 끝났다.

○ 此下又申論.

이 아래는 또 거듭 밝혀서 논한다.

○ 以有其質者言.

‘학지지즉가이위성인, 불학즉불면위향인이이(學之至則可以爲聖人, 不學則不免爲鄕人而已)’라고 한 구절은 그 자질을 가진 사람으로 말한 것이다.

○ 有質者且然, 況無質者乎?

‘가불면재(可不勉哉)’라고 하였으니, 그 자질을 가진 사람도 또한 그러한데 하물며 자질이 없는 사람은 어떻겠는가?

○ ‘好學’, 此章之題目.

‘호학(好學 : 배우기를 좋아하다)’이 이 장(章)의 제목이다.

연구번역자 소개

신창호(申昌鎬)

현) 고려대학교 교수
고려대학교 박사(동양철학/교육사철학 전공)
고려대학교 교육문제연구소 소장
한국교육철학학회 회장·한중철학회 회장
「『중용』 교육사상의 현대적 조명」(박사학위논문), 『유교의 교육학 체계』 외 다수의 논문·번역·저서가 있음

김학목(金學睦)

현) 고려대학교 연구교수
건국대학교 박사(한국철학 전공)
해송학당 원장(동양학·사주명리 강의)
「박세당의 『신주도덕경』 연구」(박사학위논문), 『한국주역대전』 외 다수의 논문·번역·저서가 있음

윤원현(尹元鉉)

전) 고려대학교 연구교수
私立中國文化大學 박사(朱子哲學 전공)
한중철학회 회장
「從朱子思想中之天人架構闡論其義理脈絡」(박사학위논문), 『성리대전』 외 다수의 논문·번역·저서가 있음

조기영(趙麒永)

현) 고려대학교 연구교수
연세대학교 박사(한문학 전공)
서정대 교수·연세대국학연구원 연구원
「하서 김인후 시 연구」(박사학위논문), 『한국시가의 정신세계』 외 다수의 논문·번역·저서가 있음

김언종(金彦鍾)

현) 고려대학교 명예교수
國立臺灣師範大學(韓國經學 전공)
한국고전번역원 이사·고전번역학회 회장
「丁茶山論語古今注原義總括考徵」(박사학위논문), 『(역주)시경강의』 외 다수의 논문·번역·저서가 있음

임헌규(林憲圭)

현) 강남대학교 교수
한국학중앙연구원 박사(동양철학 전공)
동양고전학회 회장
「유가의 심성론 연구 – 맹자와 주희를 중심으로」(박사학위논문), 『공자에서 다산 정약용까지 – 유교 인문학의 동서철학적 성찰』 외 다수의 논문·번역·저서가 있음

허동현(許東賢)

현) 경희대학교 교수
고려대학교 박사(한국근대사 전공)
경희대학교 학부대학 학장·한국현대사연구원 원장
「1881년 조사시찰단 연구」(박사학위논문), 『한국의 국가 형성과 민주주의』 외 다수의 논문·번역·저서가 있음

논어집주상설 연구번역 연구진

연구책임자

신창호(고려대학교)

전임연구원

김학목(고려대학교)
윤원현(고려대학교)
조기영(고려대학교)

공동연구원

김언종(고려대학교)
임헌규(강남대학교)
허동현(경희대학교)
박성빈(고려대학교, 전산)

논어집주상설 3

초판발행 2019년 8월 25일

지은이 박문호
책임역주 신창호
공동역주 김학목 · 윤원현 · 조기영 · 김언종 · 임헌규 · 허동현
펴낸이 노현

편 집 문선미
표지디자인 BEN STORY
제 작 우인도 · 고철민

펴낸곳 ㈜ 피와이메이트
서울특별시 금천구 가산디지털2로 53 한라시그마밸리 210호(가산동)
등록 2014. 2. 12. 제2018-000080호
전 화 02)733-6771
f a x 02)736-4818
e-mail pys@pybook.co.kr
homepage www.pybook.co.kr
ISBN 979-11-90151-08-5 94140
979-11-90151-05-4 (세트)

정 가 22,000원 (세트 210,000원)

박영스토리는 박영사와 함께하는 브랜드입니다.